カトリック信徒の移動と
コミュニティの形成

潜伏キリシタンの二百年

叶堂隆三

九州大学出版会

序

　本書、『カトリック信徒の移動とコミュニティの形成——潜伏キリシタンの二百年——』のキーワードの1つである「類縁（affinity）」とは、何らかのつながりを意味する語である。まだ普及しているとはいいがたいが、さまざまなつながりにある人びとやつどいに言及する場合、便利な用語である。本書は、数多い類縁関係のうち宗教関係に着目して、長崎の半島・離島のカトリック信徒の間で江戸後期から200年にわたって集団的・連鎖的移動が生じた背景やその移住先、移住後の生活展開の解明をめざすものである。

　なお、長崎の信徒が移住地において形成した宗教コミュニティ、とりわけその基盤である教会の設立については、2018年3月に出版した『「山の教会」・「海の教会」の誕生——長崎カトリック信徒の移住とコミュニティ形成——』（九州大学出版会）で取り上げている。本書とともに目を通していただければ、長崎のカトリック信徒の移動と宗教コミュニティ形成の経緯と展開が多面的に理解していただけるものと考えている。

開拓移住と「キリシタン・ロマン」

　本書は、長崎の半島・離島のカトリック信徒を対象にして、次の基本的観点に立っている。すなわち、長崎県内外のカトリック信徒が集住する場所の多くが、江戸後期・明治以後の信徒の開拓移住に由来する場所であるという想定である。この想定に従うならば、一般に流布されているカトリック信徒の移住や居住およびその背景の説明は、必ずしも事実にそぐわないのではないかという疑念が生じる。

　ここで、信徒の開拓移住の実状を覆い隠していると見られる、一般に流布されている「キリシタン・ロマン」を3つあげてみたい。

　第1は、信徒の居住地が、16世紀以来、信仰が守られてきた地であるという思い込みである。一例をあげれば、平戸島が潜伏キリシタンの長い歴史

が今につづく歴史ロマンの島という先入観である。こうした思い込みは、確かに、観光（文化）資源としての教会の価値を高めることに貢献する。実際、観光案内では一度途絶えている信仰の歴史の空白を今に接続した説明に終始している。またカトリック信徒も、信仰の正統性の思いからか、歴史の中断を端折って居住地のキリスト教の歴史を説明することがある。

　第2は、江戸期の逃散によって、信徒の居住地が広がったという思い込みである。江戸末期の信徒の逃散は長く広く語り継がれ、テレビや本でも紹介され幅広く流布されている。そのため、江戸後期に信徒が開拓移住した場所、一例をあげれば、佐賀県馬渡島は逃散した人びとが創りあげた島と認識している人が多い。逃散した人びとが馬渡島に渡ったのは、確かに事実である。しかしその時には、信徒の集落がすでに形成されていたのである。また逃散者の大半は、一時的な滞在者にすぎなかったのである。

　第3は、山間や離島に無住地——誰も知らない場所——があって、信仰を大切にする人びとが密かに移り住んでいたという思い込みである。確かに、山間のひっそりした集落に木造の小教会が潜む光景を目にすれば、信徒が隠れ住んだと思い込むのも不思議でない。しかし江戸後期、所有者のない場所や「誰も知らない場所」は存在しなかったのである。山間や離島に信徒が住んだのは、藩や村人の認可があってのことである。

信徒の移動と集住地の形成

　本書では、こうした「キリシタン・ロマン」の霧をはらうことをめざしている。そのため信徒の江戸後期以降の開拓移住に関する想定の証明を含めて、以下の研究関心の解明を目的としている。

　第1は、上記の想定を証明することである。すなわち「キリシタン・ロマン」の霧につつまれた江戸後期・末期の信徒の半島や離島・山間への移動の歴史を掘り起こし、信徒の移住地に関する諸資料や聞き取りを通して移住の経緯とコミュニティの形成の実状を明らかにすることである。

　さらに、この関心の中には、江戸期だけでなく明治期以降も開拓移住が信徒の間で大きな潮流であったという事実を発見することが含まれる。とりわけ①向都現象が一般的となった高度経済成長期にも開拓移住がつづいたこ

と、②一見して、向都現象と判断された信徒の都市移住の中に、実は、開拓、少なくとも農業移住が含まれていたことの立証である。

また、長崎の半島・離島の信徒の移動が2世紀以上という長期に及ぶと想定しているため、その時期区分を試みることにする。

第2は、開拓移住した信徒の出身地の社会状況の解明である。本書では、半島・離島の信徒が他出した背景に、財産（生産財）の均分相続に由来する生産地の狭小性および江戸末期以後のすさまじい過剰人口（多子状況）の発生があったと想定している。すなわち、出身地の過剰人口は、均分相続制度によって零細な生産規模の分家として、いったん集落内にとどまった後に、集落内の本・分家の中から世帯を単位とした移動が生じたと想定している。そのため、最初に開拓移住が生じた長崎市外海(そとめ)の人口および世帯数の変化等の社会状況の把握を試みることにしたい。

さらに、こうした信徒の開拓移住が新たな移住地においても発生したと想定しているため、五島や黒島等の新たな移住地においても新たな開拓移住が発生している場合、過剰人口および均分相続制に伴う分家の創出等の社会状況を明らかにすることにしたい。

第3に、信徒の開拓移住が、類縁関係で結ばれた世帯の集団的移動、連鎖的移動であることを立証することである。こうした信徒の移動の特徴は、「コミュニティ志向」と呼べるものと想定している。こうした信徒の間のコミュニティ志向性は、出身集落における生活経験に由来し、移住地における宗教コミュニティ形成の志向性を基盤づけるものと見ている。そのため、開拓移住がどのような世帯の間で企画され、どのような関係にある世帯が追随したかを解明することで、類縁関係の関与の状況が明らかになると考えている。

第4に、信徒の開拓移住に外国人神父等の教役者や国の地域政策等が関与していたことの解明である。教役者の関与に関しては、出津(しつ)教会主任司祭のマルコ・マリー・ド・ロ神父の開拓移住計画がとりわけ著名である。さらにド・ロ神父が主導した複数の開拓移住地の計画の概要および移住地（およびその後のコミュニティの展開）の比較を通して、ド・ロ神父の計画と開拓移住地の特徴を明らかにすることも、この関心に含まれる。また大正期以降

の国の開拓移住政策は信徒の移住に関係するものであったと想定されるものの、しかしその実態は歴史に埋もれつつある。そのため、可能な限りでこうした信徒の開拓移住を掘り起こしていくことにしたい。

移住後の信徒生活
　以上の4つの目的以外にも、いくつかの関心の解明をめざしている。
　第1は、開拓移住後の世帯状況の把握である。昭和以降の信徒の移住に関して、移住後の生活、とりわけ婚姻（通婚）の状況や出生数がどのようなものであったのか、信徒世帯の生活の一端を紹介する。また開拓移住が継続している時期に生じた産炭地への信徒の移動および家族形成の状況と比較することで、開拓移住の信徒世帯の生活の特徴を明らかにしていきたい。

それぞれの移住地の地域特性
　第2は、本書において事例としてとり上げた移住地の多様な地域状況に関して、集住地の地域展開あるいは集落の消滅といった諸状況とその背景を探ることである。例えば、北松浦半島の九十九島沿岸の移住地では、開拓移住の信徒の間で生産の転換が生じ、その結果、集住地の世帯数が急激に増加している。一方、北松浦半島田平では、連鎖的移動の発生で信徒数は増加するものの、田平の当初のコミュニティに分化が生じている。それぞれの地域状況に目を向けることで、開拓移住地の展開に関係する社会的背景の把握をめざすことにしたい。

序

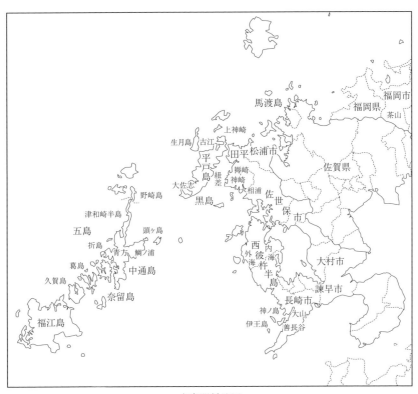

本書関係地図

目　次

序　i

第1章　長崎のカトリック信徒の移動 …………………………………… 1
　　　　——他出の背景とコミュニティ志向性——

　第1節　長崎の信徒の移動——ディアスポラと開拓移住——　1

　第2節　開拓移住の背景——農地の細分化と過剰人口——　5

　第3節　移動の特徴——コミュニティ志向性・社会資源・政策の関与——　8

　第4節　移住地の多様性　15
　　　　——移住地の規模・信徒割合・土地所有の状況——

　第5節　移住の時期区分——第1次移住から第4次移住まで——　18

第2章　西彼杵半島と第1次移住地 ……………………………………… 25
　　　　——移住世帯の母郷と江戸期の移住地——

　第1節　長崎市外海——他出の背景とド・ロ神父の開拓事業——　25

　第2節　新上五島町——地域内の条件不利地への移住と他出——　35

　第3節　佐世保市黒島——大規模な移住と集落社会の維持——　56

第3章　長崎市の半島と長崎港外の島嶼 ………………………………… 69
　　　　——佐賀藩領の第1次移住地——

　第1節　長崎市の地域状況——長崎市への信徒の移住——　69

　第2節　小榊——島から半島に逆スプロールした居住の展開——　72

　第3節　小ヶ倉大山町・深堀善長谷——山地の購入と佐賀藩の賦役——　84

　第4節　伊王島町（馬込・大明寺）——信徒の増加と開拓地——　94

第 4 章　平戸島への移住と居住地の展開 ……………………… 101
　　　　　――第 2 次移住地と新たな移住の発生――

　第 1 節　平戸島中南部――集落単位の移住の特徴と居住の多様性――　101

　第 2 節　平戸島大久保半島・古江半島　129
　　　　　――居住における同郷性と他出傾向――

第 5 章　北松浦半島への移住と居住の展開 ……………………… 153
　　　　　――第 2 次移住地と生産基盤の転換――

　第 1 節　佐世保市矢岳神崎――生産基盤の転換と世帯の増加――　153

　第 2 節　佐世保市長串褥崎――水産業の隆盛と新たな移動の発生――　169

第 6 章　教役者主導の開拓移住とその展開 ……………………… 195
　　　　　――第 3 次移住地と第 4 次移住地――

　第 1 節　平戸市田平地区田平　196
　　　　　――多様な来住形態と出身地別の居住の展開――

　第 2 節　平戸市田平地区と松浦市の開拓地　215
　　　　　――田平からの居住の拡大と家族状況――

　第 3 節　大村市竹松――児童施設の設立と信徒の居住の展開――　225

　第 4 節　平戸市紐差地区木ヶ津（坊主畑）　250
　　　　　――ド・ロ神父主導の移住地の比較――

　第 5 節　福岡県行橋市新田原　252
　　　　　――トラピスト修道院の進出と連鎖的移動――

第 7 章　都市（近郊）への農業移住と炭鉱における家族形成 ‥269
　　　　　――第 3 次移住地――

　第 1 節　佐世保市の都市と産業の展開　269
　　　　　――軍事都市における農業需要――

　第 2 節　佐世保市への信徒の移住と居住の展開　276
　　　　　――明治・大正・昭和初期――

第3節　平戸市平戸──平戸島への後発的移動──　294
　第4節　諫早市──無線局の配置転換と信徒の増加──　296
　第5節　佐世保市北松地区──産炭地への移住と家族形成──　300

第8章　第二次世界大戦前の国の政策と開拓移住…………315
　　　　──第4次移住地──
　第1節　開拓政策　315
　第2節　宮崎市田野法光坊集落──長崎の信徒の連鎖的移動と定住──　317
　第3節　福岡市西区能古島（大泊）　340
　　　　──共同建造物をめぐる島内の対立──

第9章　第二次世界大戦後の農業政策・地域政策と移住・
　　　　集落移転──第4次移住地──……………………347
　第1節　佐世保市・平戸市・大村市　348
　　　　──自作農創設特別措置法に基づく開拓地──
　第2節　福岡市城南区茶山──小作地の開放と五島出身者の集住──　354
　第3節　上五島町青方──過疎地域対策緊急措置法に伴う団地の誕生──　373

第10章　結　論……………………………………………387
　　　　──カトリック信徒の移動における類縁関係の関与とモダニティ──
　第1節　信徒の農村間移動に関する基本的視点　387
　第2節　信徒の移動の社会的特徴　389
　第3節　日本の近代化と長崎の信徒の開拓移住　408

　文献一覧　417
　あとがき　423
　地名・教会名索引　427
　事項・人名索引　430

第 1 章
長崎のカトリック信徒の移動
―― 他出の背景とコミュニティ志向性 ――

　長崎県には、戦国時代のキリスト教関係の史跡や長崎市に存在する国宝の大浦天主堂、信徒発見の出来事等に見られる長いキリスト教の歴史がある。こうした長崎県内の各地区・集落に立地するカトリック教会を目にする時、戦国時代からつづく信仰の歴史がある地と思い込みやすい。また長崎のカトリック信徒の間では、信徒の移動はしばしば江戸後期・明治初期の逃散や強制連行、いわばディアスポラとして語られる傾向にある。

　しかし、本書の基本的な観点は、今日の宗教コミュニティの形成につながる居住の展開が、実は、江戸後期・明治以降に営農を目的に移住した長崎県の市町村、とりわけ半島・離島・山間地等への開拓移住に由来するというものである。本章では、まず第 1 節で、この基本的見地を提示する。この基本的見地に関連して、次の第 2 節で、信徒の移住の背景に関する 2 つの想定（均分相続・過剰人口）、第 3 節で、信徒の移住の社会的特徴に関する 3 つの想定（挙家離村・集団的連鎖的移動・社会資源の関与）を提示する。さらに第 4 節で、信徒の移住の多様性を整理する分析視点を提案し、最後の第 5 節で 2 世紀に及ぶ信徒の移住時期の区分を提案する。

第 1 節　長崎の信徒の移動 ――ディアスポラと開拓移住――

　明治後期は、禁教令の高札の取り下げや明治憲法の制定によって、ある程度、信教の自由が保障された時期であった。しかしこの時期（1909 年）に至っても、日本のカトリック信徒の居住地の大半は、長崎教区が管轄する九州であった。実際、表 1-1 のように、長崎県内の信徒が 8 割以上を占める

表 1-1 明治中期（1909 年）の教区信徒数　　（人）

教　区	信徒数	管　轄
東京教区	9,655	関東・中部
大阪教区	3,711	近畿・中国
函館教区	4,427	北海道・東北・新潟
四国教区	332	四国
長崎教区	44,231	九州

注）『明治カトリック教会誌研究（下）』の 265-73 頁を整理したものである。ただし数値は小教区の各教会の信徒数を合計したものである。

表 1-2 明治中期（1909 年）の長崎教区の小教区信徒数　　（人）

教 会 名	信徒数	教 会 名	信徒数	教 会 名	信徒数
長崎大浦	501	下五島	6,322	大分	50
長崎仲町	283	熊本（三角）	278	宮崎	122
浦上	6,596	琵琶崎	67	鹿児島	144
伊王島	3,669	天草	959	大島名瀬	588
外海出津	1,924	八代	96	大島浦上	548
外海黒崎	1,665	人吉	47	大島知名瀬	177
大村	325	福岡	51	大島赤尾木	159
佐世保	1,435	小倉	279	大島瀬花留部	310
黒島	1,990	今村	2,110	大島赤木名	271
平戸	5,785	久留米	275	大島嘉瀬	168
上五島	4,012	佐賀・小城・唐津	156	大島笠利	495
中五島	3,019	中津	55		

注）『明治カトリック教会史研究（下）』265-73 頁から抽出したものである。

　長崎教区の信徒数は、日本の信徒全体の 5 分の 3 に及ぶ。
　さらに、長崎県内の信徒状況に目を向ければ（表 1-2）、現在の長崎市の浦上・外海（出津・黒崎）および島嶼の五島（上・中・下）・黒島にいち早く小教区が形成され、この 4 地区の信徒数は約 2 万 6,000 人に及ぶ。次に伊王島・平戸・大村・佐世保にも小教区が形成され、新たな 4 地区の信徒数は 1 万 1,000 人を超えている。
　実は、前者のうち五島と黒島は江戸後期の移住地に形成された小教区で、後者の 4 小教区は、一部、江戸前期からの信徒（潜伏キリシタン）が含ま

れるものの、いずれも江戸末期・明治期の移住地に形成された小教区である。後者の信徒数に限っても、江戸末期からわずか40年の間に長崎県内に広がった移住地の信徒数が県内の全信徒数の3割に達していたことが分かる。

逃散（ディアスポラ）

一般には、江戸後期の信徒の移動の主因は、キリシタンの迫害に関連づけられている。江戸期、各藩のキリシタンの取り締まりによって迫害が生じた。浦川和三郎によれば、江戸時代後期の潜伏キリシタンの移動の多くは、こうした状況下で信仰を守るためであった（浦川和三郎 1928年 295頁）。そのため潜伏キリシタンが離島や山間地、藩境といった条件不利地に多く居住するのは、取り締まりが及びにくいためと説明されてきた。

なお、弾圧は明治期もつづいた。明治政府による弾圧によって、多くの信徒が長崎県外への強制連行（流配）や幽閉を経験している。この強制連行は信徒の間で「旅」と呼ばれ、逃散とともに今日でも多く語られる迫害である（「旅」の話）。さらに明治期の禁教令の取り下げ後にも近隣住民による迫害が行なわれている。

その後、強制連行や逃散から帰還した信徒の中には、所有していた資産や土地を強奪されるなどのために、他出を余儀なくされた信徒も多かったといわれる。こうした長期に及ぶ信徒への迫害は、「ディアスポラ」と呼ぶことができるかもしれない。

開拓移住

その一方、江戸後期、五島藩・大村藩の政策で、外海の大村藩領から大規模な開拓移住が生じている。この事象はよく知られた出来事で、逃散と異なる移動の一例である。この時期には、五島移住ほどの規模でないものの、実は、多くの開拓地や新田に信徒が移住している。表1-3はそのうち藩馬の放牧地や山間等の条件不利地への開拓移住の一部を示したものである。江戸後期、各藩の重点政策は農業生産の拡大で、新田の開発や開墾が奨励された。このうち黒島の御用馬の放牧場への入植は大規模で、平戸藩は自藩とと

表 1-3　江戸時代後期の開拓移住地（一部）

旧藩名	地域 地区名	現在の 市町村名	規　模	主な出身地	移住地の状況
五島藩	五島	五島市・ 新上五島町	3,000人	長崎市外海	上五島（旧平戸藩領を除く）・下五島の条件不利地
平戸藩	黒島	佐世保市	106世帯	長崎市外海・ 平戸市生月・ 佐世保市針尾	藩馬の放牧場
	神崎		10世帯	五島	藩馬の放牧場
	褥崎		10世帯	五島	藩馬の放牧場
唐津藩	馬渡島	唐津市	不明	長崎市外海	藩馬の放牧場

注）上記の一部は、聞き取り内容および諸資料によるものである。

写真 1-1　馬渡島

もに大村藩・佐賀藩から移住を募り 100 を超える世帯が移住している。一方、北松浦半島の放牧場への開拓移住は、記録が断片的あるいは不在であるため、教会資料からの推測や聞き取り調査によるものである。しかし、こうして開墾や開拓移住の歴史を拾い上げていくならば、相当数に及ぶものとなろう。

このうち黒島や馬渡島は、信徒が逃散した地として知られている。しかし「漸く馬渡島に避難すること丶した。馬渡島は唐津藩に属し、平戸の勢力圏外に在る。……馬渡の避難民も次第に帰還して故(もと)の下神崎に落付いた」(浦川 1928 年 299-305 頁)、「……夫婦は一応黒島に走り、親戚の情に縋つたが、然し何時までも人の厄介になつても居られない。よつて黒島を辞して……」(浦川 1928 年 208 頁) という記録から、信徒の移住地に逃散しても、逃散者は一時滞在した後に他出する傾向がうかがえる。
　以上の状況から、信徒(潜伏キリシタン)の開拓移住と逃散が同時期に発生し、さらに開拓移住地が逃散先となった場所も存在したと思われる。そのため著名な五島への開拓移住をのぞき、信仰の保持のために逃散が生じて、その地に信徒の新たな居住地が誕生したという見方が流布したと推測される。
　明治期、信徒の開拓移住はさらに頻繁になる。よく知られているのは、出津教会の主任司祭のマルコ・マリー・ド・ロ神父による信徒の開拓移住の奨励と企画である。こうした長崎のカトリック信徒の開拓移住は、表 1-2 の新しい小教区の設立状況から判断すれば、「日常の出来事」であったといえよう。
　さらに大正・昭和初期や第二次世界大戦後にも、開拓移住によってカトリック集落が形成されている。確かに、明治中期以降、産業化が進行する都市への移住が一般化したものの、その一方で都市地域への営農志向の移住を含め、開拓移住が継続するのである。
　本書では、各章の事例調査を通して、長崎県内外の多くのカトリック信徒の集住地が、江戸後期・明治期以後の開拓移住に由来するという基本的観点を立証していくことにしたい。

第 2 節　開拓移住の背景——農地の細分化と過剰人口——

　定住につながる開拓地や新田への移住は、なぜ発生したのだろうか。五島への移住をはじめとする江戸後期の開拓移住の大半は、「切支丹植民地の母

郷」（浦川 1927 年 315 頁）と呼ばれる西彼杵半島の外海から生じた。外海は外洋（角力灘）に面した半島の西海岸で、後背の山地が海岸まで迫る地形に加えて、江戸期は大村藩・佐賀藩領が複雑に入り組んでいた。大村城下からは、大村湾の対岸に位置する内海の背後の山をさらに越えた周辺地にあたり、潜伏（信仰）には有利な場所であった。しかし平地に乏しい山深い地形は、主産業の農業生産に関しては条件不利地であった。この外海に加えて、江戸末期には五島や黒島等からも開拓移住が発生した。西彼杵半島と同様に離島も条件不利地であった。

　これらの地域に共通する移動の要因として、本書では、①均分相続、②恒常的な過剰人口という社会慣行および社会事象を想定している。さらに①と②から派生する生産地（農地）の狭小性等も移動の要因として想定している。

均分相続

　長崎の半島・離島の信徒の間で一般的であった相続の慣習が、均分相続であった。末子相続の研究で有名な内藤莞爾もおおまかに均等といえる相続形態が五島の信徒の間で定着していたと認めている（内藤莞爾 135-6 頁・181-2 頁・241-2 頁・248 頁）。とはいえ潜伏キリシタンの末子相続に比して、均分相続制の定着理由は十分に言及されていない。

　均分相続は、潜伏キリシタンの信仰の世代継承と秘密の保持（成員の他出・離脱の抑止）が主な理由であったと推測される。この推測が妥当なものかどうかはともかく、江戸期の潜伏キリシタンに一般的であった均分相続制は、禁教令の高札の取り下げ後もカトリック信徒や隠れキリシタンの間でともに持続する（内藤 137 頁）。とりわけカトリック信徒の場合、均分相続制が外国人神父の「生活指導」（内藤 136 頁）および宣教活動（信仰の維持・拡大）に馴染む制度であったことが存続に影響したと推測される。

恒常的な過剰人口

　長崎の半島・離島の信徒の世帯・集落の特徴は、常態的な過剰人口であった。その原因と見られるのは、江戸期の隠れキリシタンの時代から続く均分

相続制および江戸後期以降の多子傾向である。すなわち、信仰の維持と多子傾向は親和的な関係にあり、均分相続制度の持続によって地区内・集落内に成長した子どもの分家が創出されることになったのである。

明治期、大村藩の人口抑制政策が廃藩によって終了する。明治初期に誕生した多数の子ども世代が家族を形成しはじめるのが、明治中期であった。江戸末期からの人口増加は、均分相続の慣行によって数多くの分家の創出をもたらし、この明治中期以降、世帯数の急増という状況を招くのである。

なお、多子傾向は、戦前期までの日本社会で一般に見られた事象であった。しかし第 2 章第 3 節でふれる黒島の宗教別世帯員数や出津教会の洗礼数による普通出生率の推計から、カトリック信徒の状況が一般の状況を上回っていたことは明らかである。こうした出生状況は、自然妊娠が教会法に規定された行為であることから、信仰と多子の関係性を読み取ることができるものである。旧大村藩にとどまらずカトリックへの復帰によって教会の教えに従った集落で、明治初期に生まれた多数の子ども世代が、明治中期に家族を形成しはじめるのである。

農地の狭小性

こうした均分相続の慣行および多子傾向が、集落人口の増加、とりわけ多くの分家を創出させたと推測される。その結果、各信徒世帯は、明治中期、生産地（農地）の狭小という危機に直面することになる。こうした明治期以降の世代累積に伴う集落・地区内の分家創出は、狭小な生産地のさらなる細分化・零細化を促進した。

平地に乏しい外海だけでなく江戸期以降の移住地等でも、江戸末期の移住地の場合、移住地の選択の要件に宗教性（信仰の保持・秘匿）が付加されていたこと、明治期の場合、移住が後発であったことで、半島・離島・山間地等への移住を余儀なくされ、条件不利性が増大することになる。

他の移動の背景

過剰人口と農業経営の零細化・細分化の結果、半島・離島の海岸地域では、小規模な漁業や仏教集落等の網元の下での漁労が、生産活動の中に組み

込まれることになる。そのため生産・収入の中心が農業から漁労に大きく移行した世帯が増加する。しかし、収入の中心である漁労は、集落の外の網元（経営者）に雇用される労働であったことに加えて、経済的・身体的リスクの伴う就労であったために、漁労に従事する信徒の間では、一定規模の農地を基盤にする農業への志向が常に強いものであったと推測される。

第3節　移動の特徴——コミュニティ志向性・社会資源・政策の関与——

　長崎の半島・離島のカトリック集落（小教区）の社会的特徴は、「意図的コミュニティ（intentional community）」と呼称されるものである。意図的コミュニティとは、M. B. マクガイアによれば、成員が連帯して生活することを選択したコミュニティである。その社会的特徴は、コミュニティへの自発的な関与が成員の美徳とされること、成員間の宗教と職業が一致していることである。こうした社会的特徴によって、意図的コミュニティは成員のアイディンティティと帰属意識の強固な基盤になっているとされる（マクガイア 104-5頁）。

　1960年代末から1970年代に新上五島町の冷水集落で丸山孝一が実施した調査によってその特徴を探れば、第1の側面は、信仰が家族ぐるみ、地域共同体ぐるみという点である。すなわち、「村の大部分の住民が、性、年齢の違いを問わず、毎週一回、かならず集まる」（丸山 11頁・82頁）という強い類縁（affinity）関係が存在したことである。第2の側面は、頻繁で日常的な類縁（宗教）関係を基盤にして、宗教領域を超えた生活の諸領域で、多様な社会関係が形成されていた点である（丸山 46頁）。すなわち、類縁（宗教）関係に地縁・類縁（同業）関係、時には親族関係を含む2つあるいは3つの社会関係が重複し、信仰・自治組織・生産活動・社会教育に及ぶ幅広い領域の共同によって家族・地域生活が営まれていたことである。もっとも、こうした生活の共同の展開には、禁教時期から続く類縁的結束と明治期以降の厳しい生活剥奪に対する共同的対応が不可欠といった社会的事情が関係していたと推測されよう。

明治中期以降、こうした意図的コミュニティから他出が常態化した。しかし第1次産業に依拠する農村と第2次産業（その後は、第3次産業が加わる）を基盤にする都市との間の地域間・産業間格差に起因する向都現象は必ずしも生じていない。そのため過剰世帯の状態にあった半島・離島の集落では、都市の第2次産業の引き寄せ要因以上に押し出し要因が突出する状況にあったと見ることができる。さらに信徒が意図的コミュニティの形成を目指していたことも推測されよう。

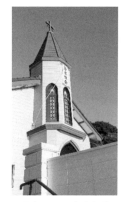

写真1-2　冷水教会

すなわち、長崎の半島・離島出身者の信徒の開拓移住に共通する社会的特徴として、①挙家離村、②集団的・連鎖的移動が想定できよう。また一部の信徒の開拓移住には、外国修道会・外国人神父の支援や国の開拓政策や地域政策が関係したと想定されよう。

挙家離村

　こうした信徒の他出に共通する特徴に想定される挙家離村は、集落内において創出された分家あるいは本家の他出である。挙家離村による開拓移住は、零細規模の農業と漁労の兼業という生活形態から脱却し、一定規模の農業経営を実現するための数少ない戦略と見ることができる。すなわち、零細規模の農業とリスクのある漁労から脱却を願う世帯は、農地・家屋を売却した資金を基に開拓移住地で農業経営を志向したと想定される。

　こうした挙家離村の世帯の出現は、実は、残留世帯の農業経営と生活に寄与したと推測される。なぜなら、挙家離村の世帯の農地・家屋を獲得した残留世帯では、経営規模の拡大あるいは経営規模を維持したままでの分家の創出が可能になるためである。「土地さえあればモノを作って食べていく自信がある。島にいても男の子が多いので嫁をもらうことや、イエワカレ（分家）のことを考えるとどうにもならない」（黒島―出稼ぎと移住の島― 155頁）という高度経済成長期の黒島の信徒世帯の発言に込められた思いが、他出と残留の両方の動機を説明するものといえよう。その意味で、集落におけ

る挙家離村の世帯の出現は、挙家離村の世帯と残留世帯の家族戦略が合致した地域戦略と見ることができよう。

集団的・連鎖的移動――親族・地域関係の関与――

　長崎の半島・離島の信徒の移動の特徴として、血縁関係・地縁関係・類縁（宗教・同業）関係といった重複した社会関係が関与し、特定の地区・集落から集合的・連鎖的に移住が生じたと想定される。そのため、移住後も重複した社会関係が基盤になり、いわば元村の社会と生活、すなわち意図的コミュニティが再生（形成）される傾向が想定されよう。

　さらに、長崎県のカトリック集落間に多数の婚姻関係が存在し、親族関係で結ばれた集落外の世帯が信徒の移動に加わることも多かった。江戸期、潜伏キリシタン集落では、信仰の継承と秘密の保持のために集落内婚の傾向が強かったといわれる。しかし、明治期、外国人神父が信徒の結婚台帳を作成し集落内における親族間の結婚障害が判明したため、しだいに集落内婚・近隣婚から通婚圏が拡大したことが関係したと見られる。そのため、意図的コミュニティにおいて重複した社会関係にあった世帯とともに集落外に形成した親族世帯にも、移動が波及・連鎖したと推測できるのである。

社会資源の関与――外国修道会・外国人神父、同郷の教役者の支援――

　長崎の半島・離島の信徒の移動には、類縁（宗教）関係にある外国修道会・外国人神父や地縁・類縁関係にある同郷の邦人神父・修道士の指導・支援が想定される。

　最も著名なのは、前述したパリ外国宣教会の出津教会主任司祭ド・ロ神父の開拓移住事業である。ド・ロ神父は、外海地区出津においてさまざまな福祉・授産事業に携わっていた。さらに日本人の助手・視察員を長崎県内外（北海道や鹿児島・宮崎）に派遣して、信徒の開拓移住の方策を探っている。平戸市の田平・木ヶ津（坊主畑）、大村市の竹松の土地購入はド・ロ神父の私費によるもので、外海の信徒の移住を促進した。なお田平の土地購入は、実は、同じくパリ外国宣教会の黒島教会主任司祭のエミール・ラゲ神父の方がド・ロ神父よりも若干早い。

第 1 章　長崎のカトリック信徒の移動

　このように信徒の移住地の購入には、当時の日本を管轄していたパリ外国宣教会の多くの外国人神父が関わっていた。こうした外国人神父の移住戦略の特徴は、信徒の経済状況の改善が背景にあったものの、一定数の信徒世帯を集団的・連鎖的に移住させ、移住地における信仰生活の維持と展開をめざしている点にあったと推測される。
　また、移住世帯と同郷関係にあった邦人神父・修道士による情報提供が契機になる場合があった。大正期、福岡県行橋市新田原にトラピスト修道院が設立され、その後、トラピスト修道院の本院（北海道）の五島出身の神父、新田原の分院の五島出身の修道士・助修士が五島の親族・同郷者に果樹栽培農家の移住が進む新田原を紹介・勧誘している。さらに北九州市の小倉教会助任司祭も出身地の五島に赴いて移住を勧誘している。新田原ほどの大規模な移住は少ないものの、邦人神父の赴任や同郷の教役者の情報を契機とする移住がしばしば生じている。
　① 種子島開拓移住の募集記事
　こうした移住の 1 つに、種子島への開拓移住がある。『カトリック教報』71 号（1931 年 10 月）・102 号（1933 年 1 月）にカナダ・フランシスコ会のヘルマン・ラシャペル神父からの開拓移住の案内（「鹿児島教會の農民募集・土地開墾を希望する方々へ」）が掲載されている。このうち 102 号の記事を中心に紹介したい[1]。

　　鹿児島から凡そ四十里餘、東向になつた離島がある。それは古い傳統と歴史の中に永い夢を見つゝけてゐる我が種子ヶ島である。此の島は西ノ表町、中種子村、南種子村の一ヶ町、二ヶ村に分かれて居り、總面積三十六方里である。三十有餘個の學校と二ヶ所のカトリック教會及び、一ヶ所の教會巡廻所とがある。六千戸の家屋、氣候風土佳く、五つの港で船舶の便よく、全島を通ずる道路も自動車が駆逐する。實に天下の風光豊かな絶景の島といつても、敢へて過言ではない。
　　農産物は主に、米、芋、野菜、落花生、麥、そば、茶、砂糖きび、粟等、他に、牧畜、養蠶、海産物等多く、毎日、山海の珍味に舌を打つ事等、實に羨ましい位。

　　　　○
　種子ヶ島は斯様に凡てに恵まれてゐる。そして尚今後も一層大に伸び様としてゐる。
　開墾へ！
　開墾へ！
　そして開拓者を求めてゐる。これは幾年か前から行はれてゐたのであるが、この開墾事業も本年即ち昭和八年限りであらうとのことである。
　一昨年中長崎カトリック教報紙上に於て、すでに當地の情況を報告したが、その結果、今日では、凡そ六十名の信者が來島致し、着々として、開墾事業に從事し居り、それらの人々の奮闘振りには實に目覺しいもので今日では頗る好成績を擧けてゐる。それに近々澱粉會社が設立され、その事業に伴ひ、原料及び其他の産物も次第に價が高くなつて來るであらうと考慮される。
　開墾のため來島したき方は、今春の作に合ふやうになさるが可いと思ふ。
　　　　○
　作地は入用丈は求められる。（三ヶ村で四千戸餘りの入島が出來る程まだ十分の餘裕がある）
　土地は何れに於ても發展に從つて、小作料、産物の値段も高くなるのは當然の事で、費用もそれ丈、かゝつて來るのである。併し現在、土地の値段は原野の一畝歩に付き六十錢、上畑だと一畝歩に付き一圓内外だが、西ノ表町附近は割合に高い。
　　　　○
　現今、中種村西山といふ所には、字民が熱心な農業家の來島を希望して居り、その土地を得ること容易に出來、幾らかは人の雇ひ入れもするといふ話である。
　　　　○
　今、種子ヶ島は、吾々に採つて布教地である。開墾しなければならない。開拓していかなければならない。そして信仰の種子をも播いて行かなくてはならない。立派に實らせてそれを次に刈らなくてはならないのである。それで種子ヶ島には熱心な信者の移住が多く望まれるのである。
　皆さんが種子ヶ島に來島されるのは今、そして開墾し、開拓し、信仰の實を結ばせる種子播の時も今、
　種子ヶ島は常に春と秋の氣候で冬枯れの寒さを知らない温暖に恵まれた地である。

第 1 章　長崎のカトリック信徒の移動

だが最後に御注意までに申して置きたい事は、移住し來れる方々に對して、教會は、土地を購入して與へたり、金錢の貸借等、一切致さない事にしてゐる。それで生活費や、その他一切の費用は各自用意の上、來島される樣希望してやまない。

② 種子島開拓移住の募集記事―補足

なお、71 号の「鹿兒島教會の農民募集」の記事に、開拓移住の規模と地代・小作料が詳述されている。開拓移住の世帯規模は全島 3 村で 200 世帯程度、農地は畑 1 畝歩に付き 1〜5 円、田 1 畝歩に付き 10〜30 円である。小作料は畑 1 段に付き 1〜4 円、田は収穫量の半分が慣例で、自作あるいは小作のいずれの移住でも可という。

③ ブラジル　信愛植民地建設趣意書

ブラジルへの開拓移住についても紹介したい。『カトリック教報』178 号（1936 年 3 月）・267 号（1939 年 12 月）にブラジル移民の動向に関する記事が掲載されている。

178 号

今年から明年にかけ、在伯日本人カトリック信者の間には、それぞれ永住すべき土地の問題で相當大きな動きが有るだらうと思はれます。といふのは、地主との間に取り結ばれた色々の契約滿期に伴ひ、適當な土地を求めて獨立しようとする人も可成在るでせうし、又すでに地主となつて居る人々でも自己所有の土地に對する種々の不滿からして、それらの土地を他に處分して、更によりよき土地を得ようとする人も亦少なくないやうに見受けられるからであります。

この事實に直面した私共としては、もしも其等の人々を一箇所に集團せしめ、斯くして長年の懸案であつた理想的な日本人カトリック植民地を建設することが出來たならば、お互いの爲に如何に幸福なことかと考へる次第であります。（以下略）

267 号

……海外興業株式會社では長崎縣に委嘱して、カトリック信者に對する移植思想鼓吹講演會及映画會を開催した。

場所は特にカトリック村として知らるゝ五島、玉ノ浦、奥浦、岐宿、三井楽

の一町三村を指定、拓務省、長崎縣、海外興業會社の派遣講師の講演と映寫が行はれた。それにつき豫め長崎縣學務部長の名を以て教區に援助方の懇請があつたので、各村に於て主任神父の配慮により、多大の成果を収めた模様である。

社会資源の関与──国の政策──

長崎の半島・離島の信徒の移動の中には、国のさまざまな政策や旧日本軍の軍事政策、軍事施設の解体等の出来事の関与が想定されるものがある。

① 開墾助成法

信徒の移住に関係が深い政策は、大正・昭和期の農林省（現農水省）の開拓政策である。大正期の開墾助成法は政府による本格的な開拓政策で、この法律の廃止までの23年間で11万6,327町歩が開拓されている。この開拓政策の特徴は、開拓村（新農村）の設立が入植者の招致と開墾事業の経営安定につながると位置づけていることであった。そのため共同建物の建設費用の一部負担等を通して新農村の建設を支援したのである。共同建物の中には宗教施設が含まれ、宮崎市田野のように共同建物として教会を建設した地区も存在する。

② 自作農創設特別措置法

第二次世界大戦後の自作農創設特別措置法も信徒の生活に大きく関係した政策である。第1に、小作地の開放（農地改革）によって、多くの信徒が自作農に転じたことである。第2に、自作農創設特別措置法に基づく開拓地への信徒の入植であった。この入植政策は、食糧増産の観点から国が山林・原野を取得し、希望者に低廉な価格で提供したもので、戦後の引揚者や疎開者、次・三男対策という側面をもつ政策であった。この政策に多くの信徒が応募し、山間の開拓地のいくつかで教会が設立されている。

③ 過疎地域対策緊急措置法

過疎・過密が社会問題になった1970年に、過疎地域対策緊急措置法が制定されている。住民福祉の向上と地域間格差の是正を目的にした政策で、過疎地に指定された市町村が過疎地域および移転地区を選定し、国・都道府県・市町村によって交通の確保・住民生活の整備・産業振興・地域社会の再編をめざすものであった。この政策に基づいて、五島の半島・離島の信徒集

落から移転が生じている。

④ 軍用地としての接収と開放

第二次世界大戦前、軍事拡大政策によって広大な農地が軍によって強制接収され、農業世帯や教会が立ち退き、移住を余儀なくされた。昭和初期、佐世保市相浦（大潟）や大村市では軍用施設の新設・増設によって信徒の移住地や教会が強制接収されている。しかし第二次世界大戦後、こうした軍用地は大蔵省に移管され、その一部は自作農創設特別措置法の農業用配分地となり、信徒の移住が生じている。

第4節　移住地の多様性——移住地の規模・信徒割合・土地所有の状況——

本書では、長崎の半島・離島出身の世帯が移住地で意図的コミュニティの形成を志向する傾向を想定している。しかし、さまざまな移住地に共通する社会的特徴を指摘することは困難と思われる。同様に定住後の展開の共通点の指摘も困難と思われる。

とはいえ、いくつかの分析視点を設定することで、多様な移住地に対する一定の整理が可能になると思われる。そうした分析視点として、類縁（宗教・同郷）関係性、移住地の規模、生産条件性、生産地の所有状況を検討したい。

類縁（宗教・同郷）関係の状況

まず、半島・離島出身の信徒の移住地は、①非信徒との関係および②信徒間の同郷関係の状況によって、一定の状況の整理・分類が可能になると思われる。

第1に、集落・地区に占める非信徒の有無である。信徒の移住時の状況に関して、先住世帯と移住世帯の混住集落、先住世帯と信徒世帯の分離、既存の集落と離れた地への移住等が区別できよう。山間の無住地に形成された信徒集落もあるものの、その場合も山地を所有したり売却した近隣の集落・集落民と関係が存在しよう。

こうした先住世帯との間の関係性も多様である。敵対的関係が容易に想定できるが、先住世帯による信徒世帯の拒否・区別の対応、信徒側の伝統的な集落・信仰行事に対する忌避等もよく聞かれた対応である。

第2に、移住地における信徒の間の同郷関係の関与の有無である。集団的・連鎖的移動によって同郷・親族関係にある世帯が移住地で集住し、出身地ごとに分節する場合が想定できよう。また同郷関係の顕在化は、信徒の地域生活・宗教生活に影響を及ぼす可能性があろう。

移住地の規模

次に、半島・離島出身の信徒の移住地の規模が、定住後の信徒の生活展開に及ぼす影響である。

第1に、社会資源の関与の有無が、移住地の地理・世帯の規模に関係するという想定である。江戸期、五島藩・平戸藩・唐津藩が行なった藩の政策としての開拓地・藩馬の放牧地への信徒の入植は、相当に規模の大きなものであった。しかし五島の場合は、3,000人規模と膨大であったため五島列島の各地に移住地が分散し、小離島のさらに周辺地における小規模集落の形成も知られている。一方、大規模な放牧地への入植の場合、出身地ごとに分節して集落が形成される場合が想定される。また明治以降では、外国人神父や国の政策が関与する移住地の面積や世帯数は、一定程度の規模に及ぶものと想定されよう。

第2に、規模の小さな開拓移住地では、生産形態の転換による世帯数の増加や周辺への信徒世帯の拡大という状況が想定される。前者の小規模の移住地で世帯数が急増する場合、主要な生産形態の転換が条件になろう。後者の小規模の移住地の周辺に信徒の居住地が拡大する状況は、周辺地における農地・開拓地の存在、移住地周辺の都市化・郊外化が関係すると推測できよう。

移住地の生産条件

さらに、半島・離島出身の信徒の移住地の条件不利性の程度によって、移住地を把握することも可能と思われる。多くの移住地は山間や半島・離島の

丘陵で、農業生産の条件不利地であった。第二次世界大戦後の開拓移住地の条件はさらに厳しい状況であったと想定される。

また、開拓移住の場合、生産に至るまでに開墾作業と年数を必要とするため、移住の当初から農業生産活動に副業や兼業を組み込んでいたと想定される。開墾作業が一段落し出稼ぎが可能になる前までは、副業や兼業は現金収入を得るための最も一般的な生活手段であったと推測される。たとえ居住地が山間であっても海岸には比較的近かったため、多くの信徒が外部の網元に雇用され漁労に従事したと想定される。また移住地の都市化・郊外化によって、商売や職人仕事等の副業のウェイトが高まり、本業の農業と副業が逆転する世帯が出現したり、集落単位で生産基盤が水産業等に転換した可能性も想定されよう。

移住地の土地所有の状況

さらに、自作農創設特別措置法（農地改革）前の信徒の土地所有状況によって移住地の状況を整理することができると思われる。すなわち生産地の所有に関して、自作地・小作地・自小作地（あるいは小自作）に区分でき、さらに信徒の移住における社会資源の関与とその時期によって、移住集落の状況や展開が推測されよう。

藩・国の政策や外国人神父が関与する移住の場合、生産地の多くは移住世帯の所有であったと推測されよう。しかし数年を要する林野の開墾作業と並行して、多くの移住世帯が小作地で生産活動に従事し、生計を維持したと推測されるため、社会資源が関与した場合も、実際は、自小作地（あるいは小自作）という状況が推測される。また大正・昭和期の国の開拓政策の移住地では、一定規模の開拓地が提供され、移住世帯は条件不利地ながらも自作地を得ている。このように土地所有の状況および自作農創設特別措置法の影響による移住地の展開の一端が整理できる可能性があると思われる。

同様に、移住時期によって、土地の所有状況を整理することも可能と思われる。すなわち江戸後期の藩の政策による移住と異なり、江戸末期・明治初期以後の移住には土地の購入・借地・小作が関係すると想定されるからである。その一方、年数がたつにつれて、信徒・非信徒からなる農民層に分解が

発生し、土地の所有状況に変容が生じたことも推測されよう。また初期の移住世帯と周辺に後発移住した世帯の間で、生産地の所有状況に差が生じたことも推測できよう。

第5節　移住の時期区分——第1次移住から第4次移住まで——

　最後に、長崎県の半島・離島の信徒の2世紀以上に及ぶ移動を俯瞰することで、その時期区分を設定してみたい。すなわち本書では、長崎の半島・離島出身の信徒の移住を大きく4期に区分し、その時期および主な移住地、移住の背景の解明を試みる。また本節の最後で、本書の構成にふれたい。

移住の時期区分
　江戸期、「切支丹植民地の母郷」(浦川 1927年 315頁) といわれた長崎市外海内で、たびたび開拓移住が生じていた。しかし最初の大規模な移動は、江戸後期の各藩の開拓計画に応じた移住であった。この移動の背景には、信徒 (キリシタン) の信仰生活の維持の思いと同様に、経済生活の安定への希求があったと推測される。こうした江戸後期の移住には、五島藩の政策に基づく五島移住、平戸藩の政策に基づく黒島移住、唐津藩の政策に基づく唐津馬渡島等への移住が含まれ、これらを第1次移住および第1次移住地に位置づけることができよう。
　次に、外海および各藩の政策に応じて移動した第1次移住地から、江戸時代末期、新たな開拓移住が発生する。江戸末期・明治初期の移住は、迫害を逃れるための逃散と同時期のため両者が重複する事例も多く、区別しにくい。しかしこの時期の移動は、信仰の維持よりも生産 (生活基盤) の維持・拡大に比重が置かれたものと推測される。その背景には、早くも第1次移住地で生じた多子状況が加わっている。北松浦半島の神崎と褥崎、平戸島の紐差や上神崎等への移住を第2次移住および第2次移住地に位置づけることができよう。
　さらに明治中期以降、外海および第1次移住地に加えて、第2次移住地

第 1 章　長崎のカトリック信徒の移動

で過剰人口が常態化し、移住が頻出する。多くの世帯が、新たな移住地での農業の継続と規模の拡大を希望したと推測される。この時期の移住の特徴は、信徒世帯自体の移動とともにカトリックの教役者の主導による移動が見られたことである。すなわち外国人神父主導で平戸市田平・紐差（木ヶ津坊主畑）、大村市竹松等への移動が生じている。これらの移動と信徒自身の佐世保市相浦（大崎）等への移動を第 3 次移住および第 3 次移住地に位置づけることができよう。

　最後に、大正・昭和期にも外海・第 1 次移住地・第 2 次移住地・第 3 次移住地で過剰人口が常態化し、人口移動が頻繁に生じたと推測される。この時期の移動の特徴は、国策（開拓政策・地域政策）の関与である。この時期も農業の継続を志向する挙家離村の世帯が多く、戦前および戦後の開拓政策等の国の政策が何らかの形で関与していた。その点で信徒世帯の多くで生じたブラジル移民や高度経済成長期の過疎政策による集落移転を含めることができよう。またこの時期、非農業を志向する挙家離村が増加して炭鉱等に集住地が形成されている。こうした宮崎市田野や新上五島町青方等への移住を第 4 次移住および第 4 次移住地に位置づけることができよう。

　本書では、長崎の半島・離島の信徒の移動をこのように 4 期に区分して、その社会的特徴を解明していくことにする。なお周辺住民や各藩、さらに明治政府の迫害による逃散や流罪（いわゆる「旅」）といった望まない移動をのぞいて簡潔に図示すれば、図 1-1 のように整理できると思われる。以下、各時期の移住の特徴を若干補足したい。

① 第 1 次移住

　本土と隔てられた離島の地への移動はいわば官許といえる移動で、信仰の維持と一定規模の営農に基づく生活の安定の希望に満ちたものであったと推測される。移住地での居住から、外海地区内の同じ集落や親族といった社会関係（同郷・親族関係）が関与していたと思われる。

　しかし、五島藩が用意した土地の多くは、離島内の周辺の半島や小離島の海岸、山間地といった農業に適さない条件不利地であった。そのため、営農に適した場所を求めて上・下五島および小離島を信徒世帯が移動することになったと推測される。五島や黒島等の信徒世帯の家系を辿れば、多くの信徒

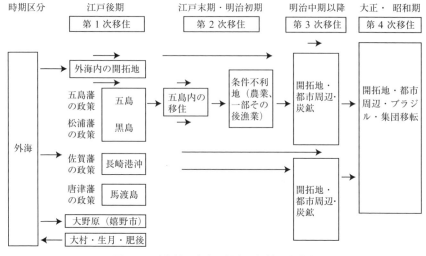

図1-1 長崎県の半島・離島の信徒の移住史

世帯が外海の集落に辿り着くといわれるものの、こうした五島内の頻繁な移住の結果、出身地との関係や系譜が途絶えた信徒世帯も多いと思われる。

なお、第1次移住地には、第1次移住と第2次移住の間に生じた外海から長崎市の大山・善長谷（ぜんちょうだに）や長崎港沖の伊王島・大明寺・高島等への移住を含めることができよう。

② 第2次移住

江戸末期・明治期に至ると、外海や第1次移住地から新たな開拓移住が発生したと推測される。第1次移住地内の移住をのぞけば、外海から第2次の移住にあたるものである。この時期の移住は、江戸末期・明治初期の迫害を逃れるための逃散と同時期といえる。

しかし、この時期の移住は著名・大規模でないものの、旧藩の開拓・新田開発政策や明治以降に活発となった土地の売買や小作契約に基づくものと思われる。農業経営を志向するものの、移住の後発（いわゆる居付き）性と信仰の秘密保持の理由から、農地に適さない斜面地や台地等の条件不利地への移住が主であったと推測される。

第2次移住でも、多子傾向と均分相続制度が継続・継承されたため、子ども世代の成長とともに分家の創出と農業経営の零細化が進行し、早い時期に農業生産を漁労収入が補完する経営に転じたと推測される。

③ 第3次移住

明治中期以降の第3次移住は、主に外海および第1次・第2次移住地で生じたものと推測される。この時期の移動の主な要因は明治以降の過剰人口の常態化で、営農を志向する開拓に工業都市や炭鉱等への移動が混在するようになったと思われる。

非農業を志向する挙家離村の移動が出現し増加する中で、外国修道会の外国人神父の主導による農業志向の開拓移住が計画されたのも大きな特徴である。信徒世帯の「排出」による残留世帯の生活の維持、移住地への集団的・連鎖的移動を通した信仰の維持や新たな信仰拠点づくりという外国人神父の宣教戦略がうかがえよう。

④ 第4次移住

大正・昭和以降も、外海・第1次移住地・第2次移住地とともに、第3次移住地でも過剰人口が発生したと推測される。一般に、産業化・都市化が進行する状況では、人の移動は向都現象と呼ばれる特徴を帯び、実際、信徒世帯の中にも工業都市や炭坑等への移住者（世帯）がかなり増加したと思われる。しかしこの時期にも、移住地で農業の継続を志向する挙家離村の信徒世帯が多かったと推測される。

さらに、戦前および戦後の開拓政策や地域政策等の国の政策が何らかの形で関与したという点で、この時期の移動は第3次移住と相違すると思われる。なお佐世保市や福岡市等、都市への移住と見られてきた信徒の移住地も、実は、こうした農業志向の移住地に含まれていると見られる。

本書の構成

本書では、長崎県の半島・離島の意図的コミュニティ出身の信徒の200年に及ぶ移動に対して想定した前述の時期区分に従って、長崎県内外で生じたカトリック信徒の集団的・連鎖的移動を位置づけている。その上で、移動の背景・特徴・移住地の多様性に関する想定や分析視点によって事例調査を

検討し、その社会的特徴を詳らかにしていく。

　第2章で、西彼杵半島および第1次移住地の江戸後期・明治以降の状況を明らかにする。まず長崎市外海の地域状況とド・ロ神父の開拓事業にふれる。次に第1次移住地に位置づけた五島（新上五島町）・黒島（佐世保市）に関して、五島藩と平戸藩の政策が関係する大規模な移住と集落形成の状況を明らかにする。

　第3章で、第1次移住地に含めた長崎市の半島・山間地・島嶼への信徒の移住と定住状況を解明する。まず半島に位置する小榊（神ノ島・小瀬戸・木鉢）、次に山間に位置する小ヶ倉（大山）・深堀（善長谷）、さらに島嶼の伊王島（馬込・大明寺）への信徒の移住の経緯とそれぞれの地にその後に生じた連鎖的移動とコミュニティの形成の状況にふれる。

　第4章で、第2次移住地に位置づけた長崎県平戸島の移住地に関して、江戸後期以後の信徒の移住と定住状況を詳らかにする。江戸後期以後、平戸島中南部で島外からの移住が進み、潜伏キリシタンと島外からの移住の混住が生じている。中南部の各集落におけるこうした混住の状況と移住者の居住の展開についてふれる。一方、平戸島北部では、明治初期以後に島外から大規模な移住が生じている。この開拓移住が生じた経緯と居住の展開状況を明らかにする。

　第5章で、第2次移住地に位置づけた長崎県北松浦半島の江戸末期・明治以降の状況を詳らかにする。江戸末期に移住が生じた北松浦半島の神崎・梼崎（佐世保市）では、明治中期以後に生産基盤が農業から漁業・水産加工業に大きく転換している。主産業の転換と連鎖的移動および集落の形成の状況を明らかにする。

　第6章で、第3次・第4次移住のうち教役者の主導・支援による開拓移住とその展開の状況を解明する。まずド・ロ神父の開拓事業に関して、北松浦半島の田平（平戸市）・大村湾岸の竹松（大村市）・平戸島の木ヶ津坊主畑（平戸市）への移住の経緯および田平移住の後に連鎖的に周辺に展開した平戸口（平戸市）等への農業移住にふれる。次にトラピスト修道院分院の進出とともに開拓移住が始まった新田原（福岡県行橋市）に関して、教役者と同郷であった五島出身者の開拓移住の経緯と郊外化の進行の状況、さらに主産

業の果樹栽培に言及する。

　第7章で、現在の都市および地域の中心地、産炭地への移住の状況を解明する。第3次移住が生じた時期は、工業都市や炭鉱等への信徒の移動が生じた時期にあたる。この時期、都市地域等に移住した信徒は、一般に、第1次産業から第2次産業への社会移動を伴う移住者と見られがちである。しかし、佐世保市への信徒世帯の移住の経緯を跡づけることで、実は、現在の都市地域に移住した多くの信徒世帯が営農志向であったことを明らかにする。加えて平戸市および諫早市への信徒の移住にふれる。さらに北松浦半島の産炭地（佐世保市）への信徒の移動と家族形成の状況を分析する。産炭地は都市以上に社会解体傾向にあったといわれるものの、産炭地においても信徒のコミュニティが形成されている。その形成の経緯と家族形成の状況の把握をめざす。

　第8章で、第4次移住に位置づけられる移住のうち第二次世界大戦前の国の開拓政策に基づく開拓移住の状況を詳らかにする。大正期に制定された開墾助成法によって形成された集落のうち田野（宮崎県宮崎市）と能古島（福岡市西区）への移住の経緯とコミュニティ形成にふれる。

　第9章で、第4次移住に位置づけられる移住のうち第二次世界大戦後の農業政策・地域政策に関係する移住の状況を解明する。まず自作農創設特別措置法に基づく開拓移住に関して、烏帽子・牟田ノ原・横浦等（佐世保市・佐々町）、千代切山・長崎山等（平戸市）、松尾（大村市）の状況にふれる。次に農地改革後の集住地形成に関して茶山（福岡市城南区）の状況を分析し、さらに過疎地域対策緊急措置法による集団移転と集住地の形成に関して、青方（新上五島町）の状況に言及する。

　最後に第10章で、長崎のカトリック信徒の移動と意図的コミュニティ形成の志向に関して、開拓移住における出身地の社会的背景・要因や移動における社会関係の関与を検討し、次に長崎の半島・離島出身者の移動の社会的特徴について検討する。その上で、日本の近代化という観点から信徒の移動を整理・検討することにしたい。

注

1）種子島開拓移住の経緯とその後に関して、2012年3月、鹿児島市鴨池教会の奄美大島出身の信徒に聞き取り調査を実施した。父親が神父の種子島司牧に同行し、農地を購入してびわ栽培に従事したという。叶堂隆三「奄美出身者の選択的移動とコミュニティの形成」『下関市立大学論集』第142号、2012年および叶堂隆三・横田尚俊『南九州における宗教コミュニティの形成』下関市立大学叶堂研究室、2015年を参照のこと。

第 2 章

西彼杵半島と第 1 次移住地
――移住世帯の母郷と江戸期の移住地――

　江戸後期の信徒（潜伏キリシタン）の移動は、西彼杵半島の外海から五島と黒島等の離島への移住が嚆矢である。本章では、「切支丹植民地の母郷」（浦川 1927 年 315 頁）と呼ばれる西彼杵半島の地域状況および第 1 次移住地の五島と黒島への移住の状況を解明する。

　まず第 1 節で、長崎市外海地区出津の地域と生活の状況および外海から他出が生じた背景を詳らかにする。さらに明治期に信徒の移住に積極的に取り組んだド・ロ神父の開拓事業を紹介する。次に第 2 節で、第 1 次移住地の五島への信徒の移住と生活状況に言及する。まず上五島の中でもとりわけ厳しい居住条件であった小離島の折島と中通島北西部の旧樽見集落・旧熊高集落の地域状況および移住の経緯にふれ、次に中通島北部の鯛ノ浦の地域状況を紹介する。また昭和期の津和崎半島（曽根）地域状況および生産の転換の状況を明らかにする。さらに第 3 節で、佐世保市黒島への移住の経緯と信徒の生活状況にふれ、加えて黒島から他出が頻出した社会的背景を探ることにする。

第 1 節　長崎市外海――他出の背景とド・ロ神父の開拓事業――

　長崎市外海は、図 2-1 のように、長崎市北部から西海市につづく西彼杵半島の西岸に位置する。1955（昭和 30）年に旧神浦村と旧黒崎村が合併して旧外海町が誕生し、その後の 2005（平成 17）年に長崎市に編入されている。

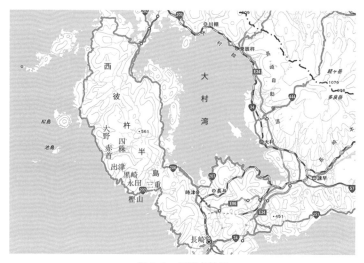

図 2-1　長崎市外海

※この地図は国土地理院地図に関連する名称を加筆等したものである。
　西彼杵半島の左（西）側が外海、右（東）側が内海である。

写真 2-1　外海地区（出津）

江戸末期の地域状況と信徒の移住

　外海は山地が海岸に迫る急峻な地形で、平地に乏しい農業生産の条件不利地である。「水田が少なく、山が海に急傾斜して落ちるところに長い段々畑」（外海町史 469 頁）といわれた耕作に不向きな土地での零細規模の農業で、主な作物が小麦といもであった。こうした生産状況にあったため、漁労を兼

業する世帯が大半であった。

　外海地区出津の漁労は、西彼杵半島の海岸集落の鰯網の網元の下での就労（網子）で、重要な現金収入源であった。漁獲された鰯は「ほしか」として利用されたものの、しかし好不漁による不安定さと身体的リスクがつきまとうものであった。

① 入り組んだ大村藩・佐賀藩の飛び地

　『外海町史』（1974年）によれば、江戸末期の神浦村の世帯数は1,081世帯で、住民の大半が農業従事者であった。しかし零細な経営規模の世帯が多かったため、農業に加えて日雇等や漁労に従事した住民が相当数に及んだ。黒崎村の世帯数は257世帯で、営農規模の零細な世帯がやはり多く、米を食べることができた世帯はわずかであった（外海町史 217-22頁）。

　とりわけ黒崎村に特異な地域状況は、江戸期、大村藩領と佐賀藩領が複雑に入り組んだ飛び地の存在であった（外海町史 65頁・78頁）。「大村領内に佐嘉領の飛地があり、その飛地の中にさらに大村領があるという行政上極めて複雑化している。……二重飛地の外に水の問題や漁業権などが重なって混雑し、しかも、深堀藩（佐賀藩＝引用者）の飛地は黒崎村1,800余町のうち1割近い173町6段25歩が大小の飛地として散在していることに面倒さがあった」（外海町史 81頁）。また佐賀領飛び地の中に大村領飛び地が存在する逆のケースも数多く存在していた（外海町史 84頁）。

② 江戸後期の移住——他出と流入——

　外海にキリスト教信仰が定着したのは16世紀で、遠藤周作の『沈黙』に当時の信仰と迫害が描かれている。信仰の状況は、「殿様をはじめ住民はほとんどがキリスト教信徒であった。きびしい迫害がなかった理由として交通の不便さと、公領長崎などに比べて小藩の一部でしかなかった」（出津教会誌 13頁）ためとされている。また外海が城下町大村の対岸の内海の山向こうに位置し、山地が海岸に迫る急峻な地形に加えて、大村領と佐賀領が複雑に入り組んだ藩境であったことが、キリシタンの潜伏に有利な状況であった。

　しかし、江戸後期、大村藩領で厳しい人口抑制政策やキリシタン弾圧政策が行なわれたため、外海の外に移住や逃散が頻発した。とりわけ五島には、

写真 2-2　外海の山間地

長崎と天草地方の潜伏キリシタン関連遺産

写真 2-3　大野教会

長崎と天草地方の潜伏キリシタン関連遺産

大村領の三重村・黒崎村から 3,000 人が移住している。五島での移住地や逃散先として、約 70 集落・地区が『出津教会誌』に記されている。その地区・集落の一例をあげれば、上五島では、中通島および周辺の小離島の集落の赤崎（中通島鯛ノ浦）・桐ノ浦・桐古里・宿ノ浦・中ノ浦・大浦・奈良尾・福見・江袋・仲知・野首・頭ヶ島・野崎島・原塚（若松島）・有福島で

第 2 章　西彼杵半島と第 1 次移住地

あった。下五島では、奈留島の葛島、福江島および周辺の小離島の富江山の田・岐宿楠原・水ノ浦・打折・三井楽・久賀島・姫島であった（出津教会誌 19 頁・25-8 頁）。五島以外では、蔭ノ尾・伊王島・黒島・野母崎・樺島（出津教会誌 25-8 頁）、佐賀県の大野原（外海町史 593 頁）等に移住している[1]。

その一方で、外海の山間等に外海の内外から開拓移住が行なわれている。牧野集落・大野集落・四株（よかぶ）集落はいずれも開拓集落である。牧野には大村、大野には生月島や肥後、四株には外海の西樫山出身者が移住している（出津教会誌 31-2 頁・36 頁）。

幕末期（1865 年）には、大浦天主堂の外国人神父が外海の出津に密かに訪問するようになる。出津と黒崎に多くの信徒がいることを知り、その後、大浦天主堂の神父が派遣されたためである。しかし外国人神父との交流をめぐって、外海の潜伏キリシタンはカトリックに復帰した信徒と潜伏時代の習慣をつづける隠れキリシタンに二分されることになる。さらに明治初期、大村藩領とともに佐賀藩領でも厳しい弾圧が起こり、浦上（長崎市）や黒島等に逃散が生じている。

明治期の信徒と教会の設立

外海の各集落は信徒の代表を大浦天主堂に送り出し、要理を学んだ信徒が各集落で教え方（カテキスタ）を担当した。その結果、集落の住民がカトリックに復帰していく。大浦天主堂で指導者を養成する方式は、五島や平戸、他の島々の集落でも同様であった（出津教会誌 62 頁）。江戸末期の移住に加えて、リーダー層が要理の勉強を通して、長崎県の各地との間に関係や交流が生まれたと推測される。

1874（明治 6）年に禁教令の高札が取り下げられた時、外海の信徒世帯は 324 世帯、信徒数 1,538 人であった（出津教会誌 61 頁）。1876（明治 9）年、出津の尾下宅の敷地にわら葺家の仮聖堂が造られる。1879（明治 12）年、ド・ロ神父が出津小教区に赴任する。1882（明治 15）年にド・ロ神父によって出津教会が建築され、当時のド・ロ神父の管轄（旧三重村・旧黒崎村・旧神浦村）の信徒数は 2,913 人に達した。なお隠れキリシタンは、5,000 人であった。

明治期の生活状況──農業生産の不利性と多子状況──

　明治以降も、外海の世帯の大半は兼業であった。農業は急峻な条件不利地における零細規模のものであり、漁労は現金収入をもたらすものの不安定さと身体的リスクがつきまとうものであった。禁教令の高札の取り下げ後、こうした生活状況の中で長期間にわたる多子状況が出現することになる。表2-1は、出津小教区の信徒数と受洗者数による普通出生率の推計である。禁教令の高札の取下げ後、出津小教区では集落を単位として、カトリックの受洗か潜伏期の信仰の継続（仏教等あるいは隠れキリシタン）のいずれかが決定されている[2]。この時期、非信徒との婚姻も一般的でなかっため、成人洗礼（改（回）宗）は少なく、1887（明治20）年頃以降の受洗者の大半が幼児洗礼者（新生児）であったと推定できる[3]。この数字を普通出生数の指標にすれば、明治・大正期の大半の時期で全国平均を10‰も上回る相当に高い数値に達し、多子状況が恒常化していた状況が推定できよう。

　つまり、この時期の外海（出津小教区）は、生産性の低い厳しい生活状況の中で普通出生率が高止まりした厳しい状況にあったといえる。その一方で、出津小教区の地域人口（信徒数）を見る限り「人口爆発」の発生は確認できない。こうした数値の離齬から、外海（出津小教区）で「過剰労働力」が常態的に地域外に排出され、地域人口が一定に保たれていたと推測されよう。

写真 2-4　出津の授産施設（大平作業場）跡
長崎と天草地方の潜伏キリシタン関連遺産

第 2 章　西彼杵半島と第 1 次移住地

表 2-1　出津教会の信徒数と受洗者数

年 (元号)	1865 年 (慶応元)	1880 年 (明治 13)	1886 年 (明治 19)	1889 年 (明治 22)	1890 年 (明治 23)	1891 年 (明治 24)	1892 年 (明治 25)	1895 年 (明治 28)
信徒数	-	2,913	3,033	3,201	1,760	1,772	1,797	1,772
受洗者数	-	-	50	107	68	82	63	45
出生率 (推計)	-	-	-	33.4	38.6	46.3	35.1	25.4
参考 同時期の 出生率	-	24.1	-	-	28.7	-	-	-
備考	出津に 260 世帯うち隠れキリシタン 60 世帯	1874 年に高札撤去三重以北瀬戸多以良以南の隠れキリシタン 5,000 人	1886 年のド・ロ神父による田平移住 1 1888 年ド・ロ神父による田平移住 2		出津・黒崎小教区分離			1893 年ド・ロ神父の田平購入地移住 3

1896 年 (明治 29)	1897 年 (明治 30)	1900 年 (明治 33)	1902 年 (明治 35)	1907 年 (明治 40)	1910 年 (明治 43)	1915 年 (大正 4)	1919 年 (大正 8)	1920 年 (大正 9)	1924 年 (大正 13)
1,752	1,751	1,880	1,948	1,842	1,908	1,980	1,993	1,904	1,789
58	66	79	80	58	90	59	75	65	80
33.1	37.7	42.0	41.1	31.5	47.2	29.8	37.6	34.1	44.7
-	-	32.4	-	-	34.8	-	-	36.2	32.4 (1930 年)
						1917 年の黒崎村 1,025 世帯 6,801 人			

注）出津教会の受洗者数は、出津教会誌 154 頁による。参考の普通出生率は、縄田康光「歴史的に見た日本の人口と家族」96 頁の数値を利用した。
　　1973 年の出津小教区 273 世帯 1,371 人、1975 年の外海町 3,960 世帯中カトリック 540 世帯、キリシタン 400 世帯である。
　　出生率は千分率（‰）である。

常態的な信徒世帯の他出とド・ロ神父の開拓移住事業

「外海地方は切支丹植民地の母郷とでも謂いたい位」（浦川 1927 年 315 頁）という浦川の言葉から、江戸後期、すでに外海から人口の流出が始まり、明治以降に常態化したと見ることができる。このうち江戸後期の外海からの主な他出先はすでに見た通りである。しかし、明治以降の外海の信徒の他出先と移住の状況は、外海（出津）ではほとんど記録がない。唯一の例外はド・ロ神父が企画した開拓移住事業である。

① 福祉事業と生産性の向上の工夫

ところでド・ロ神父の名を著名にしたのは、片岡弥吉が『ある明治の福祉像』（片岡 1977 年）で紹介した外海での福祉（救貧）事業である。福祉事業の一例をあげれば、1883（明治 16）年の女子救助院の設立がある。「海難の為に死んだ漁夫の未亡人たちを救済するために設立した。……やがてここで機織・染色・搾油・ローソク・パン・マカロニ・ソーメンを製造する」（出津教会誌 97 頁）。また 1885 年に保育所を併設し、授産事業として鰯網工場を設立している。

なお、ド・ロ神父が最初に取り組んだのは、外海地区出津における農業生産性の向上と農産物販売の市場開拓であった。フランス小麦や優良品種のじゃがいもの種子を西洋から輸入するとともに、農作業に関しても西洋式収穫鎌や畝立機、ド・ロ神父が考案した運搬具によって生産性の向上を図っている。また長崎に住む外国人を市場ととらえて西洋小麦や新たに栽培させたトマト・西洋イチゴ等、ド・ロ神父が設立した救助院で製造したマカロニ・パン・素麺等の農産加工品を販売させている（外海町史 479-84 頁）。

すなわち、ド・ロ神父の外海地区出津における事業は、零細規模のままの世帯の農業生産性と収入を拡大する工夫であり、兼業の漁労で命を落とした夫の代わりに世帯を支える女性の授産と子育て支援であった。いずれの取り組みも地区内の生活支援であった。

② 開拓移住事業

ド・ロ神父は、こうした福祉事業や生産活動に取り組むだけでなく、開拓移住事業を企画している。開拓計画は「零細農家の二男、三男などに独立自活の道を授けようとする目的」（外海町史 479 頁）で、最初に着手したのは

第 2 章　西彼杵半島と第 1 次移住地

写真 2-5　ド・ロ神父の墓地（長崎市外海）

外海の山間の原野 2 町歩の開拓・耕地化であった。

　ド・ロ神父の開拓移住事業は、「零細な田畑が子供に分割されていよいよ零細化するか、または田畑をもらえない子供たちは生計の道を立て得ない」（外海町史 596-7 頁）という実情の認識に基づくものである。ド・ロ神父は、信徒の厳しい生活が均分相続の慣行に由来すると見抜き、開拓移住が農地の細分化を防ぐ手立てであると確信したと思われる。そして「この村は土地が今日既に人口に比べて狭過ぎるのに数十年後にはどうして暮すつもりか、一日でも早く移住した方が得だ。遠くに行けないなら近くに移住することが出来るだろう」（外海町史 597 頁）と信徒に開拓移住を勧奨している。

　ド・ロ神父は、1886（明治 19）～1890（明治 23）年の間に長崎県北部に外海の信徒を送り出している。まず 1886 年、現在の平戸市田平の山野 1 町歩を購入して 4 家族を開拓移住させる。1888 年にも田平の土地 3 町 3 段余を購入し 9 家族を開墾移住させ、その後も瀬戸山・小手田・下寺などに移住させている。また平戸島の紐差（木ヶ津）に 7 町余の山林原野を買い与え、18 世帯 97 人を開拓移住させている（外海町史 597 頁）。

　さらに 1887 年以降、長崎県外の北海道や宮崎県日向に視察員を派遣して開拓地調査を実施している。このうち日向の開拓地調査では、鹿児島から福山、野尻、コメカミの原、都城、小林、高原、宮崎、広瀬、高鍋を視察させ、その報告を聞いている。県外への開拓移住は実現しなかったものの、

ド・ロ神父自身も宮崎・鹿児島を視察している（外海町史 597 頁）。

③ ド・ロ神父の開拓移住事業の特徴
　　——新たな宗教コミュニティの形成——

　しかし、ド・ロ神父の開拓移住事業は、外海の外に過剰人口を輩出し、単に生活安定を目的にするものではなかったと推測される。ド・ロ神父は、第6章でふれる平戸市田平・大村市竹松・平戸市木ヶ津（坊主畑）への開拓移住を主導している。ド・ロ神父の移住計画には、農業・漁業に従事してきた外海の信徒が集団移住した開拓地で、経営の安定性の高い農業に従事するというコミュニティ志向性が明白に顕れている。さらに3地区に共通するのは、移住時期が明治中期、移住の世帯規模がいずれの移住も20世帯前後という点である（田平の場合、黒島教会のラゲ神父主導の3世帯を含める）。移住の時期に関して、明治初期に誕生した子ども世代が家族形成を開始する時期の人口対策であったことが明らかである。一方、20世帯程度の世帯規模は、ド・ロ神父の抱く宗教コミュニティの創成に必要な世帯数を想像させるものである。なお、この世帯数は藩制村（集落）の平均世帯数とほぼ一致するものである。すなわちド・ロ神父が人口対策のみで開拓事業を計画したのではなく、開拓移住地に意図的コミュニティを形成する企図を持っていたことが浮き彫りになる世帯数といえよう。

連鎖的移動の発生

　ド・ロ神父の開拓移住事業の特徴は、3つの開拓移住地ともに20世帯規模という点である。しかし、第6章でふれるように、これらの世帯が先行する形で、その後に田平と竹松の開拓地に外海から連鎖的移住が多数生じている[4]。そのためド・ロ神父の主導や費用負担に依拠した開拓移住の後に、信徒世帯の自主的移動が生じたと推測される。田平の場合、ド・ロ神父の購入地に移住した15世帯に対して、私費でその後に移住した世帯は、外海全域から42世帯に及ぶ数であった。

外海における移住の社会的特徴

　以上、外海からの移動の特徴は、第1に、江戸後期に始まり、よく知ら

第2章 西彼杵半島と第1次移住地

れる五島移住やド・ロ神父主導の開拓移住以外にもさまざまに生じていたことである。浦川が「切支丹植民地の母郷」と呼ぶように移住地は長崎県内外に広がっている。しかし移住の詳細は十分把握されていないため、第3章以降にふれるように、さまざまな移住先から辿ることで判明していく場合も多いと思われる。

第2に、外海からの移住の背景に、生産財（農地）の狭小性および急傾斜の条件不利性があったことである。さらに江戸期における信徒生活の維持に関係する均分相続制度と信仰に由来する多子によって、厳しい状況が増幅されたと推測されよう。

第2節　新上五島町──地域内の条件不利地への移住と他出──

長崎県の上五島は、長崎県西彼杵半島から野母崎の60〜90km沖に130の島が列島をなす五島の北部に位置し、主な島嶼は中通島・若松島・小値賀島・宇久島である。図2-2の新上五島町は、2004年に中通島・若松島等の若松町・上五島町・新魚目町・有川町・奈良尾町の合併で誕生した町である。新上五島町の人口・世帯数は、1955年および1960年当時、5万7,000人前後で安定していたものの、経済成長期とともに減少しはじめた。すなわち1970年は1955年の5分の4、1980年は3分の2に減少し、

写真2-6　上五島青方湾と跡次教会

図 2-2　上五島

※この地図は国土地理院地図に関連する名称を加筆等したものである。

2000年には1955年の人口の半数を割っている。高度経済成長期以降、急激に減少した上五島の人口であるが、各期間の人口減少数を推計すれば、高度経済成長期に毎年1,000人、その後の時期で毎年500人の割合であり、差が見られる。上五島の人口減少のすべてを社会減（他出）にカウントできないものの、その大半は、就職・進学による離家離村の増加に加えて家族単位の挙家離村の増加と推定される。

　次に、新上五島町の産業状況にふれたい。新上五島町全体（2005年）では、第1次産業人口13.5％、第2次産業人口17.3％、第3次産業人口

69.2％で、他の地域に比べて、第1次産業人口が多いことが分かる。そのうち漁業人口は12.5％で第1次産業人口の大半を占める。また第2次産業従事者の中に、上五島町内外の水産会社に所属して漁船に乗船している人、運搬船に乗船している人が含まれている。旧町別では、漁業人口が多いのが小離島の旧若松町（27.6％）で、本節でふれる曽根が含まれる旧新魚目町も13.1％が従事している。しかし、新上五島町内で水揚げされた漁獲量は1995年51,962トン、2000年41,537トン、2005年10,449トン、2007年9,333トンと減少傾向にある[5]。

上五島の小離島と中通島北西部の半島──旧折島・旧樽見・旧熊高集落──
　新上五島町中通島（図2-2）の青方湾沖の折島と中通島の北西部の西に位置する半島（山地）の海岸の樽見・熊高は、かつてカトリック信徒が居住した集落であった。1970年代、過疎地域対策緊急措置法に伴う集落移転でいずれも消滅している。
① 旧折島集落の形成と住民の生活
　折島は、中通島の西側の青方湾沖に位置する周囲4km、0.32km^{2}の小島である。ひょうたん形の島の中央部が折れたように見えることから「折島」と名づけられたという。
　折島の草分けの白浜家の五島への移住は、外海出身の丈吉が中通島の浜ノ浦郷福崎に居住したことに由来する。この丈吉の移住は、江戸後期の五島藩の政策（開拓政策）に応じて外海のキリシタンが五島に開拓移住した第1次移住の時期である。浜ノ浦郷福崎で子ども（密作）が生まれ、さらに密作に弥蔵・福松の兄弟が生まれる。『大曽カトリック教会創立100年』に掲載された弥蔵の子である白浜忠右ヱ門の「この島（折島＝引用者）に弥蔵らが上陸するまでを話そう」（大曽カトリック教会創立100年 75頁）という談話から、五島移住の第1世代の丈吉の2代後にあたる第3世代（弥蔵）が折島に移住し、その時期が江戸末期であったことが判明する。
　さらに、『カトリック教報』604号（1976年6月）の「大村領外海から五島福崎に移住し、さらに7回も転々と移り歩いた後……ここに来た白浜弥蔵たち10戸であった」という記事や折島に居住していた小原家が「青砂ケ

浦を(「を」は「と」か=引用者)奈摩の中間点にある小河原より来ていた」ために「小原」姓となったという記事、さらに折島に居住していた瀬戸一族が野崎島を経由して折島に来住したという郷土史に詳しい森下正光氏の話からも、折島への移住が五島への第 1 次移住後の五島内の移住を経たものであり、第 2 次移住の時期にあたることが確認できる。

　明治後期 (1906 年)、折島の 12 世帯は旧上五島町網上郷の住民から金を借りて、浜ノ浦続郷から折島を 800 円で購入する。この金額から「800 円島」という通称が生まれたとされ、12 世帯の借金の返済は 10 年に及んだという (大曽カトリック教会創立 100 年 76 頁)[6]。

　1965 (昭和 30) 年、折島には 34 戸 38 世帯 89 人が居住していた。就業状況は漁業 35 人、農業 22 人、その他 11 人で、男性は漁業、女性は農業に従事していた (大曽カトリック教会創立 100 年 76 頁)。漁業の場合、1960 年以降、巻き網船の漁労に従事していた。巻き網船に乗ると 3 年で家が建ったといわれた時代で、高校に進学せず船に乗った若い世代が多かったという (谷口護・菊池成明 594 頁)。農業は畑作で、主として麦作、他にさつまいも、じゃがいもの栽培であった。当時の 3 人の就学児童・生徒のうち小学生は島の分校、中学生は通学船で対岸の中通島・浜ノ浦中学校に通学していた。

　折島団地の住民 (母娘) への聞き取りでは、ひょうたん型の折島の北側の丘が上ハナ、南側の丘が下ハナ、その真ん中がトマノウチと呼ばれ、3 地区に分かれていた。この時期と推定される地図 (谷口・菊池 594 頁) で島内の各地区の世帯数を推計すれば、上ハナが 13 戸、下ハナが 13 戸、トマノウチが 10 世帯程度である。折島団地の住民への聞き取りでは、中央のトマノウチに教会や学校、商店があったものの、世帯は上ハナが多かったという。その話から、下ハナとトマノウチで世帯の流出が多かったと推測される。

　表 2-2 は、折島の人口・世帯数の変化である。数値が不明な時期や記載誌 (者) で異なる時期が多く、推計値を加えた。

　まず江戸末期である。この時期の各資料の数値の相違は、移住した系譜 (家系) 数か世帯数かに由来すると見られる。すなわち、草分けの 1 つである白浜家に関して、白浜忠右ヱ門の談話から、第 1 次移動を第 1 世代として第 3 世代 (弥蔵・福松兄弟) の両世帯と第 2 世代の三男が折島に移住し

第 2 章　西彼杵半島と第 1 次移住地

表 2-2　折島の人口と世帯数

記載誌・者	年	江戸末期	1906 年[*2] (明治 39)	1950 年 (昭和 25)	1955 年 (昭和 30)
SHIMADAS (国勢調査等)	人口	-	-	228	244
	世帯数	7	-	-	-
大曽カトリック 教会	人口	-	-	-	89[*4]
	世帯数	10	12[*1]	-	38
谷口・菊池	人口	-	-	-	-
	世帯数	4〜5[*1]	13[*1]	-	-
若　林	人口	-	-	-	-
	世帯数	8〜10	-	-	-
推　計	人口	-	-	228	244
	世帯数	10	12	36[*3]	38
	平均世帯員数	-	-	6.3	6.4

1960 年 (昭和 35)	1965 年 (昭和 40)	1970 年 (昭和 45)	1973 年 (昭和 48)	1976 年 (昭和 51)
230	141	-	-	100
-	-	-	-	24
-	-	-	-	23
230	-	-	-	112
36[*4]	-	-	-	23
230	-	113	108	112
32	-	27	26	23
230	141	113	108	112
36	26[*3]	27	26	23
6.4	5.4	4.2	4.2	4.9

注)　*1：江戸末期の入植の SHIMADAS の 7 は系譜（家系）、大曽カトリック教会の 10 は世帯数、谷口・菊池は草分けと思われる。折島購入時の大曽カトリック教会の 12、谷口・菊池の 13 は世帯数と思われる。谷口・菊池の「血族による所有の状況」では 6 つに区分されているため、入植時期の 6 つの系譜（一部、複数世帯を含む）の分家の創出によって購入時に 12〜13 に増加したと考えられる。
　　*2：折島の購入時期は大曽カトリックは 1906 年、谷口・菊池と若林は 1890 年としている。
　　*3：1955 年・1960 年の平均世帯員数 6.4、1976 年の平均世帯員数 4.9 を手掛かりに、1950 年は人口を 6.4 で割り、1965 年は 5.5 で割って世帯数を出した。
　　*4：1955 年の大曽カトリック教会の人口は誤記と思われるものの、世帯数は正しいものと判断した。谷口・菊池の 1960 年の世帯数は地図の家の戸数を筆者が数えたものである。

ていることが確認でき、白浜家を系譜（家系）として 1 とするか、あるいは世帯として 3 とするかで違いが生じたと推測できる。

次に、明治後期、世帯数が 12〜13 に増加しているのは、分家の創出によるものと判断できる。しかし江戸末期からの約 40 年間の増加数としては大きなものでなく、島内の世帯（分家）の増加は、主として折島の購入後に生じたと見ることができる。大正期・昭和の第二次世界大戦期の数値は不明であるものの、1955 年（世帯数 38）までの半世紀の間に世帯数が 3 倍に増加したことで、分家の創出が裏づけられよう[7]。

こうした明治後期以降の分家の増加の背景には、均分相続と漁業従事があったと見ることができる。まず均分相続に関して、谷口護・菊池成明は 1960 年代の地籍集成図を検討して、この時期までに土地（山畑宅地）がかなり細分されていること、しかし世代が進むにつれて畑のみが分割される傾向を見出している。完全な均分相続ではなかった理由として「折島集落は集落域が島の大きさで限定されているため、当初行なわれていたような土地の均分相続は継続出来なかったと言える」（谷口・菊池 593 頁）と土地の狭小性を指摘している。しかし、一般に、カトリック信徒世帯の均分相続は必ずしも完全に均等な分割だったわけではない（内藤 185-6 頁）。重要なのは、子ども世代に土地を分割するカトリック信徒の慣習が維持され、それが世帯数の増加の要因の 1 つになった点である。

次に、漁業に関して、「折島近海は古くからの好漁場で、終戦直後までは盛んに漁がおこなわれていた」（谷口・菊池 594 頁）とあり、男性の従事する漁労収入が、土地（農地）の狭小化傾向の中で、分家の創設（家の建築）と世帯の生活維持を可能にしたといえよう。

② 旧樽見集落の形成と住民の生活

旧樽見集落と旧熊高集落は、図 2-3 のように、中通島の北西部すなわち旧上五島町の青方と冷水を結ぶ県道 170 号線の西に広がる半島（山地）の西海岸の集落である。両集落の沖に無人島の祝言島が浮かび、急峻な山地が海岸に迫る地形である。青方と道路で結ばれる大曽・船崎に近い集落が樽見で、青方から 8km の距離にある。樽見からさらに 1.5km ほど奥に位置し、冷水に近いのが熊高である。

第 2 章　西彼杵半島と第 1 次移住地

図 2-3　移転前の樽見集落と熊高集落

※新上五島町提供の地図に関連する名称を加筆したものである。

　『大曽カトリック教会創立 100 年』には、樽見集落と熊高集落は 1920 年代末～1930 年代に分離したと記載されている（大曽カトリック教会創立 100 年 84 頁）。集落移転後、樽見団地に移った住民の話では、樽見は集落の下側に家が多く、集落上方の道路より上は家があまりなかったという[8]。戦前は 12、3 世帯あり、多い世帯で 10 人程度の子どもがいたという。終戦後に多くの他出者が集落に戻って来たため、集落の世帯数は最多で二十数世帯に及んだという。
　樽見の農地のほとんどは段々畑で、さつまいも・かぼちゃ・とうもろこ

写真 2-7　大曽教会

し・じゃがいもの野菜作であった。戦前、集落の1世帯が牛を1頭飼い、農耕に使用していた。また女性が農業を担っていた。女性たちは田を持っている集落の家を手伝い、熊高の田仕事の手伝いもしていた。集落の男性は船に乗り、こうした手伝いの時に捕鯨船に乗っていた男性が持ち帰った大きなクジラを釜で湯がいて皆で食べたという。1956（昭和31）年当時、船の日当は3,000～5,000円で、これに水揚げにしたがって金額が上乗せされた。ちなみに土木作業の日当は150～200円程度だったという。

樽見団地の住民（1933年生まれ）は子ども時代、青方の国民学校まで山道を1時間半～2時間かけて通ったという。「道が落ち葉でシャカシャカしていた」という。かなり前には、やや近い船崎に小学校があったという。

樽見には、山本・野下（3世帯）・杉本・竹山・畑上等の姓の家があった。野下家は樽見団地の住民の親の代に、旧新魚目町の中心の榎津から来住した世帯という。他の世帯は何代前に先祖が来たか分からないものの、中通島の津和崎半島の旧新魚目町立串・曽根・大瀬良・小瀬良から来住した家だったという。この話から、旧樽見が江戸末期・明治初期以後に五島内から移住した地であると見て間違いないだろう。

第 2 章　西彼杵半島と第 1 次移住地

③ 旧熊高集落の形成と住民の生活

　熊高団地に住む住民の話によれば、昭和 30 年代の旧熊高集落は、17、8 世帯であったという。熊高には棚田があり、水と土がいいのでよく米がとれたという。田植えは、集落の各世帯が交代で行ない、集落総出の活動として、山さらい、道の草払い、ふのり（磯あらい、おご）採りがあった。いずれも女性の仕事で、男性の多くは漁業（底引き網・あぐり漁）に従事した。底引き網は済州島や男女群島の女島あたりまで行き、魚を佐世保の市場に持って行った。底引き網漁では 1 週間に 1 回、あぐり漁では 1 月に 1 回集落に戻って来た。あぐり漁は収入がよかった。男性で船に乗らない人が 2、3 人いたが、船酔いなどが理由で、船に乗っていない人は炭焼きをしていた。

　1968（昭和 43）年、長年集落の子どもたちが通っていた上郷小学校から青方小学校に校区が変わり、山越えの道を町役場のスクールバスで通学することになった。山道のバス移動のため、通学は大変であったという。また子どもが高校進学を迎える家が集落に 4、5 世帯あり、これらの中には、妻の実家近辺の空き家を借りたり、長崎に移転した世帯もあった。

　熊高の草分けは、熊高姓の信徒の家であった。熊高団地の住民（浦越和一氏）の初代（3 代前）が熊高に来住した時には、すでに新上五島町の別の開拓地である佐野原（佐野原教会が所在）に転居していたという。熊高には、竹山・荒木・浦越・生田・初田の姓があり、それぞれに集落内に 4、5 軒の親戚があった。そのうち浦越家は新上五島町の津和崎半島曽根、生田家は大曽からの移住であった。

　熊高団地の竹山松雄氏に関して、「竹山与十と平戸出身のハツ（安政 2 年生まれ）の子にサオがいた。サオは下五島の福江から熊高の山を伐採に来ていた松山与三兵衛と結婚した。彼は士族だった。その子供が竹山松雄さんである」という一文が『大曽カトリック教会創立 100 年』（83 頁）に掲載されている。また同誌に「現在の浦越忠吉さんの先祖は、曽根の大根河原から初次郎等。松崎留蔵は冷水から。というように、中通島の各地から網上を経由して入った」（83 頁）とも記載され、このことから熊高も江戸末期・明治初期以降に五島内から移住した地であったと見ることができよう。

鯛ノ浦

　中通島の鯛ノ浦は、2004 年の合併前は旧有川町に属していた。しかし浦川によれば、江戸期の鯛ノ浦は旧奈良尾村の一部であったという（浦川 2018 年 209 頁）。

　鯛ノ浦への信徒の移住は、19 世紀初頭前後、西彼杵半島からであった[9]。草分けは、外海地区出津の浜からの 2、3 世帯といわれ、その後、幕末から明治期に活躍し、のちにドミンゴ松次郎と呼ばれた森松次郎の家族（両親・兄弟）が移住している（鯛ノ浦小教区史 148 頁）。江戸末期には、鯛ノ浦

写真 2-8　鯛ノ浦教会

写真 2-9　上五島頭ヶ島教会
長崎と天草地方の潜伏キリシタン関連遺産

写真 2-10　鯛ノ浦周辺の移住地（船隠）

第 2 章　西彼杵半島と第 1 次移住地

表 2-3　鯛ノ浦小教区（鯛ノ浦地区）の信徒世帯　　　　　　　　　　　　　　（世帯数）

	1組(A)	1組(B)	2組	3組	4組	5組	6組	7組	合計
全　体	29	12	24	25	28	32	23	9	182
戸　村	1		8		2	8			19
中　田	3	2	1	5	2	2	1		16
宇　野	8				1	6			15
明　松	8	6							14
大瀬良		1				1		5	7
岩　村			1	1	1	2	1		6
川　崎				1	5				6
大　水				2	2		1		5
山　下				1	2		2		5
松　井		2	1				1		4
立　木	1				1	1			3
山　田					3				3
葛　島				2					2
永　田					2				2
瀬戸脇	1		1						2
宝　崎							2		2
田　中					2				2
中　谷			2						2
松　下			2						2
松　本				2					2
井　口				1				1	2
浦　田						1		1	2
浦　浜				1	1				2
その他	7	1	8	9	7	9	14	2	57

注）『鯛ノ浦小教区史』（2004 年）信徒名簿のうち鯛ノ浦地区の信徒世帯から作成した。

（中野）地区の人口は 2,020 人とされる。鯛ノ浦移住の半世紀後、草分けの 3 世帯がさらに頭ヶ島に移住している。鯛ノ浦の周辺では、明治初年に船隠に外海地区出津、他に佐野原に外海地区出津の出身者が移住している。また、中通島・青方湾の折島にも移住している（鯛ノ浦小教区史 70 頁）。

明治初期、中野で迫害が発生し、逃散した世帯も多くあったという。1870（明治 3）年には「鷹の巣六人斬り」が発生し、中田寅吉家殺害の惨事が起きた。当時の状況は、「最初信徒は家も何も打棄て逃亡したものと見え、明治元年か 2 年頃、戸村若助の一家が曽根から避難して来た時は空き家ば

45

かりであつた。……彼此する中に迫害は次第に収まつた。鯛ノ浦の信徒もぼつ/\帰郷し始めた」というものであった（浦川 1928 年 209 頁）。

　表 2-3 は、鯛ノ浦小教区の信徒の中で、鯛ノ浦地区の信徒世帯を抽出したものである。鯛ノ浦で最も多い姓は戸村家で 19 世帯である。戸村家は鯛ノ浦の 2 組・5 組に各 8 世帯が集住している。いずれの組でも最も多い姓で、2 組の世帯の 3 分の 1、5 組の世帯の 4 分の 1 を占めている。

　次に多いのが中田家の 16 世帯である。3 組に 5 世帯が集住し、3 組の 5 分の 1 を中田家が占めている。1 組は A と B の合計で 5 世帯あり、また 7 組以外のすべての組に世帯が所在している。さらに世帯数の多いのが宇野家の 15 世帯、明松家の 14 世帯である。宇野家は 1 組（A）に 8 世帯あり、明松家とともに 1 組（A）の中で最も多い姓である。5 組にも 6 世帯が所在し、戸村家についで多い姓である。明松家はすべての世帯が 1 組（A・B）に所在し、1 組の世帯の 3 分の 1 を占め、1 組（A）・1 組（B）で最も多い姓である。他の家系では、大瀬良家が 7 世帯である。大瀬良家の 5 世帯が 7 組に集住し、7 組で最も多い姓である。また川崎家と岩村家も 6 世帯あり、そのうち川崎家は 5 世帯が 4 組に集住し、4 組で最も多い姓である。こうした鯛ノ浦の同姓世帯の集住状況は、鯛ノ浦への移住後の分家世帯の創出によるものと推測されよう。

津和崎半島曽根

　上五島の中通島最北部の津和崎（図 2-2）は、長さ約 30km、最狭部 350m

写真 2-11　津和崎半島曽根

第 2 章　西彼杵半島と第 1 次移住地

の半島で、平地に乏しいのが特徴である。奈摩湾奥からこの半島を 3 分の 1 ほど進んだところに位置するのが、曽根である。曽根は、江戸時代、青方村の一部であり、1886（明治 19）年に北魚目村に編入されている。かつては曽根郷と呼ばれ、大水・公教・曽根・江袋の各集落が含まれていた。そのうち大水・公教・江袋に教会が所在している（新魚目町郷土史資料編 582 頁）。

① 曽根の地域状況

　現在の曽根は、曽根集落・曽根（公教）1 集落・曽根（公教）2 集落から形成されている。そのうち曽根集落は仏教徒の漁業集落である。番岳の中腹につながる丘陵に広がる公教集落（公教 1・公教 2）は名称（公教）の通りのカトリック集落で、有川湾の奥の榎津から津和崎灯台まで縦貫する県道の津和崎立串線が尾根の西（東シナ海）側から尾根の東（五島灘）側へ超える峠あたりに位置する。

　次に、曽根の人口動向を見ることにしたい。表 2-4 は、曽根の人口変化を示したものである。高度経済成長の始まった 1955 年の曽根の人口は、曽根集落 248 人（45 世帯）、曽根（公教）1 集落 310 人（55 世帯）、曽根（公教）2 集落 468 人（62 世帯）で、曽根（公教）2 集落が人口・世帯数とも最も多い集落であった。曽根集落は、その後、1980 年代前半まで 25 年間で 1 割程度の人口減少にとどまっていたものの、2000 年までの間に人口減少が進行し、2009 年には半世紀前の人口の 6 割に減少している。1955 年に最も人口の多かった曽根（公教）2 は、1960 年はその人口を維持していたものの、1971 年に人口が 5 割以下に減少している。さらに 1980 年に 3 分の 1、2000 年に 5 分の 1 までに減少している。

　一方、曽根（公教）1 は高度経済成長期を通して集落人口が増加を続け、1980 年には 1955 年の 1.5 倍になっている。その後、集落人口が減少を続け、2005 年には 1955 年の人口規模に戻っている。すなわち、曽根（公教）1 の高度経済成長期の人口・世帯数の増加は、曽根（公教）2 の人口流出の一部（転居や分家）の流入、曽根（公教）1 内での分家や配偶者の流入の結果ではないかと推測される。

② 曽根および津和崎半島の生活

　次に曽根および津和崎半島の生活状況についてふれたい[10]。戦前の北魚

表 2-4　曽根および曽根（公教）1・2 の人口変化

	1955 年	1960 年	1971 年	1975 年	1980 年
曽根	248	238	240		230
	45	40	53		60
曽根（公教）1	310	320	457	885	474
	55	56	73	208（全体）	97
曽根（公教）2	468	467	214		209
	62	64	39		42

1985 年	1990 年	1995 年	2000 年	2005 年	2009 年
211	212	197	188	170	144
51	54	57	59	59	58
455	424	403	363	312	274
100	106	111	109	112	114
172	150	139	120	121	103
41	38	40	40	43	43

注）新上五島町住民基本台帳行政区別人口調に基づき作表したものである。上段は人数、下段は世帯数である。
なお、曽根の各集落の 1955 年、1960 年、1971 年、1975 年は、若林敬子（159 頁）のデータを修正したものである。

目村の田畑の区分は、耕作面積に関して 9 割以上が畑で、田（稲作）がわずかという畑作主体の厳しい状況であったことが分かる。

また、津和崎半島の第二次世界大戦の戦前・戦中の生活状況の聞き書きがある。そのうち当時の生活状況を抜き出してみたい[11]。

　　食事はさつまいもを使った料理を食べていたそうです。さつまいもなどは自分で作っていたそうです。……（水道や電気は）戦争中はどちらもなかったそうです。その時、水は川などから自分で入れ物に入れて、肩にかついで家まで運んでいたそうです。電気は、明かりがないとせいかつもしにくいので灯油や火を使って暮らしていた……。（水道が完成した後も）近くに 4 つ、5 つくらいしか水道はなかったそうです。……水道の月額（が）……高かったことも関係

第2章　西彼杵半島と第1次移住地

して、水道の数は少なかったんだと思います。

　水道はなく自分で井戸を利用していたそうです。それと、わき水のある所にドラム缶をおいてそれにためて使っていた。……電気はなく石油を入れてしんは布でつくった物、そして風がふいても消えないようにガラスでケースをつくっていた。……この時の服装は、……やぶれた服をぬいあわせてきていたそうです。……戦争中の食事は、イモ・カンコロ・麦ご飯、めったに食べられないのが白ご飯でした。

　戦争中の食事は、小麦のかすといもを煮込んだものだそうです。水道は設置するのに2円使ったらしい。とても高いお金をはらっているなあとおもった。電気はなかったらしい。

③　曽根内の移動と分家の創出

　曽根（公教）2は、高度経済成長の始まった1955年、人口・世帯数とも曽根で最大の集落であった。しかし、1960年は人口を維持していたものの1971年に人口が5割以下となり、約半世紀後の現在は1955年の約2割の人口に減少している。その一方、曽根（公教）1は、高度経済成長期を通して人口増加を続ける。対照的な人口動向が表れている曽根（公教）1・曽根（公教）2の世帯数および平均世帯人数の変化を見ていきたい。

　曽根（公教）1・2を合わせた世帯数は、1971年に8世帯、2000年に2

写真 2-12　曽根の集落

世帯が減少した以外、1980年の大幅な増加を含めて増えて、約半世紀の間に40世帯（1.3倍）が増加している。しかし、集落別に見ると曽根（公教）1の世帯は59世帯（2.1倍）増加しているのに対して、曽根（公教）2は19世帯（3分の2）に減少し、対照的である。とりわけ曽根（公教）1の世帯数が、1971年と1980年に合わせて41世帯増加したのに対して、曽根（公教）2の世帯数は1971年に25世帯減少している。

さらに、平均世帯員数を算出すると、曽根（公教）1が1970年代まで5～6人の世帯を維持し、その後1990年まで4人台であったのに対して、曽根（公教）2は1960年までの8人の世帯員数が1970年代に一挙に3人台に減少し、1990年代以降は2人台に減少する。

こうした曽根（公教）1・2の世帯数・平均世帯員数の変化から、曽根（公教）2の1960年から71年の約10年間の移動の状況が推定できよう。すなわち曽根（公教）2の世帯数が64世帯から39世帯に急激に減少したことから、集落の約4割の世帯が挙家で移動したことが明らかである。一方、曽根（公教）1にも分家が生じた可能性が高く、その世帯数の大幅な増加のすべてが曽根（公教）2からの移動世帯とはいえないものの、その数はかなり多かったと推測される。

曽根（公教）1への挙家・離家の移動の要因として、曽根（公教）2の居住条件の不利性と生産構造の転換をあげることができよう。

まず、曽根（公教）2の条件不利性の増幅である。曽根（公教）1・曽根（公教）2の立地状況の差異に関して、ともに番岳の中腹に位置しているものの曽根（公教）1が幹線である県道の津和崎立串線沿いに位置するのに対して、曽根（公教）2は県道から離れた番岳の高地、山頂方向に向かう狭く湾曲の多い道路（町道・農道・林道）周辺の高低差の大きい立地である。さらに曽根（公教）2は、番岳斜面の狭小な段々畑における農業生産という生産条件の不利性が重なっていた。第二次世界大戦後の日本経済の回復、さらに高度経済成長期に農業自体の生産性の低さが顕になる中で、こうした生産条件の不利性ははなはだしく増幅していったといえよう。

次に、曽根における生産構造の転換である。表2-5は旧新魚目町の就業者に関するデータである。旧新魚目町の就業者数の変化（実数）を見ると、

第 2 章　西彼杵半島と第 1 次移住地

表 2-5　旧新魚目町の就業者比率の変化　　　　　　　　　　　　　　　（百分率）

	1950 年	1955 年	1960 年	1965 年	1970 年	1975 年
第 1 次産業	81.3	78.6	76.9	71.2	60.4	55.7
（漁業）	15.1	28.1	33.9	33.5	45.2	42.4
（農業）	66.1	44.7	42.3	37.6	15.2	13.2
第 2 次産業	5.7	8.0	7.6	8.4	10.2	9.5
第 3 次産業	13.0	13.4	15.5	20.4	29.4	34.7

1980 年	1985 年	1990 年	1995 年	2000 年	2005 年
52.7	46.5	27.4	22.9	19.0	13.9
40.0	28.2	26.2	21.8	18.7	13.1
12.7	18.3	1.2	1.1	0.3	0.8
12.0	14.1	20.8	21.8	22.6	20.3
35.3	39.4	51.8	55.3	58.4	65.8

注）国勢調査（『長崎県世界遺産「構成資産等基礎調査」上五島地域』Ⅲ-27 頁）を修正したものである。
第 1 次産業人口比率には、林業人口の比率が含まれる。なお、林業比率は、1950 年 0.1％、55 年 5.8％、60 年 0.7％、65 年 0.1％、75 年 0.1％である。

　高度経済成長期に第 1 次産業内で大規模な就業構造の変動が発生したことが判明する。すなわち農業人口が 1950〜1970 年の 20 年間に約 2,400 人、就業者の比率で 66.1％から 15.2％に急減したこと、その一方で、漁業人口が 1950〜1960 年の 10 年間に約 900 人、就業者の比率で 15.1％から 33.9％に急増し、その後、就業者総数の減少も関連して 1970 年に 45.2％に達したことである[12]。

　この時期、五島近海で鰯の巻き網漁が盛んになり、漁労への就労機会が増加し、津和崎半島の各集落で、農業から高収入を得られる漁労へ大規模な就労の変化が生じた。その後、鰯漁は遠洋への漁場の変更とともに漁船が大型化し、地元の若干の漁業会社、さらに大型船を所有する下関市等の島外の漁業会社に雇用されたと見られる。

　生産条件の不利性をかかえる農業から相当な現金収入をもたらす漁業への

急激な就労構造の変化が、しばらく後に生じる居住地の移動、つまり農業生産のウェイトが低下したことで居住条件の不利性が意識されるようになった曽根（公教）2から、移動や傍系の子どもの独立（分家）が生じたと推測できよう。

④ 島外への他出とその要因

しかし、高度経済成長期における曽根（公教）2の世帯数の減少は、曽根（公教）1の世帯数の増加を大きく上回っている。こうした集落間の世帯数の差から、曽根（公教）1・2の外への挙家離村がかなり存在したと推測できよう。

まず、上五島内の移動とその要因を見ていきたい。曽根（公教）2から上五島内への挙家による移動に関する資料が存在しないため、同じ津和崎半島の北部の仲知小教区の状況を見ることにしたい。仲知小教区から、昭和初期（1928～1940年）に五島以外に40世帯が移動し、上五島では旧新魚目町の野首、旧有川町の鯛ノ浦、旧上五島町の奈摩などに7世帯が移住している。下口勲神父は、この当時の移動の要因を生活困窮と世帯内の余剰労働力の増加と指摘している（下口109-10頁）[13]。

次に、上五島外の移動とその要因についてである。高度経済成長期の曽根（公教）1・2における挙家の他出の多くは、上五島外への他出と推測される。その後、残存世帯から単身の他出（離家離村）がかなり増加する。曽根（公教）1・2の上五島外への他出の一例を示したものが、表2-6である。この表は、第9章第2節でふれる曽根出身者が草分けとなった福岡市城南区の茶山教会の曽根小教区出身の信徒世帯の移動を秘跡記録から辿ったものである[14]。その内訳は、世帯主が曽根小教区内で出生し子ども時代を過ごし結婚した後、つまり挙家あるいは複数の世帯員で上五島外に移動した世帯が9世帯、世帯主が曽根小教区内で出生し子ども時代を過ごした後、福岡市内で結婚した世帯、つまり離家離村の世帯が9世帯、世帯主が曽根小教区内で出生し子ども時代を過ごした後、福岡県内で結婚した世帯、つまり離家離村の世帯が1世帯、世帯主が曽根小教区内で出生後、子ども時代以降を福岡市内で過ごした世帯、つまり挙家あるいは複数の世帯員で他出した子ども世代であった世帯が2世帯、さらに世帯主が曽根小教区内で出生し子ども

第 2 章　西彼杵半島と第 1 次移住地

表 2-6　茶山教会の曽根地区出身世帯の移動状況　　　　　　　　　　（世帯数）

A-B-C	合計	1910 年	1920 年	1930 年	1940 年	1950 年	1960 年	1970 年	1980 年
曽根-（曽根）-曽根	9	2	-	2	1	3	-	-	1
曽根-（曽根）-福岡市内	9	1	-	4	1	1	2	-	-
曽根-（曽根）-	4	-	2	-	1	1	-	-	-
曽根-（曽根）-福岡県内	1	1	-	-	-	-	-	-	-
曽根-（福岡市内）-福岡市内	2	-	-	-	-	2	-	-	-
合　　計	25	4	2	6	3	7	2	-	1

注）A-B-C：A は誕生時期、B は 10 代初期に相当、C は結婚時である。C に記載のない項目は、結婚の秘跡を受けていないか記録のないケースである。
　　表頭の年は、出身者の誕生年を示す。
　　1960 年以前は曽根地区が巡回教会であった青砂ヶ浦教会（小教区）を含めている。
　　データが不備のものを除いている。

写真 2-13　津和崎半島仲知

時代を過ごした後、結婚の記録のない単身世帯が4世帯である。最後の世帯をのぞいて整理すれば、曽根小教区から①挙家あるいは複数の世帯員で離村した世帯11世帯、②離家離村者の世帯10世帯であることが判明する。

　出生時期別では、①の挙家あるいは複数の世帯員で離村した世帯の場合、1930年代生まれの世帯4世帯（1950年代に曽根で出生後に福岡市に他出した世帯の親世代にあたると推定される2世帯を含む）、1940年代生まれの世帯1世帯、1950年代生まれの世帯3世帯である。仮に30歳で他出したとすれば、1960年代以降の30年間に他出した世帯が大半であると推計できよう。また、②の離家離村の世帯の場合、1910年・1920年生まれの2世帯、1930年代生まれの世帯4世帯、1940年・1950年代・1960年代生まれの2世帯である。これらの数値から、いずれの時期にも一定数の離家離村が存在していたといえる。仮に20歳で他出したとすれば、高度経済成長期初期の1950年代がやや多いといえよう。

　さらに、曽根（公教）1・2からの挙家・離家の移動の経緯を探ることにしたい。曽根教会出身のある信徒の話は、「茶山教会設立の時期、自分のおじさんがいた。畑が狭いために子どもの一人が残り、親世代が子どもを連れて福岡に出た。曽根からは袖（末子）のものばかりが茶山に行っている。初期、曽根以外にも頭ヶ島など他の集落からも茶山に行っている」（曽根教会のある60代の男性信徒）というものであった。

　また別の曽根小教区出身の茶山教会の信徒（70代）は、第9章第2節でも紹介するように、「青砂ヶ浦教会にいて、今の曽根教会ができたのは福岡に来る直前（＝1960年代前半）だった。（上）五島では、何かある時は青砂ヶ浦教会に行っていたので、教会に近い所に住みたかった。（上）五島で船大工をしていたが、鉄鋼船の時代になり仕事がなくなり、長崎に行ったが仕事が見つからなかった。福岡で建築の仕事についた。茶山教会で、（上）五島時代の知り合いによく再会した。（中略）茶山には信者でない人も、五島の人が多いということで頼って来る人が多かった」と言っている。

　上五島の小離島の頭ヶ島（鯛ノ浦小教区）の出身者（70代）は、第9章第2節でも紹介するように、「31歳の時（＝1960年代）、奥さんと二人で頭ヶ島を出て、そのまま茶山に移った。茶山に来たのは親戚（奥さんの姉

がいたから。頭ヶ島は長男相続で、自分の家でなかった。船に乗っている時は、北九州・下関に住んでいた。一人で茶山に来ている人は少ないのではないか」と話している。

　これらの聞き取りから、挙家・離家の他出の背景の一端が明らかになる。すなわち、小規模の農業経営および過剰労働力に伴う複数世帯員の他出や漁場変更、漁業の近代化に伴う船舶の大型化（地域外での造船）で生じた雇用の場の縮小、その後の鰯の巻き網漁の不振に伴う漁業労働市場の縮小と上五島以外の水産会社への就職といった職業に基づく移動である。また上五島の外への移動の中に、教会（類縁関係）・親族（親族関係）・同郷者（同郷関係）の重複する集住地への選択的移動が多く存在したことが判明した。このうち親族関係に関して、上五島における通婚圏の広がりによって曽根（公教）1・2の住民と婚姻によって親族関係を結んだ頭ヶ島をはじめとする他の集落・地区の出身者が、上五島出身者が定住する茶山に親族関係を頼って移住した状況が判明した。

上五島における移住と定住の社会的特徴
　こうした上五島における移住と定住の特徴のいくつかを明らかにしたい。
　第1は、第1次移住地の上五島内での移動が頻繁に生じたことである。こうした移動は逃散と異なり、上五島の各集落における分家創出等による世帯増が背景にあったと見られる。その際、最初の移住地よりも条件の厳しい地区への移動が多く、移動が後発であったことの影響がうかがえよう。
　第2は、より条件の厳しい半島や小離島の集落において、子どもの進学等を契機とする挙家離村が発生したことである。もちろん第1次産業の不振や条件不利性が他出の背景にあったものの、津和崎半島曽根からの移動でも明らかなように、挙家あるいは複数の世帯員の他出が数多く存在していた。また一般に、家族員の一人の個人的事象（離家離村）と見られがちな人生のイベントも、家族戦略として挙家離村の移動の契機になりうることが分かる。
　第3は、上五島の外への他出先として、類縁関係・親族関係・地縁関係の重複する集住地が選択されていたことである。

第 3 節　佐世保市黒島——大規模な移住と集落社会の維持——

　佐世保市黒島（図 2-4）は佐世保湾の南西沖、佐世保市の相浦港から 11km に位置し、九十九島の 1 つに数えられている。黒島の面積は約 4.9km²で、1885（明治 18）年に平戸島の前津吉村の一部から黒島村として分離独立し、その後 1954 年に佐世保市に編入合併された。2014 年の人口は約 540 人で、仏教徒地区の本村・古里とカトリック信徒の根谷、日数、東堂平、名切、田代、蕨の 8 集落が存在している。

移住の経緯

　黒島は、15 世紀以降、平戸藩領に加えられている。戦国時代以降の黒島は、しばしばキリスト教との関連で語られてきた。しかし神戸大学経済経営研究所『黒島—出稼ぎと移住の島—〔移民母村実態調査報告〕』（神戸大学経済経営研究所 1961 年）によれば、天正末期から慶長初期の間（16 世紀末）、黒島はほとんど無人島の状況であった。その後、黒島に平戸島から仏教徒が来住して、本村集落の場所に居住するようになる。黒島移住者と平戸島の関係は強固なものであり、それは 18 世紀末に黒島に建立された興禅寺が平戸

図 2-4　黒島

※この地図は国土地理院地図に関連する名称を加筆等したものである。

島の前津吉の末寺、大正期に建立された黒島神社が平戸南端の志々伎神社の分社であることで裏づけられよう（神戸大学経済経営研究所 13 頁）。

さらに、『黒島―出稼ぎと移住の島―』によれば、黒島は再び人口減少に見舞われ、18 世紀末、平戸藩は自藩とともに大村藩・佐賀藩からの開拓移住者を募っている。その結果、外海（佐賀藩黒崎村や大村藩領）および針尾島（現佐世保市）からキリシタン 106 戸が移住したという（神戸大学経済経営研究所 14 頁）。一方、黒島カトリック教会『信仰告白 125 周年 黒島教会の歩み』（1990 年）では、平戸藩が島の放牧場を廃止し、その遊休地の自由入植が許可されたことで、針尾島から古里集落、生月島（一部は潜伏キリシタン）から日数集落・郭公（日数地区の小字）に移住し、さらに外海の潜伏キリシタンが移住したという（信仰告白 125 周年 黒島教会の歩み 87 頁）。

表 2-7 は、『信仰告白 125 周年 黒島教会の歩み』、『長崎県世界遺産「構成資産等基礎調査」地域・地区調査報告書 黒島地域』（2008 年）の記載内容の整理である。この表から、18 世紀末以後の黒島への開拓移住が外海・平戸・佐世保・上五島等からの移住であること、さらに黒島における居住地が出身集落を基盤にして形成されたことが判明する。

明治初期、キリスト教への弾圧を逃れて五島から黒島に避難した人びとがいたものの、こうした避難民の多くは、その後、五島に帰ったり、他の地に開拓移住したようである。

写真 2-14　黒島教会
長崎と天草地方の潜伏キリシタン関連遺産

写真 2-15　黒島根谷
長崎と天草地方の潜伏キリシタン関連遺産

表 2-7　黒島への来住世帯とその居住集落

出身地	出身集落	黒島での居住集落	来住世帯の姓
外　海	樫山	名切	浅田・山内・岩崎・藤村・川上・田村・樫山・出口・友永
	三重		三枝・松永・浜崎
	黒崎・永田	田代・蕨	馬込・杉山・立石・一瀬・浅田・田代・永谷・長谷・永田・松永・小川・梅田・安永・浜本・浜辺・鳥瀬・溝口・平田・谷元・岩田
	牧野	東堂平	牧野・鶴崎・松口・畑元
	出津	東堂平	末吉・谷口・牧山・竹川・大村
	大野		松崎
	神之浦		岩田・橋本・中村・畑原
平　戸	生月	日数	日数谷・浜田・谷中・吉田
長　崎	浦上	東堂平	佐々木
佐世保	針尾島	東堂平・田代	岡・鶴田・針尾・楠本・相川
上五島	福見	根谷	鳥瀬・安永・谷元

注）『信仰告白125周年 黒島教会の歩み』87頁および『長崎県世界遺産「構成資産等基礎調査」地域・地区報告書 黒島地域』34頁を基に作成した。

黒島の生活状況と均分相続

　1871（明治4）年の黒島の人口は1,710人、世帯数311であった。独立した村になった時期に村役場・小学校・郵便局・巡査派出所が設置されている（神戸大学経済経営研究所 17頁）。当時の黒島のカトリック集落の住民の生活は厳しいものであった。黒島への後発移住であった信徒は、農地改革以前、現在の本村に住む地主の小作人となるかたわら、土地を開墾していたという。そのため、仏教徒の主食が米麦であるのに対して、信徒の主食は麦といもで、島内における貧富の差が明らかだったという（神戸大学経済経営研究所 32-3頁）。

　また、黒島の台地に居住するカトリック信徒の間に財産（生産財）を均分相続する慣習があったため、1世帯の農地は3～5畝が標準で、実際、第二次世界大戦までは半農半漁――農業は従で女性が担い、漁業が主で男性が

担っていた——の生活であった（神戸大学経済経営研究所 33 頁・47 頁）。言い換えれば、不漁の恐れや身体的リスクのある漁業と零細規模の農業に依拠する経済生活であった。さらに多子と均分相続制のために、世代の継承とともに農業規模の一層の零細化が進行する事態にあった。こうした状況のため、黒島のカトリック集落では他出への圧力は強いものであったと推測される。

島外への他出の状況

次に、黒島における他出の状況を見ていきたい。表 2-8 は明治期（1871年）以降の黒島の人口である。明治初期の人口比で、大正期（1920 年）に約 1.3 倍、第二次世界大戦後（1950 年）に約 1.4 倍に増加しているものの、それ以外の時期は明治初期の 1.2 倍台以下の人口増に収まっている。

とりわけ大きな変化の見られない大正末期以降の人口動向は、黒島の人口の多数を占めるカトリック住民の特徴であった多子傾向と分家の慣行がもたらす人口増加の趨勢に反するものである[15]。そのため黒島の安定した人口動向は、常態的に過剰人口・過剰労働力を島外に排出しつづけた結果と見ることが妥当であろう。

① 都市への移動——出稼ぎと移住——

こうした黒島の地域状況に対応して 2 つの形態の移動が生じる。

第 1 は、黒島の住民のいわゆる「出稼ぎ」である。第 1 次産業への出稼ぎは、男性の周辺の網元の網子としての就労である。主な出稼ぎ先は、長崎港沖の高島、平戸島の津吉、西彼杵郡の大島、第 7 章第 1 節でふれる佐世保市の船越等の網元の下での漁労であった。また未婚女性は、農繁期に佐世保近辺の農家の農作業補助に従事していた。第 2 次産業への季節的な出稼ぎは、昭和期以降、佐世保市の佐世保・相浦、平戸の罐詰工場であり、女性の場合は島根県浜田市の罐詰工場への冬季の出稼ぎが目立つものであった（神戸大学経済経営研究所 140-8 頁）。男性の中には、漁閑期を利用して、大村方面の土木工事に従事した者もいたという。

第 2 は、黒島外への移住である。主な他出先は、佐世保近辺である。1886（明治 19）年に佐世保市に海軍鎮守府・海軍工廠が設置され、軍需産

表 2-8　黒島の人口

年	人	口	世 帯 数		この時期の地域状況
1871（明治4）年	1,710	100.0	311	100.0	
1885（明治18）年	1,879	109.9	―	―	1880年頃より上神崎に移住が始まる。ラゲ神父が田平横立の山野を購入し、2家族が移住する。ド・ロ神父購入の田平に外海の信徒が移住する。黒島の信徒も移住を始める。ド・ロ神父が大村に買った地に黒島の信徒も移住を始める
1920（大正9）年	2,272	132.9	310	99.7	明治以降？しだいに男性の多くが網子として黒島内外の網元に雇用される
1925（大正14）年	2,152	125.8	309	99.4	阪神地域の紡績、造船等の業種への就労が増える。平戸・相浦・佐世保等の水産加工（罐詰）、島根県浜田でのでの就労が多くなる。ブラジル移住、宮崎移住が始まる。佐世保（軍関係・相浦の石炭積出）での就労が増える
1930（昭和5）年	2,022	118.2	289	92.9	
1935（昭和10）年	2,074	121.3	315	101.3	1931年以降、鰯を鮮魚として移出する
1940（昭和15）年	2,068	120.9	307	98.7	
1946（昭和21）年	2,148	125.6	352	113.2	
1950（昭和25）年	2,371	138.7	393	126.4	
1954（昭和29）年	2,158	126.2	405	130.2	
1958（昭和33）年	2,212	129.4	385	123.8	高校への進学率は6％。農漁業等の補助労働の後に他出する。女子は修道女の希望者が多数
1963（昭和38）年	2,031	118.8	―	―	
1970（昭和45）年	1,824	106.7	―	―	

注）『黒島―出稼ぎと移住の島』27-8頁および『信仰告白125周年 黒島教会の歩み』の記載に基づき作成した。
　人口・世帯数の左の数字は実数、右の数字は百分率である。

第 2 章　西彼杵半島と第 1 次移住地

業が発達する。労働力が流入し、人口が急増した佐世保市に黒島からかなりの流入があったといわれる。軍需産業に加えて佐世保近辺の炭鉱での就労も見られた。一方、女性の場合は、紡績工業の発展とともに佐賀県・大阪府・広島県の紡績工場への就労が多かったという（神戸大学経済経営研究所 141 頁）。

② 開拓移住

さらに、黒島から農村地域や山間地等に農業移住・開拓移住が数多く発生した。農業移住地の中には、現在の都市地域も含まれる。表 2-9 は、明治以降の主な集団移住地である。平戸島の上神崎（平戸市）への移住の第 1 期（1880 年）は、第 4 章第 2 節でふれるように上神崎に借地のできる土地があるという情報が端緒で、以後、上神崎に 4 期にわたって 25 世帯が移住している。記録によれば、上神崎内を転々として大水川原に定着している（信仰告白 125 周年 黒島教会の歩み 100 頁）。

平戸市田平への移住は、第 5 章でふれるように、1886（明治 19）年に黒島教会のラゲ神父が田平の横立の山野 1 町歩を購入し、黒島の 3 世帯が開拓移住したことに始まる。同年、外海地区出津教会のド・ロ神父も田平の山野 1 町歩を購入し、出津の信徒 3 家族を開拓移住させている。田平開拓は、ド・ロ神父の主導による外海の信徒の開拓移住と言われることが多いが、実は、黒島の信徒が草分け、少なくとも外海と同時期であった。黒島の信徒の田平への移住は明治中期から昭和初期の間で、『信仰告白 125 周年 黒島教会の歩み』で 52 世帯、『田平カトリック教会創立百周年』（1986 年）で 30 世帯に及ぶ数であった（田平カトリック教会創立百周年 150 頁）。両資料の数字の相違は、田平への定住状況（離脱の世帯数）および田平周辺への移住世帯の扱いの有無によるものと推測される。『信仰告白 125 周年 黒島教会の歩み』の 52 世帯の場合、田平に移住した世帯の出身集落は東堂平と名切が約 3 分の 1 ずつを占め、他に根谷集落と蕨集落からの移住も見られる。

第 6 章第 3 節でふれる大村移住の経緯は、1887（明治 20）年頃、ド・ロ神父が購入した放虎原の 1 町歩の土地に教会（児童救護施設）が設立されたことによる。この地に黒島と五島から移住が進んだ（片岡 27 頁）。黒島からは 58 世帯が移住し、その 5 分の 2 以上が蕨の出身者であった。他に根

表 2-9　黒島からの集団移住地

移住先	移住時期	1880(明治13)年	1881年〜82年	1883年〜89年
上神崎	世帯名	岩田・畑原・梅田・長田・大石・白石	山本2・山口・池田・田村・牧野	浜崎2・畑田・内野・前田・里村・鳥瀬・永谷・畑原・橋本
鷺ノ浦	1920年〜21年	岩田・浜田・川上		
田平(横立)	1886年	辻正一・瀬崎藤次郎・永井土井蔵		

田平地区 1898年〜1926年	出身集落	名切	東堂平	蕨	根谷	田代	古里	日数谷	郭公
	世帯名	浅田・山口4・浅田3・藤村2・山内2・吉田2・武山・森川・七種	末吉3・池田3・浜本2・谷口2・松口2・梅田・山口・溝口・山内・山田・友永・森川	内野2・桃田・金子・山口・道下	橋本3・永田2・平田・樫山・浜崎・山内	一瀬	鳥羽	—	—

大村 (1887(明治20)年頃)	出身集落	名切	東堂平	蕨	根谷	田代	古里	日数谷	郭公
	世帯名	浅田2・谷山・武山・田川・牧山・山口・松崎	山口3・吉田	立石6・桃田5・松崎3・一瀬2・杉山2・永井・田原2・谷山・馬込・江川	小川3・黒崎3・松永・鳥瀬・井川・中村・永田	田代3・一瀬2・鶴崎	—	長谷2	出口

宮崎	出身集落	名切	東堂平	蕨	根谷	田代	古里	日数谷	郭公
	世帯名	—	1927年平田・梅田・池田	1928年立石	1927年中村3 1928年岩田・永田2 1934年鳥瀬	1928年岡3	—	—	—

ブラジル	移住時期	1924年	1925年	1957年	1959年
	世帯名	黒崎・山口	牧山2・吉田・松口	牧野2・百枝・牧山	吉田2・山口2・日数谷・末吉・百枝・谷元

注)『信仰告白125周年 黒島教会の歩み』100-10頁の記載に基づいて作成した。
　　姓の後の数字は同姓の世帯数を示している。

第2章　西彼杵半島と第1次移住地

谷・名切がそれぞれ5分の1弱を占めていた。

　宮崎移住は昭和初期（1927年〜1928年・1934年）に行なわれ、14世帯が移住していた。宮崎市法光坊集落の世帯調査の結果を重ね合わせるなら、この世帯数に黒島からまず黒島の近辺の地区に移住し、その後に宮崎に移住した4世帯が加わることになる。

他出の背景——他出世帯と残留世帯——

　黒島でニューカマーであった信徒は、明治以降も開拓地の畑作と小作に依拠する低い生産状況にあり、厳しい生活状況に置かれていた。この状況は、均分相続制と多子による止まることのない農地の細分化のために悪化し、3〜5畝が世帯の平均という状況に陥っていたという。そのため、カトリック信徒の「畑作中心農業の離島の資本蓄積の低弱さを象徴して来たのは恐慌への抵抗力が微弱であつたこの島の農業の宿命的事態であつた。このことがまた、この島が出稼ぎの島といわれる根拠ともなつた。停滞農業、低所得水準を補うために労働力の移出が最も合理的であつた」（神戸大学経済経営研究所 34頁）という状況の中、信徒の他出が日常的になったといえよう。

① 移住に必要な経費

　『黒島—出稼ぎと移住の島—』から、大正期の挙家離村でブラジルに移住した世帯の他出状況の一端がうかがえる。「Y氏の渡泊は大正15年（1926年）1月、……移住時の資産は田畑1反6畝、山林少々、船1隻で島では一応中層に属していた。その資産は弟3人に残し分配した」（神戸大学経済経営研究所 156頁）という。この記述から、黒島で中層と見られていたY氏の場合、農地や漁船といった生産財を親族に処分することで移住の経費を得たことが判明する。同じ報告書に戦後の移住記録もある。「例えばM氏の場合、家は他部落の人が5万円で買つて立て直し、宅地は隣家が3万円で買収、約5反の畑は希望者が入札して反当り5万円くらいで近所の人や親戚（従兄弟と義弟）が買い入れたという。また別のM氏の場合では畑4反を親族と他部落の者が買上げ、家宅は親類が買収して使用している。雇用移民で渡航するY家は畑4.2反、水田1.8反、山林8反を持つていたが畑は反当3万円で親戚が、水田は隣部落の人が16万円で買収した。また山林は親

戚が 5 万円余で買い、宅地（180 坪）は家屋共義弟が買つた」（神戸大学経済経営研究所 165 頁）という 3 人の状況から、生産財等の整理・売却によって移住経費が捻出された状況が明らかになる。

② 定住の背景——資源の確保——

しかし、生産財の整理・売却は、他出世帯に移住経費をもたらすだけではなかった。他出世帯の生産財は、残留世帯の生産規模の維持・拡大をもたらしていたのである。すなわち均分相続のために農地が常に細分化していく危険に直面した世帯にとって、他出世帯の農地等を獲得することは、生産規模の維持・拡大や分家の創出を可能にするまたとない機会になったのである。実際、Y 氏や 2 人の M 氏の事例から、生産財は、主として親族、近隣の世帯に売却されたことが明らかである。それ以外の場合に、他の集落の世帯に売却されたと見ることができよう。

付け加えれば、残留世帯が農地を購入するための費用の一部は、現金収入に乏しい黒島では経済講によって調達されていたと推測される。黒島では、「講は他の地域の講が補助的金融手段であるのと異なり、中枢的金融手段たるところに特殊性」（神戸大学経済経営研究所 88 頁）があり、例えば、分家のための住宅建設費、入院費、開業資金、新造船購入資金、冠婚葬祭費、借金返済の調達に充てられたとされる。そのため農地や家屋の購入も経済講の用途に含まれていたと見られる。

黒島における移住と定住の社会的特徴

黒島における移住と定住の特徴を明らかにしたい。

第 1 は、黒島への移住が馬の放牧場の跡地で、平戸藩外を含めた多くの世帯が移住したことである。江戸後期、平戸藩は新田の開発や山林の開拓を積極的に奨励していた。さらに藩馬の放牧場の開放を行なっている。そのため、平戸藩の北松浦半島や平戸にある信徒の移住地の多くは、平戸藩の牧場跡地の開拓地と見ることができよう。

第 2 に、さらに出身地区別に、信徒が黒島で集落・集住地を形成する傾向である。黒島への開拓移住は平戸藩外の世帯にも認められていることから、比較的規模の大きな開拓地であったと推測できる。一定規模であった黒

第2章　西彼杵半島と第1次移住地

島の開拓地への移住は、出身集落を単位する移住を可能にし、同時期・集団的に行なわれたと推測されよう。

　第3に、黒島から他出（移住）が頻繁に行なわれたことである。黒島からの他出は、他出世帯と残留世帯の利害が一致する地域戦略と呼べる形態といえよう。さらに他出は、黒島内の居住集落を単位として同時的・集団的な移動という特徴を帯びるものであった。その一方で、移住の時期が後発である場合が多かった。第7章第1節でふれるが、出稼ぎ先が移住地に展開するケースも特徴的といえよう。

　以上、外海と第1次移住地における移住と定住、他出の状況を見てきた。その社会的特徴として次の4点が明らかになった。

　第1は、外海から相当数の移住が発生したことである。一般に迫害や逃散によって移動が生じたと見られているが、実際は、その多くが開拓移住であったことが明らかになった。江戸期、よく知られた五島への移住以外にも、黒島への大規模な開拓移住があり、この移住には平戸藩の政策が関係していたことが判明した。また明治以降も開拓移住がつづき、中期にはド・ロ神父が開拓移住を主導している。さらに第1次移住地の五島と黒島から信徒の新たな移住が生じたことも特徴的である。

　第2は、こうした外海および第1次移住地からの信徒の移動の背景に、江戸後期から明治期における零細な生産状況にあった世帯の増加が関係していたことである。こうした信徒世帯の増加は、明治以降の多子傾向と均分相続制度の複合に由来したものと推測される。その一方、こうした世帯数の増加が子どもの出生数を大きく下回る規模に抑制されていたことから、他出が常態化していたことが裏づけられよう。

　第3は、外海および第1次移住地からの信徒の移動の社会的特徴である。すなわち、信徒の移住の多くが世帯単位（挙家離村）であったこと、五島や黒島への移住が集団的（集落や親族）かつ同時的に生じたことである。さらに五島や黒島への移住が出身集落単位という傾向、黒島からの他出の場合、他出と移住地での居住が集落単位という傾向が確認できたことである。また外海や第1次移住地からの移住が、他出する世帯と残留する世帯の利害が

一致した地域戦略といえる特徴を帯びていたことも明らかになった。

　第4は、高度経済成長期以降の他出に関して、他出の契機の多様化と進学・就職を目的とした離家離村が増加し、その形態が多様化したことである。

　注
　1）旧佐賀藩領からは「弊藩には異宗門の徒は一人もいない」（出津教会誌40頁）と幕府に届けが出され、絵踏みは行なわれていなかったという。なお、蔭ノ尾は『出津教会誌』では『蔭の尾』と表記されている。
　2）郷土史家で出津教会の高橋渉氏に2014年1月に実施した聞き取りによる。
　3）本書では、潜伏キリシタンからカトリックへの信仰復活の場合を「回宗」、それ以外の入信を「改宗」と区別し、両者を含む広義の表記として「改（回）宗」としている。
　4）その後は、外海からの連鎖的移動以上に、黒島と五島からの移住が増加している。
　5）「広報しんかみごとう」2009年度版の「新上五島町内に水揚げされた10年間の漁獲量の推移」に基づく。
　6）1890年頃に250円で購入という若林敬子の記述および聞き取りもある。なお、上五島における聞き取りは、2012年8月に新上五島町教育委員会の青山氏と郷土史家の森下正光氏、そして旧集落出身で青方の各団地に居住する浦越和一氏・ヒサ氏夫妻、野下普理衛氏夫妻、杉本ふみ氏、吉田すがこ氏、白浜キヨ氏・瀬戸和代氏母娘に対して実施した。その際、新上五島町役場の近藤聡氏にコーディネートを依頼した。
　7）1955年の数値に関して、「カトリック教報」に「34戸38世帯」とあり、地内の隠居分家慣行を窺わせる。
　8）現在の山地の中腹を通る道路は集落移転後に開通したもので、この道路とは異なるという。
　9）鯛ノ浦教会に関して、2012年8月に主任司祭の烏山神父に聞き取り調査を実施した。
　10）長崎県新上五島町に関して、2010年8月、9月に曽根教会および曽根の状況を主任司祭の長谷功神父と複数の信徒に聞き取り調査を実施し、2010年9月、2011年8月に新上五島町役場の世界遺産推進室で聞き取りを実施した。また、2010年9月に新上五島町立北魚目中学校・長崎県立上五島高等学校で聞き取り調査を実施した。
　11）以下の記述は、「長崎県の戦争の足跡を追って—平成19年度第2学年平和学習新聞集—」（新上五島町立北魚目中学校2007年）から抜粋したものである。
　12）この統計は、旧北魚目村と旧魚目村の合併によって1956年に成立した旧新魚目町の範囲のものである。津和崎半島付け根側の旧魚目村は、半島北部側の北魚目村と比較した場合、上五島の中心地区の1つの青方に近く島外との海上交通で結ばれていた中心集落があり、平地（水田）、第1次産業以外の産業が存在している。こうした地域状況を考慮すれば、表2-5に表れた状況は、曽根が含まれる津和崎半島北部の旧北魚目村の範囲ではなはだしかったと推測できよう。

第 2 章　西彼杵半島と第 1 次移住地

13)「野首」は「似首」の誤記と思われる。「似首」は津和崎半島の付け根あたりにある集落で、「野首」は五島列島北部の小値賀島の小離島の野崎島（野首天主堂、現在無人島）に存在した地名である。
14) 曽根小教区が独立する以前の 1950 年代までは、青砂ヶ浦小教区を含む人数である。なお、福岡市城南区茶山への聞き取りは、2010 年 8 月、11 月、2011 年 5 月に茶山教会主任司祭の山田成章神父と複数の信徒に実施した。
15) 後年（1959 年）の黒島の集落の平均世帯員数を記せば、カトリック集落が 6.09 人、仏教集落が 4.77 人である。仏教集落では兄弟・姉妹や甥・姪などの傍系血族の同居が多かったのに対して、結婚後に分家する慣行のあるカトリック集落は、多子が世帯員数の多さの理由であったといえよう（神戸大学経済経営研究所 100-4 頁）。

第 3 章

長崎市の半島と長崎港外の島嶼
―― 佐賀藩領の第 1 次移住地 ――

　江戸後期以後の信徒（キリシタン）の移動は、第 2 章の通り、西彼杵半島の外海から五島や黒島等の離島への移住が嚆矢である。しかし、江戸後期の信徒の第 1 次移住地は五島や黒島にとどまらない。同時期、長崎市の半島や山間、島嶼にも移住が生じている。本章では、長崎市内への信徒の移住の経緯と居住の展開を解明する。

　まず第 1 節で、長崎市の地域状況を概略する。次に第 2 節で、半島への移住に関して、小榊地区（神ノ島・小瀬戸・木鉢）への移住の状況を明らかにする。すなわち、第 1 次移住地の神ノ島への移住の経緯と明治期の小瀬戸・木鉢への居住の展開にふれる。さらに第 3 節で、山間地への移住に関して、小ヶ倉地区大山と深堀地区大籠（善長谷）の状況を明らかにする。また信徒世帯の居住の展開に関して、大山を事例に取り上げる。最後に第 4 節で、長崎港外の島嶼への移住に関して、伊王島への信徒の移住の経緯と居住の展開にふれる。

第 1 節　長崎市の地域状況 ―― 長崎市への信徒の移住 ――

　長崎市には、長いキリスト教の歴史が根づいている。そのため、30 を超えるカトリック教会が立地する市内の各地区に対して、戦国時代からつづく信仰の歴史を期待しがちである。しかし長崎市の半島・山間地・島嶼といった周辺地には、実は、江戸後期・明治以後に営農を目的に移住した信徒に由来する集住地が多く存在するのである。実際、表 3-1 の各教会の信徒状況から明らかなように、江戸後期以後、長崎市内の半島・山間地・島嶼に多く

表3-1 長崎市内の各教会と信徒の状況

教会設立年		教会名	地区	主な信徒層（出身地等）
江戸	1865年	大浦	南部	
明治	1880年	大明寺*	南部	外海から移住
	1880年	浦上	北部	浦上。江平に外海からの来住世帯
	1881年	神ノ島	西部	8世帯の潜伏キリシタンに、江戸後期の台場工事を契機に福田・三重・出津・黒崎から移住
	1883年	三ツ山	北部	外海から移住
	1890年	馬込	南部	外海から移住
	1891年	高島*	南部	外海（堅山）からの移住と鉱員
	1895年	大山	南部	外海（黒崎）からの開拓移住
	1895年	善長谷*	南部	外海（堅山）からの開拓移住
	1897年	中町	東部	
	1910年	木鉢	西部	明治後期に外海（黒崎・堅山・牧野・三重田・赤首・出津）、神ノ島・蔭ノ尾島から開拓移住
大正	1919年	飽の浦	西部	最初は、三菱の船頭・人夫や船員
昭和（第二次世界大戦後）	1947年	岳*	西部	1895年、稲佐山中腹に外海（牧野）から開拓移住。その後、牧野を中心に外海から開拓移住
	1949年	稲佐	西部	五島・平戸・西彼杵半島の出身者
	1952年	本原	北部	地区の60世帯すべてが信徒世帯
	1954年	本河内	東部	
	1955年	城山	北部	
	1956年	愛宕	東部	
	1959年	西町	北部	
	1962年	東長崎	東部	地域の郊外化に伴う信徒の移住
	1962年	八幡町	東部	
	1970年	滑石	北部	団地の造成によって信徒が居住
	1971年	香焼	南部	三菱重工香焼工場の拡充に伴う蔭ノ尾教会の移転
	1972年	深堀	南部	三菱重工業従業員やOB等が多い
	1987年	小ヶ倉	南部	住宅地造成によって信徒が居住
	1995年	福田*	西部	
	2004年	さくらの里聖家族*	西部	
	2014年	小瀬戸*	西部	

注）外海地区をのぞく教会を示したものである。『長崎・天草の教会と巡礼地完全ガイド』および『カトリック教報』『新長崎市史』等および聞き取りから作成した。
　教会名の*は巡回教会・集会所を示す。

第 3 章　長崎市の半島と長崎港外の島嶼

教会設立の主導	教会の設立前
外国修道会	
外国人神父	
外国修道会	
外国人神父	1876 年、仮教会
外国人神父	
外国人神父	初代は 1880～1882 年に外国人司祭
信徒	
邦人神父が土地購入	民家御堂
網場ノ脇は外国人神父の資金提供、木鉢教会は長崎教区主導	1910 年の設立は、網場の脇聖堂。木鉢教会は網場の脇と木鉢間に建設、1936 年に神ノ島小教区から独立
信徒による土地購入・出身地からの寄附	1915 年、民家御堂
信徒。信徒からの資金集めと木鉢教会からの借入金	1932 年、民家御堂
	クラブを改造して仮聖堂
外国修道会	中町教会から分離・独立
外国修道会	
外国修道会	
外国修道会	浦上教会から分離
外国修道会	
幼稚園の付属聖堂	中町教会から分離・独立
	西町教会から分離
長崎教区に移籍の邦人神父	神父の住宅を御堂とし、死後、聖堂にする
外国修道会	

の信徒が移住したのである。

　長崎市は水深のふかい天然の良港で、江戸時代、日本唯一の貿易港として栄えた。さらに1868年、日本最初の洋式のドックをもつ小菅修船場がグラバーらによって建設され、近代工業の端緒が現れている。翌年、この小菅修船場を明治政府が買収し、長崎鎔鉄所（後の長崎製鉄所）の付属施設となり、さらに三菱重工長崎造船所に展開していく。すなわち、明治以降、造船業を主力に重工業が長崎市および周辺で発達していったのである。また三菱造船所が軍艦の建造を担ったため、軍需産業都市の様相を帯びることにもなった。

　長崎市の人口変化にふれれば、1889（明治22）年の市制施行時に5万人強であった人口は、周辺人口の流入や周辺町村との合併で、約10年後（1900年）には約13万人に急増した。第二次世界大戦前、工業化の進展や小ヶ倉村等の周辺村との合併でさらに人口は増加し、約27万人に達している。

　1945年、長崎市への原子爆弾投下で浦上を中心に7万人以上が死亡し、長崎市内の生産施設も三菱重工長崎兵器製作所大橋工場・三菱重工長崎造船所大橋部品工場・三菱重工長崎造船所幸町工場・三菱電機製作所が全・半壊等の被害を受けた。

　しかし、佐世保市や呉市等の海軍工廠が解体・払い下げになる中で、民間企業の三菱重工は民間船舶の建造で、第二次世界大戦後、いち早く復興をとげた。さらに高度経済成長期、造船業を中心とする重工業が発展し、深堀村・福田村・日見村等との町村合併促進法に伴う合併で人口は1950年に30万人となり、さらに1970年代に40万人を超えている。平成期の2005年には周辺の半島地区（外海町・香焼町・三和町・野母崎町）および長崎港沖の島嶼（伊王島町・高島町）と合併し、45万人弱に達している。

第2節　小榊——島から半島に逆スプロールした居住の展開——

　小榊地区は図3-1のように長崎港外の西岸に位置し、稲佐山が南岸に迫

第3章　長崎市の半島と長崎港外の島嶼

図 3-1　長崎市

※この地図は国土地理院地図に関連する名称を加筆等したものである。

写真 3-1　神ノ島（手前の半島）

る小半島の先端にあたる[1]。かつて神ノ島は小半島近くの島嶼で、江戸期には佐賀藩領であった。対岸の小瀬戸・木鉢は天領で、神ノ島とともに長崎湾を出入国する船の監視番所（小瀬戸遠見番所・木鉢浦送船見送番所）や外国船警備の砲台・洋式砲台が置かれていた。

表3-2 長崎市（小榊・小ヶ倉・深堀・伊王島）の人口変化　　　　　　　　　　（人）

	1920年	1930年	1940年	1950年	1960年	1970年	1980年	1990年	2000年	2010年
小榊	3,162	3,123	-	5,861	5,691	4,635	4,136	4,247	4,181	5,312
小ヶ倉	2,157	2,183	-	2,693	2,575	4,994	5,534	8,397	10,681	9,654
深堀	3,710	3,299	3,900	5,867	5,489	4,897	10,845	9,456	8,502	7,604
伊王島	1,792	1,543	1,572	5,388	7,266	6,348	1,683	1,233	1,035	774

注）『新長崎市史』（第4巻現代編 874-5頁）に基づいて作成した。

　町村制施行時（1889年）、小瀬戸・木鉢・神ノ島は西彼杵郡淵村に編入され、1898（明治31）年に小瀬戸・木鉢・神ノ島が合併して小榊村が誕生している。1938（昭和13）年、小榊村の大部分が長崎市に編入され、第二次世界大戦後に福田村大浦郷網場ノ脇が長崎市小瀬戸町に編入された（小榊3-4頁）。

　島嶼であった神ノ島と同様に、小瀬戸・木鉢も稲佐山から連なる小半島で、白頭山が海にせり出した地形のため「陸の孤島」と呼ばれていた。小榊が長崎中心部と結ばれたのは、1968年の市道大浜町木鉢町線の開通、1969年の西泊トンネル、1979年の木鉢トンネルの開通によってである（小榊2-5頁；小榊小学校創立50周年 9頁）。また第二次世界大戦中に神ノ島と小瀬戸間の埋め立て工事が始まり、1949年に神ノ島は陸続きになった。さらに2005年の女神大橋の開通で小榊は対岸の戸町と結ばれ、2010年にさらに高速道路（長崎自動車道）と接続している。

　小榊には、1884（明治17）年、淵小学校木鉢分校・神ノ島分校の2校が創設され、その後、両校は1955年に併合している。三菱関係者の居住が進み、1960年頃には児童数が900人を超えている（小榊小学校創立50周年 5頁）。第二次世界大戦中、木鉢に三菱造船木鉢寮が設立され、表3-2にあるように、第二次世界大戦前の人口は3,000人強に増加した。1953年の給水事業の開始や市営住宅等の建設で、高度経済成長期前、人口は6,000人弱に増加している。その後、石油基地・工業団地が設立されている（小榊1頁）。一時期、人口は4,000人台に減少したものの、女神大橋の開通に伴い

第 3 章　長崎市の半島と長崎港外の島嶼

写真 3-2　小榊小学校（旧校舎）

丘陵に大規模団地のポートウエストみなと坂が造成され、近年、人口は増加に転じている。

小榊への移住と居住の展開

長崎湾の西岸、稲佐山の南端の小榊の信徒世帯は、江戸後期から明治・大正期に移住した世帯が大半であった。現在、陸続きになっている神ノ島に1世紀前に信徒が移住したのが最初である。また稲佐山が海に迫る小半島の急傾斜地に位置する木鉢（小瀬戸・木鉢）への信徒の移住は、明治後期であった。

① 神ノ島町

天明年間（1780年）、現在の神ノ島1丁目あたりに仏教徒の集落が形成された。この時期が、神ノ島への最初の移住とされている。信徒（キリシタン）の居住はその後で、神ノ島の西端（現在の神ノ島3丁目）に8世帯が居住した。信徒世帯は漁業を主とし、わずかな農地を耕作して暮らしを立てていた（神ノ島小教区史 56頁）。

幕末期、佐賀藩は、神ノ島に砲台工事（四郎ヶ島の築造と神ノ島との間の埋め立て）を計画する。そのため埋め立て予定地に隣接した信徒世帯は、藩

命で3丁目内に移転することになった。補償金を得ていることから、信徒の居住は藩の許可を得たものと推測されよう。1851（嘉永4）年に始まった佐賀藩の砲台の建造は、延べ人数で人夫21万5,892人・石工18万4,777人が動員された一大工事で、翌年の完成を目指すものであった。佐賀藩は、藩内の各地、佐賀・諫早をはじめ近隣の島々や福田・三重・出津・黒崎方面から膨大な人夫を集めている。こうして集められた人夫・石工の中に信徒（キリシタン）が紛れていたといわれる（神ノ島小教区史 57頁）。

神ノ島の8世帯の信徒も、築造工事で働いていた。その後、この神ノ島の信徒と交流をもった出稼ぎの信徒の中から、神ノ島への連鎖的移動が生じる。すなわち佐賀藩領の神ノ島ではキリシタンの取り締まりが厳しくないことを知った出稼ぎ信徒が、神ノ島の住民と接点を得たことで、神ノ島の知人・縁者を頼ったり、島民との婚姻を通して移住が進んだといわれる（神ノ島小教区史 57頁）。なお、『カトリック教報』681号（1983年8月）で、神ノ島の草分けが、長崎市矢上や諫早・佐賀等から漁師としての移住者で、黒崎出身の女性と結婚していたとされているのは、こうした状況を指すものと推測されよう。

神ノ島の洗礼者数は、1883（明治6）年15人、1884（明治7）年25人、1885（明治8）年14人、1886（明治9）年18人の合計72人であった（神ノ島小教区史 66頁）。江戸末期からの居住世帯を1世帯平均6人と見れば、12世帯程度と推定される。加えて島外からの移住の信徒は30人程度で、明治初期の移住世帯は5世帯程度と推計される。

大正期（1920年）に信徒数は1,000人近くまで増加し、第二次世界大戦後（1948年）に1,380人に達している。

表3-3で神ノ島の信徒世帯（1995年）の居住状況を見ると、3丁目は大半、2丁目は半数の世帯を占めている。平成期以前は、3丁目は全世帯が信徒であったという（神ノ島小教区史 57頁）。さらに信徒の少なかった本村の1丁目にも一定数の信徒が居住するようになった。交通の便や埋め立てによる土地造成等の結果と見られる。

丁別の居住状況に関して、表3-4で姓別に居住の状況を見れば、3丁目に関して、明治初期の居住が確認される宮崎家の9世帯・中ノ瀬家の6世帯・

第3章 長崎市の半島と長崎港外の島嶼

表3-3 神ノ島の信徒の居住地 (世帯数)

世帯数		神ノ島町		
		1丁目	2丁目	3丁目
信徒	1995年	48	75	51
町別人口	2001年	298	133	60
	2010年	279	127	52
	2016年	266	133	56
信徒比率（％）		16.1	56.4	85.0

注）神ノ島教会の信徒世帯数は『神ノ島小教区史』（132-66頁）から集計したものである。町丁別世帯数は住民基本台帳に基づく丁別人口・世帯数である。
信徒比率は信徒世帯数を2001年の世帯数で割ったものである。

一ノ瀬家の4世帯・中島家の3世帯の4家の合計24世帯、さらに明治期の居住が確認される岩崎家の7世帯・鳥辺家の1世帯の合計2家8世帯が居住している。このことから、初期の移住世帯は3丁目に居住し、まず周辺に分家等の世帯を創出したと見られる。その一方、第二次世界大戦前に教会の役職を経験した信徒の一族の居住も多く見られたことから、明治中期以降も3丁目に移住が継続していたことが分かる。さらに昭和期の移住（大正期生まれの他地区の出身者）の居住も見られることから、昭和期にも移住が継続したと推測される。

　2丁目に関して、明治初期の居住が確認される西家の3世帯・吉村家の2世帯の2家の5世帯が居住し、2丁目も初期の居住地であったことが判明する。さらに海岸に埋め立て等があり、明治初期の居住世帯の分家および明治中期以後に来住した世帯の居住が展開したと推測される。また同姓が2世帯ある世帯の大半、同姓のない世帯の半数以上が居住していることから、昭和期の移住が多かったと推測される。

　さらに1丁目のうち2丁目との隣接地や山間、小瀬戸との間の埋め立て地に信徒の居住が進んでいる。この地に居住する信徒は、明治初期以後の世帯の分家およびその後に来住した世帯と推測される。

表 3-4 世帯数の多い姓と丁別の居住状況　　　　　　　　　　　　　　　　　（世帯数）

姓	世帯数	1丁目	2丁目	3丁目	備　　　考
宮崎	19	4	6	9	1871（明治4）年、捕縛される
中ノ瀬	15	7	2	6	1906（明治30）年以前に役職就任
岩崎	13	3	3	7	3代目教え方（明治・大正期か？）
鶴巻	12	3	2	7	第二次世界大戦後に役職就任
一ノ瀬	10	4	2	4	1871（明治4）年、3人が捕縛される
鳥辺	9	2	6	1	4代目教え方（明治・大正期か？）
宮地	7	1	1	5	第二次世界大戦前に役職就任
山脇	4	1	2	1	
池本	3	0	3	0	第二次世界大戦前に役職就任
尾崎	3	1	2	0	
中島	3	0	0	3	1871（明治4）年、捕縛される
西	3	0	3	0	1871（明治4）年、2人が捕縛される
古川	3	0	3	0	
藤井	3	1	2	0	
峰脇	2	0	0	2	
吉村	2		2		1871（明治4）年、捕縛される
紙崎	1	0	0	1	
沢野	1	0	0	1	
平	1	0	0	1	第二次世界大戦後に役職就任
竹内	1	0	0	1	
橋口	1	0	0	1	
森	1	0	0	1	大山の森増市（1920年生）家か？
山崎	1	0	0	1	
同姓2世帯	12	1	11	0	
同姓なし	44	19	25	0	
合　計	174	47	75	52	

注）『神ノ島小教区史』の信徒名簿・家族写真および役職名簿、65-6頁の記載に基づき作成した。
　　備考の一部は、『小ヶ倉のあゆみ』の同窓会名簿の記載に基づく。

第 3 章　長崎市の半島と長崎港外の島嶼

② 木鉢（小瀬戸町・木鉢町）

　小榊地区木鉢への信徒の移住は、『木鉢教会創設 50 周年記念誌』によれば、明治後期（1901 年）である。草分けは、外海地区黒崎の木本庄作であった。神ノ島の対岸に位置する、半島側の小瀬戸赤瀬に移住後、約 500m 北西に位置する網場ノ脇に移住している。当時は人里離れた海岸で、わずかに非信徒 2 世帯が居住していた場所であった。木本庄作の居住後、黒崎から弟の木本松次郎と木本鉄蔵、一ノ瀬孝太郎、外海地区樫山から下平嘉十と息子の下平嘉蔵、神ノ島から岩崎松蔵と息子の岩崎吉三、蔭ノ尾島から岩崎喜右ヱ門、岩崎留蔵、犬塚儀八の各世帯が移住した（木鉢教会創設 50 周年記念誌 21 頁）。

　『カトリック教報』43 号（1930 年 8 月）によれば、網場ノ脇の草分けは、1890 年代後半に蔭ノ尾島から移住した岩崎吉三の世帯で、先住世帯は仏教徒の 4 世帯であった。なお、『カトリック教報』685 号（1984 年 1 月）によれば、蔭ノ尾島に最初に移住したのは明治初期で、外海からの 4、5 世帯であったという。そのため、岩崎吉三は外海、蔭ノ尾とも記されている可能性がある。その後、外海（黒崎・樫山）からの移住が年を追って増加し、1907（明治 40）年頃には 15 世帯に達している。

　一方、木鉢への信徒の移住は、網場ノ脇への移住の 5 年後（1906 年）であった。外海地区牧野の鶴田与三右ヱ門と鶴田小八の 2 世帯が草分けである。その後、黒崎の米田儀十と息子の米田儀三郎、外海地区三重田の橋十兵衛、道斧吉、外海地区出津の尾下市作、牧野の水口浅吉と大山仙次郎の各世帯が来住した。

　矢草は木鉢の山側で、そのうち上矢草は杉や雑木が生い茂った林で人が居住していると考えられていなかった場所だという。この下・上矢草に、網場ノ脇に移住していた牧野出身の水口浅吉・大山仙次郎の各世帯が転居し、大正期に牧野の水口弥平、外海地区赤首の久松安右ヱ門、久松捨五郎、久松吾右衛門、黒崎の黒崎伊十、水口留吉、山本紋次郎、五島の下田権太郎、岩永卯平の各世帯が来住した。矢草のさらに上方の台場（砲台）は山頂付近である。この地に牧野の川口富士右ヱ門の世帯が明治後期（1906 年）に来住した。

写真 3-3　木鉢
奥は一本松の木鉢カトリック共同墓地

　木鉢浦の西岸に位置する木鉢浦（地名）には、明治後期、牧野の山口久平、尾上右太郎、三重田の佐々儀右ヱ門、久田作蔵が来住し、大正期に出津の今村市十、村岡久次郎の世帯が来住している。また明治後期、ひわ山に黒崎の坂下庄兵衛、牧野の水口岩吉の世帯が来住した。
　同じく明治後期、木鉢浦東岸の一本松に、赤首の久松五郎八と弟の久松作蔵、大正期に平戸島の末吉見喜大夫、五島の岩崎仁造の世帯が来住している（木鉢教会創設50周年記念誌　21-2頁）。
　表3-5はこうした明治後期から大正期の信徒の移住を集計したものである。この時期に移住した43世帯のうち35世帯が外海の出身で、8割以上を占めている。草分けの黒崎出身の世帯の居住地は網場ノ脇で、外海の樫山と近隣の神ノ島・蔭ノ尾島からも移住が生じている。しかし、網場ノ脇の移住地は農地等の制約や狭小性のためか矢草に移る世帯が現れたことで、10世帯程度の規模にとどまる。その後、信徒の来住地は木鉢の各地区に移っていく。
　木鉢（本郷）の草分けは牧野の世帯で、牧野・黒崎・三重田・出津の世帯が来住している。赤首・大野は外海の中では後発で、その移住地は山間で

第3章　長崎市の半島と長崎港外の島嶼

表 3-5　木鉢への移住者の出身地　　　　　　　　　　　　　　　　（世帯数）

地区	時期	合計	外海							神ノ島	蔭ノ尾島	五島	平戸
			牧野	黒崎	赤首	三重田	出津	樫山	大野				
全体		43	10	10	5	4	3	2	1	2	3	2	1
網場ノ脇	明治後期	10		4			2			2	2		
	明治末	1									1		
木鉢	明治後期	9	4	2		2	1						
台場	明治後期	1	1										
木鉢浦	明治後期	4	2			2							
	大正期	2					2						
ひわ山	明治後期	2	1	1									
一本松	明治末	3			2			1					
	大正期	2										1	1
下矢草	大正期	4	2	1							1		
上矢草	大正期	5		2	3								

注）『木鉢教会創設50周年記念誌』の21-2頁の記載から作表したものである。

写真 3-4　木鉢教会

あった。1910年頃（明治40年代）の信徒世帯数は、網場ノ脇10世帯、木鉢9世帯であった（木鉢教会創設50周年記念誌21頁）。しかし明治末には、木鉢は19世帯と網場ノ脇の倍の世帯になっている。

　大正以後、五島・平戸・黒島の出身者の来住が増加する。表3-6は、木鉢教会の宿老（第二次世界大戦前）や戦後（1970年代）の木鉢小教区の地区長の姓である。新来の地区長の姓は、大正期以前に居住した一族以外の新たな居住地を探る手掛かりである[2]。すなわち、大正以後の移住・居住の状況を含めて、以下の点が明らかになった。

　第1に、大正期までに移住した家と同姓の世帯が他地区に生じたことから、その家に分家が発生したと推測されることである。その順番としては、移住した地での分家の創出後に他地区に分家が創出されたと推測されよう。第2に、昭和以降の移住世帯が網場ノ脇を含めて木鉢の各地区に相当数存在したことが推測されることである。この時期には農業移住は見られず、飽の浦の三菱重工業長崎造船所等での就業（職）に代わったと推測されよう。なお来住世帯の姓は五島・平戸・黒島の信徒の姓が多く見られるだけでなく、神ノ島の信徒の姓（宮崎・鶴巻・鳥辺・山脇・中島・峰・西等）の世帯もかなり存在している。第3に、木鉢南東部・南部の海岸の埋め立てによって住宅地・団地が形成され、分家や来住世帯の居住が進んだことである（小榊11頁）。来住の信徒世帯や木鉢の世帯の分家の創出が多くなり、教会の信徒組織の地区区分に小瀬戸・新丁場・住宅が加わっている。また、これらの地区に神ノ島教会に所属する信徒世帯も存在していることから、木鉢の各地区等に神ノ島の信徒の居住地が拡大したことが分かる。

　なお、女神大橋の開通後、下矢草・上矢草に三菱地所の開発による巨大団地（ポートウエストみなと坂）が建設されたため、両地区の信徒は主として木鉢（本郷）、小瀬戸・新丁場に転居している。

長崎市の半島における移住と定住の社会的特徴

　以上の長崎市の半島への信徒の移住と定住に関する特徴を明らかにしたい。

　第1は、昭和期まで島嶼であった神ノ島への信徒の移住が、江戸後期に

第3章　長崎市の半島と長崎港外の島嶼

表3-6　木鉢教会の宿老・地区長名

地　区	下位区分	時期	世帯数	明治・大正期の移住世帯と地区長経験者の姓
網場ノ脇	網場ノ脇	明治期	11	木本3・一ノ瀬・下平2・岩崎4・犬塚
	その後に居住の地区長の姓			野下・木口・永川・宮崎
本　郷	木　鉢	明治期	9	鶴田2・米田2・水口・大山・橋・道・尾下
	その後に居住の地区長の姓			村山・山下・**東海**・**橋口**・**岩崎**・**貫間**・**森**
木鉢浦	木鉢浦 (+ひわ山)	明治期	6	尾上・山口・佐々・久田・坂下・水口
		大正期	2	今村・村岡
	その後に居住の地区長の姓			馬込・嶋本・岩崎・山田・山下・吉川・久松
一本松	一本松	明治期	3	久松2・山本
		大正期	2	末吉・岩崎
	その後に居住の地区長の姓			山脇・吉田・清水・深堀・谷口・村川・中島・森・岳野・山口・熊谷
下矢草	下矢草	大正期	4	水口・岩永・黒崎・下田
	その後に居住の地区長の姓			加賀江・山下・坂下・下平・浦・江浦・米田・中尾・堤・夫津木・川口・中村・桑村
上矢草	上矢草	大正期	5	久松3・水口・山本
	台　場	明治後期	1	川口
	その後に居住の地区長の姓			明松・横川・米田・畑原・村岡・中里・犬塚・白浜・永浦・浜口・荒木
小瀬戸	地区長の姓			桧垣・下平・広岡・今村・鶴巻・平・吉田・向井・小林・中島・片山・宮崎・末吉・副島・中里・宮地・高谷
新丁場	地区長の姓			橋口・鳥辺・西田・高巣・宮崎・本田・岩永・大川・平石・白浜・山下
住　宅	地区長の姓			長田・西
地区長以外の教会役職者の姓				田口・山田・横川・平田・笹崎・丸尾・戸村・竹山・松尾・(久保)

注)『木鉢教会創設50周年記念誌』の21-2頁・33頁・74-7頁の記載を基に作表したものである。
　　ゴチックの姓は、明治・大正期の移住世帯にない姓である。

佐賀藩の許可を得たものであったと推測できたことである。幕末期になると砲台工事があり、信徒世帯と出稼ぎの信徒の間に交流が生まれ、その後、来住世帯と分家の創出で世帯が増加していくのである。

　第2は、明治後期から小榊に連鎖的移動が生じ、神ノ島以外に信徒世帯が展開した点である。すなわち、神ノ島の対岸の網場ノ脇（小瀬戸）に信徒の居住が生じ、その後は木鉢にまで居住が広がっている。この時期の信徒の出身地は外海、その後に五島・平戸がつづいた。なお、外海出身の世帯の場合、同じ地区や集落という同郷関係が確認されている。

　第3は、大正・昭和期以後の長崎市の工業化・都市化に伴う信徒の職業の転換である。すなわち、同じ海岸沿いの飽の浦における造船業の展開とトンネルおよび道路の開通といった交通の整備によって、小榊に来住した信徒の職業が農業から非農業（造船所等での就業）に転換したと推測されるためである。

第3節　小ヶ倉大山町・深堀善長谷——山地の購入と佐賀藩の賦役——

　小ヶ倉と深堀は、長崎市の中心部から野母崎半島に向かう途中にあたり、長崎湾の東岸（長崎外港）に位置する。いずれも旧佐賀藩領で、深堀に陣屋が置かれていた。1889（明治22）年、旧小ヶ倉村は旧戸町村・旧大浦村・旧浪ノ平村とともに戸町村を形成し、その後に独立して小ヶ倉村となっている（小ヶ倉のあゆみ 21頁）。旧深堀村は旧大籠村・旧香焼村とともに深堀村を形成し、その後に香焼が香焼村として分離している（新長崎市史第4巻 91頁）。小ヶ倉村は1938（昭和13）年、深堀村は1955年に長崎市に編入している。

小ヶ倉・深堀

　小ヶ倉・深堀は野母崎半島に延びる背後の山地が海岸に押し出した地形のため、長崎市中心部との交通が制限されていた。そのため長い間、山間を経由するか交通船に依存していた。20世紀になって海岸線に県道が開通する。

第 3 章　長崎市の半島と長崎港外の島嶼

　その後、三菱鉱業によって小ヶ倉と深堀の海岸の埋め立てが始まり、大正期には深堀で三菱製鋼所が操業を開始した。昭和初期に戸町トンネルが開通し、工場の設立や従業員の宿舎・寮の設立が進み、人口が増加していく。

　両地区ともに第 1 次産業人口が多数であったものの、高度経済成長期、長崎市の外港計画によって臨海工業地帯が形成され、小ヶ倉で石油備蓄基地、深堀で三菱長崎造船所香焼工場が設立されている。さらに三菱開発による小ヶ倉地区山頭の開発で、大規模住宅団地のダイヤランドが造成されている（小ヶ倉のあゆみ 22-61 頁；新長崎市史第 4 巻 92-3 頁）。

　小ヶ倉地区大山に関して、1933（昭和 8）年に小ヶ倉からの林道が完成し、大山の子どもの小ヶ倉小学校への通学は容易になった。それでも 4km に及ぶ山道の通学の負担は大きく、低学年児童の長期欠席が多く生じたことから、1948 年に大山分教場が開校している（閉校記念誌 4 頁）。さらに 1953 年に電気の供用が開始している。

　小ヶ倉地区大山・深堀地区香焼（旧蔭ノ尾島）・善長谷が信徒の集住地であった。なお旧蔭ノ尾島は、現在、三菱重工業香焼造船所の敷地である。

① 大山町

　大山への信徒（キリシタン）の移住は江戸末期（1840 年代）で、水方（潜

写真 3-5　大山教会

伏キリシタンの役職）の市兵衛を指導者とした外海の黒崎村永田の 10 世帯であった。すでに周辺の伊王島（大明寺・馬込）・香焼・善長谷に信徒の移住があり、この 10 世帯の移住は後発であった。伊王島（馬込）や善長谷の信徒を頼ったものの、土地の狭小性や集住によるキリシタン露見の危険性のために移住を断られている（大山小教区史 150 年の歩み 16 頁）。

『小ヶ倉のあゆみ』に黒崎出身の七平、庄右衛門、要助、要右衛門、庄左衛門等の移住者の一部の名前とその後の状況が記されている。大山の長老、松川政八（4 代目で 1893 年生まれ）の話では、開拓移住地を求めてさらに土井首村に行き、八郎岳の中腹への移住を懇願するものの許可されなかった。それで小ヶ倉村に行き、村持ちの熊ケ峰の中腹（現在の大山）への移住を再三にわたって懇願したという。小ヶ倉村有志等が協議して、キリシタンの疑いを抱きつつも、本村からは 4km ほど離れた山中でもあり、移住を認めたという。「当初の頃は移住者の全家族が一棟の萱葺きの長屋に起床を共にしながら原野、山林を切り開いて生活した」と語っていることから、家族を呼び寄せる前に成人男性による先行移住が行なわれていたことが明らかである（小ヶ倉のあゆみ 93-4 頁）。

大山教会主任司祭の三村誠一神父への聞き取りでは、黒崎の信徒は大山を下見し、地主に土地の取得交渉をしたという[3]。当初、熊ケ峰のかなり山側を希望したのに対して、地主からは現在の場所を勧められた。実際、土地が良く水もあり、稲作に適した地であった。こうした経緯もあって、現在に至るまで小ヶ倉地区（本村）との関係は良好という。

1868（明治元）年から 1873（明治 6）年のキリシタン迫害まで、大山には 12 世帯あり、「白 2 戸、黒 10 戸」であった。黒はキリシタンを意味する蔑称であったことから、信徒世帯は 10 世帯と見られる（大山小教区史 150 年の歩み 16 頁；小ヶ倉のあゆみ 95-6 頁）。そのため江戸期の信徒世帯数は、明治初期まで増減していないことが分かる。明治・大正期の信徒世帯数は不明である。三村神父への聞き取りでは、この時期、貧しさから抜け出すために懸命に働いて土地を買い増し、大山は信徒世帯の持ち山になったという。

表 3-7 で第二次世界大戦後の昭和期の世帯数を見れば、1945 年に 41 世帯に増加し、2010 年には 95 世帯に達し、明治初期の 8 倍強となっている。

第 3 章　長崎市の半島と長崎港外の島嶼

表 3-7　小ヶ倉地区大山の世帯数

	年　等	世帯数	人　口	世帯平均人数
信徒	1994 年	73	308	4.2
	信徒地区別	上 25・中 20・下 23・萩尾橋 5	上 93・中 80・下 117・萩尾橋 18	上 3.7・中 3.4・下 5.1・萩尾橋 3.6
住民	1945 年	41	248	6.0
	2001 年	90	276	3.1
	2010 年	95	236	2.5
	2016 年	89	208	2.3
信徒比率（％）		81.1	111.6	-

注）大山教会の信徒世帯数は『大山小教区 150 年の歩み』（46-60 頁）から集計したものである。1945 年の世帯数・人口は『小ヶ倉のあゆみ』（34 頁）、2001 年からは住民基本台帳に基づくものである。
信徒比率は信徒世帯数・信徒数を 2001 年の世帯数・人口で割ったものである。そのため 100％を超えた数値になっている。

しかし人口は 200 人台で推移（減少傾向）しているため、各世帯の規模縮小を伴う世帯増加といえよう。三村神父への聞き取りでは、他出者はあるものの、挙家離村の世帯は少なく信徒数の減少はないという。その一方で、大山のかなり上側で三代目の教会があった場所の世帯（10 世帯ほど）の中には、町に近い山の下側に移動する傾向があるという。大山の内部の移動がうかがえよう。

表 3-8 の信徒世帯の姓および大山教会の地区区分（上組・中組・下組・萩尾橋）から、大山家と松川家が上に、中尾家と森家が中に移住したと推測される。各地区内で分家等を増やし、さらに大山家と松川家は中・下と萩尾橋（大山家）、中尾家と森家は下と萩尾橋（中尾家）で分家等の創出や移動が生じたと推測される。こうした分家等の創出は、第二次世界大戦前に各家族が土地を買い増したこと、高度経済成長期後の道路交通の整備、小ヶ倉と深堀の工業化・都市化が関係しよう。

一方、同姓世帯数が少ない世帯の多くは、下・萩尾橋に居住している。このことから、下側には新来の勤労世帯が多いと推測できる。表 3-8 の右側は 1948 年に開校し、2006 年に閉校した小ヶ倉小学校大山分教場（分校）

表3-8 大山の信徒と居住地区

信徒の姓	世帯数合計	地区（世帯数）				小ヶ倉小学校大山分校入学者（人数）						入学者合計
		上	中	下	萩尾橋	1948–50年	1951–60年	1961–70年	1971–80年	1981–90年	1991–2000年	2001–04年	
全体	73	25	20	23	5	19	83	88	82	44	33	12	361
大山	32	18	6	7	1	11	44	48	42	17	15	4	181
中尾	11		8	1	2	3	9	7	8	5	2		34
森	6		3	3		1	8	9	6	5	2	2	36
加藤	4	1		4				7	11	2	4	3	27
大塚	3	1		2				6	4	2	2		14
松川	3	3					7	7	2	2		1	18
渡部	2			2				1	4	1	1		8
赤波江	1			1							3		3
岩崎	1	1											
瀬川	1			1		2	3	1		4			10
瀬戸	1		1						3	1			4
立山	1			1									
田中	1		1				5	1		1			7
長濱	1				1								
中山	1				1								
橋口	1	1					4	1					5
松本	1			1									
山口	1	1											
山下	1		1						1	3			4
						近藤 1 大田 1	近藤 1 山本 2		木村 1	西田 1	西田 1	明松 2	

注）大山教会の信徒世帯数は『大山小教区150年の歩み』(46–60頁) および『小ヶ倉のあゆみ』(118–203頁) から抽出・集計したものである。

第 3 章　長崎市の半島と長崎港外の島嶼

表 3-9　大山の信徒の居住地と他出先

1978年の居住地	長崎市内											
	大山	小ヶ倉・深堀・大浦	伊王島	浦上	大籠町(深堀)	三和町布巻	神ノ島	外海	木場	水の浦	本河内	市内(その他)
男性	68	5	1	1	-	2	1	-	1	2	1	3
	68.0	5.0	1.0	1.0	-	2.0	1.0	-	1.0	2.0	1.0	3.0
女性	61	13	5	3	3	-	-	1	-	1	1	13
	52.6	11.2	4.3	2.6	2.6	-	-	0.9	-	0.9	0.9	11.2
合計	129	18	6	4	3	2	1	1	1	3	2	16
	59.7	8.3	2.8	1.9	1.4	0.9	0.5	0.5	0.5	1.4	0.9	7.4

1978年の居住地	長崎市周辺	長崎県内	九州	九州以外	修道院		不明	合計
					外国	国内		
男性	0	2	1	12	-	-	30	130
	0.0	2.0	1.0	12.0	-	-	-	-
女性	1	2	1	6	1	4	31	147
	0.9	1.7	0.9	5.2	0.9	3.4	-	-
合計	1	4	2	18	1	4	61	277
	0.5	1.9	0.9	8.3	0.5	1.9	-	-

注)『小ヶ倉のあゆみ』の小ヶ倉小学校の卒業生のうち卒業年が 1902～1951 年までは大山と判明できる卒業生、卒業年が 1953 年からは大山分校に入学した小ヶ倉小学校の卒業生（当時 19 歳以上）を集計したものである。
　各項目の数値の上段は実数、下段は不明を除いた百分率を示している。

の入学者の姓・人数である。上・中の居住世帯の一族は開校時から入学者がいるのに対して、上・中に同姓世帯のない下の世帯および中の一部世帯は 1961 年以降の入学で、高度経済成長期以後の来住が裏づけられる。なお、三村神父によれば、大山は市街地調整区域のため、来住世帯は大山の世帯と関係をもつ世帯であったという。そのため下等の居住世帯には、婚出の娘世帯等が含まれると推測できる。

次に、大山の信徒の居住の展開と他出の状況を見ていきたい。表3-9は小ヶ倉小学校の卒業生のうち大山町の出身であることが判明した卒業生の居住状況である。なお名簿作成時に19歳以上であった卒業生を集計している。この表から、第1に、学校卒業後も男性の7割弱、女性の5割強が大山に居住している状況が判明する。一時他出後の還流も含まれるが、とりわけ男性の高い比率は、明治以降の大山における分家の創出を裏づけるものである。女性の半数が大山に居住している状況も同様で、大山にとどまる男性の増加で、地区内の婚姻が一般的になった状況を反映している。

　さらに大山以外の居住地も長崎市内26.4％、長崎県内2.3％、長崎県外11.6％と長崎市内が4分の1を占め、大多数が大山を含めた長崎市内に居住している状況が判明する。市内のうち大山周辺の小ヶ倉・深堀等の居住が1割弱であることから、大山から周辺に居住が拡大する傾向と女性が婚姻後にも大山および周辺に居住する動向が明らかである。なお女性の通婚に関して、長崎市内のカトリック信徒の集住地（伊王島・浦上・大籠・外海）の居住が1割弱、さらに長崎県内の居住地も、表示していないものの、信徒の集住地である大村市（竹松・植松）・新上五島町であることから、カトリック信徒の通婚における類縁（宗教）関係の関与が判明する。

② 大籠町善長谷

　善長谷への信徒（キリシタン）の移住は、江戸後期（1800年代初め）とされている。外海地区樫山の佐八を中心とする6世帯が、旅芸人を装いながら野母崎半島南端の脇崎町木場や半島中部の蚊焼町くじら浜を経て、善長谷に居住したという（郷土史深堀208-9頁）。居住の条件は八幡神社の祭礼の水方を務めることであった。聞き取りでは、移住した世帯は、深堀の菩提寺の檀家でもあったという。明治期、カトリックへのいわゆる「回宗」を巡って集落で話し合いがもたれ、神道を守る世帯が蚊焼町岳路に移り、「離れ切支丹」として八幡社の祭礼を続けたという（郷土史深堀208-9頁）。

　一方、『カトリック教報』179号（1936年4月）に「善長谷切支丹物語」と題する古老の話が紹介されている。この記事を整理・要約すれば、次の通りである。

　1823（文政6）年、外海地区三重の東樫山の水方で独身であった佐八と八

第 3 章　長崎市の半島と長崎港外の島嶼

助、仙右衛門、惣五郎、甚吉、門五郎等が庄屋や村人の嫌がらせにあう。この 7 家族と 2 独身者が、東樫山を支配する深堀藩の陣屋があった深堀に直訴に駆け込む。この深堀に向かった時の状況は「さゞやかな家財道具を取纏め、闇に紛れて深堀へ渡り、表面では芝居騒動（芝居について何か問題が起つたこと）にて立ち退くかの如く装い」とあり、逃散を思わせるような素早い動きであった。

　佐八らは、東樫山を所領する深堀猪之助に開墾移住を願い出る。深堀猪之助はこの願いを同僚に相談し、深堀領主に言上した結果、藩主から大村藩領の野母・樺島・川原を除く「余が領内、希望の原野へ移住させよ」という開拓移住の許可が出たという。

　移住を許された佐八らは、野母崎半島東側の脇崎村や木場に向かう。しかし希望はかなわず、次に野母崎半島の西岸の蚊焼村の由利崎へ行き、移住を申し込んだ。しかし、蚊焼と三重（樫山）の両村の農民は、当時、田の埋草の問題で対立していたため、承諾を得るどころか立ち退きを迫られることになる。それで現在地へ辿り着いたという。なお『善長谷教会献堂 60 周年』では 6 家族とされ、旅芸人の装いは脇崎等を移動中のことであったとされている（1 頁）。

　こうした事情から、大籠町善長谷の原野（開拓地）数町歩が、深堀藩主の従事役（家老）や深堀猪之助らの斡旋で、東樫山の信徒に与えられた土地であると判断できる。さらに、記事に八助の子の近右衛門が深堀家の家老に中間奉公、甚吉の子の辰右衛門が深堀権兵衛の下男奉公、信徒が神社の接待役等の役割を担ったとされていることから、地代の代わりに賦役労働が課せられていたことが判明する。

　古老は、佐八らが若葛を採集して萱葺きの掘立小屋を造り、長浜村の古家を買取って水方の家とし、「切芋のかゆをすゞりて」開拓していったのが、現在の善長谷集落であるとつづけている。なお記事には、菩提寺の過去帳には善長谷の地名が「禅定」と記され、「禅定谷と書くのかも知れぬ」とある。開墾移住当時、人別改め、宗門調等があり、八幡神社の旗挙を命ぜられたものの、踏み絵はなかったという。

　かなり後に外海地区出津で「茂重騒動」が出来する。長崎奉行所から、茂

重が善長谷に逃げ込んだ可能性があると注進があり、深堀藩は四十余名の役人を善長谷に向かわせた。この騒動の中で、善長谷の6世帯が蚊焼村の長瀬や岳路、蔭ノ尾等に移住したという。この経緯に関して、『善長谷教会献堂60周年』には「何人かであらしの夜に善長谷を密かに出て、岳路に逃げてそのままその地に（マリア像を＝引用者）埋めて隠し潜伏しつづけました。その後、明治に入ってから禁教令が解かれても、善長谷に戻ることはなくその地に居住していました」(15頁)とある。

善長谷の信徒への聞き取りによれば、草分けの世帯は長谷川家である。明治以降は、五島や大山から信徒世帯が移住し、世帯が増加する。その結果、山口家・熊谷家・谷川家の系譜の世帯が多くなったという。

信徒世帯は、農業と漁業に長く従事していた。表3-10は善長谷を含む大籠の農家数である。1970年まで全世帯が農業に従事していたことが判明する。牛を数頭飼育していた農家もあった。第二次世界大戦後も畑の開墾や養鶏がつづけられた。その後、漁業に加えて造船所の通勤船を運航する仕事についた信徒もあった。女性グループは、海岸に接岸する鰯漁船に委託され、鰯を善長谷に持ち帰って煮干し加工し、業者に引き渡す仕事をしていたという。

昭和初期には32、3世帯、世帯が最多であった第二次世界大戦前には60世帯250〜300人であった。また第二次世界大戦中に善長谷に建設された兵舎に、戦後、4世帯が居住していたという。その後旧兵舎の老朽化のため、これらの世帯は深堀に転居している（善長谷教会献堂60周年 17頁・22-3頁）。

『善長谷教会献堂60周年』から上五島の出身の移住が判明するが、いずれも善長谷の世帯と親族関係が存在していた。1952年にも約50世帯が居住していたことから、その後に世帯数の減少が始まったといえよう。しかし表3-10の大籠の世帯数は2000年まで増加しているため、善長谷の下側に移動する傾向が推測される。聞き取りでも、若い世代が下方や平地の深堀周辺に居住する傾向にあるという。現在の善長谷の世帯数は15、6世帯である。

第 3 章　長崎市の半島と長崎港外の島嶼

表 3-10　深堀地区大籠　　　　　　　　　　　（世帯数）

	世帯数	農家数	非農家数
1970 年	38	38	–
1980 年	60	28	32
1990 年	77	29	48
2000 年	78	21	57
2010 年	70	3	48

注）『2010 年世界農林業センサス農業集落カード』のデータで作成した。
2010 年の農家数は販売農家数である。そのため農家数は 22 世帯と推定できる。

写真 3-6　草分けの碑

写真 3-7　善長谷の農地

写真 3-8　善長谷から見える光景

長崎市の山間地における移住と定住の社会的特徴

　以上の長崎市の山間地への信徒の移住と定住、他出に関する特徴を明らかにしたい。

　第1は、大山と善長谷が、江戸後期以後の山間への開拓移住によって形成された集住地であったことである。すなわち、善長谷は佐賀藩のあっせんによる開拓地、大山は付近の村の所有地を購入した開拓地であった。善長谷の場合、信徒世帯には賦役が生じている。

　第2は、江戸期の世帯数には変化がないものの、明治以後、大山と善長谷に連鎖的移動が生じて、世帯が増加した点である。すなわち、大山では信徒世帯が土地を買い増し、分家世帯と来住世帯が増加し、その結果、世帯数が明治初期の8倍になっている。善長谷でも分家世帯と上五島からの移住世帯によって世帯数が増加している。なお、大山と善長谷への来住世帯はいずれも居住世帯と親族関係等のある世帯であったという。

　第3は、大山の事例から明らかなように、早期から他出が生じている点である。しかし、世帯の他出先の大半は、長崎市内とりわけ大山の近辺であった。そのため、長崎市の都市化・工業化によって、非農業の世帯が生活および就業に便利な周辺地に移住したと推測されよう。

第4節　伊王島町（馬込・大明寺）——信徒の増加と開拓地——

　長崎港外（長崎湾）10kmに伊王島（1.31km^2）・沖之島（0.95km^2）が位置する。両島は指呼の距離にあり、1911（明治44）年に架橋されている。2011年、さらに両島と対岸（本土）の香焼との間に伊王島大橋が開通している（新長崎市史第4巻　784頁・796頁）。

伊王島

　江戸時代、両島は佐賀藩に属し、沖之島と伊王島に遠見番所が設置されていた。また幕命で佐賀藩と福岡藩によって長崎警護の番所（2ヶ所）が設置され、幕末に洋式の砲台（4ヶ所）が建設された。番所関係者以外は無人で

第 3 章　長崎市の半島と長崎港外の島嶼

あったが、その後に島への居住が始まる。その結果、江戸後期に約 200 世帯、幕末期に 348 世帯（伊王島船津 185・大明寺 96・沖之島 67）が居住するようになった。

　さらに、明治中期には、住民は 516 世帯・2,963 人に増加した。1889（明治 22）年、伊王島と沖之島の両島で伊王島村が誕生する。明治中期に伊王島小学校・沖之島尋常小学校が開校し、両島の架橋時に学校が統合されている。また 1941（昭和 16）年に電気が開通している（新長崎市史第 4 巻 785-8 頁・793 頁）。

　昭和初期まで、両島の主産業は農業であった。しかし両島は急傾斜地が大半で稲作に適さず、土地のやせた条件不利地のため農産物の収穫量も少なかった。大正期の伊王島村の農業状況にふれれば、地目別ではほぼ畑地、農地面積もほとんどが 5 反以下の状況であった。そのため、両島の主産業の農業は主として「老人婦女子の仕事で、青壮年者や一家の主人は出稼ぎなどで家庭に仕送り、生活をささえているような状態」（伊王島町郷土誌 221 頁）であった。また大正時代には水産業が主となる。漁業のみおよび漁業が主の専・兼漁家が 115 戸、漁業以外が主の兼業が 95 戸であった。なお、兼業の多くは農業等であった（伊王島町郷土誌 227 頁）。

　その後の伊王島村の産業状況は、1941（昭和 16）年に長崎鉱業（株）による伊王島炭鉱が開坑し大きく展開した。従業員数は、開坑年 137 人、1945 年 557 人、1950 年 1,449 人、1960 年 1,376 人と高度経済成長期直前まで増加をつづけ、村内に職員社宅（153 戸）・鉱員社宅（975 戸）・職員寮 1 棟・鉱員寮 1 棟等が設立された。その結果、伊王島の人口も、表 3-2 のように、1940（昭和 15）年の人口 1,572 人が 1950 年 5,388 人、1960 年 7,266 人に達した。

　しかし、炭鉱（日鉄伊王島鉱業所）は 1972 年に閉山し、1980 年の人口は 1,683 人に急減する（伊王島町郷土誌 241-55 頁）。

　一般に、江戸時代における沖之島・伊王島の遠見番所への佐賀藩の派兵や追従者の中に信徒（キリシタン）がいたといわれている（伊王島町カトリック馬込小教区 100 年のあゆみ 30 頁）。しかし 1968（明治元）年の公的な記録（大隈文書）に「近傍ノ小島ニ移住シ、即チ、大明寺村、大島（沖島の誤り

写真 3-9　馬込教会

写真 3-10　馬込集落と対岸の長崎市外海

か)、高島等、今日邪徒アル所ハ大体皆、三重ノ末孫ナリ」(伊王島町カトリック馬込小教区 100 年のあゆみ 33 頁)とあり、信徒の出身地および居住地と遠見番所の藩士や仏教徒の移住地(両島の中心の船津・船津瀬戸の江向)が相違していたことが分かる。そのため信徒の移住は佐賀藩の派兵が契機という見方は正しいものとはいえないだろう。

① 馬込

　馬込に移住した信徒は、外海の出身世帯であった。沖之島の中央にある渡の浜(仲町)に上陸し、渡の浜と江向の南のドベの浜(大渡・塩町)に居住する。しかし、後発移住の信徒世帯は漁業権が得られず、浜の利用や磯物を取ることができなかったという。信徒が居住した渡・大渡・椎山・土井・向イは馬込と呼ばれ、船津瀬戸江迎とは区別されていた。馬込は番所や深堀の役人が乗馬用の馬をつないだ場所に由来する地名であったという(伊王島町カトリック馬込小教区 100 年のあゆみ 35 頁)。このことから、馬込が馬の牧場

第3章　長崎市の半島と長崎港外の島嶼

写真 3-11　大明寺生活館

跡地で、その地に開拓移住した可能性もうかがえよう。1952年に93歳で亡くなった馬込の通称椎山キヤ（戸籍名村上キヤ）は外海地区永田の出身で、キヤの甥が「先祖此ノ地ニ移住開拓ヲ創シ以来現ニ五代」と記し、開拓地であったことが確認できる。1854年の沖之島の全世帯数は65世帯程度で、1871（明治4）年の馬込の信徒は20世帯であった（伊王島町カトリック馬込小教区100年のあゆみ 34-5頁）。

② 大明寺

伊王島に移住した信徒も外海の出身世帯であった。大明寺の小池ミヨ（1866～1928年）によれば、小池家と山口家の伝承では、先祖は出津出身という。伊王島北側の海岸（大明寺浜・仙崎・船津寄りの入り江）のドンゴー瀬の浜に上陸し、番所関係者が居住していた船津以外の大明寺浜・横山・仙崎・姥瀬・唐船守あたりに居住した。また船津の西の山側の一本松は、江戸期に12、3世帯あり、仙崎・姥瀬の居住世帯の子孫や馬込からの移住世帯であったという（伊王島町カトリック馬込小教区100年のあゆみ 34-5頁）。おそらく一本松は新たな開拓地で、両島の分家世帯や新たな来島世帯の居住地であったと推測される。

長崎市の島嶼における移住と定住の社会的特徴

以上の長崎市への信徒の移住と定住に関する特徴を明らかにしたい。

第1は、伊王島における信徒の居住が、江戸後期の外海からの移住で

あったことである。そのため、港付近は佐賀藩の遠見番所と仏教徒の居住地であり、周辺地への移住であったことが判明した。このうち沖之島の馬込への移住は、牧場跡地への開拓移住と推測される。

　第2は、島内の2集落の周辺に新たな居住地が展開し、分家の創設や来住世帯の居住によって信徒世帯が増加したことである。

　ここまで長崎市の半島・山間地・島嶼への信徒の移住と定住、他出の状況について見てきた。最後にその社会的特徴を整理したい。
　第1は、長崎市内における信徒の移住地が、長く陸の孤島と呼ばれた半島や交通の不便な山間、島嶼で、条件不利地であった点である。いずれも昭和以降に長崎市に編入されたかつての周辺地であった。信徒の移住は江戸後期で、神ノ島には先住の仏教徒が居住し、大山・善長谷は開拓移住地、伊王島では港付近は佐賀藩の遠見番所と仏教徒の居住地であった。いずれの地も旧佐賀藩領への外海の佐賀藩領からの移住で、佐賀藩の開拓政策の関与が推測される。また農業に適さない土地の購入や開拓地への移住は安価、あるいは賦役が生じたものの土地購入の費用が不要なことや信仰の秘匿に有利であったことが理由といえよう。また海に近い移住地では漁労に従事することができた点が、定住に有利であった。
　第2は、いずれの地でも連鎖的移動が生じ、世帯が増加した点である。外海からの移住の後に、五島・平戸島から移住が生じている。その結果、神ノ島は仏教集落を超えて対岸の網場ノ脇（小瀬戸）に居住が展開し、さらに木鉢に広がっている。大山・善長谷は初期の移住地の下側に居住が広がり、伊王島では新たな開拓地に移住が生じている。
　第3は、その一方で、大山の事例を見れば、早期から他出が生じた点である。しかし、大半が長崎市内とりわけ大山の近辺である。長崎市の都市化・工業化によって、非農業の世帯が生活および就業に便利な大山の周辺に移住したと推測され、宗教コミュニティの拡大と見ることもできよう。なお、女性の通婚先から、婚姻における類縁（宗教）関係の関与も判明した。

第3章　長崎市の半島と長崎港外の島嶼

注

1）小榊の地名は、小瀬戸と木鉢、神ノ島の「小」「木」「神」を組み合わせたものである。
2）実際は、地区長を担当しない世帯があるため、昭和期以降の移住世帯はさらに多いと推測される。なお、宿老は信徒の総代や代表を指す古い役名である。
3）大山教会主任司祭三村誠一神父への聞き取り調査は、2016年7月に実施した。

第4章
平戸島への移住と居住地の展開
――第2次移住地と新たな移住の発生――

　江戸末期から明治初期、西彼杵半島の外海や第1次移住地の五島・黒島から、新たな開拓移住が発生した。外海からの直接の移住や第1次移住地の中での転居をのぞくと、第1次移住地にはじめて生じた移住で、第2次移住と名付けられよう。

　こうした移住は、江戸末期および明治初期に生じた迫害を逃れるための逃散と同じ時期であった。しかし、大半の移住は、旧藩の新田開発や旧牧場地の開拓、山地や農地の売買に関係していた。とりわけ江戸期の移住の場合、藩政を管理する城下町から僻遠であった山間や丘陵は、信仰の保持にかなう場所であった。

　第2次移住は農業経営を志向する集団的移住であったものの、後発の移住のために農地に適さない斜面地や台地等といった条件不利地への移住であった。

　本章では平戸島への移住の状況を詳らかにする。平戸島は、15世紀以来のキリスト教信仰の歴史を有する。しかし、実は、カトリック信徒の多くは島外からの移住者であった。まず第1節で平戸島中南部、次に第2節で北部への移住の経緯をたどり、さらに定住後の居住の展開を明らかにしていく。

第1節　平戸島中南部――集落単位の移住の特徴と居住の多様性――

　長崎県平戸市は平戸島・生月島および離島の的山大島等、そして平戸島と橋で結ばれた九州本土（北松浦半島）の田平が市域である（図4-1）。1955

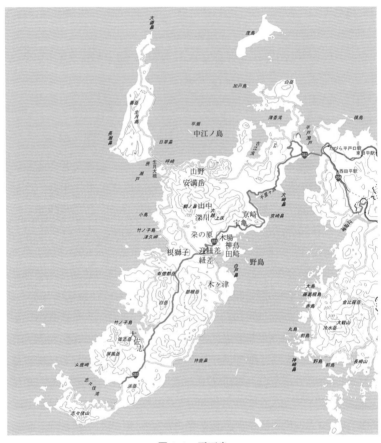

図 4-1　平戸島

※この地図は国土地理院地図に関連する名称を加筆等したものである。

年に平戸島の平戸町と中南部の中野村・獅子村・紐差村・中津良村・津吉村・志々伎村が合併して平戸市が誕生し、さらに 2005 年、九州本土の田平町、周辺の島嶼の生月町・大島村と合併し、現在の平戸市が誕生する。2016 年現在の人口は約 33,000 人、世帯数は約 14,200 である。

第 4 章 平戸島への移住と居住地の展開

平戸島への移住の背景

まず、信徒（キリシタン）の移住を可能にした平戸島の社会状況を明らかにしたい。

① 平戸藩の開墾・新田開発の奨励

平戸島へのキリシタンの最初の移住は、長崎の信徒の第 1 次および第 2 次移住の時期にあたる。第 1 次・第 2 次移住が生じた江戸後期、平戸藩は山林原野の開墾・新田開発を奨励していた（長崎県史藩政編 487 頁；藩史大辞典第 7 巻 187-8 頁）。この平戸藩の奨励策は、新田開発に関して 6 年間の年貢を免除、開畑に関して 4 分の 1 ～ 5 分の 1 に年貢を減免するというものであった。

② 馬の放牧地への入植

平戸藩の開墾・新田開発の奨励策には、軍馬の放牧場の開放が含まれていた。平戸藩内の半島・離島には軍馬の放牧地が多く、放牧地の開放は平戸藩以外の農民にも開かれていたと推測される[1]。

③ 高い小作料・農地の購入

明治期の平戸島の農地の多くは、「何々殿」「何々様」と呼ばれた旧家の所有であった。地主は自らは耕作せず、使用人に耕作させたり、小作農に土地を貸していた。小作料は、藩政時代の上納米と同様に収穫高の 3 分の 2 という高い割合であった。この不利な契約のために、使用人や小作農は定着しなかったという（平戸教会の礎 25 頁）。この常態的な小作農の不足は、明治中期にカトリック信徒世帯の平戸島への移住を促進した要因の 1 つと見られる。

また、土地を売却して事業を起こしたり、都会に移住する地主が増加したことで、平戸島における農地の売買は頻繁に見られた事象であったという。

④ 大正・昭和期の国の開拓政策

大正・昭和期、政府の開拓政策に基づく入植地が平戸島に設定された。大正期（1919 年）の開墾助成法は第 8 章第 1 節で詳述するが、米騒動に象徴された国民の食糧危機に対応した政策であった（川南町開拓史 116-7 頁）。表 4-1 の上側は、平戸市内の奨励金交付地区の一覧である。平戸島では南部の旧獅子村・旧津吉村・旧中津良村・旧紐差村に 7 地区が設定されてい

表 4-1　平戸市の大正・昭和期の奨励金交付地区と第二次世界大戦後の開拓農業組合

現在の市町村名	旧町村名	奨励金交付地区名	世帯数
平戸市	南田平村	下寺耕地整理組合	1
平戸市	生月村	堺目耕地整理組合	10
		山田第二耕地整理組合	2
		元触耕地整理組合	1
平戸市 (平戸島)	獅子村	飯良第一耕地整理組合	4
		飯良第二耕地整理組合	7
		獅子免耕地整理組合	2
		根獅子耕地整理組合	4
	津吉村	田崎耕地整理組合	1
	中津良村	赤石ノ久保耕地整理組合	1
	紐差村	大川原第二耕地整理組合	1

現在の市町村名	旧市町村名	名称	入植世帯数	1960 年	1965 年
平戸市	南田平村	野田	10	-	-
平戸市 (平戸島)	平戸町	鞍掛山	10	50	8
		千代切山	15		12
		油水	10		8
		平床	5		4
		長崎山	16		13
	中野村	小富士	5	16	2
		古江	5		4
		神曽根	10		8
	獅子村	春日原	8	13	2
		大石脇	6		6
	津吉村	浜岳	15	12	10
	中津良村	平床	5	8	
	紐差村	大川原	29	29	29
平戸市 (的山大島)	大島村	戸田	9	-	-

注）上の表は開墾助成法に基づく奨励金交付地区名、下の表は自作農創設特別措置法に基づく開拓農業組合の名称である。
　　開墾助成法の記載は『開墾地移住ニ関スル調査（第 3 輯）』、自作農創設特別措置法の記載は『平戸市史』『長崎県農地改革史』の記載に基づく。両者の記載・地名が異なる場合は、整合性から判断した。自作農創設特別措置法の組合の一部を省略している。

第 4 章 平戸島への移住と居住地の展開

る。

　さらに、第二次世界大戦後、政府は占領軍の指導の下で開拓事業を実施している。下側の自作農創設特別措置法に基づく開拓用地は、食糧増産の観点から山林・原野を農耕地とする政策であった。すなわち、国が山林・原野を取得し、その開拓予定地の開墾を希望する者から入植者を選考して低廉な価格で土地を売り渡し、自作農を創設する事業であった（長崎県農地開拓史 201-10 頁）。開拓地は既存の集落よりも山間僻地の条件不利地に設定され、実質、農家の次・三男対策という側面がうかがえるものであった。

平戸島中南部の地域状況

　昭和 40 年代、国道 383 号線の舗装整備や平戸大橋の開通で、中心の平戸地区や北松浦半島の通勤圏になった。しかしそれ以前は、平戸島中南部の大半の世帯は農家であった。後の 1970 年の各集落の農家世帯率（表 4-2）から各集落の大半の世帯の農業従事が裏づけられる。

　しかし、旧紐差村中央部の安満川・深川川の両岸に「全島唯一の平地……を総称して朶谷とぞ言う」（紐差村郷土誌 72 頁）平野が存在している紐差地区でも、農地の多くは、実は、新田開発や開拓地であった。表4-3 は、旧紐差村等の江戸期と明治期の主な新田・開拓地および耕作状況である。古い移住地や開墾地のうち山ノ田は山林、菅牟田は草地の開墾地、三軒谷は旧紐差村外からの移住地であった。

　草積地区の馬込は馬の牧場の跡地で、江戸後期から明治初期に平戸藩の各牧場の開墾や売却があったため、開墾地の可能性が高い。木場地区の木場・神鳥はかなり古い時期の移住で、木場は宝亀・迎紐差からの移住、神鳥は阿波からの移住であったといわれる。

　18 世紀には、紐差地区の原野の朶の原が五島列島小値賀島の住民によって開発され、他地区の住民（小作）が開墾入植している。また旧津吉村の神船新田と旧中津良村の猪渡谷新田が生月村の住民によって開発されている。

　さらに、江戸後期（19 世紀以降）、平戸藩は新田開発を推進し、江戸末期には藩の牧場の廃止と山林原野の開拓を奨励している（藩史大辞典第 7 巻九州編 187-8 頁）。その結果、平戸中南部に新田が数多く開発された。紐差地

表4-2 平戸島中南部の各集落の農業世帯率（1970年）

集落名	総戸数	農家比率	集落名	総戸数	農家比率
紐差第1	—	—	神鳥	22	100.0
紐差第2	67	67.2	木場	96	47.9
紐差第3	52	44.2	宝亀第1	—	—
紐差第4	45	64.4	宝亀第2	50	78.0
迎紐差	30	93.3	宝亀第3	31	90.3
深川	50	94.0	宝亀第4	40	77.5
朶の原	25	84.0	主師	21	100.0
草積	33	90.9	山中	101	67.3
赤松	28	92.9	飯良第1	50	78.0
大河原	123	82.1	飯良第2	53	86.8
木ヶ津第2	46	95.7	大石脇	25	88.0
木ヶ津第3	39	84.6	大佐志	58	67.2
木ヶ津第4	42	95.2	鮎川	57	59.6
田崎	40	85.0			

注）『2010年世界農林業センサス集落カード』（一般社団法人農林統計協会）を基に作成した。
　　数字は百分率である。

区では迎紐差・龍瑞寺新田・伍平新田が、平戸藩あるいは個人によって開発された。さらに宝亀地区で宝亀大田新田、旧津吉村で古田新田・鮎川新田・佐志新田が開発されている。同時期、深川地区で河川の水没地が開墾され、乾田作業が行なわれている（紐差村郷土誌 66-78頁）。

　明治以降、木場地区の田崎沖の野島や木ヶ津の坊主畑、大河原町布津原で開墾が進んだ。野島は田崎の住民の私費開墾地で、布津原は明治維新後、京都出身者の開拓であった（紐差村郷土誌 78頁・82頁）。布津原では、本村から移住した数世帯が、明治中期には十数世帯に増加している（平戸大河原郷土史 15頁）。

　大正期の旧紐差村の営農状況が、新田開発や開墾に伴う移住の状況を物語っている。すなわち、自小作の比率は田の自作44.6％・小作55.4％で、

第4章 平戸島への移住と居住地の展開

表4-3 旧紐差村および平戸島中南部(一部)の新田・移住地・開拓地
江戸期前・時期不詳

地 名	事 項
山ノ田	山林を開墾して田にする
菅牟田	菅の繁茂地を開墾する
馬 込	元は馬の牧場
三軒谷	17世紀中頃、根獅子より2世帯来住
木 場	宝亀・迎紐差からの分流が多い
神 島	阿波の藤沢新左エ門が移住する。その後、田崎に分流が居住する

江戸期(18世紀以後)

名 称	時 期	事 項
朶の原	1706(宝永3)年から数年	小値賀島の小田氏が原野40町歩を開田する。前川家や栗林家が来住してその地の開墾に携わる
神船新田	1791(寛政3)年	生月村の山県三郎衛が築造する
猪渡谷新田		
迎紐差	1816(文化13)年	平戸藩の新田事業。萩山九平が関与する
龍瑞寺新田	文化年間	
伍平新田	1840~50年頃	坂本伍平の個人事業
古田新田	寛政年間~明治4年	古田川河口(古田~神船間)、藩の新田事業で神船新田の倍の規模
鮎川新田	江戸後期	藩の事業で、佐志川から現在の鮎川付近
佐志新田		
宝亀大田新田	1849(弘化4)年	太田川の開拓地。林栄太郎が築造する
深川	1850年代後半	川に没する土地を福田豊作が開墾する

明治期

名 称	時 期	事 項
野 島	明治24年	田崎の松山氏が平戸村民から購入して開拓する
坊主畠	明治初期	元は原野。紐差の住民3人がこの地を購入し、大村・黒島の信徒に分譲する
布津原	明治維新期	京都からの移住者であった久家八左衛門の開墾地
大河原第1耕地整理組合	明治45年	溜池築造による開田を行なう

注)『紐差郷土誌』(1918年)・『平戸大河原郷土史』(1984年)・『平戸市中南部史稿』(1978年)・『津吉地区郷土史』(2003年)等を基に作成した。
坊主畠は『紐差郷土誌』に記載された「畠」をそのまま表記した。

多くの世帯の生活の基盤は小作であった。一方、畑は自作92.3％で、大半が開墾・開拓地と推測される。また厳しい営農状況を反映して、旧紐差村の住民の生活状況は上7.4％・中15.3％・下77.3％という状況であった（紐差村郷土誌 197頁）。

なお、平戸島中南部では、大正・昭和期以降にも開拓が行なわれている。

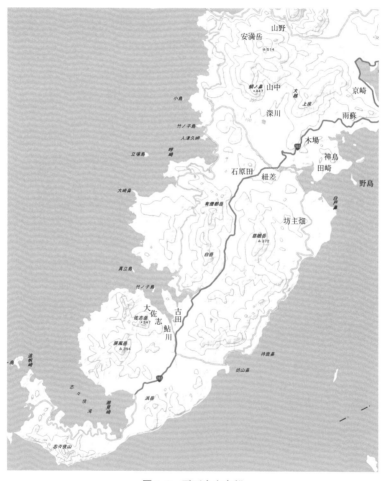

図4-2　平戸島中南部

※この地図は国土地理院地図に関連する名称を加筆等したものである。

第 4 章 平戸島への移住と居住地の展開

写真 4-1　田崎

写真 4-2　神鳥

表 4-1 のように、平戸島中南部の山間や半島の丘陵では、大正・昭和初期以降も開墾助成法および自作農創設特別措置法の対象地として開拓が進められている。

平戸島中南部における信徒の居住と移住

　江戸後期以降、図 4-2 の平戸島中南部（旧紐差村・旧津吉村・旧獅子村・旧中野村）の多くの地区で新田の開発や山林開拓が進められ、平戸島内外の世帯が来住した。カトリック信徒も来住世帯に含まれ、地下(じげ)の仏教徒と信徒層（潜伏キリシタン・仏教からの改（回）宗信徒）と、江戸後期から明治期に移住した仏教徒と信徒が共存していた。各地区・集落レベルの信徒の移住と居住の状況を整理したい。

　① 木場地区田崎・神鳥

　『マタラ師を偲ぶ』によれば、田崎の代表的な世帯に対する聞き取り調査から 19 世紀以降の来住が確認されたという。田崎や神鳥に住む世帯は、迫害を逃れ信仰の安住の地を求めて、大村・長崎・外海から先住者の少ないこの地に相前後して来住したという（7 頁)[2]。十数世帯に及ぶ移住信徒は山中に隠れ住み、一帯の山を開墾して畑にし、近くの海で漁業に従事した。これらの世帯のうちで山頭新エ門家が田崎の草分けとされている。「殆ど新エ門の一族の田崎と言っても過言（でない＝引用者）」（紐差小教区 100 年の歩み 28 頁）といわれ、世帯の間の親族関係が推測される。

写真4-3　紐差教会

② 紐差地区

　紐差教会は、旧紐差村の中心の紐差に所在している。しかし、もともと居住の信徒世帯は少なく、多くは木場地区田崎や宝亀地区の信徒世帯の派生であった（紐差小教区100年の歩み 28頁）。『紐差小教区100年の歩み』に記載されている紐差教会の信徒（古い信徒や教会の役職等）と出身司祭等の居住状況から、紐差の信徒（紐差の片岡・塚本初治・塚本新太郎、紐差二の大石伊勢之亟・萩原武雄、紐差三の萩原兼太郎）と木場（田崎）・宝亀との親族関係（養子関係・通婚関係）が確認される。

　紐差の各地区に関して、紐差二地区の場合、萩山家（6人）と鴛渕家（6人）は地下の仏教徒で、家族単位でカトリックに改宗した最後の家族であった[3]。このうち萩山家は紐差一地区に居住していたものの、明治中期、自宅を旧教会堂として提供し、紐差二地区の焼山に転居している。紐差三地区の白床には、林家・中島家が移住している（紐差小教区100年の歩み 28-9頁）。

③ 草積地区石原田

　紐差に南接する草積には、生月島あたりから来住した潜伏キリシタンが居住していたといわれ、明治初期の外国人司祭は、平戸島（中部）で最初に草積を訪問している。石原田では、石本市之亟家等がいち早く受洗している（紐差小教区100年の歩み 28頁）。

第 4 章 平戸島への移住と居住地の展開

写真 4-4　石原田御堂跡

写真 4-5　深川の棚田

④ 深川

　紐差湾に面した迎紐差から谷筋を北上した山間の深川の田畑の面積は、40 町歩程度である。「上納米は割合に高く」(紐差小教区 100 年の歩み 28 頁) の記載から、明治期の信徒世帯は小作あるいは自小作であったと見られる。

　この地区は、江戸後期以降には潜伏キリシタンや和歌山県(小川郷)出身の世帯(仏教徒)等の 35、6 世帯が混住していた。1971 (明治 4) 年、和歌山県出身の小川家が家族の病気回復を契機に改宗し、集落の約 10 世帯もカトリックに改宗している。なお、この改宗世帯に潜伏キリシタンが含まれたかどうかは不明である。その後、深川のカトリック信徒世帯と仏教徒世帯はともに 24 世帯に増加し、集落内の世帯数が拮抗する。こうした中で集落の仏教徒は、カトリック信徒を「宗替え人」、自らを「正宗」と呼称し、信徒の聖体に対抗して小餅を飾り拝んでいたという。また互いを魚に例えて、仏教徒を「エタリ(カタクチイワシ)」、信徒を「真イワシ」と呼ぶこともあったという (紐差小教区 100 年の歩み 27 頁)。

⑤ 木ヶ津地区坊主畑

　木ヶ津の坊主畑は地味がやせ、水利も悪い条件不利地のため、江戸期は広大な原野のままで人家は見られなかった。明治初年、この地に大村および黒島から信徒が開拓移住した。坊主畑の土地取得は、紐差村の信徒(林テル・末永市之助・大山庄作)が購入した土地を移住世帯に分譲するという形式であった(紐差村郷土誌 81 頁)。なお『紐差小教区 100 年の歩み』では、坊主

写真4-6 朶の原　　　　　　　　　写真4-7 大佐志

畑への移住は五島と黒島出身の世帯とされている（36頁）。1887（明治20）年には、第4章第4節でふれるように、出津教会主任司祭のド・ロ神父が木ヶ津の赤松崎に1町2反3畝の土地を購入し、外海の信徒が移住してくる（片岡203頁）。

なお、『紐差村郷土誌』に記された明治初期の移住世帯の出身地である大村は、おそらく旧大村藩領の長崎市外海と思われる。これらの記述を整理すれば、移住世帯の主な出身地は明治初期が五島と黒島、明治中期が外海（出津等）と推測される。

⑥ 旧津吉村古田地区大佐志

平戸島南部の西海岸に位置する古田は、平地が多く水利に恵まれていたものの、土地がやせ世帯が少なかったという（津吉村郷土誌）[4]。この古田の西側の山深い半島北側の斜面と海岸に位置する大佐志に、時期不詳ながら、五島と黒島から信徒が来住したという（紐差小教区100年の歩み33頁；津吉地区郷土史39頁）。一方、板橋勉によれば、「明治初年浦上より移住したもので、初め紐差の木ヶ津へ来たが余地がないため新たにこの地を開拓したのであつて、現在の戸数は約40戸、粗衣粗食に甘んじ信仰がひじょうに厚い」（板橋勉214頁）集落とされる。さらに島原の乱後に島原から移住したという説もある（津吉地区郷土史39頁）。紐差教会での聞き取りによれば、長崎の浦上四番崩れの流罪（いわゆる「旅」）後に長崎市浦上に戻った世帯の中から、平戸島に土地を求めて古田新田周辺に移住した世帯があったとい

第4章 平戸島への移住と居住地の展開

写真 4-8　山野カトリック教会

写真 4-9　中野教会

う。さらに『カトリック教報』36号（1930年4月）の「教會巡り（5）木場教會」には、「現在平戸古田に住める信徒の祖先は150年前木場の信徒100名が迫害の為に平戸に逐電したものだと云う」とある。

　これらの記述や聞き取りを整理すれば、古田への信徒の来住は、まず江戸末期から明治初期の半島北側の大佐志への五島と黒島からの信徒世帯の移住であった。その次に、明治初期の長崎市浦上（木場）からの大規模な移住があったと見られる。その際、信徒100人規模の移住は、新田開発地あるいは開拓地への移住・入植以外には考えにくい。そのため江戸末期、主として明治初期、古田新田（明治初期に完成）・鮎川新田・佐志新田および大佐志に、長崎市浦上（木場）から連鎖的移住が生じたと推測される。なお一部の世帯は、「教會巡り（5）木場教會」に記された時期に、平戸中南部の他の開拓地等に移住したとも推測される。

　⑦ 宝亀地区雨蘇（今村）・京崎

　宝亀地区の雨蘇（今村）は宝亀海岸から西方の山間、京崎は宝亀海岸の丘陵である。この宝亀には、土着のキリシタン世帯、仏教徒からの改宗世帯および移住世帯の三層の信徒世帯が存在した（宝亀小教区100年の歩み 74頁）。

　宝亀への移住世帯の出身地は、長崎市外海（黒崎・出津）や五島が多いものの（板橋212頁）、長崎市浦上からの来住世帯もあった。来住時期に関しては、19世紀の初頭から中頃とされている（宝亀小教区100年の歩み 74頁・94頁）。また京崎・雨蘇に多くの移住が生じたのは、明治初期とされている

(平戸中南部史稿 195 頁)。

京崎に関して、「私たちの先祖」という手記(宝亀小教区 100 年の歩み 85-6 頁)から、1848 年頃に外海から移住したこと、京崎鼻から現在の宝亀教会下まで平戸藩の広漠な馬の牧場が存在したことが判明する。そのため江戸末期・明治初期の京崎は、牧場跡の開拓地であったと見られる。

また 1950 年代の宝亀教会主任司祭の田原一男神父の調査や明治初期の洗礼台帳から、外海地区出津の要五郎・ミオ・ツナが平松家等、外海地区樫山の亭太が川渕家の祖先として辿ることができたという。さらに五島や黒島からの移住者も確認されている(宝亀小教区 100 年の歩み 75 頁)。

⑧ 獅子地区主師(山野)

平戸島北西海岸の山間に位置する山野は、1820(文政 3)年頃、長崎市外海から上五島仲知に移住した世帯が、さらに転住した地の 1 つとされる。上五島の中通島津和崎半島の北部は平戸領であったため、仲知の 8〜10 世帯といわれる山野への移住は、平戸藩の開墾政策が関係していたと推測される。岩石の林立する平戸島の北西部の小主師(しょうしゅうし)海岸に上陸し、山間に入って無人の原野を開拓して田畑を広げたという。移住当時の全世帯がこの地の地名を姓としている(宝亀小教区 100 年の歩み 135-6 頁)。

⑨ 中野地区山中

旧中野村の山間に位置する山中は地下のキリシタン世帯の集落で、移住の信徒が形成した集落ではなかった。この山中の潜伏キリシタンのうち明治期に信仰を復活させたのは 7 世帯にすぎず、多くの世帯は仏教にとどまった。そのため明治期に集落内でたびたび対立が生じ、中には裁判に発展する事件も生じている(宝亀小教区 100 年の歩み 155-6 頁)。

平戸島中南部における信徒の居住の展開

江戸後期・明治期に平戸島中南部に移住した信徒(キリシタン)は、明治期に多くがカトリックに改(回)宗し、その後、平戸島中南部に居住が展開していく。

① 平戸島中南部の信徒の増加

表 4-4 は明治・大正期に日本を管轄していたパリ外国宣教会年次報告に

第 4 章 平戸島への移住と居住地の展開

表 4-4 平戸島中南部の信徒状況

年	1880 年 (明治 13 年)	1881 年 (明治 14 年)	1883 年 (明治 16 年)	1885 年 (明治 18 年)	1886 年 (明治 19 年)	1887 年 (明治 20 年)
信徒数	201 家族	94 人	134 人	1,300 人	4,200 人	4,900 人
地理的範囲	平戸小教区の信徒数	平戸小教区の成人受洗者数		平戸島中南部の信徒	平戸小教区（18 地区）	
備考	平戸島の信徒世帯数			500 人以上が未改(回)宗	平戸・生月・馬渡島・大島等	

1888 年 (明治 21 年)	1890 年 (明治 23 年)	1893 年 (明治 26 年)	1895 年 (明治 28 年)	1896 年 (明治 29 年)	1897 年 (明治 30 年)	1899 年 (明治 32 年)
4,510 人	5,000 人	5,400 人	5,860 人	140 人	3,846 人	4,147 人
平戸小教区（17 地区）の信徒数				紐差教会の初聖体数	新平戸小教区の信徒数（黒島・佐世保を除く）	
		1 万人以上の未改(回)宗者	増加の主因は、移住世帯と子ども世代		黒島・佐世保含む信徒数 6,200 人	

注）『パリ外国宣教会年次報告 I・II』（1996 年・1997 年）の記載から抽出したものである。

記載された黒島と佐世保を含む平戸小教区に関する信徒状況、表 4-5 は邦人司教区後の平戸島・生月島の信徒状況である。表 4-4 の明治 10 年代の多数の成人洗礼者数から、明治初期の信徒増加は（潜伏）キリシタンの改（回）宗によるものと見られる。

しかし、明治中期以降になると非改（回）宗者の受洗に関する記述が減少していることから、信徒数の増加は信徒の自然増（子ども世代の誕生）と推測できる。平戸島・生月島・黒島・神崎・褥崎・大島・馬渡島等を含む平戸小教区の信徒数は、明治 20 年代に 4〜5,000 人に増加し、1897（明治 30）年には 6,200 人に達した。さらに平戸小教区が紐差（平戸）・黒島・佐世保の 3 小教区に分離した後、管轄地区の減少にもかかわらず、紐差（平戸）小教区の信徒数は 3〜4,000 人に増加した。表示はしていないものの、昭和期には田平小教区を含む紐差（平戸）小教区の信徒数は 8,243 人（1928 年）に達し、明治中期から昭和初期に平戸島の信徒がさらに増加している。

紐差（平戸）小教区のうち平戸島中南部の信徒数は、明治中期（明治 18

年）に1,300人であった。この信徒数は、明治10年代の紐差（平戸）小教区全体の信徒数（153人）と比較しても10倍近い。さらに表4-5で昭和期の信徒数を見れば、1928年の紐差小教区（田崎教会・古田教会を含む）2,074人・宝亀小教区（山野教会を含む）944人の合計3,019人、1937年の紐差小教区（古田教会・木ヶ津教会を含む）2,140人・宝亀小教区（山野教会・中野教会を含む）985人の合計3,125人に達している。すなわち明治中期から昭和初期の間に平戸島中南部の信徒数は、2.5倍に増加したのである。

② 信徒増加の要因――分家の創出――

パリ外国宣教会年次報告は、こうした信徒の増加要因を五島や外海からの移住と子ども世代の洗礼数の増加と指摘している（パリ外国宣教会年次報告266頁）。この2要因を平戸島中南部に関連づければ、木ヶ津（坊主畑）に見られるように、明治中期にも島外から移住が継続したこと、（改（回）宗信徒を含む）定住信徒の子ども世代が増加したことが当てはまる。

このうち移住は、表4-5の1937年の転入信徒数がやや多い宝亀でも21人、世帯換算で4、5世帯程度の移住にとどまり、明治後期以後の来住は限定的となっている。一方、子ども世代の急増は、明治中期の紐差教会の初聖体（洗礼の6、7年後の秘跡）数が140人に及んだこと、さらに小教区の分割後の紐差小教区・宝亀小教区の幼児洗礼数が1928年123人、1937年81人に達したことから[5]、平戸島中南部の信徒数の増加の大半は自然増と見ることができよう。

こうした子ども世代の急増は、さらに出生の2、30年後の分家の創出につながるものであった。各地区・集落別の信徒世帯数の状況は不明ながら、表4-6の平戸島中南部の信徒の居住と生活の展開から、若干ではあるものの、地区・集落の世帯の増加状況がうかがえる。紐差教会設立の3～40年後の大正期になると、教会に入りきれないほどに信徒世帯が増加している（紐差小教区100年の歩み 24頁）[6]。坊主畑では、明治初期に移住した数世帯に明治中期の18世帯が加わり、昭和30年代に73世帯に達し、約半世紀で世帯数が3倍に増加した（山頭亀一 15頁）。古田では、江戸末期および明治初期の移住世帯が、大正期、17世帯に増加した。宝亀の京崎・雨蘇（今村）

第4章 平戸島への移住と居住地の展開

表4-5 平戸島・生月島の信徒状況

地域	項目	1928年（昭和3年）	1937年（昭和12年）	1968年（昭和43年）	1975年（昭和50年）	世帯数（1975年）
全体	信徒数	5,725	5,296	5,451	4,555	843
	転入	－	－	10	40	
	転出	－	99	321	61	
	成人洗礼	6	7	8	6	
	幼児洗礼	242	109	124	78	
紐差 （1928:田崎・古田） （1937:古田・木ヶ津）	信徒数	2,075	2,140	2,386	2,007	335
	転入	－	2	10	17	
	転出	－	2	227	19	
	成人洗礼	5	1	4	0	
	幼児洗礼	82	81	53	36	
宝亀 （1928:山野） （1937:山野・中野）	信徒数	944	985	686	569	104
	転入	－	21	0	8	
	転出	－	1	0	15	
	成人洗礼	0	0	0	0	
	幼児洗礼	43	28	18	10	
生月 （1928:山田） （1937:平戸・生月・上神崎・古江一部）	信徒数	349	2,171	433	324	64
	転入	－		0	0	
	転出	－	76	0	5	
	成人洗礼	1		0	1	
	幼児洗礼	12	4	12	10	
平戸	信徒数			1,946	884	178
	転入				11	
	転出			94	6	
	成人洗礼			4	3	
	幼児洗礼			41	16	
上神崎 （1928:平戸・古江）	信徒数	2,357			771	162
	転入	－			4	
	転出	－	4		16	
	成人洗礼	0			2	
	幼児洗礼	105	0		6	

注）カトリック長崎大司教区『旅する教会―長崎邦人司教区創設50年史』（1977年）を基に作成した。

表 4-6　カトリック信徒の居住と生活の展開

旧村・地区	集落等	移住時期（居住状況）	出身地	その後の状況
木場地区	田崎	19世紀以降	近隣（神鳥）長崎・外海	半農半漁。片山家は、宝亀京崎から居住展開する。紐差地区に居住が展開する
	神鳥		-	藤沢家が居住を展開する
紐差地区		不明	多くは近隣（田崎・宝亀）	信徒世帯数が増加し、大正末期には教会に入りきれなくなる
草積地区	石原田	不明	生月島等	-
深川地区		不明	潜伏キリシタンに加えて、和歌山県出身者（仏教徒）	明治初期 35、6 世帯。改宗当時の 10 世帯はその後 24 世帯に増加する（仏教世帯も同世帯数）。迎紐差に居住の展開が見られる。またブラジルに 3 世帯が移住する
木ヶ津地区	坊主畑	明治初期	外海・黒島	50 世帯に増加する。第二次世界大戦前は漁業を主とし、度島・大島の船で漁労。厳しい生活状況にあった
		明治中期	外海（出津）	
古田地区	大佐志	江戸末期・明治初期	五島・黒島	半農半漁であったが、その後、養豚に営農転換する。大正期に 17 世帯、1960 年代に 62 世帯に増加する
	古田新田周辺	明治初期	浦上（木場）	
宝亀地区	京崎	19 世紀初頭から中期（多くは明治初期）	外海・黒島・五島	明治中期に信徒世帯数は 18 世帯
	今村（雨蘇）		-	明治中期に信徒世帯数は 12 世帯
獅子地区	主師（山野）	19 世紀前半	上五島（仲知）	明治中期に 17 世帯、昭和期に 28 世帯に増加する
中野地区	山中	-	土着	現在まで農業に従事し、明治初期の 7 世帯の信徒世帯数が 10 数世帯に増加、昭和初期に 23 世帯となる

注）『紐差小教区 100 年の歩み』『宝亀小教区 100 年の歩み』『紐差村郷土誌』等の記載を基に作成した。

第4章 平戸島への移住と居住地の展開

は、明治中期に信徒世帯数が18世帯・12世帯に増加した。獅子地区主師（山野）では、移住時の8〜10世帯が明治中期に17世帯、中野地区山中では、明治初期の7世帯が十数世帯に増加している。なお山野の世帯の増加状況に関連して、「1890（明23）青年会発足し、開拓に尽力した」（宝亀小教区100年の歩み140頁）とあり、分家の創出がうかがえる。

こうした各地区・集落の世帯の増加は、明治中期以後の平戸島中南部の各地区・集落への集団的な来住世帯の記録が見られないことからも、江戸・明治期の移住世帯の分家の創出と見て間違いないだろう。なお昭和40年代に宝亀教会・紐差教会の主任司祭であった田原神父の主導で宝亀・中野・坊主畑に簡易水道が開設され、地区・集落の生活基盤の整備が進んでいく（山頭29頁）。

表4-7は、1980年代前半および一部2014年の各地区・集落の信徒世帯数である。1980年代前半、木ヶ津56世帯・古田（大佐志）50世帯・京崎36世帯・今村35世帯・主師（山野）28世帯・中野17世帯であり、明治中期からさらに世帯数が増加している。木場（田崎・神鳥・木場）は移住時の十数世帯が72世帯に増加し、深川もわずかに世帯数が増加している。紐差地区の中心の紐差は、明治初期には信徒世帯が少なかったものの、131世帯に及んでいる。

③ 平戸島中南部における居住の展開——集落内外の分家の創出——

平戸島中南部の信徒世帯の地区・集落内の分家は、紐差教会での聞き取りによれば、本家世帯の周辺に創出されることが多い。その背景の1つには、集落単位の墓地（集落墓地）の存在が大きいという。集落内での分家の創出傾向は、第二次世界大戦後の農地改革の自作農創設によってさらに広まったという。なお紐差では農地の相続は兄弟の均分が多く、こうした分家世帯の創出は、常に本分家を含めた農地の規模縮小を生じる可能性をはらんでいた。

一方、中心地区である紐差に、早期から周辺地区の分家が創出されている。その結果、現在では信徒世帯の居住が半数強に及んでいる。紐差教会での聞き取りによれば、紐差地区にはかつて大地主が2家あり、その小作も多かったという。

表 4-7 紐差・宝亀小教区の地区別の信徒世帯数・人数
紐差小教区

地区		紐差				深川	木場	田崎
		一区	二区	三区	四区			
1980年代	世帯数	45	42	21	23	26	25	36
	人数	156	238	80	114	172	124	148
2014年	世帯数	33	48	15	28	27	23	25
集落の信徒比率（％）		33.8	70.6	44.1	52.8	47.4	60.5	104.2

神鳥	迎紐差	朶の原	木ヶ津		大佐志	獅子	合計
			一区	二区			
11	5	14	8	48	50	6	360
58	24	113	35	194	203	24	1,683
9	2〜3	13	5	28	28	4	288〜289
52.9	6.5〜9.7	54.2					

宝亀小教区（1980年代）

地区	今村	京崎	山野	中野	合計
世帯数	35	36	28	17	116
人数	139	142	150	65	496

注）『紐差小教区100年の歩み』『宝亀小教区100年の歩み』の信徒数・世帯数を集計したものである。
　現在の紐差小教区の地区割は、木ヶ津が1つ、獅子が大石脇に代わり、石原田が復活している。
　2014年の世帯数は、紐差小教区の集計による。
　信徒比率は、『2010年世界農林業センサス集落カード』の各集落の世帯数と2014年の紐差小教区集計の信徒世帯数を基に集計した。なお、教区集計には、移籍の手続きをとらず他出した世帯が含まれるケースがある。

平戸島中南部以外への信徒の移動

　平戸島中南部に定住した信徒世帯は、明治以降、増加をつづけた。しかし表4-4の増加状況は当時の一般的な人口動向を上回っているものの、表4-5の幼児洗礼数から推定される出生数に及ばない。各地区・集落の世帯の増加

第 4 章 平戸島への移住と居住地の展開

が一定程度にとどまった一因は、信徒の厳しい生活状況が分家創出の制限要因になったためと推測できる。

すなわち、大正期の紐差村のカトリック信徒の生活は、「当村は面積に比し原野山嶽多きため耕地少なく且つ耶蘇教特有の開墾をなし殆んど余す所なく耕せられたるを以て将来嘱望なし而して一面には此教徒すでに稠密なるため陸上収穫のみを以て生計を維持困難により長幼となり海上に向つて活路を拡めつゝあるも猶生活困難の為他地方へ移出者あるの状況」(紐差村郷土誌 201 頁) であった。実際、木ヶ津の坊主畑では、第二次世界大戦前は漁業を主とし、度島、大島等へ出稼ぎの者も多かったという (板橋 213 頁)。

明治後半に平戸島外から平戸島中南部に来住する世帯が途切れたことは、信徒の世帯がすでに飽和状態にあったためと推測させる。さらに分割相続で縮小した農地と小作地での営農では、漁労による収入補完にもかかわらず十分な収入を得にくい状況を生み出した。その結果、平戸島中南部内の開拓地への新規移住が発生したと推測される。同時に明治中期、早くも平戸島中南部の信徒世帯の中から、他出世帯が多数生じたと推測される。

① 平戸地区

平戸島北部への信徒の移住は、明治初期の黒島や五島の出身者の大久保半島の丘陵 (上神崎の馬の牧場跡地) への移住が嚆矢である。さらに明治中期、第 7 章第 3 節でふれるように、既存の農地があって売買が容易であった平戸地区赤坂・杉山・大垣等に上神崎経由、あるいは五島や外海から直接に移住が生じた。

中南部からの最初の移住者、宝亀の末永音二郎の平戸地区への移住もこの時期であった。その後、中南部から信徒世帯の移住が増加し、1900 年代には 30 世帯に達した (西の久保小史 25 頁)。平戸地区は平戸島の中心地であるものの市街地が限定されていたため、中南部からの移住世帯は島外から来住した信徒世帯と同様に、中心地周辺の移住地で農業を継続した世帯が多かったと推測される。

② 平戸島外の開拓地・農業地への移住

次に、平戸島の外への移住の状況を見ていきたい。島外への農業移住が確認できるのは、平戸島の対岸の平戸市田平小教区・平戸口小教区 (農業地

121

表 4-8　平戸島から平戸市田平地区への移住

移住地区	移住時期	出身地	世帯数	備考	世帯主名
外目・以善・万場・下寺	明治 41 年	上神崎	1	自費	田村宇之助
永久保・野田	明治 37 年	平戸	1	自費	池田長八
永久保・野田	明治 37 年	宝亀	1	自費	佐々木多蔵
永久保・野田	大正元年	宝亀	1	自費	松山喜衛門
永久保・野田	大正 11 年	上神崎	1	自費	牧野金七
荻　　田	明治 36 年	宝亀	1	自費	横山増太郎
荻　　田	大正 15 年	宝亀	1	自費	木村富市
荻　　田	昭和元年	紐差	1	自費	谷山仁七

注）浜崎勇『瀬戸の十字架』(16-21 頁) を基に作成した。

区）と第二次世界大戦後の開拓移住地の佐世保市烏帽子である。

　明治中期、第 6 章第 1 節でふれる田平の丘陵に黒島教会主任司祭のラゲ神父と出津教会主任司祭のド・ロ神父の主導によって開拓移住が行なわれ、横立・江里山・瀬戸山に黒島や外海の信徒世帯が移住している。平戸島の信徒の田平への移住は、表 4-8 のように、後発（明治後期から昭和初期）で、黒島・外海出身の信徒の居住地の周辺である平戸口の海岸の丘陵（永久保・野田）や田平に隣接する荻田であった。こうした平戸島の出身世帯の多くは、大地主の下で小作に従事していたという（浜崎勇 28 頁）。

　平戸口への平戸島の信徒世帯の移住は、表 4-9 のように大正・昭和期も継続している。平戸島から移住した 29 世帯のうち中南部出身の世帯は、その約 3 分の 1 の 10 世帯である。内訳は、紐差小教区 5 世帯・宝亀小教区 5 世帯（宝亀教会 3・中野教会 1・山野教会 1）で、中南部の各地区・集落から移住していたことが分かる。

　長崎県北部の工業都市の佐世保市にも開拓移住が生じている。第二次世界大戦後、佐世保市中心部の背後にそびえる烏帽子岳の中腹（340m）が自作農創設特別措置法に基づく開拓地に指定され、1946 年 20 世帯、1948 年 6 世帯、1950 年 1 世帯、1952 年 2 世帯、1953 年に 2 世帯が移住し、昭和 20 年代に 31 世帯に達していた（佐世保市史産業経済篇 345 頁）。

第4章 平戸島への移住と居住地の展開

表 4-9 平戸口小教区（農業地区）の平戸島出身世帯

受洗教会	家族名	家族員数	誕生年	結婚教会	結婚年	夫結婚年齢
紐差	原田	4				不明
	浜崎	8	1904			不明
	川村	7				不明
	小山	2	1941	紐差	1974	33
	小谷	6	1885（受1896）		1913	28
宝亀	川原	3	1932			不明
	黒崎 S	4	1927		1953	26
	黒崎 I	4	1925	相浦	1948	23
中野	岩永	3	1932	平戸口	1959	27
山野	山野	4	1934		1961	27
上神崎	明石	8	1921	西木場	1959	38
	赤波江	8	1904		1939	35
	畑原	2	1918	南田平	1943	25
	星野 1	4	1934		1962	28
	星野 2	4	1906			不明
	池田 I	5	1936	平戸口	1961	25
	池田 S	5	1903			不明
	川脇	9	1903	南田平	1929	26
	馬込	6	1928	南田平	1950	22
	松下	8	1900	南田平	1920	20
	真浦 To	8	1901		1955	54
	真浦 Tu	5	1930	紐差	1956	26
	白浜	5	1943	西木場	1972	29
	上田	2	1932		1956	24
平戸	上村	4	1924	佐世保	1956	32
	小出	4	1933		1963	30
	瀬戸	10	1909		1927	18
	山口	7	1915		1959	44
	山見	4	1937	平戸口	1964	27

注）平戸口小教区信徒籍台帳を基に作成した。

123

第9章第1節でふれるように、紐差小教区の信徒の移住は後発の1954年であった。草分けは紐差教会の紐差1区の宿老・教え方であった糸永栄三郎家で、子ども世帯と1家2世帯の移住であった。この移住は紐差地区で連鎖的移動を生じ、平本虎太郎・山頭冨士夫・橋口菊四郎・萩原儀信・萩原宗一・藤村佐一・萩原保義・糸永信義といった親戚や信徒が後続し、9家（10世帯）の規模になった（俵町小教区50年誌71頁）。なお烏帽子に移住した世帯の中には、現在、鉄筋工場や型枠大工、商店を経営している人もいるという。

紐差教会での聞き取りでは、昭和初期に佐世保駅に近い半島部の天神にも信徒の移住が見られたという。第7章第2節でふれるように、天神は佐世保駅に近いものの、急峻な崖山で交通が遮断された農業地区であった。第二次世界大戦後には、秋田県の八郎潟や諫早市の干拓地への開拓移住もあったという。

③ 平戸島外の産炭地への移住

さらに、職業転換を伴う平戸島中南部からの移住も多く生じた。炭鉱労働は高度経済成長期までの主要な就業先で、そのうち対岸の北松浦半島の平戸小教区（産炭地区）や佐世保市加勢の状況が確認できる（第7章第5節参照のこと）。

平戸口小教区は北松の複数の炭鉱地区も管轄していた。表4-10は、潜竜教会等の巡回教会や集会所に所属していた産炭地の信徒世帯である。平戸島出身の世帯は48世帯に及び、産炭地の信徒世帯の2割を占める最多の出身地であった。中南部の出身世帯はその約6割の29世帯で、内訳は紐差教会17世帯・宝亀教会8世帯・山野教会2世帯・中野教会2世帯で、各地区・集落に広がっていたことが分かる。また世帯主の半数が20代後半以降の婚姻であったため、離家離村で産炭地に移動後に世帯を形成した男性も多かったと推測される。

表4-11は、日鉄北松炭鉱等のあった佐世保市加勢に居住していた大加勢教会（褥崎教会の巡回教会）の信徒世帯である。77世帯の信徒世帯の約3割の22世帯が平戸島の世帯で、外海に次ぐ世帯数であった。中南部の信徒世帯はその3分の2の15世帯で、内訳は紐差小教区9世帯（紐差4世帯・

第 4 章 平戸島への移住と居住地の展開

表 4-10 平戸口小教区（産炭地区）の平戸島出身世帯

受洗教会	家族名	家族員数	誕生年	結婚教会	結婚年	夫結婚年齢
紐差	橋口 1	2	1907		1930	23
	橋口 2	11	1910		1932	22
	林	5	1929	潜竜	1953	24
	石田	7	1899		1946	47
	川渕	3	1927	下神崎	1949	22
	川村 1	6	1926	神崎	1950	24
	川村 2	5	1935			不明
	川村 3	3	1935			不明
	川原	9	1905（受 1911）		1956	51
	釜田 I	7	1922		1948	26
	釜田 S	7	1921	紐差	1946	25
	西浦	5	1929	潜竜	1959	30
	山口 I	5	1930	下神崎	1958	28
	山口 K	4	1930	褥崎	1953	23
	山中	8	1916		1943	27
紐差（木場）	川渕	2	1933	潜竜	1962	29
	片山	6	1923			不明
宝亀	平松	3	1918		1931	不明
	川原	9	1907		1931	24
	横山 Y	9	1884			不明
	横山 S	9	1923	大村	1966	43
	横山 I	5	1926			不明
	米倉 T	4	1935（受 1938）	潜竜	1963	28
	米倉 Y	6	1896		1921	25
	米倉 E	4	1932	潜竜	1955	23
山野	山野 T	5	1923	下神崎	1952	29
	山野 S	7	1904	下神崎	1931	27
中野	岡	5	1926		1950	24
	久保	4	1912（受 1953）		1953	41
上神崎	明石	4	1920			不明
	明松	6	1897		1926	29
	畑原 1	3	1921	加勢	1958	37
	原田	6	1925	高島	1951	26
	畑原 2	4	1910		1941	31
	池田 M	9	1908		1931	23
	池田 S	6	1919	潜竜	1952	33
	石橋	2	1914			不明
	木村	7	1926	下神崎	1949	23
	丸山	10	1929	平戸	1955	26
	岡	7	1915		1939	24
	尾下	9	1905	南田平	1948	43
	山本 H	7	1922		1946	24
	山本 N	7	1926	下神崎	1948	22
	山下	5	1925	南田平	1952	27
	横岩	7	1933	下神崎	1953	20
平戸	畑原	6	1915		1946	31
	木村	6	1902		1921	19
	丸山	8	1901		1948	47

注）平戸口小教区信徒籍台帳を基に作成した。

表 4-11 加勢における平戸島出身世帯と他出先

出身地	世帯数	世　帯　名	加勢からの他出先
紐差	4	鳥羽・橋口Z・橋口F・山頭	神田鉱1・潜竜1
田崎	1	林	
神鳥	1	片山	御橋炭鉱1
木ヶ津	2	久我・山田	相浦1
宝亀	2	川原・米倉	潜竜1
京崎	1	林	
山野	3	山野・山村1・山村2	神田鉱2
獅子	1	山浦	
平戸	6		佐賀1・小値賀1・福岡1
古江	1		
平戸島合計	22		
全体数合計	77	外海（25）・佐世保市（9）・田平（7）・長崎市（外海地区外）（6）・五島（6）・宮崎県（2）	

注）『褥崎128年―褥崎小教区沿革史』（1992年）の236-47頁のデータを基に作成。
　　出身地が不明の世帯を除いて集計している。
　　山野地区の山村1・山村2は「山野」の誤記と思われる。

田崎1世帯・神鳥1世帯・木ヶ津2世帯・獅子1世帯）・宝亀小教区6世帯（今村2世帯・京崎1世帯・山野教会3世帯）で、中南部の大半の地区・集落に広がっていたことが分かる。

　なお、紐差教会の聞き取りでは、北松地区の炭鉱のあった佐世保市皆瀬に移住した信徒世帯もあったという。

平戸島中南部における移住と定住の社会的特徴
　以上の平戸島中南部への信徒の移住と新たに生じた他出状況について整理したい。
　第1の特徴は、平戸島中南部への移住が後発で、多くの移住地が条件不利地であった点である。紐差の多くは、山間や半島の丘陵、原野であった。江戸後期に新田開発や山間、丘陵の開拓が進む中で、表4-12のように、潜

伏キリシタンのうち平戸島内や生月島等の世帯が草積地区石原田・深川・中野地区山中に移住していた。

　一方、信仰復活の主体であった島外の信徒の移住は江戸末期および明治期で、多くが山間や半島の原野や牧場地の開拓・開墾であった。いずれの移住も同郷世帯の集団的・連鎖的移動という特徴があったものの、その規模や立地の点で状況に差が生じている。すなわち規模に関しては、とりわけ大規模な牧場跡地の京崎は3地区の出身世帯が混住している。立地に関しては、最も山間である山野は、五島の出身世帯のみであった。さらに非信徒との関係では、海岸や平地の地区・集落の信徒の比率に比べて、半島（田崎・神鳥・大佐志）や山間（坊主畑・主師）で信徒の比率が高くなっている。

　こうした移住地の社会的特徴は、移住の後発性とともに信徒世帯の経済的事情に由来するものと推測される。すなわち信徒の移住地である山間や丘陵の原野は開墾の必要があったものの、安価で購入できるか開墾時の地代の免除によって世帯の負担が軽減されていたからである。中南部の中では、京崎の牧場地がとりわけ好条件であったと思われる[7]。さらに信徒の移住の社会的特徴として、先住信徒の情報提供や手引きによる移住の促進があげられよう。

　第2の特徴は、定住後の信徒世帯の急増である。定住後に非常に高い出生率で次世代が生じ、その結果、表4-12のように、いずれの地区・集落の信徒世帯にも分家が創出され、地区・集落の世帯が急増する。しかし多くの信徒世帯には農地の分割相続の慣習があり、漁労等の副業や地区・集落内の新たな開墾地の存在、営農の転換等の生産手段の革新の有無によって、その創出に限界が生じることになった。

　こうした条件不利性や営農規模のために、分家の創出が制約された世帯や集落から、平戸島中南部内の中心の紐差や他の地区・集落、新たな開拓地に移住（分家の創出）が展開したと推測できよう。信徒世帯の営農志向性から、紐差への移動の増加は職業（農業）の転換よりも生産手段（小作の水田）の確保によるものと推測されよう。

　第3の特徴は、定住後の子ども世代の増加が、平戸島中南部における分家の創出と同時に平戸島内外への他出（世帯）を生じさせたことである。平戸地区、その後の北松浦半島の田平・平戸口、さらに第二次世界大戦後に佐

表4-12 カトリック信徒の居住・生活の展開

旧村・地区	集落等	信徒の移住前の地域状況					信徒の移住	
		地理的状況	土地の状態	新田開発	開拓	先住世帯	時期	生産状況等
木場地区	田崎・神島	半島の山間部	原野			少数	江戸期以降	開墾と漁労
	木場	山間				存在		
紐差地区		広い平地が存在	農地	○		存在	不明	地主が所在
草積地区	石原田		牧場		○		不明	
深川地区		山間		○		存在	不明	小作地存在
迎紐差地区			農地	○				
朶の原地区		平地奥	原野	○		不在		小作地存在
獅子地区								
木ヶ津地区	坊主畑	山間のやせた土地	原野			不在	明治初期	購入地を開墾
							明治中期	神父が購入
古田地区	大佐志	やせた土地。大佐志は半島				不在	江戸末期・明治初期	開拓
	鮎川周辺			○			明治初期	新田耕作
宝亀地区	京崎	海岸の丘陵	半島の牧場		○		江戸・明治初期	開拓
	今村（雨蘇）			○		存在		
獅子地区	主師（山野）	海岸奥の山間	原野			不在	江戸期	原野の開拓
中野地区		山中	山間				-	集落内で対立

注）その後の状況の信徒世帯比率は、◎は大半、○は3分の1以上、△は3分の1未満を示す。

世保市烏帽子に世帯単位の集団的・連鎖的移動が生じている。こうした移動地の選定では、自作あるいは小作での農業継続の可能性が要件であったといえよう。

　その一方で、北松浦半島の潜竜や大加勢等にあった炭鉱等に他出が多く生じている。こうした他出には離家離村の信徒が含まれ、「長崎近隣の古い信者共同体からさえも引き寄せた。いろいろの理由で……やってきている彼らは、司祭の方から彼らの所に行かない限り、彼らの方から司祭のもとにゆくために、何もしなかった」（パリ外国宣教会年次報告2 170頁）という。こう

第 4 章 平戸島への移住と居住地の展開

出身地						その後の状況				
平戸島中南部	五島	黒島	外海	長崎浦上等	その他	世帯数増加	信徒世帯比率	他出(中南部)	他出(他地区)	その他
○			○	○		○	◎	○	○	漁労
						○	○		○	
○						○	○		○	
					生月島等		○			
					和歌山県	○	○	○	○	
						△				
							○			
						△				
		○	○			○	◎		○	漁労
			○							
	○	○				○	◎			営農転換
				○			△			
	○	○	○			○	○		○	
									○	
	○					○	◎			
						○	△		○	

した状況は、高度経済成長期以降の都市への移動で一般的になった状況であった。

第 2 節　平戸島大久保半島・古江半島
　　　　──居住における同郷性と他出傾向──

　上神崎は、図 4-3 のように、平戸島北部の通称大久保半島に位置する。中央部に海抜 250m の白岳、南側に赤崎山・千代切山・長崎山等が連なる

山深い半島である。半島入口の海岸の田助港は、江戸期、「ハイヤ節」発祥の地として知られる平戸の副港で、その後、北陸の漁業船団が寄港する漁業基地であった。薄香湾に面した半島南側の潮の浦に薄香湾漁港、外洋に面した西側の田の浦に泊ケ浦漁港、須草に須草漁港がある。この大久保半島の総称、とりわけ半島の中央の丘陵を「神崎」と呼称したようである。長崎教区では第5章第1節の佐世保市神崎（旧下神崎）と区分するため、大久保半島の教会を上神崎教会と命名している。そのため、本書では、大久保半島の神崎を上神崎と表記する。

中野地区古江は、平戸島西側の山深い半島である。古江の北側の後平に位置する半島とともに古江湾を形づくり、さらに薄香湾を挟んだ対岸が平戸

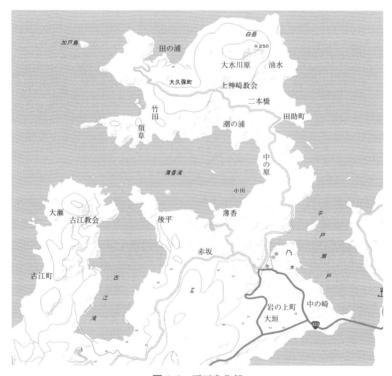

図 4-3　平戸島北部

※この地図は国土地理院地図に関連する名称を加筆等したものである。

第 4 章　平戸島への移住と居住地の展開

写真 4-10　白岳

島北端の大久保半島である。古江の半島の先端に小富士山（216m）がそびえ、大瀬はその周辺に位置する集落である。

　本節では、平戸島北部の上神崎・古江への移住の経緯と居住の展開を明らかにする。

上神崎への移住

　表 4-13 は、平戸島北部へのカトリック信徒の明治期の移住を整理したものである。平戸島北部の小教区・教会の中で、大久保半島（上神崎）への移住は最も早いものであった。

① 軍馬の放牧地

　平戸島北部には、上神崎・古江・春日（旧獅子村）の 3 地区に軍馬の放牧地が所在していた。さらに前節でみたように、宝亀地区京崎にも牧場地があったと推測される。しかし、これらの放牧地が廃止になったのは、古江・春日は江戸末期、上神崎は 1870（明治 3）年であった（長崎県史藩政編 487 頁；平戸郷土誌 246 頁）。

　このうち上神崎の放牧地は、1875（明治 8）年、旧平戸藩主が旧家臣の希望者に売却している。土地を購入した元家臣は、養蚕の目的で桑の栽培を試みたものの、さまざまな障害のために耕作を放棄している（平戸郷土誌 246 頁）。そのため上神崎への信徒の移住は、明治初期に無耕地となった放牧地跡への入植であった。放牧地跡への移住は、地権者の小作および地権者から

表 4-13　平戸島北部への初期の移住

地区	移住時期	出身地・地区	移住の経緯
上神崎	1880 年～	黒島	第 1 陣（6 世帯）が泊ノ浦（田の浦）に上陸。1 年後に大水川原に移動。第 1 陣の翌年に 1 世帯、翌々年に 5 世帯が移住する
上神崎	1883 年～	五島	黒島住民の情報を得て下見をし、潮の浦の土地を 17 世帯で購入して移住する
上神崎	-	外海	-
古江	1887 年前後	五島	越浦金五郎家が数世帯とともに大瀬に移住する
古江	1910 年代後半	五島	大瀬に五島や他地区から移住して漁業に従事する
平戸	1885 年	宝亀	カトリック信徒の末永音次郎が平戸の店員として住みこむ
平戸	1900 年頃	五島	戸石川町杉山に 7 世帯が移住する
平戸	-	五島・外海	その後、赤坂・大久保・大垣等に 6 世帯が移住する。さらに後平・中の崎等にも移住が広がり 30 世帯に達する

注）『上神崎 100 年史 1880-1980』『平戸教会の礎』『赤波江メモ』の記載を基に整理したものである。黒島の第 1 陣の家族数は表 4-14 の No. 2 と No. 3 が同一家族であるため、6 家族である。

の農地の購入という 2 形態であった。

② 黒島からの移住

　上神崎へのカトリック信徒の移住は、表 4-14 のように、草分けは 1880 年に黒島から移住した 6 家族（7 世帯）であった[8]。「岩田、梅田、長田等が再三集まって話し合う内に……明治 12 年の春、ふとした事で、平戸島の北の方に『神崎』と云う所があ（り＝引用者）……移住して行けば土地は借用できるという話も聞いていた。……明治 13 年……平戸島と生月島の接近している館の瀬戸を押しのぼり、泊の浦（現田の浦温泉海岸）に小舟を乗りつけた」（上神崎 100 年史 33 頁）という。

　泊ヶ浦（上記の泊の浦）に上陸後、黒島を出た時に頼って行くように教えられた家に行き、赤崎山に掘立小屋を立てて生活を始めた。馬の放牧場跡地に萱で建てた 2 軒の長屋で共同生活のような生活を始め、昼間は開拓、夜

第4章 平戸島への移住と居住地の展開

表4-14 上神崎への移住世帯

出身地	移住時期		移住者（第1世代）	第2世代	第3世代	第4世代	備考
黒島	明治13年移住	1	岩田五四平	助太	行雄		
		2	畑原光平	克晃	直		
		3	畑原弥助	弥平	清作		
		4	梅田喜代松	直次郎	年見		
		5	長田国平	与吉	悟	涼	
		6	大石綱平	惣太郎	栄		
		7	白石三次郎	吉春	清美		
	明治14～15年移住	8	山口鹿平	清八	島吉	利	
		9	池田忠三	市太郎	勝義		
		10	山本東重	芳信	秀吉		
		11	田村広吉	民五郎	末雄	洋	
		12	牧野和助	小助	新次郎	実	
	明治16～22年の移住	13	山本久松	政則	不明		
		14	畑原芳五郎	三八	八郎	茂樹	
		15	前田惣五郎	松之助	清次		
		16	濱崎留吉				子孫は田平在住
		17	鳥瀬惣七	喜蔵	秋雄		
		18	畑原安平	安太郎	数衛	喜太郎	
		19	内野権吉	勝次郎	勇一		
		20	浜崎吉松	捨	芳人		
		21	里村長五郎	美喜衛門	福松		
		22	永谷伊三	清太郎	守		
		23	橋本幹太郎				不明
五島	明治16年以内の移住	24	山本弥市	関衛	清良		
		25	川端鶴三	兼吉	速雄		
		26	丸山喜作	平野サヤ	正雄		
		27	浜上伝八	又吉	磯吉		
		28	永富留蔵	丈太郎	吉松		
		29	藤原多平	政吉	市太郎		
		30	永富助蔵	文助	粂蔵	素直	
		31	藤原仙蔵	半吉	吉春		
		32	丸山留五郎				不明
		33	下道吉五郎	文次郎	富雄		
		34	堀仙次郎	金兵衛			その後長崎在住
		35	横山文蔵	幸次郎	秋雄		
		36	上田幸衛門	栄吉	松市		
		37	戸村増衛門	松次郎	吉蔵		
		38	川脇要蔵	仙太郎			その後佐世保在住
		39	末吉平蔵	治平	忠治	秋雄	
	明治16～22年の移住	40	戸村金平	市三郎	定市	誠	
		41	白浜竹次郎	良郎	喜作	喜美男	
		42	堀丈五郎	惣五郎	光治		
		43	野原熊吉	辰衛門	重雄		
		44	池田多市	太十	甚三	松雄	
		45	藤原留蔵	作市	三蔵	光子	
		46	島本勝平	芳四郎	延義		
外海		47	浜口政吉	勇	悦男		

注）『上神崎100年史 1880-1890』（54-5頁）を基に作成した。
　　山本吉見によれば、五島からの明治16年以内の移住世帯に下道常五郎が加わる（山本38頁）。
　　移住者（第1世代）の人名の前の数字は世帯番号（No.）である。

は漁で働いた。しかし、その年の台風で被災し、現在の田の浦バス停下に小屋を移した。放牧場であったために土が肥沃でよく収穫できたものの、伝染病の発生が近辺に知られ、6家族は最初の移住地の赤崎山を離れざるを得なかった。現在の田助小学校横を通った辺りで1人の男性に出会い、総勢40人が男性宅の庭や物置で一夜の宿を借りることになる。この男性は放牧地の馬番の1人で、大水川原に私有地をもち、その地を借地することになった。大水川原は左右の斜面に畑が広がり、中央に田圃が細長くつづく場所であった。

翌年と翌々年、さらに黒島から第2陣の5家族が移住した。泊ヶ浦に上陸し、住民の話で大水川原に赴き、そのうち山口鹿平家は赤崎山（現在の竹田）に落ち着いた（上神崎100年史34-7頁）。ちなみに第2陣は5家族全戸の団体移住ではなく、それぞれの移動時期が多少前後する2～3世帯単位の移住であったと推測される。

表4-14の第1陣No. 1～No. 7の世帯と第2陣のうちNo. 9池田家が大水川原に移住し、第2陣のうちNo. 8山口家・No. 11田村家・No. 12牧野家は仁田・竹田に移住している[9]。さらに第3陣のうちNo. 14・No. 18の畑原家・No. 21里村家・No. 22永谷家が仁田・竹田に移住し、No. 17鳥瀬家・No. 19内野家・No. 20浜崎家が二本橋に移住したと推測される。

表4-15は、出身地である黒島での居住状況である。この表から、第1陣は田代・蕨の出身、第2陣は東堂平・名切、第3陣は田代・蕨・根谷の出

写真4-11　泊の浦

写真4-12　大水川原

第4章 平戸島への移住と居住地の展開

表4-15 黒島への移住の状況と上神崎等への移住世帯の出身集落

黒島での居住集落	出身地		上神崎への移住世帯の姓	田平・御厨への移住者（1898〜1926年）の姓	大村移住世帯（1887年頃〜1939年）の姓
	地区	集落			
東堂平	外海	牧野	②牧野	①梅田2 ②山口 ②池田	—
		出津	—		—
	長崎	浦上	—	—	—
東堂平・田代	佐世保	針尾島	—	—	—
名切	外海	樫山	②田村	②山口4	—
田代・蕨	外海	黒崎・永田	③永谷①永田 ①梅田③鳥瀬 ①岩田	（田代）③永谷 （蕨）③内野2 ②山口	—
—	—	神之浦	①岩田③橋本 ①畑原		
	外海	三重	③浜崎		
根谷	上五島	福見	③鳥瀬	③浜崎	③鳥瀬①永田
—	外海	大野	—		
日数	平戸	生月	—	—	—

注）『信仰告白125周年 黒島教会の歩み』（87頁・121-55頁）および『上神崎100年史 1880-1980』（54-5頁）を基に作成した。
ゴチックと○で囲んだ数字は上神崎への移住世帯の姓と移住時期（第1陣は①、第2陣は②、第3陣は③）、姓の後の数字は世帯数を示している。

身と推定される[10]。こうした黒島からの初期の移住は、借地での農業生産をめざしたものであった。また移動の特徴は、第1に、黒島内の出身集落を基盤にして移住グループが形成されている点、第2に、移住の時期によって居住地が異なる点である。

③ 五島からの移住

1882（明治15）年に「黒島の人から、五島曽根の江口又吉が……平戸島の油水という所に上等の土地がある」（上神崎100年史39頁）という情報を得たことが、五島からの移住のきっかけである。その年のうちに江口又吉・江口八造・藤原多平・丸山喜作・川脇鶴蔵が下見のために平戸に向かい、田助港に上陸する（上神崎100年史40-1頁）。

江口らは現在の二本橋で地元の人に出会い、赤崎に黒島出身の世帯があることを知り、山口鹿平宅を訪問した。「油水の方は手遅れで駄目であるが、潮の浦には売れる土地がある……そこなら見込みがある」と聞き、稲作ができる土地だと確認し、五島に引きあげた。五島に戻ると、土地買収のための資金繰りが課題となり、曽根の山本弥一がA.ブレル神父に相談し800円という大金の借入にこぎつける（上神崎100年史41頁）。

　このブレル神父は1881年、「自分の生活を極度に切りつめ、祖国フランスの友人たちに援助を求め、私財を投じて鯛ノ浦中野に土地をもとめ、藁葺きの小さな家を建てて孤児を収容し……養育事業を始め」た宣教師であった。山本弥市が借金を申し込んだのは、この「鯛の浦養育院」設立の翌年にあたった（鯛ノ浦小教区史73頁）[11]。

　土地購入の資金のめどが立ち、代表が平戸を再訪する。潮の浦の土地所有者の支配人に購入を申し込み、1,000円で購入する契約を結んだ。費用はブレル神父からの借入金に加えて、上田幸衛門・下道吉五郎・末吉平蔵が分担した。宅地・古畑は17家分（19口）に分割して登記し、話し合いの上で山本弥市と丸山喜作の家を建て、1983（明治16）年に移住した。なお、『上神崎100年史』に記された家はNo. 24〜No. 39の16家であるが、当事者の語る「移転記録」（1923年）に目を通した山本吉見は、下道常五郎を加えた17家としている（山本38頁・257頁）。

　表4-14の1883（明治16）年に五島から移住した第1陣のNo. 24〜No. 39のうち少なくとも、No. 26・No. 32の丸山家・No. 27の浜上家・No. 34の堀家・No. 37の戸村家をのぞく家が、潮の浦とその上部の楠谷に移住したと推測される。一方、No. 34の堀家とNo. 37の戸村家は竹田・赤崎山に移住（あるいは潮の浦・楠谷に移住後に竹田・赤崎山に居住）し、漁業経営を展開したNo. 27の浜上家は潮の浦・楠谷に移住後、須草に転じたと推測される。

　五島からの移住の第2陣のNo. 40〜No. 46のうちNo. 40の戸村家・No. 42の堀家は、第1陣のNo. 34の堀家とNo. 37の戸村家が居住する竹田・赤崎山に移住したと推測される。No. 41の白浜家は須草、No. 43の野原家・No. 44の池田家は二本橋に移住したと推測される。一方、No. 46の島

第4章 平戸島への移住と居住地の展開

表4-16 上神崎における初期の移住地

出身地	時期	世帯数	大水川原	潮の浦・楠谷	須草	竹田・高崎山	仁田	二本橋
黒島	第1陣	7	7	-	-	-	-	-
黒島	第2陣	5	1	-	-	3	-	-
黒島	第3陣	11	-	-	-	-	4	3
五島	第1陣	16	-	11+α	1	2	-	-
五島	第2陣	7	-	1	1	2	-	2

注) 移住後に転出した世帯や居住地不明の世帯は居住地区別の内訳に含めていないため、左側の世帯数と居住地別の世帯数は必ずしも一致しない。
五島の第1陣で須草・竹田に移住した家は、潮の浦・楠谷に移住後に須草・竹田に転じた可能性が高い。

本家は第1陣の世帯の他出後、楠谷に移住したと推測される。

表4-16は、明治期の上神崎内の居住地である。この表から、黒島と五島の第1陣の居住地が異なること、それぞれの第1陣と第2陣（および黒島の第3陣）の間でも居住地が相違することが分かる。一方、主として第2陣以降の居住地の竹田・高崎山・仁田・二本橋では、黒島と五島出身者が混住していたと推測される。

上五島に見られる姓から、下見に参加した江口家を含めて五島からの第1陣・第2陣の家族の姓が上五島とりわけ津和崎半島の各集落に見られる姓であり、津和崎の各集落の出身であったと推測される[12]。

古江への移住

古江（大瀬）への最初の移住は、表4-13のように、1887（明治20）年頃であった。上神崎に草分け家族が移住した少し後で、田平に黒島・外海・五島からの初期の移住があった時期にあたる。赤波江誠の聞き取りによれば、浦越金五郎と数名が移住して来たという（赤波江メモ）[13]。

1990年の古江カトリック教会の献堂記念碑および教会下の墓碑に、浦越家・永瀬家・小濵家・徳永家・有安家・志山家・真浦家・小出家・野田家・松崎家の姓が見られる。このうち上五島で同姓が確認できるのは、熊高の浦

写真 4-13　古江半島　　　　　　写真 4-14　古江教会入口

越家・松崎家、跡次の小濱家、仲知の真浦家である。『大曽カトリック教会創立 100 年』(83 頁) によれば、このうち熊高の浦越家は上五島津和崎の曽根の大根河原、松崎家は上五島の冷水からの移住とされる。有安家は『五島キリシタン史』(160 頁) および『樫崎小教区沿革史』の「系図は語る」等から、外海地区牧野から、第 2 章図 2-2 の五島の奈留島の北に位置する葛島に移住した北平家の三男が (下) 神崎 (現佐世保市) に移住し「有安」と名乗ったことまで辿ることができる。その後、(下) 神崎に有安姓は不在となり、子孫の一部が平戸島に移住したと推測される。また『樫崎小教区沿革史』の「系図は語る」には、志山家の女性が樫崎の吉浦家に婚入し、出身地は五島と記されている。こうしたことから、古江地区大瀬は五島、とりわけ上五島からの移住世帯によって形成された集落と推測できよう。

　大正期には、さらに大瀬下谷に五島等から漁業従事者が来住し、当時の古江 (大瀬) は 45 世帯 200 人が居住したとされる。

上神崎（大久保半島）における居住地の展開—来住と分家の創出—

　表 4-14 のように、1890 年以前に黒島と五島から 46 世帯が移住し、数年のうちに大水川原・潮の浦・仁田等を合わせて 52、3 世帯に達した。その後も、各集落に来住世帯が増加し、大正年間には信徒世帯は 130 世帯に達した (上神崎 100 年史 44-5 頁)。

第4章 平戸島への移住と居住地の展開

① 分家の創出

初期の世帯の定住後、「先祖達の信仰と勤勉と共同一致の精神を受けついだ子孫達は、松浦領主をはじめ、地域有力者方々の情けあるお計らいのもとに、道路を改修し、耕地を開き、牧畜にはげんだ」(上神崎100年史45頁)と記されているように、大久保半島に膨大な山林原野・小作地が存在したことで、来住世帯だけでなく移住第1世代の分家の創出も始まった。

表4-17は、時期区分にばらつきがあるものの、明治中期・昭和期(1980年)・平成期(2015年)における信徒家族の居住の展開を示している。明治期に移住したNo. 1〜No. 47家族のうち移住状況が判明した家族に関して、まず黒島出身の家族を推定したい。1の大水川原に移住した7世帯は、昭和期には大水川原に15世帯、二本橋に2世帯程度に展開し、少なくとも17世帯に増加している。黒島等からの同姓世帯の来住が含まれる可能性はあるものの、大半は分家の創出と推測される。また2のNo. 2・No. 3・No. 14・No. 15の畑原家は、昭和期、大水川原に第1陣の2家族、仁田・竹田に第2陣の2家族が移住したと推測され、その後、大水川原は5世帯、仁田・竹田は2世帯、二本橋は7世帯となり、少なくとも14世帯に増加している。また3の仁田・竹田に移住した第2陣・第3陣の5家族は、昭和期、仁田・竹田の13世帯、大水川原の1世帯、楠谷の2世帯、二本橋の3世帯の合計19世帯に増加している。

次に、五島出身の家族の推定である。5の潮の浦・楠谷に移住した第1陣の12家族は、昭和期、潮の浦・楠谷の14世帯、仁田の2世帯、竹田の2世帯、須草の3世帯、二本橋の3世帯の合計24世帯に増加している。6の上神崎移住後に竹田・赤崎山に転じた五島の第1陣・第2陣の4家族は、昭和期、竹田の7世帯、楠谷の1世帯、二本橋の2世帯の合計10世帯に増加している。7の移住後、須草に転じた第2陣の1家族は、昭和期、須草の1世帯、油水の3世帯、中の原・田助の1世帯の合計5世帯に増加している。

一方、4の二本橋に移住した黒島第3陣・五島第2陣の5家族は、昭和期も5世帯である。

以上から、明治期に上神崎に移住した世帯の展開の特徴の一端が推測でき

表 4-17 上神崎における居住の展開

	移住地	家族 No.	明治中期	大水川原 1980	大水川原 2015	仁田・千代切 1980	仁田・千代切 2015	竹田 1980	竹田 2015
1	大水川原	No. 1・No. 4〜No. 7・No. 9	7	15	16	-	-	-	-
2	大水川原・仁田・竹田	No. 2・No. 3・No. 14・No. 15	4	5	6	2	4	+α	2
3	仁田・竹田	No. 8・No. 11・No. 12・No. 21・No. 22	5	1	1	7	8	6	7
4	二本橋	No. 17・No. 19・No. 20・No. 43・No. 44	5	-	-	-	-	-	-
5	潮の浦・楠谷	No. 24・No. 25・No. 28〜No. 31・No. 33・No. 35・No. 36・No. 38・No. 39	12	-	-	-	-	2	2
6	→竹田・赤崎山	No. 34・No. 37・No. 40・No. 42	4	-	-	-	-	7	5
7	須草	No. 41	1	-	-	-	-	-	-
8	No. 1〜No. 47 以外の信徒の姓		-	1	4	3	5	6	6

注) 6 は、潮の浦・楠谷に移住後に竹田・赤崎山に転居した可能性を示している。

よう。第 1 に、黒島出身の家族が移住した大水川原、五島出身の家族が移住した潮の浦・須草といった地区では、地区内の世帯の増加が主として移住世帯の分家等という傾向である。地区外からの移住の場合は、同じ出身地の世帯の分家の創出に限定されている。第 2 に、二本橋・仁田・竹田・楠谷には、黒島出身の世帯と五島出身の世帯の双方の移住や分家の創出が見られることである。とりわけ二本橋は最初の移住時から黒島と五島出身の両世帯が移住するとともに、その後 20 世帯が移住や分家を創出している。一方、新たな移住地である油水には、須草からの移住・分家が見られる。

明治期に移住した No. 1〜No. 47 の家族は、確認が可能な家族に関して昭和期の 94 世帯から平成期に 112 世帯に増加している。すなわち、明治期に移住した家族に上神崎内に分家が生じ、昭和期までに約 3 倍に増加したと推測できよう。

② 新たな世帯の来住

1890（明治 23）年以降にも、上神崎への移住世帯がつづいた。表 4-18 を見ると、約 60 世帯の来住が確認される。こうした来住世帯には五島や黒島等の平戸島の外からの世帯とともに、平戸島南部の世帯や平戸地区に移住した世帯およびその子ども世帯であったと推測される。もちろん明治中期以後

第 4 章 平戸島への移住と居住地の展開

須草		潮の浦		楠谷		二本橋		油水		中の原・田助		合計	
1980	2015	1980	2015	1980	2015	1980	2015	1980	2015	1980	2015	1980	2015
-	-	-	-	-	-	2+α	1	-	-	+α	+α	17+α	17+α
-	-	-	-	-	-	7	10	-	-	-	2	14+α	24
-	1	-	-	2	3	3	5	-	-	-	1	19	26
-	-	-	-	-	-	5	5	-	-	+α	+α	5+α	5+α
3	6	9	8	5	5	3	5	-	-	-	1	24	31
-	-	-	-	1	-	2	-	-	-	-	1	10	6
1	1	-	-	-	-	-	-	3	2	1	-	5	3
6	4	4	2	11	10	10	12	8	8	12	8	61	59

表 4-18　上神崎における連鎖的移動世帯

移住地　　　　　　　　　　　　　　　　　　　　　　　家族 No.	大水川原	仁田・千代切	竹田	須草	潮の浦	楠谷	二本橋	油水	中の原・田助	合計
No. 1～No. 47 以外の信徒の姓（1980 年）	1	3	6	6	4	11	10	8	12	61
No. 1～No. 47 以外の信徒の姓（2015 年）	4	5	6	4	2	10	12	8	8	59

の上神崎への移住世帯にも分家が見られる。明治中期以後に上神崎に移住した世帯が最も多く居住しているのが、中の原・田助（12 世帯）である。このうち田助は大久保半島入口の港町で、江戸期は商港、明治期以後は漁業基地で、開拓移住のカトリック信徒が居住していなかった地区である。また中の原は平戸から神崎に入るあたりで、一般住宅・公営住宅が多く立地している。次に多い教会下の楠谷（11 世帯）と教会が立地する二本橋（10 世帯）には、ともに明治中期までに移住した家族の分家が多く創出されている。

上神崎内の新たな開拓地と居住地

　明治中期以前に上神崎に移住した世帯の分家の創出、そして明治中期以降の世帯の来住とその分家の創出を可能にしたのは、上神崎内に新たな開拓地

写真 4-15　油水公会堂

写真 4-16　千代切山から潮の浦への道

および居住地が形成されたこと、さらに農業から職業が展開したことであった。

① 開拓地——千代切山・油水・長崎山——

表 4-1 の下側のように、第二次世界大戦後の自作農創設特別措置法に基づく開拓地が上神崎内の千代切山・油水・長崎山・平床に用意された。それぞれに 15・10・22・5 世帯の開拓農業組合が結成されている。このうち千代切山と長崎山は既存の集落（仁田・須草）の山間にある国有地や民有地の開拓地、油水も油水の山間の開拓地である。

2015 年の仁田・千代切山の世帯状況から、千代切山へは仁田に移住した世帯と 1980 年以降の移住世帯等、2015 年の須草や長崎山の世帯状況から、長崎山へは潮の浦と楠谷に移住した世帯と 1980 年以降の移住世帯、2015 年の油水の世帯状況から油水には須草に移住した世帯と 1980 年以降の移住世帯が居住していると推測される。

このうち千代切山に移住した世帯は、大久保半島とりわけ仁田の世帯が主で、他に潮の浦等の出身世帯であった。また移住世帯は、きょうだい順で必ずしも次・三男に限らず、長男・次男・三男さまざまであった。開墾申請の審査が難しかったため、申請しても落とされた人もいたという。山の木を切り、牛の力で農地を切り開き、人力で耕して農地を開墾し、切り開いた農地で麦・いも・菜種油を栽培して現金収入を得たという。換金作物を生産するようになったのは、しだいに生活の変化で現金が必要になったことや教会新

第 4 章 平戸島への移住と居住地の展開

築のための積立を開始したことが契機であった。また潮の浦の漁師の手伝いもしたという[14]。

なお、自作農創設特別措置法に基づく開拓地は古江地区（大瀬）の小富士、平戸地区の鞍掛山（10 世帯）にも用意され、それぞれに 5 世帯・10 世帯の開拓農業組合が結成された。

② 新たな居住地

大久保半島の入り口にあたる中の原・大久保や二本橋・楠谷は、すでに見たように明治以降の移住世帯の分家や新来の世帯の居住地である。このうち二本橋には、北松浦半島の炭鉱で働いていた世帯の帰還が見られる。炭坑は生きるか死ぬかの仕事であったが、生活は裕福であったという。また石川県や四国等の他県の出身者が北松の炭鉱で働いていた上神崎出身者と知り合い、二本橋に住むこともあった。そのため、二本橋は世帯の出入りが多かったという。

聞き取りによれば、さらに上神崎移住における草分けの地であった大水川原でも、谷あいの世帯の分家や来住世帯の居住が尾根にあたる場所で生じている。大水川原は多くの教役者（神父・修道士・修道女）を出している集落であるが、谷の集落からしだいに「100m、100m ずつ」と世帯が尾根に移動・増加している。こうした世帯は漁業に従事したり、農業以外の職業に転じているという。

③ 移住世帯の職業の展開

上神崎は半島台地の開拓地であるものの水が涸れることがなく、現在も山の上に田が見られる。田植や稲刈りは親族で行なっている。肥えていない農地が含まれるものの、農地は広い。同居していない子どもは本家の近辺に分家を建て、本家とともに一緒に農作業をしている。農地を分割して別々に農耕をすることはなかったという。上神崎では現金収入を得るための換金作物とともに、茶・そば・なす・トマト・かぼちゃ・じゃがいも・さといも・大豆・落花生・とうもろこし・すいか等を自給用に作っていたという。みそ・豆腐・こんにゃくも自家で生産し、昔は町に買い物に行くことがなかったという。

『2010 年世界農林業センサス集落カード』では、田助在と田の浦の双方に

含まれる上神崎では、1970年までの農家の比率は7割以上を占めていた。その後は、農家の比率が大きく低下している。なお1970年代までも、農業収入のみでは生活が厳しく、多くの世帯で漁労に従事したり季節労働や出稼ぎに出ていたという。季節労働等を斡旋する業者がいてトヨタの下請けで働いたり、大阪の泉佐野で働く人もいたという[15]。

また、漁業を含む農業の副業や自営業への職業展開の中で失敗した世帯や保証人となって借金を背負った世帯もあった。こうした事情から、他出した世帯もあったという。

現在、上神崎の世帯では、大工・左官等の手に職のある人が目立つという。子ども世代も親の仕事を継いでいる。他には漁労に従事する人、会社員、自営業も多い。

上神崎からの信徒の他出

平戸島北部に移住後、実は、信徒の他出が頻出している。上神崎に移住した世帯も、移住の直後から挙家および離家の他出が見られる。上神崎小教区における他出状況に関して、平戸島の対岸の田平への移住の状況を平戸口小教区の第二次世界大戦前の信徒籍台帳等によって明らかにしたい。

① 世帯・男性の他出

表4-14の上神崎への移住世帯を見るとNo.16の濱崎家・No.23の橋本家・No.32の丸山家はすでに第2世代が不在である。このうち橋本家は民家御堂になっていることから、早期に他出したと推測される。さらにNo.13の山本家・No.34の堀家・No.38の川脇家は第3世代が不在である。

一方、『瀬戸の十字架』によると、平戸島から北松浦半島の田平地区田平への移住者の中に、1908（明治41）年に上神崎の田村宇之助の名が見られ、平戸島出身の世帯が集住した永久保・野田には、1904（明治37）年に平戸の池田長八、1922（大正11）年に上神崎の牧野金七の名前が見られる（浜崎16-21頁）。平戸小教区の独立は1928（昭和3）年で、上神崎や平戸という出身地が必ずしも上神崎の居住を示すものではないものの、No.11田村家・No.12牧野家の第2・第3世代と推測される。

表4-19は、第二次世界大戦前に出生した旧田平町の平戸口小教区の信徒

のうち上神崎で出生・受洗した信徒である。この多くが大正・昭和初期から第二次世界大戦前後の他出であると推定される。このうち明石家は、五島出身の世帯が集住している平戸口小教区の岳崎に移住し、農業に従事したと推定される。明石家を含めて27世帯が平戸口小教区に移住している。

この世代の上神崎からの他出の特徴の第1は、炭鉱での就労であった。記録が残っている信徒だけでも、潜竜・御橋・吉井・江里・加勢といった当時の北松の炭鉱のあった地に13世帯が移住していることである。第2に、明治中期（1890年）までに移住した世帯に比べて、明治中期以後に移住した世帯が他出した割合が高いことである。上神崎内で新来の世帯が多かった油水・中の原・田助から他出した世帯が多いと推定されることで、この傾向が裏づけられよう。さらに明治中期までに移住した世帯には、上神崎に親族世帯が残存しているのに対して、明治中期以後に移住した世帯が他出した場合、上神崎に同姓の世帯が残存していない世帯が半数を超えている。

他に、上神崎から南米への移民は、高度経済成長期までに20世帯程度であったという。主な移民先はブラジル・ボリビア・チリで、自作農創設特別措置法に基づく開拓地からの移住もあった。こうした開拓地から移住した世帯の所有地は、行政の施策で希望する残存世帯に無償で譲渡されたという。

高度経済成長期以降は、子ども世代の離家離村が一般的になる。主な他出先は大阪府や愛知県で、定住後に高齢となった親世代を呼び寄せるケースも多いという。

② 女性の婚出

さらに、表4-20で、第二次世界大戦前に出生した旧田平町の平戸口小教区の信徒世帯のうち上神崎小教区に関係している世帯の一部を示している。このうち多くの世帯の妻は、近隣の平戸口小教区に婚出したものと推定される。この表から、明治期から戦前期に出生した上神崎の女性が近隣のカトリック地区に婚出する傾向がうかがえよう。また子どもの受洗教会から、北松浦半島の炭鉱への移住や他地区出身の夫や子どもとともに上神崎に帰還する傾向も見られる[16]。

表 4-19　平戸口小教区における上神崎小教区出身世帯（1）

地区	世帯名	世帯員	受洗教会	誕生日	結婚	結婚年	備考
岳崎	明石	8	上神崎	1921	西木場	1959	
	松下	8	上神崎	1900	南田平	1920	子は横浜へ
	真浦	8	上神崎	1901		1955	
	池田	5	上神崎	1903			
	川脇	9	上神崎	1903	南田平	1929	妻は出津で受洗、子のうち6人は南田平、第7子は平戸口で受洗
	赤波江	8	上神崎	1904		1939	
	尾下	9	上神崎	1905	南田平	1948	妻・子2は上神崎、子3は加勢で受洗。世帯主の親は平戸口で受洗
	星野	4	上神崎	1906			
	畑原	2	上神崎	1918	南田平	1943	
	畑原	3	上神崎	1921	加勢	1958	
	原田	6	上神崎	1925	高島	1951	1964年に加勢へ
	馬込	6	上神崎	1928	南田平	1950	子は上神崎で1人・平戸口で3人が受洗
	真浦	5	上神崎	1930	紐差	1956	妻は紐差・子は平戸口で受洗
	星野	4	上神崎	1934		1962	
	池田	5	上神崎	1936	平戸口	1961	
	白浜	5	上神崎	1943	西木場	1972	妻・子1は西木場、子2は平戸口で受洗
御橋	池田	9	上神崎	1908		1931	
	木村	7	上神崎	1926	下神崎	1949	1964年に阿倍野教会
	丸山	10	上神崎	1929	平戸	1955	1963年に明石市へ。上神崎へ
潜竜	明松	6	上神崎	1897		1926	
	岡	7	上神崎	1915		1939	妻は宝亀・子1は加勢・子2は相浦で受洗。1966年に名古屋へ
	畑原	4	上神崎	1910*		1941	
吉井	前川	10	神崎	1892	神崎	1915	
	前川	5	神崎	1918			子は紐差・潜竜で受洗
若宮	石橋	2	上神崎	1914			
江里	池田	6	上神崎	1919	潜竜	1952	
江迎	明石	4	上神崎	1920			

注）平戸口小教区信徒籍台帳を基に作成した。
　　平戸口小教区において世帯主が第二次世界大戦前に出生した世帯の一部を示している。
　　＊は受洗の年である。なお、神崎は佐世保市神崎（下神崎）の可能性もある。

第4章 平戸島への移住と居住地の展開

表 4-20 平戸口小教区における上神崎に関係する世帯（2）

地区	世帯名	世帯員	受洗教会	(受洗年)	誕生日	結婚	結婚年	備考
御橋	島向	5	平戸口		1899	潜竜	1953	子1は上神崎・子2は田平で受洗
	木村	5	平戸		1902		1921	子4・子5は上神崎で受洗。1963年に名古屋
	堤	9			1905			妻は平戸・子は南田平で受洗。上神崎へ移住
	末永	9	南田平		1914	行橋	1938	妻は上神崎・子4は南田平、子2は平戸口で受洗
平戸口	川村	6	紐差		1926	神崎	1950	1965年相浦
	大水	10			1926	西木場	1950	子6は上神崎・子1は平戸口で受洗。千葉県市原へ
	久松	5	出津		1927	神崎	1958	1966年柚木へ
	辻原	5	出津		1927	潜竜	1953	妻は上神崎・子は潜竜で受洗
	川端	10	南田平		1929	上神崎	1954	子は平戸口で3人、南田平で3人、上神崎で1人が受洗
	森川	8	南田平		1930	上神崎	1954	妻は中町・子は平戸口で受洗
	瀬戸	5	南田平		1930	潜竜	1954	妻は上神崎・子2は潜竜で受洗。北海道赤平へ
	末永	3	潜竜	1947	1939	上神崎	1966	妻は上神崎・子1は潜竜で受洗
	白浜	6	平戸口			南田平	1924	妻は上神崎、子1は長崎市・子4は南田平で受洗。子は呼子で漁業
潜竜	入江	9				相浦		1945年死亡。1934年生まれの子は平戸田助
	金子	2				上神崎	1959	妻は上神崎1955年に受洗

注）平戸口小教区信徒籍台帳を基に作成した。
　平戸口小教区の信徒のうち上神崎で結婚あるいは妻子が上神崎で受洗した世帯である。
　備考欄のゴチックは上神崎に関連する地名である。
　なお、カトリック信徒の慣行では、結婚は新婦が所属する教会で行なわれるため、妻の出身地と推定することができる。

大久保半島・古江における移住と定住の社会的特徴

こうした明治期の大久保半島への移住の特徴を整理したい。

平戸島へのキリシタン（カトリック信徒）の移住は、江戸後期、外海出身世帯が平戸島中南部に移住したこと、明治期、黒島・五島・外海出身の世帯が北部の大久保半島（上神崎）・平戸・古江（大瀬）等に移住したことが嚆矢である。このうち上神崎は藩政時代の軍馬の放牧地で、その後耕作放棄された地であった。この土地に黒島や五島のカトリック信徒が移住する。この移住は、地権者の小作と地権者からの農地の購入という2つの形態であった。また平戸島における高い小作料が小作農の定着を阻害したとともに、新たな世帯の来住を促進したといえよう。

その後の平戸島北部への移住の特徴の第1は、草分けの移住後はいずれかの地区に特化した移住というより、第7章第3節で言及するが、大まかに平戸島北部を選定し、その中から移住先が決定されたと見られる点である。第2は、同じ出身地の複数の世帯が、移住地の同じ集落や近隣に集住する傾向で、同郷者の居住が集落や近隣の選定に影響している点である。第3は、初期の移住世帯が農地を購入する際、脱埋め込みの社会資源（出身地の外国人司祭による資金の貸与）が関与した点である。

次に、上神崎・古江における定住と他出の社会的特徴にふれたい。

第1に、平戸島北部に相当の開拓地や農地が存在したことである。当時の平戸島の山地や原野、農地は旧平戸藩の藩主・家臣の所有地で、山地や原野の多くは手付かずか開拓したものの耕作放棄された土地であった。広大な農地の存在と高い小作料のために小作農が定着しなかったことが、後発移住世帯の小作の参入を可能にした背景といえる。

一方、移住世帯の出身集落は、黒島や五島（上五島）の農業生産における条件不利地で、常態的に多子と均分相続に由来する農地の狭小性に直面していた。そのため、同郷の信徒世帯とともに農業生産に従事し、共同体を実現できる規模の開拓地を求めた結果が、平戸島北部への移住であったといえよう。

第2に、上神崎における世帯の増加が、移住世帯の分家の創出と新しい世帯の来住の同時発生に由来したことである。このうち分家は、当初の居住

第 4 章 平戸島への移住と居住地の展開

地からしだいに上神崎の周辺に展開し、同時に来住世帯の居住も上神崎の周辺で展開している。一方で、農業外への就業の展開に伴って集落内で利便性のよい場所や中心地の平戸地区に近い大久保半島の入口部分に分家・来住世帯・還流世帯の居住が広がっている。

第 3 に、移住後から世帯の他出が発生したことである。上神崎からの世帯の他出は、移住直後の挙家離村と移住家族の子ども世帯の挙家離村の双方が見られる。こうした世帯は農業従事をめざし、他出先は対岸の北松浦半島の田平等のカトリック地区であった。その後、炭鉱への移住が増加する。さらに南米への開拓移民の世帯が多く現れている。高度経済成長期以降になると、中京・関西等への就職を目的とした離家離村の他出が一般化している。

女性の場合、平戸島に近いカトリック地区に婚出する傾向が見られる。佐世保市神崎での聞き取りでは、神崎の 70 歳以上の男性の配偶者は、かつて多くが神崎に奉公に来ていた平戸島出身の女性であったという。イワシの天日加工の奉公に、親戚・カトリック信徒同士のつながりで来住して、そのまま奉公先の子どもと結婚したという。さらに北松浦半島の炭鉱で働く信徒や非信徒との結婚で他出する女性も増加した。炭鉱の閉鎖後、上神崎に帰還するケースも見られたという。

以上、平戸島中南部と北部における移住と定住、他出の状況を見てきた。その社会的特徴として 3 点が明らかになった。

第 1 は、平戸島中南部と北部への移住が後発で、移住地が条件不利地であったことである。すなわち、地元のキリシタンの居住があったものの、中南部に移住した信徒（キリシタン）は、山間や丘陵の原野の開墾や新田の小作であった。明治期に大久保半島に移住した信徒は、藩政時代の放牧地跡の耕作放棄地への移住であった。信徒の出身地は、中南部が外海や五島、黒島からで、北部が黒島と五島であった。いずれの地区においても脱埋め込みの社会資源（出身地の外国人司祭）の関与が含まれていたことも特徴であった。

第 2 は、平戸島中南部および北部において世帯数が増加したことである。こうした世帯の増加は分家の創出と来住の世帯によるものであった。その背

景には広大な開拓地や新田の存在があった。その後の両地区における居住の展開は、中南部の場合、分家の創出を可能にした漁労等の副業や地区・集落内の新たな開墾地の存在、大久保半島の場合、農業外への就業と非農業世帯の来住によるものであったと見られる。

　第3は、平戸島中南部と北部から他出が生じたことである。中南部では、定住後の子ども世代の増加に伴い、分家の創出と同時に平戸島内外への他出が生じている。こうした他出世帯は農業継続を志向し、平戸地区、その後は北松浦半島（田平・平戸口）、さらに第二次世界大戦後には佐世保市烏帽子に集団的・連鎖的移動が生じている。非農業の他出先としては、北松浦半島の炭鉱等に移住が多く生じている。大久保半島では、移住直後に挙家離村とともに子ども世代の挙家離村が生じている。北松浦半島（田平・平戸口）に農業志向の移住が生じ、その後は、北松浦半島の炭鉱への移住が増加した。高度経済成長期以降になると、就職を目的とした都市部への離家離村の他出が一般化している。また女性の場合、近辺のカトリック地区に婚出する傾向が特徴的であった。

　　注

1) 平戸藩の開墾政策に関する文献資料からは確認できないものの、開墾地や馬の放牧場跡への移住の実態から、平戸藩の開墾地等に平戸藩外からの入植が許されたことが推定できる。
2) 教会誌等で「大村」と表記されている地名は、旧大村藩領を指すものと推測される。
3) 紐差教会での聞き取りによれば、地下の仏教徒と記されている場合もそのカテゴリーに潜伏キリシタンが含まれることがあるという。紐差教会での聞き取りは2016年7月、主任司祭の尾高修一神父、信徒評議会議長小山初男氏、マタラ師資料収集委員会委員萩原隆夫氏、さらに10月に尾高神父、萩原隆夫氏に実施した。
4) 『津吉村郷土誌』は手書きの資料で、刊行年および頁が付されていない。
5) 昭和初期の状況を示せば、紐差教会の幼児洗礼82人・信徒2,075人、宝亀教会の幼児洗礼43人・信徒944人で、それぞれの出生率は39.5‰、45.6‰である。いずれも同時期の日本の出生率（32.4‰）を大きく上回る比率であった。
6) 信徒の来住地でなかった深川でも、信徒数は10世帯から24世帯に増加している。
7) 牧場地への信徒の移住は、北松浦半島の旧松浦藩領で多く見られる。明治期の場合、払い下げとなっているのに対して、江戸末期の場合、入植地として藩以外の農民にも開放されたところも多い。

第 4 章 平戸島への移住と居住地の展開

8）このうち畑原家には 2 世帯あるいは 2 世代が含まれていたと思われる。
9）山口家の系譜世帯の上神崎教会における地区割（班）は、大水川原である。
10）『信仰告白 125 周年 黒島教会の歩み』で確認すると、黒島には「長田」姓は見当たらず「永田」姓が多く見られる。そのため、上神崎に移住した際に「長田」に姓が変わったのではないかと推定される。
11）1885 年、ブレル神父は、出津教会のド・ロ神父を訪問した帰りに船で遭難して亡くなっている。なお、山本弥市は、山本吉見『母のともしび』では、山本嘉市と記されている。
12）しかし、「横山」姓は平戸市宝亀地区にも見られる姓である。
13）2015 年 8 月に赤波江誠氏に聞き取り調査を実施した。このうち「赤波江メモ」は、赤波江氏が『よきおとずれ』（長崎教区本部発行）の巡回教会めぐりに執筆した内容に基づき作成したものである。
14）2015 年 5 月、8 月および 11 月の上神崎教会の評議会議長永谷忠司氏への聞き取りに基づく。上神崎教会には 2015 年 7 月にも主任司祭の橋本勲神父・永谷氏に聞き取りを実施している。
15）大阪府泉佐野教会のマニ神父への聞き取り（2017 年 3 月に実施）では、長崎からの移住は「長崎の波」といえるほど急増したという。こうした事情から、マニ神父は信徒の出身地の長崎県の北松や平戸に赴き、地域状況を確認している。また高度経済成長期以降に多かった紡績工場への女性の集団就職に関して、長崎県の教会に泉佐野のリクルーターが出向き、生活環境の維持と信仰活動を保証したことで、多くが就職したという。
16）しかし、1980 年の信徒名簿に名前が見られないことから、その後他出したと推測される。

第5章

北松浦半島への移住と居住の展開
――第2次移住地と生産基盤の転換――

　前章の平戸島への移住と同じ時期、第1次移住地の五島や黒島から北松浦半島に新たな開拓移住が発生した。開拓移住地である佐世保市神崎と梶崎は、小島と半島が複雑に入り込んだ北九十九島の小半島に位置する。この地形は江戸期には信仰の保持にかなうもので、江戸末期から明治初期は、迫害を免れるための逃散の地でもあった。

　神崎と梶崎はわずか5kmの距離で、旧牧場地への開拓移住が同時に生じている。また海路でつながっていたため、神崎と梶崎への初期の移住世帯の中には、親族関係にあった世帯が見られた。

　いずれも農業経営を志向した集団的移住であったが、後発の移住であり、農地に適さない斜面地や台地等の条件不利地への移住であった。こうした事情から、移住早々、漁労が収入を補完する生産形態が生じた。本格的な漁業への展開とともに、島と半島が入り込んだ九十九島の煮干し（イリコ）は日本一とも呼ばれるようになり、トラフグやカワハギの養殖も全国有数となっている。

　第1節で、長崎県北松浦半島の佐世保市神崎への移住および定住とその後の展開にふれ、第2節で、佐世保市梶崎への移住および定住とその後の展開を詳らかにする。

第1節　佐世保市矢岳神崎――生産基盤の転換と世帯の増加――

　神崎（長崎県佐世保市矢岳）は、図5-1のように、佐世保市と平戸市の間に広がる北松浦半島の九十九島北部（北九十九島）の島々と小半島が複雑

図 5-1 北松浦半島（神崎・褥崎）

※この地図は国土地理院地図に関連する名称を加筆等したものである。

に組み合った海岸の小半島の1つに位置する。神崎は、2006年の北松浦郡旧小佐々町と佐世保市との合併で佐世保市に編入されている。

北松（神崎）の地域概況

　北松浦半島の海岸は複雑な地形で、長らく「陸の孤島」（小佐々町郷土誌320頁）と呼ばれていた。明治・大正初期まで、佐世保（相浦）―江迎の海

第 5 章　北松浦半島への移住と居住の展開

写真 5-1　神崎の海岸（日本本土最西端）

写真 5-2　神崎

岸沿いに道らしい道はなかった。昭和 4 年に相浦―小佐々―鹿町―江迎を結ぶ県道が建設され、ようやく「陸の孤島」の名を返上した。この頃にバス路線が開通している。

　北松浦半島の移動の中心は海上交通で、明治中期まで北松・平戸地区の中心の平戸と旧小佐々町が海上交通で結ばれていた。明治中期に楠泊―相浦（現佐世保市）との間に定期（渡海）船が就航している。さらに 1936（昭和11）年に国鉄が佐世保軽便鉄道を買収し、旧小佐々町に大悲観駅が開設する（その後、廃線）。また 1939（昭和 14）年には北松の中央部に鉄道（現在の松浦鉄道）が開通し、しだいに陸上交通が整備されていった（小佐々町郷土誌320-42 頁）。

　北松地区（旧小佐々町）の明治・大正期の主産業は、農業であった。農業世帯は、1872（明治 5）年 66％、大正期 77％を占めていた。また大正・昭和期、旧小佐々町で数多くの炭坑が採炭を開始し、第 2 次産業人口と地域人口が急増した。炭鉱従業員の世帯は 1920（大正 9）年に 1,212 世帯（5,942 人）、1930（昭和 5）年に 1,332 世帯（7,426 人）、1940（昭和 15）年に 1,733 世帯（9,891 人）、第二次世界大戦後の 1950（昭和 25）年に 3,069 世帯（14,275 人）に達し、30 年の間に 2.5 倍に増加している。その後の炭鉱従業員数と旧小佐々町の世帯数は、1955 年 2,744 人／3,204世帯、1960 年 2,274 人／3,404 世帯で、複数の就業者のいる世帯があるとはいえ、相当の比率であった。

　さらに、神崎の主産業である水産業にふれたい。旧小佐々町の漁業集落

写真 5-3 神崎の港

は、楠泊・矢岳・神崎であった。『小佐々町郷土誌』には、1883（明治16）年、矢岳浦の漁業世帯は15世帯とある。この時期から、旧小佐々町ではイワシ漁が盛んになっている。その後、巻き（縫切）網漁が普及し、1907（明治40）年の経営体数は神崎8統、楠泊3統、矢岳2統となった（小佐々町郷土誌 468頁・472頁）。

昭和以降、楠泊・矢岳が漁業不振に陥る中で、神崎は昭和初期に巻き（縫切）網の経営体数が17統に増加している。1970年代半ば以降、マイワシの資源復活まで巻き網（および加工業）を主に支えていたのは、カタクチイワシ（エタリ）であった。1993（平成5）年の旧小佐々町の地区別の施網漁の水揚げ量は、神崎34,368 t・楠泊11,127 t・矢岳6,219 t・その他358 tである（小佐々町郷土誌 474-7頁）。旧小佐々町の水産業の特徴は、「日本一」といわれる煮干し加工業で、養殖業が広がるまで巻き網の漁獲物のほぼ専属的な受け入れ先であった。イワシ加工業は巻き網乗組員の家族に就労の場を提供し、加工業者は家族労働力や持ち船を網船・運搬船・灯船に提供してきた。なお1993（平成5）年の旧小佐々町の地区別の加工業経営体数は、神崎28・矢岳6・楠泊2・その他1である。

開拓移住の経緯と初期の生活

神崎への最初の移住は、江戸時代末期であった。表5-1の1〜10は、神

第5章　北松浦半島への移住と居住の展開

表 5-1　江戸末期から明治初期に移住した家族

江戸末期 1848～1859 年				明治初期 1872～1876 年		
第1陣第1世代		第2世代		第2陣第1世代		
1	浜崎 伊吉家	出津→五島（久賀島）→トコイ島	喜四郎	7	鴨川 好五郎家	田平
2	浜崎 又五郎家	出津→五島（久賀島）→高島（トコイ島）	吉松（猿松）	8	田島 嘉造・嘉右ヱ門家	黒島
3	浜崎 弥五右ヱ門家	出津	五郎八（栄助）			
4	島内 甚太郎家	牧野→五島（奈留島）	直蔵	9	田島 藤太郎・清八家	牧野
5	前田 長平家	赤首→五島	長八	10	田島 喜惣助家	五島
6	中島 藤次郎家	久賀島	嘉吉			
11	吉浦忠蔵家	五島（奈留島（葛島））	→褥崎	15	吉浦 八蔵家	五島→平戸
12	有安喜蔵家		3男2女			
13	吉浦藤七家		→褥崎			
14	山村重蔵家		→褥崎			

注）1～10 は『神崎教会献堂 50 年記念』（1980 年）、11～15 は『褥崎 128 年—褥崎小教区沿革史』（1992 年）のデータを基に作成した。
　　第1世代の各家の後の項目は、前住地を示している。
　　一部の家の前住地は、『カトリック教報』（70 号）の記載による。

崎に江戸期から明治中期までに移住した家系のうち『神崎教会献堂 50 年記念』の家系図・年表で確認できた家系の一覧である[1]。このうち「第1陣」の 6 家系は嘉永・安政期（1848～1859 年）の移住で、年表には 10 世帯、家系図には十数世帯と記載されている。家系と世帯の数値が相違しているのは、①草分けの家系の中で子ども世代がすでに世帯をもっていた可能性、②少し遅れて移住した世帯が付加された可能性、③移住後に流出した世帯が除かれている可能性のいずれかが関係すると思われる。

表 5-1 の 11～15 は、このうち②と③に関係すると推定される世帯である。神崎の北約 5 km に位置する褥崎（佐世保市長串）の資料（『褥崎 128

写真 5-4　信徒の出身地の 1 つである久賀島
（五輪地区）
長崎と天草地方の潜伏キリシタン関連遺産

年』）に次の 4 点が記されている（樺崎 128 年 41 頁・46 頁・51 頁）。

　第 1 に、江戸末期、五島の北平家が北松浦半島に移住・定着する過程で、その次男の忠蔵と四男藤七が神崎に移住した後、さらに樺崎に転居したことである。第 2 に、その一方で三男喜蔵が神崎に移住し、有安姓を名乗ったことである。第 3 に、山村重蔵家が五島から神崎に移住した後、樺崎に転居したことである。さらに第 4 に、明治初期、五島に住む清蔵の子供のうち次男が平戸を経由して樺崎に移住する一方で、長男の八蔵が神崎に移住したことである。この資料で江戸末期、神崎に移住したとされる表 5-1 の 11～14 の 4 世帯を加えれば、草分けの移住世帯は 10 世帯になる。なお神崎に定住した有安家に関して、『神崎教会献堂 50 年記念』には、子どもの 1 人が邦人最初の司祭になったこと、大正期に有安熊右ヱ門が巻き網を経営していたことが記されている（神崎教会献堂 50 年記念 18 頁・55 頁）。

　『カトリック教報』70 号（1931 年 9 月）には、第 1 陣に関して「神崎の開拓者は五島久賀島の濱崎伊吉、同又五郎、同五郎八の 3 家族で、初め相の浦のトコイ島に移住して居たが、後で高島（その附近にある島）の武部惣八と云う役人の周旋によつて、この神崎の地を貰い受けこれに腰を据えることにした、夫れが今から 70 年許り前のこと」とあり、表 5-1 の 3 は第 2 世代

第5章　北松浦半島への移住と居住の展開

が世帯主とされている。第2陣に関して「まもなく黒島の根谷から田島野助、嘉平、惣五郎等が移住し、南田平からは宗教の爲に追はれた鴨川甚作の一家が移つて來ました」とある。

『カトリック教報』70号（1931年9月）には、「もと神崎は平戸藩の馬牧場でしたが彼らは佐々村の一六と云う代官の運動によつてこの牧場を開墾し」たとある。この記事から、第1陣が移住した江戸末期の神崎が、平戸藩の牧場地であったことが判明する。聞き取りでも、神崎が平戸藩の御用馬の放牧場であったことが窺えた[2]。すなわち神崎への移住は、藩の許可を得た開拓移住であったことが明らかである。

また、前住地を見ると、神崎の草分けは外海から第1次移住地の五島を経由した移動と、外海からの移動といえよう。このうち浜口3家は、聞き取りでは「一族三世帯」といわれ、同郷関係以上の兄弟関係かそれに近い親族関係と見られる。また島内家・前田家・中島家も1・2の浜崎家と同じ外海から五島を経由した移住で、このうち中島家は、聞き取りでは、1800年代中ごろに出津から五島の久賀島に移住している。外海から五島を経由した神崎への移動は、11～14も同様である。また11～13の兄弟の親の北平は外海の牧野の出身で、島内家と同郷の上、五島における移住地も同じ奈留島であった（出津教会創建百年記念 19頁；褥崎128年 41頁）。

神崎における初期の世帯の多くと褥崎の草分けに転じた11～13の世帯、その後の褥崎の世帯の多くが五島の出身であったことから、江戸末期、両地区を合わせて20世帯程度の規模の開拓移住地であったと見ることもできよう[3]。

「第2陣」の移住は、1872～1876（明治5～9）年で、家系図の分かる世帯は4世帯である。このうち鴨川好五郎家は平戸市田平の出身である。『瀬戸の十字架』に、外国人司祭主導の田平への開拓移住以前の住民として鴨川甚作が記されている。平戸藩の武士であった鴨川甚作は廃藩で禄を失った後は、田平の大地主の土地の管理人であった。しかし、明治期の宗教弾圧に遭って黒島に移住を余儀なくされる。『瀬戸の十字架』が執筆された1970年代に、平戸の上神崎に甚作の子孫の惣次郎が居住していた（浜崎 11-3頁）。鴨川好五郎の第3世代は甚作、第5世代は惣二（次）郎という名前

159

で、当時の北松では「祖父母、叔父、叔母の名前をわが子に命名することがはやっていた」（褥崎128年別冊付録7頁）ことから、甚作と好五郎家の間に親族関係が推測できよう。甚作が黒島に移住した時に、好五郎が神崎に移住したのではないかと推測される。

　田島3家の出身地は、黒島・外海・五島とさまざまである。このうち黒島出身の田島家に関して、『信仰告白125周年』の1990年当時の黒島の各地区の世帯、江戸期の黒島への移住世帯、明治中期以降の黒島から田平・大村・宮崎・ブラジルへの移住世帯の中に同姓が確認できない。聞き取り調査では、外海から黒島に移住したのではないかという話である。神崎への移住は、「土地を分けてもらって開墾し、居付いた」という。一方、外海出身の田島家に関して、『出津教会創建百年記念』に出津教会の役職者（宿老）に田島姓の記載がある（70頁）。しかし系譜関係は不明である。さらに五島出身の田島家に関して、新上五島町津和崎半島に田島姓の世帯が存在し、現在の青砂ヶ浦小教区か曽根小教区の出身と推測される。

　第2陣の4世帯の間には、明確な地縁関係や親族関係は確認できない。しかし第1陣との間には、何らかの社会関係が存在している。まず9の田島家と第1陣の島内家および11〜13家の間には外海（牧野）出身という同郷関係が存在し、8の田島家の第4世代の野助と14の山村重蔵家の次女の間には婚姻関係が存在した。この明治期の第2陣の神崎への移住も、第1陣の6および11〜14の移住と同様に、多くが第1次移住地の五島や黒島を経由した移住であったという特徴がある。

　なお、『カトリック教報』70号（1931年9月）によれば、神崎の開拓移住地には初期の15世帯以外に仏教徒2世帯があったという。その1人の前田喜作は単身の開拓移住者と見られ、黒島出身の女性と結婚し信徒となっている。もう1人の楠泊出身の中島嘉吉は自ら受洗している。そのため神崎の17世帯はすべてが信徒世帯となっている。

生産基盤の転換——農業から漁業へ——

　江戸末期から明治初期の神崎への移住は営農を目的にしていたものの、開墾作業等のために初期から農外収入に依存せざるを得なかったようである。

第 5 章　北松浦半島への移住と居住の展開

表 5-2　神崎の漁法と漁労組織

漁法	経営・従事者の状況
樫網	初期から従事。1980 年代にも 10 世帯程度が従事
キビナ網	鴨川芳太郎・島内辰右ヱ門が始める。1980 年代も 5、6 世帯が従事
刺し網	島内辰右ヱ門が導入、浜崎猿松と共同で経営する
巻き網	大正 15 年頃に有安熊右ヱ門・浜崎猿松・鴨川芳太郎が共同で経営。その後、田島谷松・中島正則も経営

注)『神崎教会献堂 50 年記念』71 頁の内容を基に作表した。
　この資料では巻き網の開始を大正 15 年としているが、本書は別資料の開始時期説をとっている。

　そのため「住民は自給的農業と、小規模なイカ釣り、刺網、延縄等に従事して細々と生活していた」(小佐々町郷土誌 459 頁)。刺し(樫)網は、外海地区黒崎村の樫山で行なわれていた漁法で、明治中期の 1880 年代に神崎に移入されたものである。神崎の地先にある漁場の海草・貝類・水産動物の利用が制限されていたため、沖に出て漁をする沖立網を行なっていた (小佐々町郷土誌 460 頁・501 頁)。延縄漁は、楠泊等への漁労 (出稼ぎ) であったと見られる。
　明治後期には、それまで楠泊浦・矢岳浦の後発であった神崎で、表 5-2 に示すように、本格的な漁業が展開した。1907 (明治 40) 年、神崎に 8 統の巻き網によるイワシ類の漁労組織が形成された。当時の神崎の漁労組織は 1 統あたり 40〜50 人程度で、操業地域は神崎沖、操業期間は 4 月から 11 月であった。さらに昭和初期には、神崎の漁労組織は 17 統に増加する。この時期の 1 統あたりの漁労者は 17〜20 人程度であった (小佐々町郷土誌 477 頁)[4]。
　神崎における水産加工 (煮干し加工・魚油・搾粕製造) の始まりも、巻き網の経営と同じ明治末期であった (小佐々町郷土誌 483 頁)。1914 (大正 3) 年頃の鴨川芳太郎家では、冬に刺網で獲れた大羽イワシから魚油や搾粕を製造し、梅雨明けから秋までに巻き網で獲れたイワシで煮干を加工していたという。このうち魚油は、平戸から商人が買い付けに来て、石けんの原料等にしていた。搾粕は肥料として、近くの農家や佐世保市に東接する東彼杵郡川

棚町で販売したという（小佐々町郷土誌 481-2 頁）。

　煮干し加工の原料は、巻き網などで漁獲されたイワシで、巻き網の網元や網子が加工していた。そのうちに煮干し加工のみを行なう世帯が現れる。この加工世帯（業者）が原料のイワシを仕入れる際、加工業者のグループと巻き網業者のグループの間で、「値たて」と呼ばれる話し合いを行ない一定期間（一闇）の価格が決められるようになったという。当時の製造工程は、家族労働によって原料のイワシを丸釜に入れて煮上げ、天日で乾燥させるものであった（小佐々町郷土誌 483 頁）。

移住世帯の定着
① 分家世帯の創出

　表 5-3 は、江戸末期および明治初期に移住した世帯の家系とその後に神崎に移住した世帯である。このうち家系図のある 15 家系の場合、江戸末期の第 1 陣の 6 家系の第 3 世代・第 4 世代は 6～10 世帯、明治初期に移住した第 2 陣の 4 世帯の第 2 世代・第 3 世代は 4～5 世帯に留まっている。そのため、江戸末期および明治初期に移住した 10 世帯は、明治中期も 10～15 世帯程度である。この世帯数は、1904（明治 37）年の神崎の世帯数（『神崎教会献堂 50 年記念』（74 頁）の世帯数）とほぼ一致する[5]。つまり、江戸末期および明治初期に神崎に移住した家族には、定住後の第 3 世代までは、分家があまり創出されなかったのである。

　しかし、昭和初期になると、「神崎天主堂建築当時の寄付者（積立者）名簿」に記された世帯数は 50 世帯に達し、明治中期までの分家があまり創出されなかった状況が一変する[6]。すなわち 1900 年以降の 1 世代（25～30 年）の間に、江戸末期の 6 家系が 20 世帯、明治初期の 4 家系が 18 世帯に増加し、1 家系平均で 1 世代の間に 3 世帯の分家が創出されたと推計できよう。この時期に、鴨川家から橋本家と浜田家、田島家から山崎家が派生している。このうち山崎家は、聞き取りによれば、明治後期から大正期に外海から来住している。まさに明治後期以後の巻き網経営と水産加工の開始時期にあたる。この時期から、子ども世代の分家の創出が顕著になるのである。

第 5 章　北松浦半島への移住と居住の展開

表 5-3　江戸末期・明治初期に移住した世帯の展開と昭和初期の居住世帯

		江戸末期	明治初期	明治中期	昭和初期		昭和初期の 50 世帯		合計数
		第 1 世代	第 2 世代	第 3 世代	第 4 世代	第 5 世代	うち家系判明		
第 1 陣	1	浜崎伊吉	喜四郎	末作	政次郎 三次郎		浜崎末作		5
	2	浜崎又五郎	吉松 (猿松)	秀行	豊		浜崎猿松		
	3	浜崎 弥五右エ門	五郎八 (栄助)	作太郎	要作 与八	与吉 作次郎	浜崎要作 浜崎与八		
	4	島内甚太郎 (第 1 世代直蔵)	甚蔵	辰右エ門 源次郎	甚吉 要 清之	甚右エ門	島内辰右エ門 島内源次郎		2
	5	前田長平 (第 1 世代長八)	仙蔵	与平 市次郎	寅吉 要吉 吾助	信太郎 筆助 助太	前田寅吉 前田要吉	前田信太郎	9
	6	中島藤次郎	嘉吉	善八	勝治 市太郎	始 亨	中島勝治 中島市太郎		4
	12	有安喜蔵	第 2 世代は 3 男 2 女。長男は司祭。三男熊太郎の系譜が大正期の熊右エ門か。						
第 2 陣	7	鴨川 好五郎	民造・長造	甚作	芳太郎 助之丞	惣二郎 栄作 仙右エ門	鴨川芳太郎 鴨川助之丞		3
				橋本又市家	義八	文太郎	橋本儀八		4
					浜田清作		浜田清作		2
	8	田島 嘉造	嘉右エ門	嘉平	野助 嘉市 嘉之助	谷松 金四郎 嘉右エ門 浦次郎 浅吉 軍松	田島野助 田島嘉市 田島嘉之助	田島浅吉	8
	9	田島 藤太郎	清八	安(初) 五郎	嘉吉	安太郎 倉作 与四郎	田島嘉吉	田島安太郎	
	10	田島 喜惣助	三吉	喜助	嘉太郎 喜作				
					山崎栄八	栄市	山崎栄市		1
						10 家系の合計世帯数			38

注)『神崎教会献堂 50 年記念』(1980 年)・『褥崎 128 年』(1992 年) のデータを基に作成した。
4 と 5 は、( ) 内の親世代が、五島で家族を形成した上記の子ども世代とともに来住した世帯である。
2 と 3 の第 2 世代の ( ) 内の名前は別名である。
9 の第 3 世代の ( ) 内は、直前の文字の安とともに可能性のある文字を示している。

その後の移住世帯	山口要右エ門	山口東太郎	4
	山口仙太郎	山口要助	
	高平卯十		1
	柴山末松		1
	日数谷甚松		1
	鳥羽芳松		1
	谷中農蔵	谷中元蔵	3
	谷中末高		
	平山友一		1
その後の移住世帯の合計世帯数			12

163

② 新たな移住と婚入

　明治後期以後、新たに12世帯が神崎に移住している。聞き取り調査では、このうち日数谷家は黒島から生月島を経て移住している。また鳥羽家は、『褥崎128年』の吉浦庄蔵家の家系の第3世代（娘）の夫が黒島出身の鳥羽八衛作（吉浦家派生の家系）、その子（第4世代）に芳衛門という記載があり、この芳衛門が『小佐々町郷土誌』に神崎居住と記されていることから、黒島から褥崎を経た移住であったことが分かる。さらに系譜関係は不明であるものの、高平家・平山家の姓は『出津教会創建百年記念』（1983年）の出津小教区の信徒名に見られ、谷中家の姓は『信仰告白125周年』（1990年）の黒島の日数の世帯名に見られる。

　新たな世帯が移住したのは、神崎にかなりの数の漁労組織が形成され、漁業労働力が必要になった時期にあたる。実際、「有力な網元になる条件は、資金力と親戚を集める力である」（小佐々町郷土誌461頁）といわれ、新たな世帯の移住には、神崎の巻き網の経営者との間の類縁関係や血縁関係、同郷関係等が関与していたと推測できる。

　さらに、この時期以降、水産加工の労働力の流入も始まっている。聞き取りによれば、天日干しは細かい仕事で賃金は安かったものの、当時の北松浦半島では数少ない女性の仕事であった。家内工業で煮干しを加工する家は、親戚（親族関係）や教会（類縁関係）を頼って天日加工の奉公に来てもらっていたという。こうして奉公に来た女性が、働く家の子ども世代と結婚するケースが多く、神崎の70代以上の男性の配偶者の多くが平戸島（紐差・木ヶ津）や田平、外海の出身といわれる。

　褥崎から神崎に婚出した女性のうち資料で確認できた16人の内訳は、褥崎への移住世帯の第2世代1人、第3世代2人、第4世代3人、第5世代10人で、神崎の十数家系に婚出していることが分かる。このように神崎に多くの女性労働力が集まったことは、神崎における分家の創出を促進した要因の1つに位置づけることができよう。さらに巻き網兼業の加工業者は、巻き網の乗組員のこうした家族を労働力としていた（小佐々町郷土誌487頁）。他に、褥崎から神崎の2家系に養子も出ている。

第 5 章　北松浦半島への移住と居住の展開

表 5-4　神崎小教区の信徒の移住時期別の居住状況

地区（組）	1 組	2 組	3 組	4 組	5 組	6 組	7 組	8 組
世帯数	25	16	21	25	23	27	21	28
江戸末期	52.0	6.3	0.0	28.0	8.7	3.7	19.0	25.0
明治初期	20.0	68.8	23.8	48.0	26.1	77.8	57.1	39.3
昭和初期	8.0	0.0	23.8	0.0	13.0	0.0	0.0	0.0
その他	20.0	25.0	52.4	24.0	52.2	18.5	23.8	35.7

9 組	10 組	11 組	12 組	楠泊組	矢岳組	志多崎組	その他	合計
23	22	23	21	29	7	12	18	341
52.2	13.6	4.3	52.4	24.1	14.3	0.0	16.7	21.4
39.1	50.0	30.4	14.3	17.2	28.6	16.7	5.6	36.1
4.3	4.5	13.0	14.3	6.9	0.0	66.7	0.0	8.2
4.3	31.8	52.2	19.0	51.7	57.1	16.7	77.8	34.3

注）『聖ベネディクト神崎教会』（2005 年）の信徒名簿を基に作成した。
　　世帯数は実数、時期別の数値は百分率である。

表 5-5　移住時期別の居住地の状況

地区（組）	世帯数	4 組〜9 組	1 組〜3 組・10 組〜12 組	他地区
江戸末期に移住の家系	73	45.2	39.7	15.1
明治初期に移住の家系	123	57.7	34.1	8.1
昭和初期に移住の家系	28	14.3	50.0	35.7
その後の移住の家系	117	33.3	36.8	29.9
平　　均	-	43.1	37.5	19.4

注）『聖ベネディクト神崎教会』（2005 年）の信徒名簿を基に作成した。
　　世帯数は実数、時期別の数値は百分率である。

③　神崎内における居住地の拡大

　表 5-4 および表 5-5 は、各家系や家族の居住地を移住時期別に示したものである。また図 5-2 は神崎の下部単位を示したものである。

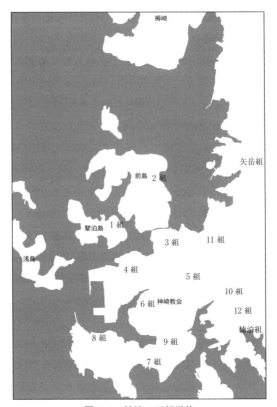

図 5-2　神崎の下部単位

　江戸末期の第 1 陣の家系の世帯の半数弱が、4 組〜9 組の範囲に居住している。そのうち浜崎 3 家（浜崎・濵崎・濱崎）が 4 組、島内家が 8 組・9 組、前田家が 7 組〜9 組、中島家が 9 組に移住したと推測される[7]。明治初期の第 2 陣の家系の約 3 分の 2 もこの範囲に居住している。なおこの範囲の 8 組に「白ッパ」の家聖堂（鴨川家）が明治中期に、6 組に旧教会・社会館・修道院が昭和初期に設立されている。

　1900 年以降、第 1 陣・第 2 陣の家系に 30 世帯を超える分家や派生の家族が生じ、新たに 10 世帯を超える世帯が来住している。この時期に居住が進んだのは、1 組〜3 組・10 組〜12 組と推測される。第 1 陣の家系の世帯

の5分の2がこの範囲に居住していることから、分家が創出されたものと推測される。第2陣の家系の世帯の3分の1もこの範囲に居住し、第2陣の分家も創設されたと推測される。また加工場等の事業所は、県道沿いの3組とともに4組の埋め立て地に設立されている。

④ 神崎への世帯と住民の流入

昭和初期に移住した家族の半数も、この1組～3組・10組～12組の範囲に居住している。さらに昭和以降に移住した世帯は、1組～3組・10組～12組と4組～9組が約3分の1ずつである。おそらく4組に埋立地が造成されたことが、この時期の移住世帯や江戸末期から明治初期に移住した家の系譜の世帯の居住を可能にしたものと推測される。

また、婚入による人口の流入は、かつての北松浦半島のカトリック集落から奉公に来た女性によるものから、昭和中期以降は非信徒の女性によるものに移行している。聞き取りでは、10人中8人程度が非信徒で、大半は婚姻後にカトリックに改宗しているという[8]。

神崎からの他出――地理的広がりと流出――

神崎内の居住地の展開や新たな世帯の流入と同様に、神崎からの他出の増加も特徴的である。神崎教会の信徒組織の下部単位のうち楠泊組・矢岳組・志多崎組等は、神崎の周辺に位置している。これらの組に属する世帯は、第1陣の家系の世帯の約7分の1、第2陣の世帯の約10分の1、1900年以降の移住世帯の3分の1、昭和初期以降の世帯の約3分の1である。

こうした信徒の地区外への居住は、神崎で水産業を基盤とした産業が展開したことで、以前のように生活基盤としての農地が不要になったこと、家系・家族による相違はあるものの、神崎における世帯の増加のために住宅地が不足したことにあるといえよう。聞き取りでは、地元に残る若い世代は多いものの、神崎に平地が少ないために、他の地区に移住し神崎に働きに来るという通勤形態が生じているという。この神崎外の居住は、地区外における家や分家の創出（親族関係の保持）に他ならず、神崎とは通勤と神崎教会の成員性を通して同業関係と宗教関係が維持されていると見ることができよう。また自動車交通の普及が、こうした居住地の展開を促進したといえる。

その一方、江戸末期に移住した3世帯が第2陣の移住の前に近隣の褥崎に転出していること、さらに第1陣・第2陣の家系の世帯数が明治中期に至るまであまり変化しなかったことから、挙家離村による世帯の継続的な流出があったことも想定されよう。第9章第1節の横浦開拓地は、そうした他出先の1つである。高度経済成長期後の他出の特徴は、離家離村による流出である。聞き取りによれば、かつて大半は中学を卒業し地元で漁業に従事していたものの、高校進学が一般的になり、大学進学も増加している。こうした傾向が生じ始めた1960年代および1970年代の神崎小教区からの転出は、1968年に長崎県内2人・長崎県外37人、1975年に県内5人・県外14人であった（旅する教会 260-3頁）。

神崎への移住と居住の展開の社会的特徴

佐世保市神崎への移住と居住の展開の社会的特徴を整理したい。

第1に、移住と居住の展開の社会的特徴である。

まず、初期の移住状況に関して、草分け世代の神崎への移住が安定した農業経営をめざす五島および外海からの開拓移住であったこと、第1陣の移住者の間および第1陣と第2陣の移住者の間に社会関係が存在したことである。

次に、条件不利地における農業の傍らの漁労（出稼ぎ）や一部世帯の小規模漁業の後、明治後期に農業から漁業への大規模な生産基盤の転換が起き、親族等を構成員とする巻き網の漁労組織と水産加工業が多数形成されたことである。

さらに、移住後の定住に関して、それまで顕著でなかった分家が、明治後期以後の生産基盤の転換によって一挙に創出されたこと、新たな世帯の来住によって昭和初期に50世帯を超えたことである。その一方で、移住当時から世帯の流出が始まっていたと見られることである。しかし明治以後は神崎の周辺への世帯の流出が顕著になったこと、さらに学校教育の普及とともに他地域への進学と流出という新しい傾向が現れている。

第2に、第2次移住地と神崎の特徴についてである。

こうした神崎の特徴は、①分家の創出による世帯の増加と②常態的な挙家

離村による人口の流出という、第2次移住地の特徴と推定される事象が同時進行したことである。

その一方で、①に関して、明治後期以後の新たな世帯の来住とその分家の創出、②に関して、昭和以降の挙家離村の多くが近隣に留まっていること、第3次移住地への移動は、第9章第1節の横浦をのぞき明白でないという神崎の状況と離家離村の増加という今日の一般的傾向も明らかになった。

さらに、神崎の①・②の状況に関して、①・②が生産形態の転換、②が移住地の狭小性に関係することが跡づけられた。しかし生産形態の転換と居住地の狭小性は、因果関係というより絡み合った関係というのが実感であろう。このうち狭小性は、外海以来の生活課題で、カトリック信仰に由来する人口増加、長崎のキリシタン・カトリック信徒の慣習である均分相続に加えて、移住の宗教性(江戸末期)と後発性(明治期以降)が関係した事象といえる。神崎では狭小性を要因とした挙家離村が発生したものの、「日本一」の煮干し(イリコ)生産と呼ばれる水産業の成功(生産形態の転換)と自動車交通の普及によって挙家離村は近隣に留まり、その結果、行政区の範囲を超過する宗教コミュニティが形成されることになったのである。

第2節　佐世保市長串褥崎——水産業の隆盛と新たな移動の発生——

褥崎(長崎県佐世保市長串)も神崎と同様に、図5-1のように、北松浦半島の九十九島北部(北九十九島)の島々と小半島が入り込む複雑な海岸に位置している。褥崎は、北松浦郡旧鹿町町が2010年に佐世保市と合併したため、現在、佐世保市の一部である。

褥崎の地域状況

複雑に小半島と小離島が入り込んだ地形の旧鹿町町も神崎(旧小佐々町)と同様に「陸の孤島」(鹿町町郷土誌454頁)と呼ばれ、明治・大正初期まで佐世保市(相浦)—江迎町の海岸沿いには道らしい道がなかった。しかも「満潮時には、足場を拾って歩かねばならないような波打ち際をまがりく

写真 5-5　褥崎の港　　　　　写真 5-6　山が海に迫る褥崎の入江

ねった悪路」（鹿町町郷土誌 455 頁）であった。

　昭和初期までの北松浦半島は、海上交通が移動の中心であった。明治中期までに北松・平戸地区の中心であった平戸と旧鹿町町が海上交通で結ばれ、大正以降に旧鹿町町（歌ヶ浦）―相浦（佐世保）の間に定期（渡海）船が就航した。陸上交通の整備は神崎と同様である。1929（昭和 4）年に県道が建設されバス路線が開通し、1939（昭和 14）年に旧鹿町町の北隣に江迎駅が開設された（鹿町町郷土誌 462-78 頁）。

　明治・大正期の北松浦半島（旧鹿町町）の主産業は農業で、1883（明治 16）年には旧鹿町町の 474 世帯の 84％が農業世帯であった。しかし大正・昭和期になると、北松・佐世保で炭鉱開発が進んだ。旧鹿町町でも数多くの炭坑が採炭を開始し、第 2 次産業人口および地域人口が急増する。

　旧鹿町町の世帯数は、1920（大正 9）年に 842 世帯（5,802 人）、1925（大正 14）年に 1,325 世帯（6,740 人）、第二次世界大戦前の 1938（昭和 13）年に 2,477 世帯に増加している。すなわち 20 年間に世帯数が 3 倍に増加し、鉱業に従事する世帯が旧町の世帯の 62％を占めていたのである。さらに高度経済成長期の 1956（昭和 31）年には、世帯数は 3,686 世帯に達し、鉱業に従事する世帯も 52％と旧町の世帯の半数を超えている。

　さらに、褥崎の主産業である水産業に関して、明治初期の旧鹿町町の漁業世帯は 2 地区 30 世帯で、旧町北西部にある大屋が 25 世帯、褥崎が 5 世帯であった。1872（明治 5）年の戸籍簿によれば、大屋の世帯数が 119 戸、褥崎の世帯数が 18 世帯であり、漁業世帯は両地区の世帯の約 5 分の 1 から 4

分の1に留まっている。この時期の漁業は、無動力船で沿岸を漁場とする一本釣り、銛突き、小網漁であった（鹿町町郷土誌 413-4 頁）。そのため漁業は、まだ両地区の主産業といえる状況ではなかった。

明治後期になると旧鹿町町の漁業世帯は 70〜80 世帯に増加し、動力船による巻き網、刺網、ひき網、延縄漁に代わっていく。しかし大正・昭和初期になると、漁業世帯は増加するものの、炭鉱開発とともに大屋・褥崎で炭鉱労働に従事する住民が現れている（鹿町町郷土誌 414-5 頁）。

第二次世界大戦後の 1950 年代後半の旧鹿町町の漁業世帯は 170 世帯で、大屋 113 世帯・褥崎 57 世帯であった。内訳は、専業 43 世帯・第 1 種兼業 55 世帯・第 2 種兼業 72 世帯で、旧町の産業別就業人口の 2%であった。この頃から、沿岸漁業から養殖漁業（浅海増養、殖真珠等）に水産業の中心が移行している（鹿町町郷土誌 416-23 頁）。

開拓移住の経緯と初期の生活

褥崎への最初の移住は、江戸時代末期とされる。表 5-6 は、江戸期から明治中期までに居住した家系の一覧である。このうち吉浦末蔵家、北平家（新立福蔵家・次男吉浦忠蔵家・四男吉浦藤七家）・新立宗ヱ門家、吉浦豊作・音次郎家、浦田長蔵家が江戸末期の移住とされ、移住後に居住した地名に由来する姓を名乗っている。

新立宗ヱ門家の三男喜八の長男宗次郎（1894 年生まれ）の次男静夫氏（第 3 世代）のメモには、「私たちの先祖は、五島からきたそうです。先祖のウゾウさんとゆう人が平戸のとの様に褥、新立ちくの土地を相談に行ったところ 10 家ぞくをまとめなさいといわれ、10 家ぞくまとめて、この土地を求めたそうです」とある[9]。

一方、『褥崎 128 年』では、五島から移住した 8 世帯が吉ノ浦と新立に居付き、藩有地の管理人である山番の浦田甚兵衛の許可を得て、昼間は山の開墾に励み、夜はイワシ漁をして生活の糧を得ていたとされる（褥崎 128 年 45 頁）。また新立宗ヱ門の長男宇蔵について、上五島を小舟で単身出航し、新立の入江に漂着し、漂着後は「木下し」（石炭採掘のためのトロッコ用線路枕木運び）の賃仕事についたとされる（褥崎 128 年 42-3 頁）。『鹿町町郷

表 5-6 褥崎に移住した家系と移住時期

時期	家系・初代等	移住の年と移住元等
江戸期	吉浦末蔵	1858-1864年。外海→五島→吉ノ浦に居住
	北平（新立・吉浦・吉浦）	1860-1864年。外海→五島（奈留島（葛島））→褥崎　福蔵 1868年
	新立宗ヱ門	1864年。五島→新立に移住
	吉浦豊作・音次郎	1864年頃。五島から移住
	山村重蔵	1864年頃。五島から移住。伝道師として活躍
	浦田長蔵	慶応年間（1865-68年）。五島（曽根）→黒島→水場に移住
明治期	吉浦庄蔵・要七	1868-1870年。外海→五島（大平）から長男・三男が移住
	吉浦久米蔵	1870年に褥崎に移住。外海→下五島→樺島→平戸　明治期に弟が褥崎、兄が神崎
	山村茂吉	1872-1876年に赤島に移住。五島→平戸、明治に入り褥崎
	木村伝作	1875-1878年。平戸（木ヶ津の赤松崎）から　別の木村家は 1868-73年に五島（大平）から
	吉浦伊勢松	明治期に移住。外海→若松島（堤）→平戸→褥崎
	梅田	明治中期？　黒島→平戸→田平　赤島に移住
	堤仁蔵	1890年。黒崎—田平から朝地露
	吉山	上五島→赤島
	竹川	黒島→田平を経て褥崎
他に、吉山・中村・川原・浜口・樫山・田中・田島・鳥羽・山下、前田・大江・瀬戸・久我・久保・寺田		

注）『褥崎 128年—褥崎小教区沿革史』（1992年）の記事・家系図を基に作成した。

土誌』には、慶応元年頃、五島から安住の地を求めて平戸方面に流れて来た者の一部が霞之浦（吉の浦）、新立に住みつき、この 15 家族が松浦藩からこの土地を与えられたとされる（鹿町町郷土誌 787-8 頁）。この時期の平戸藩では、農民層の分解による農業労働力が減少し、大きな問題となっていた。そのため、農村間の過剰労働力の配置や山林原野の開墾・新田開発が奨励されていた（鹿町町郷土誌 351 頁）。これらの記録から少なくとも、五島

第 5 章　北松浦半島への移住と居住の展開

表 5-7　草分け一族の移住時の推定年齢

草分けの一族	移住時期	移住者の推定年齢
吉浦末蔵	1858-1864 年	末蔵 39-45 歳・長男重吉 12-18 歳・次男梅蔵 9-15 歳、三男岩太郎 3-9 歳・四男清吉 0-6 歳
北平（新立・吉浦・吉浦）	1860-1864 年	長男福蔵 43-47 歳（その長男宇蔵・次男忠助 16-20 歳）・次男忠蔵 41-45 歳・四男藤七 33-37 歳
新立宗エ門	1864 年	宇蔵 20 歳・次男弥助 8 歳・三男喜八 3 歳・四男藤吉 1 歳
吉浦豊作・音次郎	1864 年	長男豊作 48 歳・次男音次郎 37 歳
山村重蔵	1864 年	重蔵不明
浦田長蔵	1865-1868 年	長蔵不明・長男末松 17-21 歳（その長男 1968 年生まれ）・次男樫山寅吉 14-17 歳・三男吉浦治作 12-15 歳）

注）『褥崎 128 年―褥崎小教区沿革史』（1992 年）の記事・家系図を基に作成した。

から草分け世帯が移動して来たこと、平戸藩の許可を得た開拓移住であったことが確かである[10]。

　表 5-7 は、江戸末期に移住した草分けの 5 家系の移住時期と家族の年齢の推定である。家族の年齢および家系情報から世帯数を推計すれば、吉浦末蔵家 1 世帯・北平家 3 世帯（長男・次男・四男）、新立新エ門家 1 世帯、吉浦豊作・音次郎家 2 世帯、山村重蔵家 1 世帯、浦田長蔵家 1 世帯の 9 世帯であった。このうち吉浦豊作・音次郎家を 1 家系とすれば 8 家系となる。一方、北平家の長男福蔵の長男宇蔵にその長男の精太郎が 1862 年に誕生しているため、宇蔵を別家とするかあるいは『褥崎 128 年』で第 1 陣のグループとされる吉浦常次郎（吉浦末蔵の次男梅蔵の妻キクの前夫か？　1862 年に長女が誕生している。なお家系は不明）を加えれば 10 世帯となり、新立静夫氏のメモの数値に一致する。さらに福蔵の長男の宇蔵と吉浦常次郎に 1868〜70 年に移住した吉浦庄蔵・要七家 2 世帯を加えれば、13 世帯となる。こうした推計から、移住世帯で 10 世帯、家系で 8 家系、また若干草分けの時期を拡大すれば 15 世帯に近い世帯数になり、文献やメモの数値に齟

写真 5-7　褥崎の半島南側（吉ノ浦）

齬は生じない。

　草分け世帯が移住した当時の褥崎は、「森林が繁る山が海岸に迫る入江で、とても人の住めるような所ではなかった。しかし反面、それが信仰を守るための絶好の隠れ場所となった」（褥崎 128 年 45 頁）という。

　こうした褥崎の半島の突端、すなわち半島南側に口を開いた湾岸（吉ノ浦・霞ノ浦）に吉浦末蔵家と北平の一族の忠蔵家・藤七家が居住し、その後、吉浦姓を名乗っている。褥崎の半島付け根の西側の湾岸（新立）に、北平一族の福蔵と（新立）宗ヱ門家が居住し、その後、いずれも新立姓を名乗っている。

　一方、半島付け根の東湾（水場）に、浦田長蔵家が居住した。浦田姓は、水場に居住していた先述の平戸藩士浦田甚平衛から譲られたものという。一方、明治期に褥崎に移住した世帯は、神林沖に浮かぶ赤島と褥崎に隣接する神林の北側の長串山の山麓の朝地露（あさじろ）に居住している。

　江戸期の褥崎移住で興味深いのは、褥崎の南 5 km に立地する前節の神崎（佐世保市旧小佐々町）と関係が深かったことである。例えば、北平家の場合、次男忠蔵と四男藤七は五島から神崎に移住した後に褥崎の吉ノ浦に転じ、三男喜蔵は神崎に残り有安姓を名乗っている。山村重蔵家も五島から神崎を経て褥崎に移住している。また明治初期に吉浦久米蔵家でも、その長男八蔵が神崎に移住している。こうした関係からか、その後も神崎との間にしばしば養子や婚姻といった関係が形成されている。

第 5 章　北松浦半島への移住と居住の展開

表 5-8　各世代（男子）の裃崎内居住の状況　　　　　　　　　　　　　　　　（世帯数）

推定時期	江戸末期	明治中期 (1900 年)	昭和初期 (1925 年)	昭和中期 (1955 年)	昭和後期 (1985 年)	平成期
江戸時代末に 移住の家系	第 1 世代 11	第 2 世代 24	第 3 世代 39	第 4 世代 33	第 5 世代 29	第 6 世代 -
明治以降に 移住の家系	-	第 1 世代 9	第 2 世代 15	第 3 世代 32	第 4 世代 24	第 5 世代 12
合　　計	11	33	54	65	53	-

注）『裃崎 128 年―裃崎小教区沿革史』（1992 年）の家系図を基に作成した。
　　江戸期に移住した家系と明治期に移住した家系が、同時期になるように、明治期に移住した家系の世代を 1 世代ずらして作表している。

　さらに、明治期の裃崎への移住の特徴は、五島から平戸を経由した世帯や黒島からの移住世帯、明治中期の開拓地である田平を経由した世帯が存在したこと、吉ノ浦や新立以外の地（赤島・朝地露）に移住が展開したことである。
　いずれの時期の裃崎移住も、安定した農業経営をめざすものであった。しかし、前述の通り、開拓移住であったために山地の開墾の作業に加えて、夜間は、収入源の漁労に従事する生活であった。

裃崎への定住
① 世帯の増加
　江戸末期から明治中期の間に、裃崎に多くの家系や世帯が定住している[11]。明治初期のキリシタン弾圧で一時的に馬渡島に避難した家族も裃崎に帰還し、明治以降に裃崎の多くの家系で世帯（分家）が創出されている。
　表 5-8 は、世代の展開を資料で確認できる 11 家系に限られるものの、分家の創出に関係が深い男性の状況である。なお江戸末期に移住した草分けの家系と明治中期に移住した家系の間には 1 世代程度の差があるため、江戸期と明治期の移住家系を便宜的に 1 世代ずらしている[12]。この推定に従えば、江戸末期、裃崎に移住した 11 世帯は、明治中期（1900 年）までの約 30 年間に分家を創出し、第 2 世代が 24 世帯に増加している。また明治期

175

写真 5-8　逃散地の1つである馬渡島（馬渡島教会）

に移住した9世帯が加わるので、当初の世帯数は3倍の33世帯に増加している。実際には、この推計値に若干の女性世帯が加わっているものの、少し前の時期の1878～82（明治11～15）年に褥崎（吉ノ浦・水場・新立・赤島）で27世帯・130人という信徒数（褥崎128年 56頁）や少し後の時期の1897～1919年（明治30～大正8年）の時期に48世帯・約200人の信徒数という記録（褥崎128年 63頁）と齟齬はない。

　その四半世紀後の昭和初期（1925年）に、江戸末期の移住世帯（第3世代）は39世帯、明治期に移住の9世帯は第2世代が15世帯に増加し、褥崎の世帯の推計値は54世帯に及んでいる（実際には、若干の女性世帯が加わっている）。

　さらに、30年後の昭和中期（1955年）になると、江戸末期の移住世帯（第4世代）は33世帯と減少に転じたものの、明治期の移住世帯（第3世代）が昭和初期の2倍の32世帯に増加し、褥崎の世帯数は65世帯に達している。なお昭和中期（1955年）の褥崎の世帯数は56世帯（うち1世帯は非カトリック世帯）で（鹿町町郷土誌 209頁）、1967年の信徒数は約400人であった（褥崎128年 72頁）。仮に1世帯6～7人とすれば57～67世帯となり、推計値は実際の世帯数をやや上回っている。

　その30年後の昭和後期（1985年）は、江戸末期の移住世帯（第5世代）・明治期の移住世帯（第4世代）ともに世帯の推計数が29世帯・23世

第5章　北松浦半島への移住と居住の展開

帯となり、集落世帯数は 52 世帯に減少している（実際には、若干の女性世帯が加わっている）。ただし、この世代には家族形成前の未成年層が含まれ、明確な数値とはいえない。

とはいえ、家系を辿ることのできた世帯の推計値から、明治期の草分け世代の分家の創出と新たな来住世帯による世帯の増加という形態が、大正・昭和初期および第二次世界大戦後の高度経済成長期後は、地区内での分家の創出による世帯の増加という形態に転換した状況が判明する。

② 生産活動の展開——水産業——

安定した農業経営をめざした開拓移住であったが、褥崎は小さな半島とその付け根の鬱蒼とした斜面地という条件不利地であった。さらに定住からしばらく後、第 2 世代（子ども世代）の成長や独立に伴うキリシタン（カトリック）信徒に特有の均分相続制度による土地・農地の細分化が始まった。その結果、褥崎の農業世帯は「猫の額程に狭い畑で収穫されるイモ、麦では生活は維持できなかったはず」（褥崎 128 年 160 頁）という状況に陥ることになる。

実際、表 5-9 のように、褥崎に移住後に他出した世帯や人は相当数に及ぶ。しかし、狭小の斜面地に拓かれた段々畑でのさつまいもや麦の生産という状況にもかかわらず、明治以降も褥崎に来住世帯が続き、定住世帯で分家の創出も可能になっている。その背景には、農業から水産業への生産基盤の転換があったのである。

すでにふれたように、明治初期の褥崎（18 世帯）の漁業世帯は 5 世帯にすぎなかったものの、明治中期に褥崎の信徒は漁労組織を形成し、本格的な漁業が始まった。最初に着手したのが、地曳網であった。6 人乗りの漁船 2 隻にイワシの見張り人 1 人を加えた 13 人で操業する漁法であった。表 5-10 は褥崎における漁労組織を示したものである。いずれも草分けの家系の第 2 世代の吉浦牧太郎・第 1 世代の新立宇蔵・第 2 世代の吉浦梅蔵・第 3 世代の吉浦又蔵が網元や中心になって、兄弟や子ども、親族を構成員とする組織であった。

1910（明治 43）年以降、巻き（縫切）網漁が行なわれている。巻き網漁は、網舟・灯舟・くち舟各 2 艘で船団を組み 30 人規模で操業する漁法で

表 5-9 旧鹿町町外の移住地(男性)

	合 計	明治 30 年代 (1900 年)	昭和初期 (1925 年)			
		江戸期第 2 世代	江戸期第 3 世代	明治期第 2 世代	合 計	
全　　　体	135	1	18	3	21	
江迎	1					
神崎	5			2	2	
佐々・小佐々	4					
浅子(梶ノ浦)	7		1		1	
相浦・大崎	3	1	1		1	
佐世保市(その他)	9		4		4	
田平	11		1	1	2	
平戸	6		1		1	
松浦	1					
北松・佐世保・平戸小計	47	1	8	3	11	
長崎	5					
大村	1					
大島	2					
長崎県内小計	8					
九州(長崎県外)	3		1		1	
中国・四国	3					
大阪	24		1		1	
関西(大阪以外)	10		1		1	
愛知・中京	9					
関東	2					
その他	3					
国内(長崎県外)小計	54		3		3	
ブラジル	26		7		7	

注)『褥崎128年—褥崎小教区沿革史』(1992年)の家系図を基に作成した。江戸期に移住した家系と明治期に移住した家系が同時期になるように、明治期に移住した家系を1世代ずらしている。

なお、平成期の他出には、江戸期の第6世代の9人が加わる。内訳は、江迎、佐世保市(その他)、その他の長崎県4(うち3人は大村への挙家の子ども世代)、関東2、中国・四国である。

第 5 章　北松浦半島への移住と居住の展開

昭和中期（1955 年）			昭和後期（1985 年）			平成期
江戸期第4世代	明治期第3世代	合　計	江戸期第5世代	明治期第4世代	合　計	明治期第5世代
40	**8**	**48**	**20**	**31**	**51**	**14**
			1		1	
1		1		2	2	
3		3		1	1	
1	1	2		2	2	2
						1
2		2	3		3	
6		6		3	3	
3		3		2	2	
	1	1				
16	**2**	**18**	**4**	**10**	**14**	**3**
2		2	2	1	3	
1		1				
1		1	1		1	
4		**4**	**3**	**1**	**4**	
1	1	2				
1		1		2	2	
5	1	6	8	6	14	3
2	1	3	3	2	5	1
2		2	1	4	5	2
						2
						3
11	**3**	**14**	**12**	**14**	**26**	**11**
9	3	12	1	6	7	

表 5-10　明治・大正期における褥崎の漁労組織

時　期	名　　　前	役割・漁法	構　成　員
1890 年～	吉浦牧太郎	網元（網旦那）	兄弟（藤七家）　長男仙蔵・三男力造・四男末吉・五男好太郎 親族（新立福蔵の次男忠助） その他（新立宇蔵の長男宗吉）
	第 2 世代・吉浦忠蔵家の養子（吉浦藤七次男）		
	新立宇蔵	網元（網旦那）	その他（吉浦末蔵家の第 2 世代次男梅蔵・三男岩太郎・四男清吉）
	第 1 世代・新立宗ヱ門家長男		
	新立宇蔵	網元（網旦那）	子ども（次男留造・三男三ノ助・四男熊蔵） 兄弟（三男喜八・四男藤吉・三女ソナ）
	第 1 世代・新立宗ヱ門家長男		
	吉浦梅蔵	網元（網旦那）	子ども（長男善太郎・次男又蔵・三男磯吉）
	第 2 世代・吉浦末蔵家次男		
	吉浦又蔵	イワシ網漁	子ども（長男梅太郎・次男秀行・三男末蔵・四男菊次郎）
	第 3 世代・吉浦末蔵家次男の次男		
1910 年～	浦田長市	巻き（縫切）網	兄弟 親戚
	第 3 世代・浦田長蔵家長男の次男		

注）『褥崎 128 年―褥崎小教区沿革史』（1992 年）160-1 頁を整理したものである。

あった。この時期の巻き網もやはり草分けの家系の第 3 世代の浦田長市が中心であった（褥崎 128 年 160-1 頁）。明治前期、漁獲したイワシを家族が売り歩き、米麦と交換する程度であったが、漁獲量の増加とともに、煮干しの製造あるいは仲買人への販売に転じた。売上高から諸経費を引いた利益を網ダンナと網子で配分したという（褥崎 128 年 161 頁）。

　明治から大正時代にかけて、旧鹿町町の漁業世帯数は 7、80 戸に増加し、褥崎の漁業世帯は 25 世帯前後であったと推定できる[13]。地場の資本で立ち上げられた漁労組織であったため零細で安定性を欠き、失敗に終わるものも多く、その都度、新たな漁労組織が立ち上げられたようである。また漁法も巻き網に刺網・曳網・延縄が加わり、大正時代には動力船が導入されている（鹿町町郷土誌 415 頁；褥崎 128 年 161 頁）。さらに時期不詳であるが、住民によって砂浜だった褥崎の海岸を神林の鉱山のボタや近くの島の小石を用いて漁港整備をし、本格的な漁港としている（褥崎 128 年 162 頁）。

第5章　北松浦半島への移住と居住の展開

表 5-11　信徒の職業経験

名前	年齢	家　　系	農　業	職業キャリア
Y・H	85	吉浦末蔵家第5世代	○ いも	巻き網（従業員25人）を経営していた
S・M	82	新立宇蔵の弟藤吉の第3世代	○ いも・米の販売収入	父親の経営する巻き網（カタクチイワシ）。その後、中型まき網経営（アジ・サバなど養殖の餌、従業員20人）。煮干し加工。現在は子どもが継ぐ
S・S	78	新立宇蔵の弟喜八の第3世代	○	巻き網の手伝い→煮干し加工（10人雇用）→養殖（ハマチ→マダイ→フグ・カワハギ）
U・H	68	浦田長蔵家第5世代 太郎ヶ浦	-	漁業に従事→漁業会社経営（カタクチイワシ→アジ・サバ・イワシ）。現在は子どもが経営、7隻の船団
Y・Y	58	吉浦末蔵家第6世代	-	巻き網（イワシ）と煮干し製造
Y・K	-	山村茂吉家第6世代 第5世代で朝地露	○ いも・米の販売収入	親の代は巻き網。漁業（養殖）会社勤務→重機のオペレーター→造船→真珠養殖。現在は、漁業と魚の移動販売

注）2014年11月の下関市立大学（叶堂ゼミ・加来ゼミ）の聞き取り調査の内容を整理したものである。
　○は農業に従事した経験を示し、下は経営内容である。

　大正・昭和期は、さらに漁業が高度化した。動力船によるイワシ刺網で大羽イワシを求めて、漁場は褥崎沿岸から北松大島（的山大島）や西彼方面に広がっている。第二次世界大戦後になると中型巻き網漁業に規模が拡大し五島や壱岐の海域で操業するようになり、水揚も飛躍的に伸びた。またイワシの漁獲にとどまらず水産加工（煮干しの加工）も盛んになっていく（鹿町町郷土誌 415頁；褥崎128年 161頁）。

　1960年代後半以降になると、安定した漁業収入・経営をめざして養殖事業に取り組む世帯が増加した。聞き取りによれば、養殖は家族経営で可能であるという。養殖者数と市場の動向によってハマチ・タイ、さらにフグ・ヒラメと魚種を変えて養殖に取り組んでいる。またカキやアサリ貝・アコヤ貝といった貝類の養殖に取り組む世帯もある。さらに三重県等から進出した真

珠業者とともに真珠養殖に従事する世帯もある。

　表 5-11 は、褥崎及び近隣に居住する信徒の職業経験である。年配の世代では、家業の手伝い等を通して漁業に従事し、その後に親の経営を引き続くという巻き網経営のキャリア・パターンが見られる。また漁業から煮干し（イリコ）の加工に転業したり、業務を拡張するケースも見られる。一方、その下の世代には、漁業会社に従業員として雇用される住民もいる。

　なお、褥崎の 1990 年代前半の水産関係の経営状況に関して、巻き網を経営する 11 人のうち中型巻き網を経営する人が 6 人で、従業員数は 10〜21 人である。経営者の全員が養殖業に業務を拡張しているのが特徴である。小型巻き網を経営する人は 5 人で、従業員はすべて 2 人である。経営者の中には煮干し加工と養殖に多角化した人がいる。

　煮干し加工を経営する 21 人のうち巻き網を経営していない人は 16 人である。その 3 分の 1 強が養殖に業務を拡張し、また活魚販売を兼業する人もいる。

　養殖業を経営する人は 19 人で、そのうち煮干し加工を兼業していない人が 14 人である。その中には、活魚販売を兼業する人が 2 人いる。

　このように褥崎の信徒の生産活動は水産業を基盤にし、業種は漁業・煮干し加工・養殖に大きく区分されるものの、実際は、漁業（巻き網）経営と養殖業、漁業（巻き網小型）経営と煮干し加工・養殖業、煮干し加工と養殖業を兼業し、さらに活魚販売が重なる多角性が水産業の特徴といえよう。

コミュニティの展開——地理的広がりと他出——

① 褥崎の近隣における分家の創出

　表 5-12 は、表 5-8 の褥崎内の世帯数に褥崎から他出した者のうち旧鹿町町（以下、旧町）内に移動した住民・世帯を加えたものである。褥崎の世帯数（推計値）は昭和初期頃までには、江戸末期の移住世帯（第 3 世代）39 世帯、明治期の移住世帯（第 2 世代）15 世帯の 54 世帯であり、さらに昭和中期（1955 年）には、江戸末期の移住世帯（第 4 世代）33 世帯・明治期の移住世帯（第 3 世代）32 世帯の 65 世帯であった。

　こうした褥崎内の居住者の増加に加えて、昭和中期以降、褥崎の住民が旧

第 5 章　北松浦半島への移住と居住の展開

表 5-12　各世代（男子）の褥崎内・近隣居住の状況

推定時期	江戸末期	明治 30 年代（1900 年）		昭和初期（1925 年）	
地区内外の居住状況	世帯（あるいは人数）	地区内世帯数	近接地の世帯・人数	地区内世帯数	近接地の世帯・人数
江戸時代末に移住の家系	第 1 世代	第 2 世代		第 3 世代	
	11	24	-	39	-
明治以降に移住の家系	-	第 1 世代		第 2 世代	
		9	-	15	-
合　計	11	33	-	54	-

昭和中期（1955 年）		昭和後期（1985 年）		平　成　期	
地区内世帯数	近接地の世帯・人数	地区内世帯数	近接地の世帯・人数	地区内世帯数	近接地の世帯・人数
第 4 世代		第 5 世代		第 6 世代	
33	5	29	12	-	-
第 3 世代		第 4 世代		第 5 世代	
32	1	24	1	12	3
65	6	53	13	-	3

注）『褥崎 128 年―褥崎小教区沿革史』（1992 年）の家系図を基に作成した。
　　近隣とは旧鹿町町への移住者・世帯を指す。昭和末期には褥崎内の朝地露への移住 2 を含む。
　　江戸期に移住した家系と明治期に移住した家系が同時期になるように、明治期に移住した家系を 1 世代ずらして作表している。

町内に移動する傾向が顕現してくる。すなわち、昭和中期は江戸末期の移住世帯（第 4 世代）の 5 人（世帯）、明治期の移住世帯（第 3 世代）の 1 人（世帯）の合計 6 人（世帯）であり、昭和後期は江戸末期の移住世帯（第 5 世代）の 12 人（世帯）、明治期の移住世帯（第 4 世代）の 1 人（世帯）の合計 13 人（世帯）であり、平成期は明治期の移住世帯（第 5 世代）の 3 人（世帯）であった。

　旧町内の移住先は、昭和中期（1955 年）には、この時期の中心地であった加勢や炭鉱があった大加瀬に 4 人（世帯）、加勢の先の半島の開拓地の曽辺ヶ崎に 2 人（世帯）であった。昭和後期の移住先は、明治中期に居住が始まった褥崎内の朝地露に 2 人（世帯）に加えて、褥崎に隣接する太郎ヶ

表 5-13　曽辺ヶ崎地区への移住世帯

	家　系	第 1 世代	第 2 世代	第 3 世代	第 4 世代	備　考
1	木村伝作家	伝作	次男	○四男		その後関西移住
2		次男	次男	○長男		
3	新立宗ヱ門家	三男	長男	○長男		
4		四男	長男	○長男		
5				三男	○四男	
6	吉浦末蔵家	次男	次男	○四男		
					○三男	第 4 世代は分家
7			三男	○長男		
8				○三男		
9	吉浦久米蔵家	長男	○次男			

注)『褥崎 128 年―褥崎小教区沿革史』の「褥崎教会世帯主名と転出家族名の紹介・年表・家系図を基に作成した。
○は移住した世帯を示している。

浦に 2 人（世帯）、神林に 5 人（世帯）、加勢・大加瀬に 4 人（世帯）であった。

　旧町内の移住地のうち開拓地の曽辺ヶ崎については第 9 章第 1 節でふれるが、若干補足すれば、実際には、表 5-13 に表示する 9 世帯が 1949（昭和 24）年に移住している。主な移住世帯は、吉浦末蔵―梅蔵の家系（第 2 世代の次・三男の第 3・第 4 世代）の 4 世帯、新立宗ヱ門の家系（次・三・四男を第 1 世代とする第 3 世代）の 3 世帯等で、特定の家系の移住という特徴が顕著である。

　さらに昭和中期（1955 年）以降に生じた褥崎の住民の居住地の広がりの社会的背景をさぐることにしたい。

　まず、全般的に褥崎の半島の世帯数が飽和状況に達したことである。家系や家族による相違が見られるものの、褥崎内で子ども世代の分家の創出が困難になったため、褥崎の近接地に分家が創出されたと推測できる。褥崎の信徒の話では、「褥崎では長男が跡を継ぐが、分家として家を建てる。農地は分割する。家々で異なるが、兄弟の男に均等に区分している。ブラジルに

第 5 章　北松浦半島への移住と居住の展開

行った人の名義がそのままというケースもある。親族がその農地を利用しているのとそのままのケースがある」というもので、数世代に及ぶ褥崎の土地の細分化（分家の創出・農地の分割）のために、近接地に居住地が拡張したといえよう。

次に、主産業の転換の影響である。農業から漁業・養殖事業・煮干し加工・活魚販売といった水産業に生産基盤が転換した結果、褥崎で一定規模の農地の所有が必ずしも生活の基盤でなくなり、居住地選択の自由度が以前に比べて増したことである。

さらに、旧町内の道路整備と自動車交通（公共交通・私交通）の発達によって、日常的移動が容易になったことである。海上交通からの交通手段の転換は、居住地の立地を褥崎の内側（内陸）の道路沿いに変更させるとともに、近接地に居住を広域化させたのである。

② **女性の褥崎地からの他出**

褥崎からの他出の傾向は、女性も同様であった。表 5-14 は、各時期における女性の生活展開（移動）である。このうち周辺（旧町と北松・佐世保・平戸）への移動を見ると、褥崎への開拓移住期の未婚女性は、移住世帯の男性と結婚するか独身で教え方を担当しながら生活している。その次の世代（明治 30 年代）も褥崎に居住する女性が 4 人であった。

しかし、昭和初期は、褥崎に居住する 29 人、北松・佐世保・平戸 4 人、他地区 8 人であり、この時期以降、北松・佐世保・平戸に他出が生じている。表 5-16 のように、他出先は浅子、相浦・大崎、佐世保、田平であった。昭和中期（1955 年）は、褥崎の居住 25 人、旧町内 10 人、北松・佐世保・平戸 25 人で、周辺への他出が大きく増加している。また北松・佐世保・平戸では田平が 8 人、平戸が 6 人と多く、神崎・江迎町も 3 人であった。昭和後期は、褥崎の居住 16 人、旧町 9 人、北松・佐世保・平戸 23 人である。北松・佐世保・平戸では、田平 6 人、平戸 4 人、神崎 4 人等で、県外の主な他出先は関西 16 人、関東 12 人であった。

旧鹿町町から他出

次に、旧町からの他出者（世帯）を見ていきたい。表 5-15 は、旧町から

表 5-14 各世代(女性)の地区内居住・移動の状況

推定時期	江戸末期	明治30年代 (1900年)				昭和初期 (1925年)			
地区内外の居住状況	地区内	地区内	旧鹿町町	北松・佐世保・平戸	他地区	地区内	旧鹿町町	北松・佐世保・平戸	他地区
江戸時代末に移住の家系	第1世代	第2世代				第3世代			
	3	3	-	-	2	22	-	2	-
明治以降に移住の家系	-	第1世代				第2世代			
		1	-	-	-	7	-	2	8
合計	3	4	-	-	2	29	-	4	8

昭和中期 (1955年)				昭和後期 (1985年)				平成期			
地区内	旧鹿町町	北松・佐世保・平戸	他地区	地区内	旧鹿町町	北松・佐世保・平戸	他地区	地区内	旧鹿町町	北松・佐世保・平戸	他地区
第4世代				第5世代				第6世代			
15	10	16	14	8	9	12	28	-	-	-	-
第3世代				第4世代				第5世代			
10	-	9	26	8	-	11	16	2	10	8	17
25	10	25	40	16	9	23	44	2	10	8	17

注) 『褥崎128年―褥崎小教区沿革史』(1992年)の家系図を基に作成した。
江戸期に移住した家系と明治期に移住した家系が同時期になるように、明治期に移住した家系を1世代ずらしている。

の男性(とその世帯を含む)の移住である。表5-12の褥崎の世帯数の推移と対比すれば、明治30年代までは褥崎の世帯は増加しつつも、一方で旧町からの他出世帯はあまり見られない。しかし昭和初期になると、褥崎の世帯数の増加と同時に他出者(世帯)が急増している。江戸末期の移住世帯(第3世代)の18人(世帯)、明治期の移住世帯(第2世代)の3人(世帯)の合計21人(世帯)である。この11家系以外にも7家系(世帯)の他出が加わる。さらに昭和中期(1955年)になると、他出者(世帯)は江戸末期の移住世帯(第4世代)の40人(世帯)、明治期の移住世帯(第3世代)の8人(世帯)の合計48人(世帯)に増加し、昭和後期には、江戸末期の

第5章 北松浦半島への移住と居住の展開

表5-15 旧鹿町町外への他出 各世代(男子)の世帯状況 (世帯数)

推定時期	明治30年代(1900年)		昭和初期(1925年)		昭和中期(1955年)	
地区内外の居住状況	北松・佐世保・平戸	地区外	北松・佐世保・平戸	北松・佐世保・平戸以外	北松・佐世保・平戸	北松・佐世保・平戸以外
江戸時代末に移住の家系	第2世代		第3世代		第4世代	
	1	−	8	10	16	24
明治以降に移住の家系	第1世代		第2世代		第3世代	
	−	−	3	−	2	6
合計	1	−	11	10	18	30

昭和後期(1985年)		平成期	
北松・佐世保・平戸	北松・佐世保・平戸以外	北松・佐世保・平戸	北松・佐世保・平戸以外
第5世代		第6世代	
4	16	−	−
第4世代		第5世代	
10	21	3	11
14	37	3	11

注)『褥崎128年―褥崎小教区沿革史』(1992年)の家系図を基に作成した。
地区外は、北松・佐世保・平戸以外を指す。
江戸期に移住した家系と明治期に移住した家系が同時期になるように、明治期に移住した家系を1世代ずらしている。

移住世帯(第5世代)の20人(世帯)、明治期の移住世帯(第4世代)の31人(世帯)の合計51人(世帯)に達している。

さらに表5-9で旧町の町外の他出地を見れば、昭和初期の他出の半数は北松・佐世保・平戸で、とりわけ佐世保・田平・平戸が目立つ。また国外のブラジル移住が始まっている。昭和中期(1955年)になると、男性の5分の2が旧町の町外であり、旧町外への他出が広がっている。周辺の北松への他出が18人で、主な他出先は田平・平戸・佐々・小佐々であった。北松・佐世保・平戸以外は30人で、大阪・関西が主な他出先であった。うち国外のブラジルが12人であった。昭和後期には、褥崎の居住者(表5-12

表 5-16　女性の旧鹿町町内・町外の他出先

	合計	昭和初期（1925 年）		
		江戸期第3世代	明治期第2世代	合計
全体	202	2	10	12
＊朝地露	4			
神林	2			
上矢岳	7			
曽辺ヶ浦	1			
（大）加勢	9			
太郎ヶ浦	4			
旧鹿町町内	2			
旧鹿町町小計	29			
江迎	4			
神崎	10			
佐々・小佐々	6			
浅子（梶ノ浦）	3	1		1
相浦・大崎	3		1	1
黒島	2			
佐世保市（その他）	3	1		1
田平	15		1	1
平戸	11			
松浦	3			
北松・佐世保・平戸小計	60	2	2	4
長崎	5			
その他の長崎県	3			
長崎県内小計	8			
九州（長崎県外）	15		4	4
中国・四国	4			
大阪	24		2	2
関西（大阪以外）	4			
愛知・中京	9		1	1
関東	15			
その他	1			
国内（長崎県外）小計	72		7	7
ブラジル	21		1	1
シスター（修道会志願者）	12			

注）『褥崎128年―褥崎小教区沿革史』（1992年）の家系図を基に作成した。江戸期に移住した家系と明治期に移住した家系が同時期になるように、明治期に移住した家系を1世代ずらしている。

なお、平成期の他出には、江戸期の第6世代の10人が加わる。内訳は、佐々・小佐々2、佐世保市（その他）、平戸、その他の長崎県4（大村市への挙家の子ども世代）、大阪2である。

第 5 章　北松浦半島への移住と居住の展開

(人)

昭和中期（1960 年）			昭和後期（1990 年）			平成期
江戸期第 4 世代	明治期第 3 世代	合　計	江戸期第 5 世代	明治期第 4 世代	合　計	明治期第 5 世代
40	35	75	49	27	80	35
3		3				1
			1		1	1
			2		2	5
						1
7		7				2
			4		4	
			2		2	
10		10	9		9	10
1	2	3	1		1	
2	1	3	4		4	3
2		2	1	1	2	2
1		1	1		1	
			1		1	1
	1	1		1	1	
	1	1		1	1	
7	1	8	3	3	6	
3	3	6		4	4	1
			1	1	2	1
16	9	25	12	11	23	8
1		1	1	2	3	1
			1	2	3	
1		1	2	4	6	1
1	4	5	2	2	4	2
	1	1				3
	2	2	10	4	14	6
1		1	1	1	2	1
	2	2	2	2	4	2
1		1	10	2	12	2
				1	1	
3	9	12	23	10	37	16
9	10	19		1	1	
1	7	8	3	1	4	

189

の53世帯）と旧町の町外への他出の51人（世帯）がほぼ同数になっている。このうち周辺の北松・佐世保・平戸は14人で、複数の地区に分散している。その一方、北松・佐世保・平戸以外が37人に急増し、大阪・関西・愛知県等が主な他出地となっている。

　こうした傾向は、女性も同様であった。表5-14の女性の北松・佐世保・平戸以外への他出は、明治30年代の2人が昭和初期に8人となり、昭和中期（1955年）に40人、昭和後期には44人に達している。主な他出者を表5-16で確認すれば、明治期はいずれもシスター（修道会志願者）であった。昭和初期の主な他出先は、九州（長崎県以外）・大阪で、昭和中期の主な他出地はブラジルが19人と多く、他に九州内5人、シスター（修道会志願者）が8人であった。昭和後期の主な他出は、関西16人・関東12人、シスター（修道会志願者）が4人であった。

　こうした褥崎からの他出について、北松・佐世保・平戸への移動を含めて、その特徴を整理してみたい。

　まず、男性の場合である。第1に、昭和初期以降、男性の過剰人口が常態化したことである。褥崎および旧町内の居住者の増加に加えて、旧町外に他出者が現れている。旧町外への他出者は、昭和初期に旧町の居住者の3分の1、昭和中期に2分の1、昭和後期には3分の2に達している。

　第2は、旧町外の他出先が、世代の進行とともに北松・佐世保・平戸から都市（工業地域）に移行する傾向である。すなわち、昭和初期には、北松・佐世保の田平や平戸といったカトリック・コミュニティが存在する地への移動が特徴的で、移動は宗教行為の様相を帯びるものであった。こうした移動はその後も存続するものの、昭和中期以降は阪神・中京等の都市（工業地域）への他出が急増している。その多くが学校教育の一環である就職指導や進路指導に基づく移動と見られ、事業所や学校のある都市（工業地域）への移動が主流になっている。つまり移動の非宗教化（世俗化）であり、移動形態として離家離村、第1次産業（水産業）からの離脱、学校教育を窓口とした移動という特徴を帯びていくのである[14]。

　次に、女性の場合である。第1に、昭和中期（1955年）までの旧町の町外の主な移動先が、北松・平戸・佐世保のカトリック地区であったことであ

第 5 章　北松浦半島への移住と居住の展開

る。この女性の移動先への男性の移住も若干見られることから、婚姻後の移動も想定ができよう。しかしその大半の移動はカトリック信徒との婚姻に伴うものと見るのが妥当で、女性の移動の特徴として、家族形成および宗教行為という点が指摘できよう。

第 2 に、昭和後期以後も北松・佐世保・平戸への婚姻にともなう女性の他出は存続したものの、県外への他出が主流になったことである。すなわち、阪神・関東等の都市地域への移動で、男性と同様に学校教育を窓口にした非宗教的で婚姻を目的としない移動に移行したといえよう。しかし初期の就職に関して、注 14) のように、宗教（教会）を窓口とし移住地での生活環境と信仰を保持する形態が存在したことが明らかになった。

褥崎への移住と居住の展開の社会的特徴

こうした褥崎への移住と居住の展開の社会的特徴について整理したい。

第 1 に、褥崎への移住が平戸藩の許可を得たもので、江戸末期における安定した農業経営をめざす開拓移住であったことである。草分けの世帯は家系で 8 家系、世帯で 10 世帯程度、五島から褥崎の半島一帯への移住で、その後に移住した世帯は神林沖の赤島や長串山の山麓の朝地露等に居住している。江戸期の移住で興味深い点は神崎（佐世保市旧小佐々町）と関係が深かったことである。また明治期の移住の特徴は、五島から他の地域を経由していた点である。さらに明治以降、多くの家系において世帯（分家）が創出されていることである。資料で確認された数値で、江戸末期に移住した 11 世帯の第 2 世代が 24 世帯に増加し、明治期に移住の 9 世帯とともに 33 世帯に増加している。

第 2 に、褥崎の世帯数が昭和初期に 54 世帯、昭和中期に 67 世帯に増加した一方で、昭和初期以後に他出傾向が出現した点である。女性の場合、昭和初期から北松・佐世保・平戸に他出が始まっている。昭和中期以後は、県外への他出が主流になっている。男性の場合、昭和初期以後に北松・佐世保・平戸および県外への他出が増加し、昭和中期以後は県外への他出が主流になっている。しかし昭和中期・昭和後期においては、旧鹿町町内の移動が特徴的である。

191

第 3 に、農業経営から漁業への生産基盤の転換である。半島の開拓移住地における（生産）条件の不利性と土地・農地の細分化を原因として、生産基盤が水産業に移行している。初期の一部世帯の小規模漁業の後に、明治中期に草分けの家系の親族を構成員とする地曳網の漁労組織が形成された。漁法は、その後、巻き網に刺網・曳網・延縄が加わり、漁労組織も拡大していく。動力船が導入された後、褥崎沿岸から的山大島や西彼方面、さらに五島や壱岐の海域に漁場が広がっている。昭和中期からは、安定した漁業収入・経営をめざして、漁業に養殖事業や煮干しの加工を兼業する世帯が増加している。

　信徒世帯の他出と水産業への転換の要因の 1 つは、カトリック信徒に特有の均分相続制度と見られる。狭小な褥崎において各家系・世帯の分家の創出と均分相続制度によって土地・農地の細分化・零細化が発生したからである。褥崎内での分家の創出が困難になり、新たな（農業）開拓移住や周辺のカトリック地区への他出が生じる。同時に、主産業の転換と自動車交通での日常的移動の容易さによって、近接地で分家が創出されるようにもなったのである。

　しかし、それを凌駕する勢いで県外の都市への他出が生じている。都市における労働市場・（労働市場との窓口といえる）学校教育における就職指導等に基づく移動に転じたといえよう。しかし都市への集団就職でも、その初期には宗教が関与していたことが特徴的であった。

　以上、佐世保市の神崎と褥崎への移住と居住の展開および他出を見てきた。その社会的特徴を整理したい。
　第 1 は、草分けの信徒の移住地が江戸末期の第 2 次移住地であったことである。すなわち、神崎は五島や外海から平戸藩の放牧場への開拓移住であり、また褥崎は平戸藩の許可を得た開拓移住であったことである。さらに両地区の関係が深く、両地区間の移住や親族関係の形成が見られ、20 世帯規模のいわば 1 つの移住地という様相を帯びていたことである。
　第 2 は、明治後期に生産基盤が水産業に移行した後、信徒世帯の来住と分家の創出によって信徒世帯が大きく増加したことである。神崎では草分け

第 5 章　北松浦半島への移住と居住の展開

（第 1 陣）の移住後に第 2 陣の連鎖的移動が生じているものの、その後、神崎・裲崎ともに世帯数に大きな変化はなかった。しかし、水産業への転換に伴って漁労組織が形成され、漁業労働力が必要になったことが世帯の増加の背景であったと見ることができよう。

　第 3 は、分家の創出や来住世帯の増加と同時期に、常態的な挙家離村による人口の流出が生じたことである。神崎では、集落が狭小であること、生産基盤の転換によって農地の保有が居住条件でなくなったこと、さらに自動車交通の普及によって、周辺・近接地に分家の創出が可能になったと見られる。しかし、その後は学校教育の普及とともに都市への進学と就職という傾向が生じている。裲崎では、昭和初期以後に他出傾向が生じている。女性の場合、昭和初期から北松・佐世保・平戸への他出が始まり、その後は他地区への他出が主流になる。男性の場合、昭和以後に北松・佐世保・平戸および地区外への他出が増加し、昭和中期以後、地区外への他出が主流になる。その後、進学・就職を目的とする都市へ離家離村が増加している。しかし、こうした集団就職もその初期において宗教が関与していたことが明らかになった。

注
1）家系図の系譜は主として直系（長男）のデータに限定され、どの世代の時に神崎に移住したかは明示されていない。
2）2014 年 3 月に神崎教会主任司祭浜崎靖彦神父と信徒の濱崎要次郎氏・日数谷初夫氏、8 月に浜崎神父に聞き取りを行なった。また 11 月に下関市立大学経済学部叶堂ゼミ・加来和典ゼミ合同で神崎の聞き取りを実施した。浜崎神父・濱崎要次郎氏・日数谷初夫氏・島内文夫氏・田島実男氏・山﨑清美氏・田嶋正明氏に聞き取りを実施した。
3）浦川は、この時期の神崎（下神崎）と裲崎を一体に近い集住地と見ていたと思われる。
4）『小佐々町郷土誌』の別の個所で、「大正 10 年（1921）ころ、楠泊に見習い、漁民 15 人が 3～4 隻の船団（無動力船）を組んで、和船巾着網を始めた」（460 頁）のが神崎における巻き網の始まりとされ、また『神崎教会献堂 50 年記念』も表 5-2 のように神崎における巻き網の経営を大正期としている。
5）表 5-2 の 11・13～15 のうち 11・13・14 は裲崎に他出し、15 もその後、他出する。
6）『聖ベネディクト神崎教会』に掲載された 2005 年の信徒の座談会では、積み立て

の負担のために4世帯程度の転出があったと語られている（134頁）。そのため、当時の世帯数は、少なくとも54世帯はあったと推測される。
7）浜崎3家・田島3家・浜田家等は、その後、姓の表記に多様性が見られる。
8）2011年度、信徒同士の結婚1組に対して、信徒と非信徒の結婚は7組であった。
9）2014年11月に下関市立大学経済学部叶堂ゼミ・加来和典ゼミ合同で、褥崎教会主任司祭の川原拓也神父・浦田初美氏・新立静夫氏・新立松雄氏・吉浦幸治氏・吉浦春夫氏・山村和己氏に聞き取り調査を実施した。
10）『鹿町町郷土誌』によれば、山林原野の開墾と新田開発が奨励され、「新田開発については従来3年間の年貢を免除されたものが6年に延長され、開畑では本畑同様の収穫があるところが4分の1、地味の悪い切畑では5分の1といったように減税されていた」という（351頁）。
11）表5-6の下段の家系・家族の中には、挙家で他出した家族が含まれている。
12）一世代を25～30年と推定しているため、実際よりも後の時期に区分されている家系が存在する。
13）大屋と褥崎の漁業世帯の比率が、明治初期（1870年頃）に4：1、1960年代に2：1であったことから、3：1で推定した。
14）第4章の注15）でふれたように、大阪府泉佐野市の泉佐野教会のマニ神父によれば、高度経済成長期、長崎県の教会に泉南からリクルーターが訪問し、生活環境を守ることや教会のミサに参加させる等を約束したため、信徒世帯の子どもや信徒の親戚等の未信徒が集団でタオル工場に就職したという。こうした状況は、学校が移動（就職を目的にした離家離村）の窓口として一本化するまでの過渡的状況であるとともに類縁関係が都市志向の離家離村においても関与したことを物語る事象といえよう。

第 6 章
教役者主導の開拓移住とその展開
——第 3 次移住地と第 4 次移住地——

　明治中期の第 3 次移住は、外海および第 1 次・第 2 次移住地から生じた移動である。この時期も移動の背景には、明治以降の過剰人口の常態化があった。工業都市や炭鉱等への移動が混在しはじめたものの、営農志向の移動は継続していた。さらに大きな特徴は、外国人神父・外国修道会が主導した開拓移住計画が含まれていたことである。
　しかし、第 3 次移住地でも過剰人口が発生し、不況等で社会経済的な不安が広がる中で、大正・昭和期以降に第 4 次移住が生じる。産業化・都市化の進行に伴なう向都現象と呼ばれる移動が一般的であったが、しかし信徒の間では営農を志向する挙家離村の移動が多く見られた。またこの時期には、教役者主導の移住が含まれていた。
　本章では、第 3 次・第 4 次移住のうち教役者が主導・支援した開拓移住とその展開を詳らかにする。まず第 1 節と第 2 節で、ラゲ神父およびド・ロ神父の開拓事業である北松浦半島の平戸市田平および周辺への信徒の居住と移住の展開を跡づける。次に第 3 節で、ド・ロ神父の主導による大村湾東岸の大村市竹松への信徒の移住と居住の展開、第 4 節で、同じくド・ロ神父の主導による平戸島中南部の木ヶ津坊主畑への信徒の移住の経緯をたどる。さらに第 5 節で、大正末のトラピスト修道院分院の進出を契機とした福岡県行橋市新田原への五島の信者の開拓移住の経緯と居住の状況を明らかにする。

第1節　平戸市田平地区田平
――多様な来住形態と出身地別の居住の展開――

　平戸市田平地区は、図6-1のように、北部九州の西端に位置し、その大半は丘陵である。田平地区（旧田平町）では、明治中期の町村制において北部に田平村が単独で誕生し、南部に旧小手田村と旧下寺村の合併によって南田平村が誕生した。さらに昭和期の町村合併促進法で田平村と南田平村の二村が合併して田平町が誕生し、平成期（2005年）に平戸市・生月町・大島村との合併で、現在は平戸市の一部となっている[1]。

田平地区の概況
　旧田平町の人口・世帯数は、2014年現在、人口7,076人、世帯数3,034世帯である。約10年前（2005年）と比較すれば、約600人、約130世帯が減少している。旧村別では、旧南田平村5,196人、2,267世帯、旧田平村1,880人、767世帯である。1874（明治7）年の区別町村調べでは、旧小手田村は人口2,249人、516世帯、旧下寺村は人口1,276人、291世帯であった（長崎県の地名 539-41頁）。両村を合わせれば、明治初期の旧南田平村の範囲の人口・世帯数は3,525人、807世帯であった。
　また、世界農業センサス集落カードにおける旧田平町の1970年の世帯数および営農状況は、農家世帯の割合が約6割（旧南田平56.7%・旧田平村

写真6-1　田平教会

第 6 章　教役者主導の開拓移住とその展開

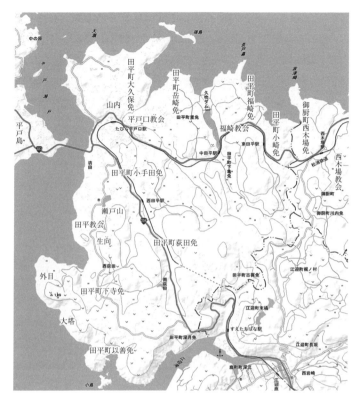

図 6-1　平戸市田平

※この地図は国土地理院地図に関連する名称を加筆等したものである。

64.3％）に及んでいる。農地は丘陵に広がり、主な作目は野菜・花卉、加えて畜産も盛んである。田平地区の農家率は、その後、1980 年 46.5％、1990 年 37.5％、2000 年 22.8％と 1 割程度ずつ減少しているものの、2010 年で約 2 割（18.3％）の比率を占めて、主産業にとどまっている。

　水産業に関して、大正時代の田平村の漁業者は 14 人（専業 10 人）、南田平村は 145 人（専業 83 人）であった。漁労組織は共同経営あるいは単独経営で、ブリ網・イワシ刺し網・縫切網であった。また漁業者の世帯の 9 割が農業と兼業であった（田平町郷土誌 218 頁）。その後、漁船が大型化し、

漁獲高も増大したという。田平地区の漁港は、田平港・深月港・釜田漁港・一六漁港・生向(いけむこう)漁港である（田平町郷土誌 281-3 頁）。なお田平の信者の多くが、田平外の網元や漁業会社で漁労に従事していたという。

田平地区の交通は、国道 204 号線で佐世保市と松浦市の間が結ばれ、平戸口と佐世保市および松浦市の間を西肥バスが運行している。また松浦鉄道によって、佐世保市・平戸口間が結ばれている。

平戸市田平地区への移住の経緯

田平には、江戸末期および明治初期、キリシタンが居住していた。しかし田平教会のほとんどの信徒は、1886（明治 19）年以降に開拓移住した人びとの系譜である[2]。

① 移住の時期

1886（明治 19）年以降の田平地区への移住は、長崎県のカトリック信徒（キリシタン）の第 1 次・第 2 次移住に共通する他出の要因——多子傾向および均分相続による狭小地での多数の分家の創出と生産活動における条件不利性——に起因すると推測される。

明治中期の田平への移住は、佐世保市黒島および長崎市外海（出津）からの教役者（外国人神父）の主導によるものであった。黒島からの移住は、黒島教会のラゲ神父が横立の山野 1 町歩を購入し、黒島の 3 世帯を開拓開住させたことに始まり、外海からの移住は、出津教会のド・ロ神父が山野 1 町歩を購入し、出津の信徒 3 家族を開拓移住させたことに始まる（信仰告白 125 周年 黒島教会の歩み 101 頁；外海町史 596 頁）。

田平への移住の時期と移住世帯の出身地は、表 6-1 のように、外海からは、1886（明治 19）〜1899（明治 32）年の間に外海全体の移住世帯の 8 割強にあたる 46 世帯が移住し、黒島・五島・平戸に先行している。一方、黒島からは、最初（1886 年）の移住後にいったん移住が途絶え、約 10 年後の 1895（明治 28）年以降に再び活発になり、25 年間に 26 世帯が移住している。さらに 1920 年以降も 3 世帯が移住していて、移住が長期間にわたっているのが特徴である。

五島からは、早期（1890〜1894 年）に 2 世帯が移住したものの、1900〜

第6章　教役者主導の開拓移住とその展開

表6-1　田平地区内各地への移住時期と出身地　　　　　　　　　　　　　　（世帯数）

大字	小字	移動時期	黒島	外海	五島	平戸
下寺免	横立・江里山・瀬戸山	合　計	3	15	0	0
		1886～1889年	3	12	-	-
		1890～1899年	-	3	-	-
下寺免・小手田免	牟田・瀬戸山・五島ヶ原	合　計	5	24	2	0
		1886～1889年	1	1	-	-
		1890～1899年	2	18	2	-
		1900～1909年	1	2	-	-
		1910～1919年	1	2	-	-
		1920～1929年	-	1	-	-
下寺免・以善免	外目・以善・万場・下寺	合　計	19	16	0	1
		1886～1889年	-	-	-	-
		1890～1899年	2	12	-	-
		1900～1909年	9	3	-	1
		1910～1919年	7	1	-	-
		1920～1929年	1	-	-	-
大久保免・野田免	永久保・野田	合　計	3	2	1	4
		1886～1889年	-	-	-	-
		1890～1899年	1	-	-	-
		1900～1909年	1	1	1	2
		1910～1919年	1	1	-	1
		1920～1929年	-	-	-	1
岳崎免	岳崎	合　計	0	0	9	0
		1886～1889年	-	-	-	-
		1890～1899年	-	-	-	-
		1900～1909年	-	-	9	-
		1910～1919年	-	-	-	-
		1920～1929年	-	-	-	-
荻田免	荻田	合　計	3	0	0	3
		1886～1889年	-	-	-	-
		1890～1899年	-	-	-	-
		1900～1909年	-	-	-	1
		1910～1919年	2	-	-	-
		1920～1929年	1	-	-	2

注）浜崎勇『瀬戸の十字架』（16-21頁）を基に作成した。

1909 年の 10 年間に 10 世帯の移住が集中し、時期的に黒島に遅れている。平戸からの移住はさらに後発で、1900 年以降であった。1900～1904 年に 3 世帯が移住し、その後の 25 年間に 5 世帯が移住している。

② 黒島からの移住

黒島の信徒の移住は、明治中期から昭和初期の間で、黒島での調査で 59 世帯（信仰告白 125 周年 黒島教会の歩み 101 頁）、浜崎の田平調査で 33 世帯に及ぶ（浜崎 16-21 頁）。両者の数字の相違は、近接地の松浦市御厨町西木場への移住世帯の有無や田平への定着状況に由来すると推測される。

浜崎による居住地別の世帯主調査に黒島の出身集落のデータを加えたものが表 6-2 である。ラゲ神父が土地を購入した下寺（横立）に 3 世帯、小手田（牟田）と瀬戸山・五島ヶ原に 5 世帯（名切 2・田代 1・不明 2)、下寺（外目・下寺）と以善（以善・万場）に 19 世帯（東堂平 6・根谷 3・名切 2・田代 2・不明 6)、大久保（永久保）と野田（野田）に 3 世帯（東堂平 1・根谷 1・不明 1)、荻田（荻田）に 3 世帯（根谷 1・不明 2) であった。

すなわち、黒島出身世帯は下寺・以善・荻田に居住するとともに、やや離れた大久保と野田にも居住していることが分かる。また黒島の出身集落別では、東堂平の出身者が下寺と以善に居住する傾向が見られる。

③ 外海からの移住

一方、外海からの移住は、下寺の横立への最初の 4 世帯の移住後（1888 年)、ド・ロ神父が下寺（江里山）の土地（3 町 3 段余）と下寺（瀬戸山）

写真 6-2　田平（小手田免）

第 6 章　教役者主導の開拓移住とその展開

表 6-2　黒島からの移住者

移住地区	移住時期	世帯数	備考	世　帯　名
横立	明治 19 年	3	ラゲ神父購入地	辻小一・永井土井蔵・瀬崎藤次郎
牟田・瀬戸山・五島ヶ原	明治 20 年	1	自費	永谷和吉（田代）
	明治 29 年	2	自費	山口庄五郎・浅田万吉（名切）
	明治 37 年	1	自費	竹本弥重（＊森川弥十・名切）
	大正 5 年	1	自費	山内喜八　＊山内姓は名切・東堂平・根谷
外目・以善・万場・下寺	明治 29 年	1	自費	谷口金助（東堂平）
	明治 30 年	1	自費	吉田熊太郎　＊吉田姓は名切
	明治 33 年	2	自費	友永助太郎・浜元甚太郎（＊浜本甚右衛門・東堂平）　＊友永姓は東堂平
	明治 36 年	2	自費	池田治吉（池田利吉・東堂平）・谷口峰造（東堂平）
	明治 38 年	1	自費	山口籐八（東堂平）
	明治 39 年	1	自費	吉田千代作（名切）
	明治 40 年	1	自費	内野富蔵　＊内野姓は蕨
	明治 42 年	2	自費	山内郡作（根谷）・山内富市（＊山内留市・名切）
	大正元年	1	自費	溝口郡平（東堂平）
	大正 3 年	3	自費	永谷万吉（田代）・松口見八・橋本留造（根谷）
	大正 6 年	2	自費	永田兼松（根谷）・市瀬松次郎（田代）
	大正 7 年	1	自費	岡甚松
	大正 10 年	1	自費	橋本福市
永久保・野田	明治 29 年	1	自費	末吉幹太夫（＊末吉幹太郎・東堂平）
	明治 40 年	1	自費	樫山長太（＊樫山長之助・根谷）
	大正 6 年	1	自費	浅田徳次郎　＊浅田姓は名切
荻田	大正 3 年	1	自費	橋本福蔵（根谷）
	大正 8 年	1	自費	岩田伍七
	昭和元年	1	自費	末吉紋重　＊末吉姓は東堂平

注）浜崎勇『瀬戸の十字架』（16-21 頁）を基に作成した。
　（　）内の黒島の集落名と＊の人名は『信仰告白 125 周年　黒島教会の歩み』から明らかになった事項を示している。

表6-3 外海からの移住世帯

移住地区	移住時期	出身地	世帯数	備考	世帯名
横立	明治19年	出津	4	ド・ロ神父購入地	今村丈吉・島田徳蔵・山口増太郎・岩上浅衛門
江里山	明治21年	出津	8	ド・ロ神父購入地	大石紋三郎・松下多市・古川辰次郎・川崎源一・瀬上常吉・今村庄衛門・島田又衛門・川原万吉
瀬戸山	明治26年	出津	3	ド・ロ神父購入地	川原久平・川原喜作・川原十兵衛
牟田・瀬戸山・五島ヶ原	明治21年	黒崎	1	自費	山崎弥六
	明治27年	黒崎	11	自費	田川久太・堤幸三・辻村和吉・田中貞吉・高野芳太郎・尾下武助・堤茂四郎・田川忠八・松尾与八・松尾与惣次・堤倉吉
	明治25年	黒崎	2	自費	大木卯平・竹山佐吉
	明治27年	出津	1	自費	川原幸之十
	明治29年	出津	1	自費	高野仙吉
	明治29年	黒崎	2	自費	田川留吉・田川与作
	明治32年	出津	1	自費	古川弥蔵
	明治35年	黒崎	1	自費	浜口才五郎
	明治41年	黒崎	1	自費	田口与三
	明治43年	出津	2	自費	浜崎竹造・高野末太郎
	大正9年	黒崎	1	自費	平本友作
外目・以善・万場・下寺	明治25年	出津	2	自費	出口村市・出口荒八
	明治26年	出津	2	自費	尾下辰次郎・浜崎又五郎
	明治29年	出津	2	自費	川崎辰五郎・川崎礼造
	明治30年	出津	3	自費	原口住造・尾下新五郎・高野吉次郎
	明治30年	赤首	1	自費	久松五右衛門
	明治30年	黒崎	1	自費	田川十吉
	明治31年	出津	1	自費	赤石権平
	明治37年	黒崎	1	自費	出口ハセ
	明治39年	大野	2	自費	黒川熊吉・横岩末吉
	大正8年	赤首	1	自費	横岩カヤ
永久保・野田	明治37年	出津	1	自費	赤石助五郎
	明治43年	三重	1	自費	松下清八

注) 浜崎勇『瀬戸の十字架』(16-21頁) を基に作成した。

第6章　教役者主導の開拓移住とその展開

の土地を購入し、それぞれに8世帯・3世帯が移住した（浜崎14-5頁）[3]。

表6-3は、明治中期から大正期の外海からの移住世帯である。外海の出身地は、出津31世帯、黒崎21世帯、大野2世帯、赤首2世帯・三重1世帯であった。居住地別では、ド・ロ神父が土地を購入した下寺（横立）に4世帯（出津4）、同じく下寺（江里山）に8世帯（出津8）、小手田（牟田）と瀬戸山、五島ヶ原に24世帯（黒崎19・出津5）、下寺（外目・下寺）と以善（以善・万場）に16世帯（出津10・黒崎2・大野2・赤首2）、大久保（永久保）と野田（野田）に2世帯（出津1・三重1）であった。すなわち外海からの移住は、小手田免・下寺免・以善免が大半であったといえよう。

④　五島・平戸島からの移住

表6-4は、五島と平戸からの移住世帯（五島12世帯・平戸8世帯）であ

表6-4　五島・平戸からの移住者

移住地区	移住時期	出身地	世帯数	備考	世帯名
牟田・瀬戸山・五島ヶ原	明治25年	五島	2	自費	吉原捨五郎・西村善之助
外目・以善・万場・下寺	明治41年	上神崎	1	自費	田村宇之助
永久保・野田	明治37年	五島	1	自費	瀬戸平吉
	明治37年	平戸	1	自費	池田長八
	明治37年	宝亀	1	自費	佐々木多蔵
	大正元年	宝亀	1	自費	松山喜衛門
	大正11年	上神崎	1	自費	牧野金七
岳崎	明治35年	五島	1	自費	山田礼造
	明治36年	五島	1	自費	川畑松佐
	明治39年	五島	4	自費	赤波江熊吉・肥喜里半五郎・田上金助・瀬戸兵太郎
	明治40年	五島	1	自費	赤波江金作
	明治41年	五島	2	自費	大木栄作・森川源造
荻田	明治36年	宝亀	1	自費	横山増太郎
	大正15年	宝亀	1	自費	木村富市
	昭和元年	紐差	1	自費	谷山仁七

注）浜崎勇『瀬戸の十字架』（16-21頁）を基に作成した。

る。小手田(牟田)と瀬戸山、五島ヶ原に五島2世帯、下寺免(外目・下寺)と以善(以善・万場)に平戸1世帯(上神崎1)、永久保と野田に五島1世帯・平戸4世帯(平戸1・宝亀2・上神崎1)、岳崎に五島9世帯であった。

すなわち、五島および平戸からの移住は、黒島・外海の出身者の多い小手田・下寺・以善は少なく、大半が永久保・野田・岳崎であったことが分かる。なお、荻田は平戸(宝亀2・紐差1)と黒島の出身世帯が混在していた。

⑤ その他の地域からの移住

田平地区には、黒島・外海・五島・平戸出身以外の移住者が存在した。その一例が表6-5の佐世保市褥崎である。田平地区への移住は7世帯で、そのうち移住時期が判明した4世帯は大正末〜第二次世界大戦前の移住であった。この時期が黒島・外海・五島・平戸よりも遅いこと、移住先が現在の田平とともに西木場小教区の福崎であったことが特徴である[4]。

⑥ 居住における同郷性の関与

このように田平への移住は、出身地および移住時期によって地区内の居住地が規定される傾向にあった。すなわち、早い時期に移住した外海からの出身世帯は、大半が小手田・下寺・以善に居住し、遅れて移住した世帯が、大久保と野田に移住している。黒島からの世帯も大半(4分の3)が下寺・小手田・以善に居住し、やや遅れて移住した世帯が永久保と野田、さらに遅い世帯が荻田に居住している。なお黒島出身の世帯は比較的裕福で、1896(明治29)年以降の移住世帯の多くが「開拓から始める人は少なく、相当良いところを買い求めた」(浜崎 29頁)という。

五島からの世帯のほとんどは岳崎に居住し、移住時期も10年間に集中している。それ以前は下寺・小手田への居住が見られ、岳崎と同時期には永久保と野田への移住が見られる。平戸からの移住の時期は最も遅く、多くが永久保・野田と荻田に集中している。他に下寺と以善への移住も見られた。

移住直後の生活

田平では、開墾した畑を鍬で耕し、畑の肥料は海岸で採った藻を施したと

第6章　教役者主導の開拓移住とその展開

表 6-5　褥崎からの移住と婚姻関係

家（家系）	世代	名　前	田平への移住・婚姻関係	田平小教区の同姓世帯数	平戸口小教区の同姓世帯数
新立福蔵・吉浦忠蔵・吉浦藤七家	第4世代	新立1	1891年生れ。田平に移住	横立2・江里山1	新立姓0
	第4世代	新立2	田平の女性と婚姻		
	第4世代	新立3（女）	田平の古川Mと婚姻	古川姓7	古川姓0
	第3世代	吉浦1（女）	1928年に子どもとともに田平に移住	吉浦姓0	吉浦姓0
新立宗ヱ門家	第4世代	新立4	田平の女性（今村家）と婚姻	今村姓17	今村姓0
	第4世代	新立5	子どもとともに田平に移住。長女は田平の中尾K・次女は末兼Y・三女は中尾Yと婚姻	横立2・江里山1	新立姓0
浦田長蔵家	第5世代	浦田1（女）	田平の川崎Tと婚姻	川崎姓0	川崎姓0
	第5世代	浦田2（女）	田平の田上Fと婚姻	田上姓0	田上姓3（山内1・岳崎2）
	第4世代	浦田3（女）	田平の田川Fと婚姻	田川姓23	田川姓2（山内）
	第3世代	樫山1	子どもとともに加勢炭鉱、その後1936年に田平移住	横立2・外以万下4	樫山姓1（大久保）
	第2世代	樫山2	1933年に子どもとともに田平に移住		
	第5世代	樫山3（女）	夫は田平の樫山T		
山村茂吉家	第5世代	山村1	田平の女性（赤石家）と婚姻	赤石姓0	赤石姓2（大久保）
	第3世代	山村2	1924年に子どもとともに田平に移住	山村姓0	山村姓0
吉浦久米蔵家	第4世代	吉浦2	田平の女性（今村家）と婚姻	吉浦姓0	吉浦姓0
梅田金六家	第1世代	梅田1	黒島（白馬）-黒島（東堂平）-平戸（大垣）-田平（馬の元）-田平（大久保）-田平のちに褥崎に移住	江里山1	梅田姓1（山内）
	第2世代	梅田2（女）	田平の竹内Iと婚姻	竹内姓0	竹内姓0
	第3世代	梅田3（女）	田平の森川Kと婚姻	森川姓0	森川姓2（大久保1・岳崎1）
	第2世代	梅田4	田平移住	江里山1	梅田姓1（山内）
	第2世代	梅田5	田平の女性（山内家）と婚姻	山内姓4	山内姓0

注）『褥崎128年—褥崎小教区沿革史』（別冊付録）の家系図・『永遠の潮騒—田平カトリック教会創設100周年』・『平戸口小教区史—献堂50周年記念』を基に作成した。
　　田平小教区の同姓世帯数は1986年、平戸口小教区の同姓世帯数は2002年の数値である。

いう。しかし、それまで農地として利用できなかった丘陵では、十分な野菜生産ができなかった。そのため、一通りの開墾作業を終えると、畑作とともに漁業や山仕事、職人仕事で収入を確保していた。田平では農間の兼業や副業は、出身地によって特徴があったという。外海の黒崎出身者は同郷者で船を購入して運送業に従事したり、山を購入して薪の商売に従事していた。同じ外海でも出津出身者は、雇われて仕事に従事することが多かったという。黒島と五島の出身者の多くは漁業に従事していた。とりわけ黒島の出身者が従事したのが延縄漁であった。一方、平戸の出身者は、主として大地主の下で小作に従事していた（浜崎 29 頁）。

また、個人の経験や特技による副業もさまざまであった（浜崎 28 頁）。表6-6 は、移住者の副業の主なものである。本業に関連する製粉、林業の木挽き、居職の竹細工や桶製造、出職の石垣築や大工、さらに医療関係の鍼灸や骨接ぎ等で、移住世帯のさまざまな生活ニーズに対応して副収入を得ていたことが分かる。このうち製粉は、開墾地では裸麦はできなかったものの、小麦がとれたために注文が多く、信徒世帯以外からも需要があったという。また大工は移住者の最高の職で収入も多く、大工の妻は「七度生まれ変わらなければなれない」といわれ羨望の的であったという（浜崎 28 頁）。

移住直後の居住環境は、掘立小屋での生活であった。その後、縦三間、横二間の草葺きの家に造り変わっていったという。また開拓地の農業は畑作のため米食はまれで、常食はいもとカンコロ（さつまいもの切り干し）であった（浜崎 26-7 頁）。

大正・昭和初期になると、農作業に加えて、漁業に従事したり炭鉱で働く信徒が多くなった。漁業の場合、「地元の人々ができない荒海稼業は、かれらの最も得意な仕事で、大島、生月、五島沖などに出漁し、あるいは大きな網元の下で、あるいは個人で、はえなわ漁業に懸命に働いた」（浜崎 124 頁）という。実際、海難事故や炭鉱の事故で亡くなった信徒も多かった。

また、「近隣はみな信徒ばかり」の外海・黒島・五島出身の世帯にとって、田平は「近隣は異教徒ばかり」（浜崎 30 頁）という記述があり、田平では信徒と仏教徒が同じ集落内に共存していたことが判明する。移住当時、「食糧の買い出しに行っても、米一升分けてくれない所もあった。……信者の台頭

第6章 教役者主導の開拓移住とその展開

表6-6 田平移住者の主な副業

副業	移住者	居住地	出身地	備考
製粉	今村丈吉	江里山	出津	移住者リストに掲載
	松下多市	横立	出津	
竹細工	川崎辰五郎	外目・以善・万場・下寺	出津	
	久松五右衛門	外目・以善・万場・下寺	赤首	
	川原光蔵		出津	川原姓は出津出身5世帯
鍼灸	尾下新五郎	外目・以善・万場・下寺	出津	移住者リストに掲載
	出口キヨ			出口姓は、出津・黒崎出身各1世帯
	古川松之介	牟田・瀬戸山・五島ヶ原	出津	古川姓は出津出身1世帯
骨接ぎ	浜崎又五郎	牟田・瀬戸山・五島ヶ原	出津	浜崎姓は出津出身1世帯
灸・骨接ぎ	瀬戸平吉	永久保・野田	五島	移住者リストに掲載
	池田長八	永久保・野田	平戸	
桶製造	高野忠平			高野姓は出津出身3世帯・黒崎出身1世帯
石垣築	今村紋太		出津	今村姓は出津出身2世帯
	松下多六	江里山	出津	松下姓は2世帯。名前・時期で多市の家族と推定
	古川久次郎	牟田・瀬戸山・五島ヶ原	出津	古川姓は出津出身1世帯
挽臼の目立て	松下多市	横立	出津	移住者リストに掲載
木挽き	吉村三五郎			その後、1899（明治32）年迄に他出
	瀬崎鹿之助	横立	黒島	瀬崎姓は黒島出身1世帯
	高野吉次郎			高野姓は出津出身3世帯・黒崎出身1世帯
大工				移住者の最高の職と言われ、高収入

注）浜崎勇『瀬戸の十字架』（28-9頁）を基に作成した。

するのを押さえるため、たんぼだけは絶対に信者には売らないという申し合わせ」(浜崎30頁)をしていた集落もあったという。すなわち、開拓移住が行なわれた明治中期には既存の集落が存在していたため、信徒世帯はその集落に所属することになった。しかし田平の集落の中には、信徒世帯を敵対視し食糧を分けてくれない集落や田の売買を禁止していた集落が存在したのである。また新来の移住世帯の厳しい生活状況に対して、差別的な対応もあったという(浜崎31頁)。

居住地の展開

1886(明治19)年の移住以後、田平のカトリック信徒世帯は増加を続け、その結果、1929年の信徒世帯数は、来住の世帯だけで110世帯を超えている。

表6-7は、1965年の浜崎による各世帯の訪問調査の結果である。田平への来住世帯は、1886~1889(明治19~22)年に17世帯、1890~1899(明治23~32)年に40世帯、1900~1909(明治33~42)年に31世帯、1910~1919(明治43~大正8)年に16世帯、1920~1929(大正9~昭和4)年に6世帯で、1886年の草分けの4世帯の移住から十数年後に60世帯、四半世紀後に91世帯、約30年後に100世帯を超えている。こうした来住世帯の

表6-7 田平地区への移住の時期 (世帯数)

移 住 時 期	黒島	外海	五島	平戸	合計
1886(明治19)~1889(明治22)年	4	13	-	-	17
1890(明治23)~1894(明治27)年	-	21	2	-	23
1895(明治28)~1899(明治32)年	5	12	-	-	17
1900(明治33)~1904(明治37)年	5	3	3	3	14
1905(明治38)~1909(明治42)年	6	3	7	1	17
1910(明治43)~1914(大正3)年	5	3	-	1	9
1915(大正4)~1919(大正8)年	6	1	-	-	7
1920(大正9)~1924(大正13)年	1	1	-	1	3
1925(大正14)~1929(昭和4)年	1	-	-	2	3
合 計	33	57	12	8	110

注)浜崎勇『瀬戸の十字架』(16-21頁)を基に作成した。

中には、他出した世帯も含まれている。しかし田平に定着した世帯では、さらに「分家や出生などで……ますますふえ」（浜崎 37 頁）、かなりの世帯数に達している。

移住の当初から生産活動に副業・兼業を組み込まざるを得なかったものの、田平において分家の創出を可能にしたのは、こうした副業や兼業としての漁労従事であったといえよう。

移住世帯の増加①——移住集落内外における分家の創出——

表 6-8 は、1886（明治 19）年の草分けの移住から 1929（昭和 4）年までの 43 年間の世帯状況と、草分けの移住から 1 世紀後の 1986（昭和 61）年の世帯状況である。明治〜昭和初期に関する居住区分と 1986 年の信徒組織の下位単位の範囲が必ずしも一致していないこと、両時期の同姓世帯の対照であるために正確性に欠けるものの、大まかな趨勢は把握できよう（なお、1952 年に西木場・平戸口の小教区の分離があったため、永久保と野田、岳崎は集計から外している）。

まず、最初の移住から約 40 年後の 91 世帯（永久保・野田・岳崎の 19 世

表6-8　田平地区（小教区）への移住世帯と 1986 年の居住世帯

移住地区	外海地区からの移住世帯		黒島からの移住世帯		五島・平戸からの移住世帯		1929 年に名前のない世帯
	1929 年までの世帯数	1986 年の世帯数	1929 年までの世帯数	1986 年の世帯数	1929 年までの世帯数	1986 年の世帯数	1986 年の世帯数
横立	4	10	3	2	-	-	24
江里山	8	11	-	-	-	-	6
牟田・瀬戸山・五島ヶ原	27	51	5	16	2	1	31
外目・以善・万場・下寺	16	16	19	30	1	-	31
荻田	-	-	3	5	3	2	25

注）浜崎勇『瀬戸の十字架』16-21 頁の表の信徒名および『永遠の潮騒―田平カトリック教会創設100 周年』204-21 頁の信徒名簿を基に作成した。
　　現在の田平教会の地区単位に基づく。そのため地区外の信徒世帯を含む地区がある。また永久保・町田をのぞいている。

帯をのぞく）が、1世紀後には、移住時と同じ地区内で144世帯、移住と異なる地区で53世帯の合計197世帯に増加している。すなわち平均1.3世帯の分家が創出されていることが分かる。出身地別では、外海出身は55世帯が125世帯（移住地区88世帯・地区外37世帯）に、黒島出身は30世帯が66世帯（移住地区53世帯・地区外13世帯）に、五島出身・平戸出身は6世帯が6世帯（移住地区3世帯・地区外3世帯）になっている。つまり外海・黒島出身の世帯がともに平均1.3、1.4世帯の分家を創出する一方で、五島・平戸の出身世帯数は増加しなかったことが分かる。

分家世帯の増加②――移住集落における分家の創出と他集落からの流入――

昭和初期までに移住した世帯の同じ地区内における増減と他の地区の世帯による分家等の創出によって、横立の場合、初期の世帯の増減は7世帯が12世帯（外海出身4世帯→10世帯・黒島出身3世帯→2世帯）に、江里山の場合、8世帯が11世帯（外海出身8世帯→11世帯）に、牟田・瀬戸山・五島ヶ原の場合、34世帯が68世帯（外海出身27世帯→51世帯・黒島出身5世帯→16世帯・五島出身2世帯→1世帯）に、外目・以善・万場・下寺の場合、36世帯が46世帯（外海出身16世帯→16世帯・黒島出身19世帯→30世帯・平戸出身1世帯→0世帯）に、荻田の場合、6世帯が7世帯（黒島出身3世帯→5世帯・平戸島出身3世帯→2世帯）となっている。

最も古い移住地である横立と江里山は、合わせて15世帯が23世帯に増加し、外海出身の世帯が増えている。牟田・瀬戸山・五島ヶ原も倍増し、とりわけ外海と黒島出身の世帯が増えている。外目・以善・万場・下寺も増加し、外海と黒島出身の世帯が増えている。荻田は黒島出身の世帯が増えている。

さらに、居住する集落以外の田平内に分家等を創出した世帯に関して、横立に分家等を創出したのが10世帯（外海出身5・黒島出身3・五島出身1・不明1）、江里山に創出2世帯（黒島出身1・不明1）、牟田・瀬戸山・五島ヶ原に創出9世帯（外海出身5・黒島出身2・不明2）、外目・以善・万場・下寺に創出13世帯（外海出身12・黒島出身1）、荻田に創出18世帯

第 6 章　教役者主導の開拓移住とその展開

(外海出身 15 世帯・五島出身 1・不明 2) であった。

分家世帯の増加③──移住集落以外での分家の創出──

すなわち、田平地区田平に移住した世帯が、各集落に定着した後、その集落だけでなく他の集落でも分家を創出していったことが判明する。とりわけ外目・以善・万場・下寺や、移住の遅れた荻田が目立つ。外目・以善・万場・下寺のうち外目・下寺・生向は、横立・江里山の集落が次第に拡大していったと見られる (長崎県世界遺産「構成資産等基礎調査」地域・地区報告書平戸地域Ⅳ 55 頁)。

コミュニティの展開と常態的な他出

明治中期の草分けの移住後、来住世帯の継続と居住世帯の分家創出によって、田平地区 (旧田平町) の信徒数・世帯数は急増した。その一方で、早期から信徒世帯・信徒の他出も常態化している。

① 昭和期における信徒数の増加

田平に移住した信徒世帯は、最初の移住から約 10 年後に 50 世帯、大正元年に 90 世帯、昭和元年に 110 世帯、さらに 1941 年には 230 世帯を超えている。信徒数も大正期の長崎県知事への教会設立の趣意書に 1,000 人に近いと記されている。

表 6-9 は、昭和期以降の信徒数・世帯数の推移である。1928 (昭和 3) 年と 1937 (昭和 12) 年は佐世保市江迎等を含む小教区全体の数であったものの、いずれの時期も 2,000 人を超えている。さらに第二次世界大戦後の田平地区 (西木場を含む) の信徒数の合計は、3,000 人に達している。

また、田平地区に占める信徒世帯の比率に関して、初期の比率は 2.1% にとどまっていたものの、その後の比率は少なくとも 7.6% に上昇し、昭和 16 年度の南田平教会国民貯蓄組合への加入世帯数だけでも、昭和 10 年における南田平村の世帯数の 2 割に達していた。信徒数の比率は、さらに昭和期に南田平村および田平村の人口の 3 分の 1 に及んでいる。

② 周辺・近接地への居住の広がり

こうした信徒数・世帯数の急増は、田平内の半島に位置する外目等におけ

表 6-9 田平地区の信徒数

教会名	1928年信徒数	教会名	1937年信徒数	教会名	1968年信徒数	1975年信徒数	1976年		2010年	
							信徒数	世帯数	信徒数	世帯数
田平教会	2,518	田平教会（西木場・江迎・永久保・岳崎・福崎を含む）	2,435	平戸口	998	733	743	181	766	226
				（南）田平	1,308	1,044	1,031	210	726	220
				西木場	837	821	831	191	621	201
				合計	3,143	2,598	2,605	582	2,113	647
		転入	-	平戸口	-	18 (11)	-	-	9 (2)	-
				（南）田平	21 (18)	12 (10)	-	-	3 (3)	-
				西木場	3	25 (22)	-	-	8 (3)	-
				合計	24 (18)	55 (43)	-	-	20 (8)	-
		転出	43	平戸口	23 (21)	24 (14)	-	-	9 (1)	-
				（南）田平	76 (68)	27 (26)	-	-	3 (2)	-
				西木場	11 (11)	16 (11)	-	-	2 (1)	-
				合計	110 (100)	67 (51)	-	-	14 (4)	-

注）『旅する教会―長崎邦人司教区創設50周年史』（カトリック長崎大司教区、1977年）およびカトリック長崎大司教区『集計表』を基に作成した。
（　）の数値は長崎教区外から転入、教区外に転出した信徒である。

る分家等の創出等として顕現するとともに、大正・昭和期以降には田平周辺や近接地への世帯の来住と田平に居住する世帯の分家の創出が背景にあったと推測される。

　こうした田平周辺や近接地における分家の創出や新たな世帯の来住を可能にしたのは、図6-1のように、信徒が居住した田平の周辺に条件不利地が多く存在したためであろう。半島部に関しては、その立地と地形のため後発の開拓であった。一例をあげれば、野田免における国の助成による開拓農業協同組合（10世帯）の結成は、第二次世界大戦後の時期であった（長崎県農地開拓史212頁）。加えて、小作地に関して、農地改革前の旧南田平村・田平村・旧御厨村で小作の比率が他町村に比べて高いことから、小作地の存在が平戸出身世帯等の遅い移住を可能にしたといえよう。小作の多さに関しては「農地改革によって、それまで小作農に甘んぜざるを得なかった信者も、その恩恵に浴し、自作農家として立つことができる者が多くなった」（浜崎

第6章　教役者主導の開拓移住とその展開

34頁）と記されている。

③ 新しい移動――離家離村――

その一方、移住の当初から他出が頻出した。しかし他出世帯と同姓の世帯の残存が多く見られることから、他出世帯の多くが分家等であったと推測される。同時に、昭和初期および第二次世界大戦後にも開拓地への集団移住の志向性が強かったと推測される。

大正・昭和期以降、軍港・工業都市として発展した佐世保市や北松の炭鉱への移住が増加したのはいうまでもない。一例をあげれば、炭鉱のあった加勢（佐世保市鹿町町）に移住した信徒世帯のうち、出身地が確認できた78世帯の中に田平出身の世帯が7世帯あり、外海地区出津出身の世帯（10世帯）に次ぐ数であった。

さらにその後は、宗教が移動に関与しない個人（離家）の移動が主流になっていく。とりわけ高度経済成長期以降、田平地区（小教区）では進学や就職のための離家離村が一般化したと推測される。田平教会（南田平教会）の高度経済成長期（1968年）の1年間の転出者（信徒籍の移籍者）は76人で、1,308人の教会信徒の6％に及んだ。その大半は、長崎県外への転出であった。表6-10は、田平地区（小教区）外に居住していたものの、田平小教区に信徒籍を残した離家離村の信徒の居住地である。信徒籍を移した信徒を含まない数値であるものの、一定の移動傾向が明らかになろう。すなわち、高度経済成長期以降、田平地区（小教区）からは大都市圏への移動が大半になり、関東（東京都・神奈川県・千葉県・埼玉県）、中京（愛知県・岐阜県）・関西（大阪府・兵庫県・京都府）が主な他出先になっている。その一方で、長崎県内の佐世保市・長崎市が2割、福岡都市圏が1割と地元や近県の都市も一定比率を占めている。大都市圏への独身者の離家離村が以前の農村・炭鉱等への挙家離村に代わって、移動の中心になった状況が明らかである。

田平への移住と居住の展開の社会的特徴

以上の田平における移住と居住の展開および他出の特徴として、次の4点が指摘できよう。

表6-10 田平地区から離家離村の他出先　　　　　　　　　　　　　　　　　　（人）

都道府県	市町村	総数	男性	女性	都道府県	市町村	総数	男性	女性
愛知県 23	名古屋市	6	1	5	東京都 13	23区	9	6	3
	安城市	4	1	3		市町村	4	1	3
	刈谷市	3	3	0	神奈川県 6	川崎市	3	3	0
	豊田市	3	3	0		他市町村	3	2	1
	尾西市	2	2	0	千葉県		6	3	3
	他市町村	5	1	4	埼玉県		1	1	0
岐阜県		1	1	0	中国四国		3	1	2
富山県		1	1		長崎県 32	佐世保市	12	4	8
大阪府 18	大阪市	4	2	2		長崎市	12	5	7
	東大阪市	3	3	0		小佐々町	4	2	2
	堺市	2	2	0		松浦市	3	1	2
	豊中市	2	0	2		諫早市	1	0	1
	他市町村	7	2	5	福岡県 14	福岡市	9	7	2
京都府	京都市	2	2	0		大牟田市	3	2	1
兵庫県 3	神戸市	2	0	2		他市町村	2	2	0
	他市町村	1	1	0	大分県		1	1	0
滋賀県		1	1	0	沖縄県		1	0	1

注）『永遠なる潮騒―田平カトリック教会創立100周年』（204-21頁）の記載に基づいて作成した。

　第1は、移住世帯が、田平地区田平において出身地別に集住した傾向である。移住時期が早かった外海出身の世帯と黒島出身の世帯に関して、外海が田平のうち小手田・下寺・以善、黒島が田平のうち下寺・以善・荻田に集住している。さらに出身地である外海・黒島内の小教区や集落単位で集住する傾向が見られたことである。

　第2は、開拓移住が行なわれた明治中期にすでに集落が存在していて、信徒世帯は既存の集落の所属になったことである。そのため信徒世帯を敵対視し、食糧を分けてくれない集落や田の売買を禁止していた集落があったという。また新来の移住世帯の厳しい生活状況に対して差別的な対応もあったという。

第6章　教役者主導の開拓移住とその展開

　第3は、一定規模の営農をめざした移住であった一方で、当初から農間に副業・兼業を組み込まざるを得なかった点である。その後、副業のウェイトが高まっただけでなく、明治後期～昭和期には、兼業として他地域の網元に雇用される漁労が定着した。すなわち田平における移住の継続と分家の創出を可能にしたのは、周辺・近接地における新たな開拓地や小作地の存在とともに、副業や兼業としての漁労があったことによるといえよう。

　第4は、移住の当初から頻繁な他出が見られたことである。しかし、他出世帯と同姓の世帯の残存が多く見られることから、他出世帯の多くが分家等と推測される。同時に、昭和初期および第二次世界大戦後も、開拓地への集団移住が見られ、営農の継続とコミュニティ形成の志向の強さが確認される。その一方、大正・昭和期以降には、軍港・工業都市として発展した佐世保市や北松の炭鉱への移住が増加している。

第2節　平戸市田平地区と松浦市の開拓地
——田平からの居住の拡大と家族状況——

　明治中期に草分けの信徒が田平地区田平に移住した後、来住世帯の継続と居住世帯の分家創出によって、田平地区の信徒数・世帯数が急増した。その一方で、早期から信徒世帯・信徒の他出が常態化した。

平戸市福崎・小崎および松浦市西木場への移住の展開

　中田藤吉神父が田平教会主任司祭に就任していた大正期～第二次世界大戦前、旧田平村岳崎に宿老と教え方、福崎に教え方が存在していた。そのため、遅くとも大正後期には両地区に信徒が居住していたのは明らかである。また浜崎が作成した移住者の子孫分布図から、福崎と小崎の両地区に約30の信徒世帯の存在が確認できる（外海町史 598頁）。

　さらに福崎と小崎に東接する図6-1の松浦市西木場（西田）にも、信徒世帯が移住している。『御厨今昔』（1972年）には、「明治39年（1906）に平戸島、五島、黒島地方よりカトリック信者15戸が西木場に移住し、初崎の開拓に従事したのが本町に於けるキリスト教の始めである。以来信者の数

写真 6-3　西木場教会

も居住地域も広がり」(瀧山三馬 110 頁)とある。この記述から、旧御厨村西田免の半島である波津(初)崎への開拓移住が契機になって、信徒の移住が増加したと見ることができよう。

昭和期における信徒数の増加──周辺・近接地への居住の拡大──

　前述のように、田平地区に移住した信徒の世帯数は、最初の移住から約 10 年後に 50 世帯、大正元年に 90 世帯、昭和元年に 110 世帯に達し、信徒数は昭和初期 (1928 年) に江迎を含むものの 2,000 人を超え、さらに第二次世界大戦後、田平地区(西木場を含む)の信徒数は 3,000 人に達した。

　こうした信徒数・世帯数の急増は、田平地区田平内の半島部の外目等における分家の創出等として顕現し、さらに大正・昭和期以降の田平地区田平の周辺や近接地への来住と田平に居住する世帯の分家の創出として現れたと推測される。

　ここでは、田平地区田平の周辺のうち現在の平戸口小教区の状況を見ていきたい[5]。1952 年に独立するまで、野田・永久保(大久保免)と岳崎は、南田平教会(現在の田平教会)の小教区の所属であった。平戸口小教区の信徒の多くが居住した野田・永久保・岳崎の昭和初期の世帯数は、表 6-4 のように、永久保と野田 10 世帯(平戸 4 世帯・黒島 3 世帯・外海 2 世帯・五島 1 世帯)、岳崎 9 世帯(五島 9 世帯)の合計 19 世帯であった。

第6章　教役者主導の開拓移住とその展開

写真6-4　永久保

写真6-5　岳崎

　しかし、第二次世界大戦後の3地区の世帯数は、山内等を含めて約70世帯に増加し、2002年の信徒世帯は124世帯に達している。その内訳を推計すれば、すでに昭和初期に居住していた家族16家族（系）の35世帯、田平の世帯の分家7家族（系）の13世帯、大正末期・昭和初期以降に移住した家族48家族（系）の76世帯と推定される。平戸口小教区の世帯状況から、移住の経年化によって田平地区田平の居住が飽和し、周辺が来住世帯の受け皿になったこと、周辺に居住する家族（系）にも分家が創出されたこと、さらに田平の家族（系）の分家が周辺に創出されたことで、世帯数が増加したと推測される。田平地区の福崎や松浦市の西木場も平戸口小教区の状況と同様であったと推測される。

217

平戸口小教区の信徒世帯の家族状況

農業を志向して平戸口小教区に移住した世帯に関する信徒籍台帳から、世帯と移動の状況が明らかになる。ここでは、平戸口小教区の独立時から北松地区の炭鉱が廃坑となった 1960 年～1970 年代前半の信徒籍台帳を利用して、平戸口小教区に移住した世帯の社会的特徴を明らかにしたい。

① 世帯主の誕生年・出身地

表 6-11 は、平戸口小教区の信徒世帯のうち農業・中心地区の世帯の世帯主の出生時期および出身地（受洗教会）である[6]。世帯主の出生時期は、明治期 24.5％・大正期 17.9％・昭和

写真 6-6　平戸口教会

（戦前）期 35.9％・昭和（戦後）期 21.7％で、昭和（戦前）期に出生した世帯主が多い。明治期に出生した世帯主がやや多いのは、明治期の開拓移住の第 2・第 3 世代が含まれているためと推測される。世帯主の出身地を洗礼教会から推定すれば（未記入をのぞき集計）、平戸口教会と（南）田平教会（平戸口小教区が独立するまでの所属教会）が 4 割を占め、信徒世帯の多くが田平地区への移住世帯の第 2・第 3 世代であったと確認できる。次に多いのが対岸の平戸島（約 2 割）、さらに長崎市（1 割強）・北松（1 割）の順である。すなわち 1960 年代は、明治期に移住した世帯の第 2・第 3 世代を中心に近接する平戸や北松、長崎市外海からの移住者が加わった形で、コミュニティが形成されたと推測される。

② 家族状況

次に、信徒の家族状況を見ていきたい。表 6-12 は夫婦の受洗状況である。男性（夫）の受洗状況は幼児洗礼 90.0％、成人洗礼 7.5％、未洗者 2.5％で、幼児洗礼がほとんどである。女性（妻）の受洗状況は、幼児洗礼 92.5％、成人洗礼 7.5％、未洗者 0％で、幼児洗礼の比率は男性をさらに上回っている。こうした世帯主の出生後の生活展開を見ていきたい。表 6-13 は結婚教会である。未記入をのぞけば、平戸口教会が設立される前の所属教

第6章 教役者主導の開拓移住とその展開

表 6-11　世帯主の誕生時期と受洗教会（出身地）　　　　　　　　　　　　（世帯数）

所在地	教会名あるいは教会の所属する地区	誕生時期				
		明治期	大正期	昭和（戦前）期	昭和（戦後）期	総計
平戸市（田平地区）	平戸口	1	1	3	6	11
	（南）田平	7	12	21	1	41
佐世保市（北松）松浦市	西木場	0	0	1	1	2
	（下）神崎	0	2	5	1	8
	褥崎	0	0	1	0	1
	（大）加勢	0	0	1	1	2
平戸市（平戸島）	上神崎	6	2	6	0	14
	平戸	1	2	2	0	5
	宝亀	0	1	2	0	3
	紐差	2	0	1	2	5
	中野・山野	0	0	2	0	2
佐世保市	佐世保（旧市）	2	0	2	0	4
	相浦・浅子	0	1	0	0	1
	佐世保市（合併地区）	0	0	0	0	0
	黒島	3	0	0	0	3
長崎市	出津	2	2	2	0	6
	黒崎	2	0	0	1	3
	外海（その他）	2	0	0	0	2
	長崎市（外海以外）	1	2	4	1	8
大村市・諫早市		0	0	3	0	3
五島	上五島	2	1	3	2	8
	下五島	1	0	0	0	1
長崎県外		0	1	1	0	2
未記入		13	6	6	24	49
総計		45	33	66	40	184

注）平戸口小教区信徒籍台帳を基に作成した。

表 6-12 夫婦の受洗区分 (人)

世帯主（男性）		配偶者（女性）					
		幼児洗礼 92.5	成人洗礼 7.5	未洗者 0.0	不明 －	配偶者無 －	総計 100.0
幼児洗礼	90.0	21	3	－	118	2	144
成人洗礼	7.5	12	－	－	－	－	12
未洗者	2.5	4	－	－	－	－	4
不明	－	－	－	－	23	－	23
女性の世帯主	－	－	－	－	－	1	1
総計	100.0	37	3	－	142	2	184

注）平戸口小教区信徒籍台帳を基に作成した。
　　配偶者（女性）の比率は不明等を除き集計したものである。
　　世帯主（男性）の比率は女性の世帯主を除き集計したもので、百分率である。

会であった（南）田平教会（小教区）と平戸口教会が多数を占めること、幼児洗礼が多いことを重ね合わせれば、多くの世帯主が田平地区（平戸口）で出生し婚姻するというライフコースであったことが分かる。また幼児洗礼者に長崎市・平戸市（平戸島）・佐世保市等での婚姻が多かった理由は、新婦が所属する教会で挙式するカトリック信徒の慣行の影響と、世帯主が出身地で世帯を形成した後に田平（平戸口）に移住したケースの双方があったためと推測される。

なお、男性信徒の結婚年齢（非該当・不明をのぞく）の比率は、10代4.2％、20代前半50.0％、20代後半25.8％、30代前半6.7％、30代後半7.5％、40代以上5.0％であり、20代前半が半分、20代全体で4分の3を占め、20代の結婚が一般的であったことが分かる。

③ 家族規模

さらに家族規模を見ていきたい。表6-14は、不明世帯をのぞく家族規模の比率である。夫（男性の世帯主）が幼児洗礼の世帯（8割弱）で、家族規模5〜8人が5割弱、9〜12人が1割強で、5人以上の規模の家族が5分の3に及んでいる。対照的に、夫が成人洗礼の世帯（1割未満）では1〜4人規模の家族が4分の3に達している。成人洗礼の割合は少ないものの、家

第6章 教役者主導の開拓移住とその展開

表 6-13 信徒の結婚教会

		世帯主の受洗区分					総計
		幼児洗礼	成人洗礼	未洗者	不明	女性の世帯主	
結婚教会	平戸口	9	4	-	-	-	13
		6	-	-	7	-	
	（南）田平	28	4	1	3	-	36
		10	-	1	25	-	
	西木場	5	-	-	-	-	5
		1	-	-	4	-	
	（下）神崎	5	1	1	-	-	7
		3	-	-	4	-	
	平戸市（平戸島）	8	1	-	-	-	9
		3	-	1	5	-	
	佐世保市	7	-	1	-	-	8
		1	-	-	7	-	
	長崎市	5	-	1	1	-	7
		2	-	-	5	-	
	上五島	2	-	-	-	-	2
		-	-	-	2	-	
	長崎県外	2	-	-	-	-	2
		1	-	1	-	-	
未記入		73	2	-	19	1	95
		10	-	-	83	2	
総計		144	12	4	23	1	184
		37	-	3	142	2	

注）平戸口小教区信徒籍台帳を基に作成した。
　　各項目の上段は世帯主（主として男性）、下段は配偶者（女性）の人数である。

族規模に関して、夫が幼児洗礼の家族と、夫が成人洗礼の家族の間で家族規模（とりわけ子どもの数）が異なる傾向が顕れている（第7章第5節の産炭地の家族状況を参照のこと）。

表 6-14　平戸口小教区の信徒家族の規模

洗礼の状況 世帯主の洗礼区分	比率	1人〜 4人	5人〜 8人	9人〜 12人	合　計
幼児洗礼	78.3	40.1	47.9	12.0	100.0
成人洗礼	6.5	75.0	25.0	0.0	100.0
未洗者	2.2	50.0	50.0	0.0	100.0
不明	12.5	50.0	40.9	9.1	100.0
女性の世帯主	0.5	100.0	0.0	0.0	100.0
合　　計	100.0	44.2	45.3	10.5	100.0

注）平戸口小教区信徒籍台帳を基に作成した。
　　家族員数が不明をのぞいた百分率である。
　　なお、1人世帯は信徒籍台帳作成時に単身であった世帯である。

平戸口小教区の信徒世帯の移動状況

　現在の平戸口小教区に来住した世帯の移動状況および平戸口小教区からの他出世帯の状況を見ることにしよう。

　① 田平地区（平戸口）に来住するまで

　信徒籍台帳には、世帯主の受洗教会と結婚教会、子どもの受洗教会および平戸口小教区からの他出先の記載がある。そのため世帯主の受洗教会から世帯主の出身地、また子どもの受洗教会から平戸口小教区に居住するまでの世帯の移住地が推定できる。表 6-15 は、そのうち主要な出身地区を抽出して、結婚教会および長崎県外の他出地を加えたものである。

　田平地区で誕生した世帯主が4割弱を占めること、子供の受洗教会（判明分）の大半が田平地区の教会であることから、親世代以前に移住してきた世帯に生まれて田平地区で家族を形成した世帯が、一般的な世帯であったといえよう。ちなみに田平地区での婚姻が多いことから、配偶者も田平地区出身者であった可能性が高い。

　世帯主が平戸で誕生した世帯（2割強）には、田平地区で家族を形成した世帯および他地域で家族を形成した後に田平地区に移動した世帯が含まれている。しかし、平戸で家族を形成した後に移動してきた世帯は少ない。世帯主が現在の長崎市で誕生した世帯（1割強）は、長崎市内で家族を形成した

第 6 章　教役者主導の開拓移住とその展開

表 6-15　農業・中心地区の信徒の移動状況　　　　　　　　　　　　　　　　　　（人）

世帯主の受洗教会 （出身地）	結婚教会		子の受洗教会 （以前の居住地）		居住地	他　出　先（判明分）	
田平地区　52	田平地区	29	田平地区	18	田平（平戸口教会管轄）に居住	田平地区	3	（南）田平
	平戸島	4	田平-黒島	1		佐世保市	2	
	北松	3	田平-県外-長崎	1		長崎市	1	
	県外	2	平戸島	1		県外	7	九州 1・近畿 3・中部 2・ブラジル 1
	不明	14	不明	31				
平戸　29	田平地区	7	田平地区	5		平戸市	1	
	平戸島	2	北松-田平	2		佐世保市	1	
	北松	2	佐世保市	2		県外	1	東北 1
	佐世保市	2	田平-県外	1				
			長崎-北松-田平	1				
	不明	16	不明	18				
長崎市　19	長崎市	3	田平地区	1		県外	2	中部 1・北海道 1
	北松	2	長崎市	2				
	平戸島	1	長崎-北松	1				
	不明	13	不明	9				
北松　13	佐世保市	3	田平地区	2		佐世保市	1	
	田平地区	2	佐世保市	1		長崎市	1	
	平戸島	1	平戸島	1		県外	2	近畿 1・ブラジル 1
	北松	1						
	長崎市	1						
	不明	5	不明	9				
五島　9	田平地区	4	田平地区	1		佐世保市	2	
	長崎市	1	田平-長崎	1				
	佐世保市	1						
	不明	3	不明	7				

注）平戸口小教区信徒籍台帳を基に作成した。
　　他出先は離家離村を除く。

後に田平地区に移住した世帯が多い。また世帯主が北松（1割）や五島で誕生した世帯は、出身地以外の田平地区等で家族を形成している世帯が多い。

② 平戸小教区からの他出先

さらに、平戸口小教区からの世帯単位の他出状況を見ていきたい。信徒籍台帳に他出先（教会あるいは市町村名）が記載された世帯は21.2％であった。信徒世帯の挙家による他出先は、長崎県外への他出46.2％が圧倒的に多く、次に佐世保市23.1％、長崎市・田平地区10.3％、さらに平戸市（5.1％）の順である。他出先の約半分を占める長崎県外の移動先は、半数以上が近畿・中部で、さらに九州・ブラジルが続いている。

表6-15で世帯主の出身地別に他出先を見れば、世帯主が田平地区の出身世帯の場合、他出先として県外および地元、近接地の田平（南田平教会）、佐世保市が多い。世帯主が平戸・北松・五島の出身世帯の場合、佐世保市等の近接地が目立っている。一方、世帯主が長崎市出身の世帯の場合、他出先は長崎県外である。

この信徒籍台帳に掲載された他出の移動の大半は1960年代までのものであるが、高度経済成長の影響が及び、他出が常態化していた状況がうかがえよう。

家族と移動の社会的特徴

以上、平戸口小教区における居住の状況と移動の詳細を明らかにしてきた。その特徴を指摘したい。

第1は、図6-2の整理のように、平戸口は第3次移住地の田平地区田平の周辺や後発地に位置づけられ、明治後期以来、移住世帯の第2・第3世代や田平地区田平への移住世帯の分家が基層であったことである。こうした基層の世帯に加えて、平戸・北松等から単身者の来住も見られ、平戸口で家族を形成していることが分かった。

第2は、1960年代になると、平戸口小教区から他出が激増したことである。長崎県外、とりわけ近畿や中部等の工業地域と長崎県内の都市部（ともに工業都市の様相をもつ近隣の佐世保市と県庁所在地の長崎市）への他出が顕著であった。その一方で、近接地への移動や農業志向の移住（ブラジルへ

第6章　教役者主導の開拓移住とその展開

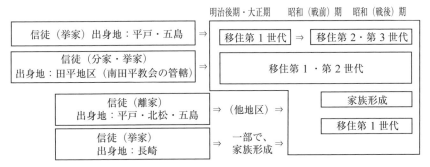

図 6-2　農業・中心地区（平戸口教会管轄）への移動と家族形成

の開拓移住）が存続したことも特徴的である。

第3節　大村市竹松——児童施設の設立と信徒の居住の展開——

　長崎県中央部に位置する大村市は、図 6-3 のように、大村湾を望む平地と背後にそびえる太良連峰およびその扇状地を市域としている。産業別の比率は、第 1 次産業 1.6%、第 2 次産業 23.8%、第 3 次産業 74.6% で、2012 年度の総生産高は 2,853 億円と県内第 4 位である。大村湾内に長崎空港があり、主要都市および県内の離島と結ばれている。

　大村市の人口は、第二次世界大戦前、海軍航空隊と第 21 海軍航空廠の開設を機に増加した。大正・昭和初期の 3 万人前後の人口は 1942（昭和 17）年の市制施行年に約 4 万人、翌年に 7 万人に達した。終戦後、陸海軍の解体のために人口が 5 万人台に減少したものの、陸海自衛隊の駐屯地・基地の開設やハイテクパーク、オフィスパークの造成、さらに大村空港、長崎空港の開港、高速道路の開通等の交通基盤の整備で人口は増加をつづけ、現在（2016 年）は 9 万 4,000 人である。

　表 6-16 は、図 6-4 の旧町村別の人口の推移である。現在の大村市の中心地区である旧大村町と旧大村は、大正期、会社員や官公吏、労働者といった勤労者が多く、住民の移動が目立つ地区であった。両地区は、1 世紀の間に

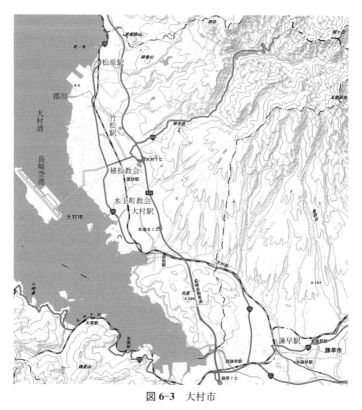

図 6-3 大村市
※この地図は国土地理院地図に関連する名称を加筆等したものである。

人口が 3.5 倍に増加している。東接の旧鈴田村も同様の傾向であった。しかし平地に乏しいため人口増加率は高くない。旧大村町の西側の旧西大村町と旧竹松村およびその後背地の旧萱瀬村は、当時は農業地区で移住の目的も農業（就農）であった。第二次世界大戦前には陸海軍の施設等、戦後には自衛隊の基地等が開設され、とりわけ旧西大村町と旧竹松村の人口は 1 世紀の間に急増している。大村市の東西に位置した旧三浦村・旧福重村・旧松原村は、大正期に他出や出稼ぎが多かった地区で、1 世紀の間の人口増加率はそれほど高くはない。

第 6 章　教役者主導の開拓移住とその展開

表 6-16　大村市の旧町村別人口

	1884年 (明治17年)	1914年 (大正3年)	大正期の状況	2014年 (平成26年)	1914年～ 2014年の 増減率
大村	-	4,778 718	主な職業は、会社員・官公吏・労働者等である	26,351 10,720	353.6 845.4
大村町	2,125	2,675 550	寄留者の出入りが多い。入寄留者の多くは商工業者・官吏		
西大村	-	6,275 1,025	村内の土地広く肥沃で耕作に適す。西彼杵郡からの移住者多い	29,898 12,363	476.5 1,206.1
三浦村	- 259	1,692 285	生活難のために出稼ぎをするものが多い	2,867 1,021	169.4 358.2
鈴田村	- 475	2,395 387	官公吏・会社員が多い	2,961 999	123.6 258.1
萱瀬村	- 425	2,160 422	入寄留者の多くは労働者、小作人・林業従事者である	1,959 681	90.7 161.4
竹松村	- 580	3,159 520	寄留者が比較的多い。入寄留者は主として農業に従事する	22,312 8,272	706.3 1,590.8
福重村	- 568	2,620 455	出寄留者が増加。都会で商業に従事するものが多い	3,944 1,362	150.5 299.3
松原村	- 348	2,082 363	出寄留先は、長崎市・佐世保市・佐賀県・福岡県・熊本県である	2,163 779	103.9 214.6

注）明治・大正期の数値および記載は『長崎県東彼杵郡誌』(137-353頁) を整理したものである。
　　上段の数値は人口、下段の数値は世帯数である。
　　2014年の増減率は百分率である。

大村市への信徒の移住の経緯と規模

　長崎の半島・離島出身のカトリック信徒の大村への移住は、片岡によれば、長崎市外海の出津教会のド・ロ神父による旧竹松村（放虎原）の土地の購入が契機であった（片岡 1989 年 27-8 頁）。ド・ロ神父は、明治中期、過剰人口および条件不利地での零細農業に起因した貧困の対策として、信徒の移住を奨励した。片岡によれば、1987（明治 20）年、ド・ロ神父は大村市竹松郷に「一町歩の畑を購入、移住者に与えるとともに浦上養育院で育った少年たちの自立のための教育資金をつくることにし、片岡与吉神父に青少年たちを預けて学校に通わせる」（片岡 1977 年 206 頁）。この施設の名称について、片岡は「大村の施設」（片岡 1977 年 206 頁）、米田綾子は「孤児院」

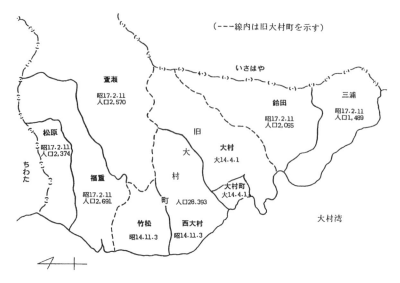

図 6-4　旧大村町から市制までの合併順序と当時の人口
出典）『大村市史』（66 頁）

写真 6-7　竹松駅付近

（米田 111 頁）と記しているが、正式名称は不詳である。そのため、本書では児童救護院と呼ぶことにする。

　米田が実施した大正期の施設経験者への聞き取りによれば、大村の土地はそもそもド・ロ神父が出津の零細農民の移住先として見つけ、長崎教区の

第 6 章　教役者主導の開拓移住とその展開

写真 6-8　植松教会

　クーザン司教の要請で貧孤児施設（児童救護院）の設立のために譲ったものであった。同時に米田は、この施設の構想がド・ロ神父によるものとも推測している（米田 114-5 頁）。

　これらの記載および第 2 章第 1 節における考察から、児童救護院の設立と開拓移住地の購入がセット（表裏一体）の計画であったと判断できる。この救護院の設立資金は長崎教区の拠出であったが、その後は独立経営であった。すなわち、必要とする運営資金（収入源）を確保するために、多くの農地や山林原野を購入したと見るのが妥当であり、施設の業務や生産活動を担うために信徒世帯が求められたと推測できる。植松教会での聞き取りによれば、ド・ロ神父から旧竹松村に最初に派遣された信徒世帯は 2 世帯であったという[7]。

　表 6-17 は、『大村植松教会創設百周年』の記載・年表および米田「明治期の社会事業の一考察」等の記載をもとに、長崎教区の司教・司祭等による土地・農地等の購入を整理したものである。救護院設立の前後 10 年間（1884～1894 年）に、略史・年表で耕地 12 町歩・山林原野 2.6 町歩の合計 14.6 町歩が購入され、米田の記載でも合計 13.3 町歩が購入されている。

表 6-17　長崎教区・司祭等による土地・農地等の購入と信徒世帯数の変化

時　　期	植松小教区 100 年の略史・年表	明治期の教会社会事業の一考察（米田綾子）	信徒世帯数（略史・郷土史・推定）
1884（明治 17）年	-	貧児救護の目的でド・ロ神父が竹松村に 1 町歩の地所を購入する	9 世帯。うち外海 6（出津 4・黒崎 2）・長崎（浦上）2・黒島 1
1887（明治 20）年	-	竹松郷に 1 町歩の畑を購入し移住者に与える	
1890（明治 23）年	孤児救護院設置のため 1 町 3 反の山林原野を購入	-	上記 9 世帯に教会役職 15 世帯で、少なくても 24 世帯
1891（明治 24）年	孤児救護院創設（70 坪）	1 町 3 反の山林原野を購入	少なくとも竹松 14 世帯・西大村 9 世帯
	司教・ド・ロ神父の資金援助で耕地 6 町歩購入	独立経営を計るため、司教・ド・ロ神父の資金援助で 6 町歩の土地を購入	
		セミナリオ報告では、4h の土地を購入	
1894（明治 27）年	耕地 6 町歩を購入	耕地 6 町歩を購入。日当 50 銭の賃金で信徒各自に労作させる	1900 年に 250 人（推計 31 世帯）。1918 年に 670 人（推計 84 世帯）
1926（昭和元）年	孤児救護院廃止	-	大正期の竹松 25 世帯・西大村 35 世帯（推定）計 60 世帯（推定）
1936（昭和 11）年	田 1 町 3 反、山林 1 町 3 反購入		1934 年に 150 世帯 1,000 人
購入地の合計（1936 年を除く）	耕地　　　12 町歩 山林原野 2.6 町歩	13.3 町歩	-

注）『大村植松教会創設百周年―琴の海大村』の記載・年表（79-83 頁・244-5 頁）および米田綾子「明治期の社会事業の一考察」（114-5 頁）等の記載を基に作成した。

先の片岡による移住世帯への 1 町歩の土地の供与の記載や「孤児院付きの農業指導者（かれらは小作であるが）」という長崎セミナリヨ報告書、日当制の耕作委託やその後の担当神父が「相当数の畑の持ち主……小作人を雇っていた……大村では屈指の農場主」（米田 117-20 頁・122 頁）という記載も

第 6 章　教役者主導の開拓移住とその展開

表6-18　明治・大正期の営農状況と規模

旧町村	明治期	大正期	大正期の田畑比率（％）		備　考
大村	大正期の農家数と大差なし	自作 205・小作 217・自作兼小作 200　合計 622	40.6	59.4	1戸平均6反5畝・収入歩合は地主4・小作6　水田開発として原野80町歩の水田化の計画
大村町		旧藩時代以来の商業地区			
西大村	農家数 306	自作 150・小作 250・自作兼小作 327　合計 727	21.5	78.5	5反以上 250・1町歩以上 113
竹松村	大正期の農家数・構成比と大差なし	自作 233・小作 21・自作兼小作 263　合計 517	28.2	71.8	5反未満 187・5反以上 181・1町歩以上 129
萱瀬村	自作 87・小作 80・自作兼小作 170	自作 93・小作 84・自作兼小作 172	56.7	43.3	園芸（梨・桃・柑橘）さかん
福重村	-	自作 75・小作 37・自作 334	71.6	28.4	1戸平均田7反6畝・畑3反13歩　収入歩合は地主4・小作6
松原村	自作 81・小作 31・自作 132	自作 83・小作 33・自作 135	59.5	40.5	そ菜栽培として、甘しょ・ばれいしょ・ごぼう・きゅうり

注）『長崎県東彼杵郡誌』（137-353頁）の記述を基に作成した。

ある。

　こうした資料から、教会・児童救護院と移住信徒の間の関係は、①初期の移住世帯への農地の提供、②移住信徒を労働力とする救護院の農地での生産、③移住信徒への農地の貸与（小作地）の3形態が複合したものと判断できる[8]。このうち①と③の農地を10町歩と推定し、表6-18の竹松村・西大村の当時の営農規模を参考にして1世帯当たり5反平均とした場合で20世帯、4反平均とした場合で25世帯の規模の農地の提供・貸与が推定され、表6-17の当時の信徒世帯数に一致している。この時期の移住世帯は、植松教会での聞き取りによれば、救護院（竹松教会）の周辺に居住していた。

写真 6-9 児童救護院跡地付近

初期の移住世帯と居住地区

1922（大正11）年の竹松駅の開設までは、旧竹松村・旧西大村には九州鉄道大村線の駅がなく、両村ともに大村駅・松原駅から遠距離にあり、周縁に位置していた。また太良山系の扇状地のうち郡川下流の新期扇状地は田地に利用されていたものの（富の原 5 頁）、両村は郡川流域からは外れていたため、表 6-18 のように農業は畑作中心であった。しかし荒地とはいえ、旧竹松村・旧西大村には「広大な耕地や山林、原野」（大村植松教会創設百周年 368 頁）が存在していた。

① 竹松への移住

信徒が移住した時期、旧竹松村と旧西大村の中で営農が可能であった現在の国道 34 号線の上（東）側は、旧住民によって耕作されていた。そのため信徒が移住したのは、国道の下（西の海岸）側の農業に適さない土地であった。江戸時代の開拓時に「宝庫原」と名付けられたものの、その後には「放虎原」と表記された荒れ地であった。ド・ロ神父の土地取得後に多数が移住したものの、開墾から始めなければならない土地であった。

片岡によれば、黒島・五島などの出身者がこの地に移住したのは、竹松に教会ができた後であった（片岡 1989 年 28 頁）。純心女子学園の教員であった片岡は大村市に居住経験があったことから、黒島・五島からの移住が後発であったと見て間違いないだろう。『大村植松教会創設百周年』の年表の 1894（明治 27）年に、救護院の礼拝所が「竹松教会」と呼ばれるようになったこと、1900（明治 33）年に、五島・平戸から信徒が移住して信徒数

第6章 教役者主導の開拓移住とその展開

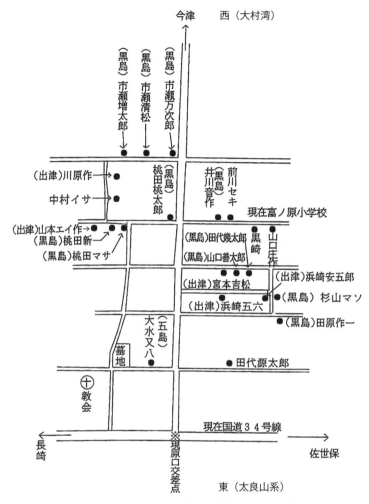

図 6-5　明治30年頃　竹松地区信者宅とその出身地
注）『大村植松教会創設百周年―琴の海大村』（82頁）に出身地等の一部を加筆したものである。

が250人に達したという記載（245頁）もあり、外海や浦上以外の世帯の多くは1897（明治30）年以降に移住したと見ることができよう。

その一方で、図6-5から初期に移住して来た黒島と五島の出身世帯が存

233

表6-19　大村地区への明治期の移住者（世帯）と同姓世帯の居住地

世帯主	出身地	教会の役職	旧竹松村				
			原口町	竹松本町	大川田町	冨の原	その他
黒川吾一	浦上	草分け					
尾下六太郎	出津			1			
大石喜右エ門	出津						
山田作一	出津					1	
里脇大助	出津		1		1		
一橋市之助	浦上						
川原作一	黒崎						今津町1
久田作右エ門	黒崎						
楠本松次郎	黒島		1				
田中要太郎	外海（推）	宿老	1	1			鬼橋町1
井川音作	黒島（奈切）	宿老	2				
山下弥作		宿老					
村岡近三	出津（推）	教え方					
谷山勘一		宿老					
小川松次郎	黒島（根谷）	役員	2	1		3	
桃田新一	黒島（蕨）	教え方	4				今津町1
長谷勘太郎	黒島（日数）						
山本栄作	出津	宿老					
山口雪晴	黒島（推）	宿老	1	1			
鶴田精樹	五島（推）	宿老					
松崎節太郎	黒島（蕨）	宿老					
大水冨雄	五島	宿老	2				
宮本定市	出津（推）	宿老			2	1	
末吉松盛	平戸（推）	宿老				1	
合　計			14	4	3	6	3

注）『大村植松教会100年史―琴の海大村』（244-5頁）の草分けおよび昭和初期までの役職世帯に関して、1980年代の同姓世帯の居住地を示したものである。川原作一の出身地は米田綾子（125頁）による。

旧竹松村の範囲のうち富の原および旧西大村の古賀島町は軍による接収後の後、戦後に開拓地となった。旧西大村の池田町・池田新町・諏訪町は昭和期以降の移住地で、一部は戦後の開拓地となった。

出身地は『信仰告白125周年　黒島教会の歩み』で判明したものや三村神父による推測も（　）内に記している。

第 6 章　教役者主導の開拓移住とその展開

(世帯数)

合計	旧 西 大 村						合計
	植松	桜馬場	古賀島町	池田・池田新町	諏訪	その他	
0					1	西本町1・松1	3
1				1			1
0							0
1			2	1			3
2			2				2
0							0
1	1		1				2
0	1	1					2
1							0
3	1	2	4		1		8
2	3	3		1			7
0							0
0							0
0	2	1	1				4
6					1	松並1	2
5	2	1	1		1		5
0			1				1
0				1	1		2
2	6	1	2	2		西大村本町1	12
0	1						1
0	3	4	1				8
2							0
3							0
1	4			1			5
30	24	13	15	7	5	4	68

表 6-20　黒島からの大村への 1939（昭和 14）年までの移住世帯

黒島の出身集落	名　切	東堂平	蕨
合計数（58）	9	4	25
『信仰告白 125 周年 黒島教会の歩み』	浅田明定・浅田甚作・竹山助八・**田川宇作**・牧山新市・谷山又市・山口与左衛門・松崎常作・谷山又市	山口栄蔵・山口栄市・吉田熊作・**山口好太郎**	江川惣市・**桃田金四郎**・桃田桃太郎・桃田初三郎・**桃田新一**・桃田宇吉・立石利助・立石寅市・立石倉松・立石秀吉・立石新松・立石四郎・杉山茂・杉山三次郎・永井藤三・松崎浅衛門・松崎節太郎・一瀬斧吉・**一瀬京松**・谷山又市・松崎福次郎・永井新次郎・馬込甚作・田原善助・田原国松
『大村植松教会創設百周年』（15 世帯）	1（1）	1（1）	3（3）
うち出身集落の確認・推定ができない世帯			

注）『信仰告白 125 周年　黒島教会の歩み』（100-2 頁）の記載に基づいて作成した。
　　『大村植松教会創設百周年―琴の海大村』の世帯は、「明治 30 年頃　竹松地区信者宅と其の出身地」（82 頁）で出津・五島を除く黒島・不明等の世帯数である。
　　『信仰告白 125 周年　黒島教会の歩み』のゴチックは 2 つの資料のいずれにも記載があるか、著しく類似している人名である。
　　『大村植松教会創設百周年―琴の海大村』の数字のうち（　）内の数字は、『信仰告白 125 周年　黒島教会の歩み』の太字の世帯主と重複・非常に類似する世帯である。

在することも確認できる。そのため初期の世帯の移住の後、同郷世帯の連鎖的・集団的移住が数多く生じたと推測できる。とりわけ黒島からの移住世帯は、表 6-19 の草分け世帯の中に 1 世帯が含まれ、図 6-5 でも十数世帯が確認できることから、外海出身世帯の移住の直後であったと見られる。しかも表 6-20 のように黒島からは戦前期までに 58 世帯に及ぶ移住がつづき、規模も外海・浦上・五島・平戸島等を大きく上回るものであったことが分かる。なお黒島からの移住のピークは、明治後期以後であったと見られる。植松教会出身で、1981～1983 年に植松教会の主任司祭であった三村誠一神父への聞き取りでは、黒島出身の世帯は旧竹松村櫨山と旧西大村の古賀島、さらに植松教会の山側に集住する傾向が見られたという[9]。

② 旧西大村への居住地の展開

表 6-19 の同姓世帯の居住地を手がかりに、明治期の移住世帯の居住地を

第 6 章　教役者主導の開拓移住とその展開

根　　谷	田　　代	古里	日　数	郭公
11	6	0	2	1
小川松次郎・松永八助・鳥瀬吉五郎・黒崎又衛門・黒崎良三郎・黒崎兼吉・小川野衛門・小川久松・井川宇助・中村塚太郎・永田半治	**田代雪太郎**・田代イセ・**田代原太郎**・一瀬弥太郎・一瀬伊五郎・鶴崎弥衛門	―	長谷勘太郎・長谷ジヨ	出口九之助
―	2（2）	―	―	―
8				

推測したい。同姓世帯が必ずしも親族関係にあるとはいえないものの、しかし初期の移住地である旧竹松村の竹松教会周辺から少し離れた図 6-6 の旧西大村の桜馬場・植松・古賀島への居住の展開がうかがえよう。表 6-21 は、大正期の旧町村別のキリスト教の信徒数である。大正期になると旧西大村が旧竹松村を上回っていることから、旧西大村への居住の展開が裏づけられよう。この時期の旧西大村の世帯数は 35 世帯と推定され、世帯数も旧竹松村の 25 世帯を上回っている。

　この時期の西大村の農家数を見れば、表 6-18 のように明治期の 306 世帯から大正期の 727 世帯に倍増するとともに、小作数が 250 世帯に及び、全農家の 3 分の 1 を占めている。そのため西大村に移住した信徒世帯の多くは、小作あるいは自作兼小作であった可能性が高い[10]。

③　昭和初期の丘陵への展開

　昭和期に竹松教会の信徒数は 800 人を超えていることから、世帯数は百十数世帯であったと推定される。信徒数の増加は、「相次ぐ移住者と自然増」（大村植松教会創設百周年 87 頁）とされ、この時期には、定住世帯の分家の創出に加えて、太良山系の山麓の旧期扇状地に信徒の移住が生じている。

　信徒世帯の分家は、植松教会での聞き取りによれば、本家の周辺に創出さ

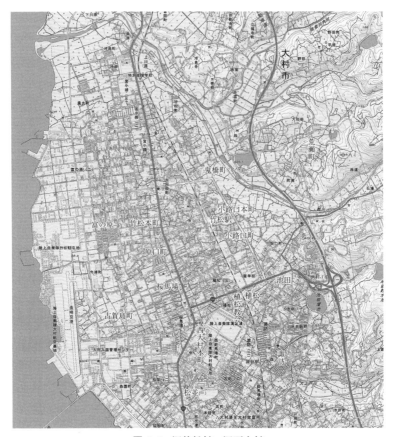

図 6-6　旧竹松村・旧西大村

※この地図は国土地理院地図に関連する名称を加筆等したものである。

れることが多いという。そのため、同姓世帯のうちで親族関係にある世帯は、隣居が特徴の一つである。こうした親族関係にある世帯の隣居は、その後、婚出の娘世帯にも広がっている。

　一方、丘陵（斜面地）への移住は、図 6-7 の旧西大村の池田・上諏訪、旧大村の赤佐古・徳泉川内・木場等で生じている。表 6-21 によれば、大正期の旧大村全体の信徒数は 7 人に過ぎなかったものの、昭和の戦前期に丘陵にかなりの移住が見られた。聞き取りによれば、丘陵に居住した信徒世帯

第 6 章 教役者主導の開拓移住とその展開

図 6-7 大村市の丘陵・山間地

※この地図は国土地理院地図に関連する名称を加筆等したものである。

表 6-21 東彼杵郡の町村のキリスト教信徒数（大正期）

現市町	大　　　村　　　市									東彼杵町	
旧町村	大村	大村町	西大村	三浦村	鈴田村	萱瀬村	竹松村	福重村	松原村	千綿村	彼杵村
世帯数	-	-	-	2	0	0	25	記載なし	0	記載なし	記載なし
人数	7	14	280	-	0	0	200		0		

現市町	川棚町	波佐見町		佐　　世　　保　　市							
旧町村	川棚村	下波佐見村	上波佐見村	宮村	廣田村	折尾瀬村	早岐村	江上村	崎針尾村	日宇村	佐世村
世帯数	0	記載なし	記載なし	0	0	0	-	0	0	0	0
人数	0			0	0	0	6	0	0	0	0

注）『長崎県東彼杵郡誌』（137-687 頁）の記述を基に作成した。
　　竹松教会の信徒は北高来郡一円・西彼杵郡の一部にわたり 80 世帯・620 人に及ぶとされる（398 頁）。
　　東彼杵郡全体の信徒数は約 700 人と記されている（60 頁）。
　　「-」は世帯数か人数のいずれかが記載されている場合である。

のほとんどは大村市への新規移住で、農業志向であった。世界農林業センサス集落カードでは、かなり後の時期（1970 年）の数値であるものの、旧西大村の池田・上諏訪、旧大村の向木場・徳泉川内・後木場・赤佐古の農家比

表 6-22 植松教会および水主町教会信徒の居住地

	旧竹松村		旧西大村			旧大村町			その他の旧村		
	町名	植松	町名	植松	水主町	町名	植松	水主町	旧村名	植松	水主町
町別の世帯数	原口町	42	植松	88		水主町	1	3	旧鈴田村		
	富の原	20	古賀島町	40		本町		9	岩松町		4
	竹松本町	14	桜馬場	34		片町		1	旧萱瀬村		
	小路口町	11	西大村本町	12		玖島	1	5	荒瀬町	3	
	大川田町	5	松並	3	14	久原		4	旧松原村		
	竹松町	2	古町		3	三城町		5	松原本町	2	
	今津町	2	杭出津	1	14	武部町		12	旧福重村		
	鬼橋町	1	坂口町	5		赤佐古町	1	6	今富町	1	
			諏訪	15		須田ノ木町		4			
			池田新町	8		徳泉川内町		8			
			池田	9		木場町		7			
			上諏訪町	2		向木場町		1			
						東大村		7			
	合計	97	合計	217	31	合計	4	71	合計	6	4

注)『大村植松教会創設百周年―琴の海大村』および『カトリック水主町教会設立50周年記念誌―きずな』の信徒世帯の住所を集計したものである。植松教会の世帯は1988年のもの、水主町教会の世帯は2008年の信徒世帯(237)のうち壱岐地区を除く106世帯である。
信徒の居住地のうち丘陵地をゴチックで示している。

率は50%を上回り、これらの丘陵が農業地区であったことが分かる。

表6-22は、1980年代の植松教会の信徒世帯および1960年代に植松教会から分離した水主町教会の2000年代の信徒世帯(全信徒数の半数弱)の居住地である[11]。第二次世界大戦後の移住世帯や分家世帯が含まれているとはいえ、丘陵の農業地区へのカトリック信徒世帯の居住の裏づけになろう。

さらに、この丘陵への居住の展開には、1942(昭和17)年の徳泉川内郷田ノ平への教会の移転が関係したといわれる。第1は、丘陵に移住した信徒が一定数に及んだことが、田ノ平が移転先に選択された理由の1つとされる点である。第2は、教会からの近接性が移住地の選択要件とされる傾

向にあったため、田ノ平への教会の移転が信徒の丘陵への移住を促進したと見られる点である。

④ 第二次世界大戦後の旧軍用地への移住

大村市への信徒の移住は、第二次世界大戦後にも大きく展開した。この時期の移住もやはり大半が農業志向であった。主な移住地は、表6-23の旧西大村・旧竹松村の海岸等の旧軍用地の払い下げ地や丘陵・山間の開拓地であった。

このうち大蔵省に移管された旧軍用地の一部が、自作農創設特別措置法の農業用配分地になっている。大村市の地形図（図6-8）の中央部左の海岸部のうち大村海軍航空隊（飛行場）跡地の荒れ地や第21海軍航空廠跡地は空襲による廃工場の一部等であった[12]。終戦直後の混乱期、こうした旧軍用地（とりわけ第21海軍航空廠跡地）で不法占有が起こった。耕作権が誰に帰属するかに構うことなく「吾先にと耕作された」（長崎県農地改革史編纂委員会 115頁）という状況であった。こうした事態の再発防止の目的で、1947年、大村市が大村海軍航空隊（飛行場）跡地の170haを短期間のうちにトラクターで開墾・整備し、旧農業会が第21海軍航空廠跡地のうちの80ha、旧陸軍関係者が射的場・演習場を含む旧練兵場のうち36haを開墾・整備して、一般農家・引揚者等に集団開拓地として配分した（大村市史 382-3頁）。5年後の地図（図6-9）では、自衛隊竹松駐屯地をのぞく飛行場跡と第21海軍航空廠の跡地の3分の1程度で区画整理が行なわれ、農地に転用されていることが分かる。三村神父への聞き取りでは、農業用配分地は一反ずつ縄で区画され、「○○さんはどの区画」という具合に払い下げられた。払い下げ地には大きな道、小さな道が作られていて、自分の畑にリヤカーを横付けできる喜びがあったという。トラクターで掘り返した土の石取り等をして開墾し、最初はやせた土地でも収穫のできるそば等を栽培していた。

表6-22の植松教会・水主町教会の信徒の居住地のうち大村海軍航空隊と第21海軍航空廠跡の払い下げ地は、旧竹松村の富の原・原口（一部）・今津町、旧西大村の古賀島町（一部）・杭出津(くいでつ)である。『大村市史』の開墾状況表（383頁）では旧軍用地の払い下げはほとんどが増反とされているものの、本文には引揚者等にも配分と記されている（382頁）。聞き取りでは、

表6-23　自作農創設特別措置法の旧軍用地（払い下げ地）と開拓地

旧軍用地名	開拓世帯数	備　　　考
第21空廠	258	旧大村町（杭出津）－旧西大村－旧竹松村（古賀崎）
赤佐古送信所	33	旧大村町徳泉川内郷
大村練兵場	81	旧西大村
池田射撃場	10	旧西大村
諏訪砲台	20	旧西大村
福重航空基地	51	旧福重村
草薙部隊	128	
坂口兵器部予定地	67	池田郷（旧西大村）
水計機銃連地	7	旧大村町
東浦高角砲台	17	
鈴田分散工場	22	旧鈴田村
大村海軍航空隊	824	旧竹松村今津海岸（富の原）
楯部隊	22	
葛城県民修練所	1	
福重砲台	25	旧福重村
箕島砲台	24	入植1世帯
郡川工員宿舎	41	
海軍航空隊	14	旧竹松村今津海岸（富の原）
杭出津部隊酒保工員養成所	18	旧大村町杭出津
植松工員宿舎	54	旧植松村
皆同高角砲台	13	旧福重村
合　　計	1,730	

　軍用地として接収された世帯に優先配分されたものの、新規移住者にも安価で売却されたという。実際、植松教会の80代以上の信徒の中には黒島・外海（出津・黒崎）生まれの人がいて、戦後の開拓移住で黒島や外海から来た人たちであったという。三村神父の話では、1946年に大村市に移住した三

第 6 章　教役者主導の開拓移住とその展開

開 拓 地	開拓世帯数①	うち入植世帯数	開拓世帯数②	備　　　考
横山頭	33	33	33	東大村 1・2 丁目（旧大村町）
松尾	25	25	26	東大村 1・2 丁目（旧大村町）
雄ケ原	22	22	26	諏訪郷（旧西大村）
徳泉川内	34	4	5	旧大村町
大多武	29	19	19	東大村 1・2 丁目（旧大村町）
日岳	15	8	8	旧鈴田村
池田	14	5	−	池田郷（旧西大村）
鈴田	10	8	−	旧鈴田村
萱瀬	51	5	−	旧瀬村
鈴田	22	0	−	旧鈴田村
武部	25	0	−	武部郷（旧大村町）
木場	3	1	−	木場郷（旧大村町）
南河内向林	8	0	−	木場郷（旧大村町）
郡岳	2	2	−	旧松原村？
大村帰農	−	−	13	
宮代	−	−	5	旧萱瀬村
合　計	293	132	135	

注）『大村市史』（383-4 頁）および『長崎県農地改革史』（311 頁）を整理したものである。
　　開拓世帯数①とうち入植世帯数は『大村市史』に基づく数値、開拓世帯数②は『長崎県農地改革史』に基づく数値である。なお、入植世帯数は増反世帯を含まない世帯数である。
　　開拓地のうちゴチックのものは、『拓魂』（253-4 頁）でカトリック信徒の開拓移住が判明した地区である（推定を含む）。
　　備考の旧町村・地区はいずれも推定したものである。また旧町村名は 1942 年の合併前のものである。

　村家も複数の農地を合計して五反の払い下げを受けた。五反程度では、土地代はとられなかったという。すでに農業に従事していた世帯の場合、一町歩規模の払い下げ（増反）があったという。
　世界農林業センサス集落カードの原口と古賀島町上の 1970 年の農家比率

243

図 6-8 1948 年の大村市[13]

(26.3%、65.0%) は、戦後の農業移住の存在を伝えるものである。とりわけ古賀島町は農家が多かったという。しかし、宮の原・今津・杭出津は 1970 年の世界農林業センサスの対象外に転じ、2010 年時の販売農家数は 6 世帯・3 世帯・16 世帯に過ぎず、農家は少数派となっている。しかし植松教会での聞き取りによれば、1970 年頃は、富の原から北方の沖田の郡中学校までは畑ばかりで、ほとんど家が見られなかったという。高度経済成長期以降に新たに移住してきた信徒世帯はほとんどなく、宮の原や古賀島（一部）に住む信徒世帯は、旧竹松村と旧西大村の信徒世帯（とその分家）とともに終戦後に地区以外から開拓移住した世帯（とその分家）であったという。

第6章　教役者主導の開拓移住とその展開

図 6-9　1950 年代の大村市
出典）『日本図誌体系九州 1』（258 頁）

⑤　大村市中心部への居住

　大村市大村地区を含む市内南部を管轄する水主町教会が設立されたのは 1958 年で、当時の信徒数は山間の開拓地を含めて 250 人であった。1 世帯平均 5 人として推測すれば、約 50 世帯である。表 6-22 で信徒の居住地（2008 年）を確認すれば、中心部（水主町・本町・玖島）17 世帯に対して、北部（松並・古町・杭出津）31 世帯・南部（久原・岩松町）8 世帯・大村駅東の斜面地（三城町・武部町）17 世帯・丘陵および山間（赤佐古・須田ノ木町・徳泉川内町・木場町・向木場町・東大村）33 世帯である。実際の信徒世帯の半数弱による確認ではあるものの、大村市の中心部に居住する信徒数の比率は低く、中心部への信徒の移住は大きな流れではなかったといえよう。

写真 6-10　水主町教会

表 6-24　1958〜60 年の信徒の転出入

転出・転籍　　　　　　　　　　　（世帯数）

転　出　先		挙家	離家	不明
長崎市	－	2		
	伊王島		1	
佐世保市		2	1	
五島		1		
松浦市				1
県　外	大阪府	1		
	愛知県	1		
	福岡県	1		
転　籍	水主町教会	3		
不　明		1		
合　計		12	2	1

転入　　　　　　　　　　　　　　（世帯数）

前　住　地		挙家	離家	不明
佐世保市	黒　島	4		
	加　勢	1		
	－	4		1
長　崎　市	浦　上	3		
	小ケ倉		1	
	伊王島		1	
小長井・諫早		2		
県　外	直方市	1		
	水戸市	1		
不　明		3		
合　計		19	2	1

注）鯛ノ浦教会資料室保存の「大村教会顧問会」の記録を基に作成した。
　　転入のうち前住地は一部所属教会を含むものである。

第6章　教役者主導の開拓移住とその展開

⑥ 高度経済成長期初期の信徒の移動

表6-24は、高度経済成長期初期（1958〜61年）の植松教会の信徒の転出入状況である。転出に関して、植松教会から分離した水主町教会への転籍および不明をのぞく11世帯（人）のうち長崎県内8世帯（人）、県外3世帯（人）で、長崎県内への移動が多い。大半は挙家で、移動理由が判明した2人は、転勤であった。離家のうち1人は婚姻であった。転入に関しても、前住地不明をのぞく19世帯（人）のうち長崎県内17世帯（人）、県外2世帯（人）で、長崎県内からの移動が圧倒的に多く、とりわけ佐世保市黒島と長崎市浦上が多い。大半が挙家で、移動理由が判明した2人は転勤であった。また転入・転出を通して、自衛隊、旧国鉄等の職員の転勤が多く、加勢・直方といった産炭地からの移動も見られた。

すなわち、この時期の信徒の移動の大半が、挙家であったことが明らかである。黒島等からの転入および勤労世帯の転勤（転出入）がその多くを占めていたと推測される。また産炭地に関しては、転出から転入（前住地）に転じたといえよう。県外移動に関しても、転出入ともに挙家であった。なお離家の移動、とりわけ転出の場合、就職・進学等の他出に関して教会籍を移籍していないケースが想定される。

大村市への移動と居住の展開の社会的特徴

以上、長崎県の半島・離島出身の信徒の大村市への信徒の移動状況を見てきた。このうち大村への移住は、表6-25のように整理でき、3つの社会的特徴が指摘できる。

第1は、信徒の大村市への最初の移動が、①パリ外国宣教会および外国人神父の方策に基づくこと、②その後に連鎖的・集合的移動が生じたことである。

まず①に関して、明治中期の旧竹松村および旧西大村への信徒の移住の背景として、パリ外国宣教会が管轄した長崎教区の旧竹松村における福祉活動（児童救護院の設立）とド・ロ神父主導による信徒の開拓移住が接合していた点である。すなわち施設の目的の1つが児童の農業教育で、施設の開設時に十数町歩の土地（荒れ地）が購入されたことである。こうした土地は、

表 6-25 大村への信徒の移住時期と移住地の特徴

時　期	主な移住地					立　地	地域と信徒の状況	主な出身地	その後の状況
	旧竹松村	旧西大村	古賀島・富の原	池田・上諏訪・赤佐古等	徳泉川内・東大村				
明治中期	○					平地（開墾地）	竹松教会が所在 施設による購入地（自作・小作・施設作業）	長崎市外海 長崎市浦上（初期） 佐世保市黒島・五島の一部	分家は、移住地（本家）の周辺に隣居する傾向
明治後期～大正期		○	○			平地（開墾地）	竹松教会が所在 小作・自小作 古賀島等の一部世帯の移転	黒島 五島 平戸	非農業化（農地の委託・アパート経営等）
昭和初期				○		丘陵（開拓地）	田ノ平への教会の移転 小作・自小作	大村市外	水主町教会に移籍 平地に移転傾向
第二次世界大戦後（昭和20年代前半）			○			平地（旧軍用地）	植松への教会移転 自作農創設則別措置法	戦前の移転農家 黒島・外海	分家は隣居傾向 非農業化の傾向
第二次世界大戦後（昭和20年代後半～）					○	山間（開拓地）	松尾教会の創設 自作農創設則別措置法	植松教会の信徒を含む五島	水主町教会に移籍

第 6 章　教役者主導の開拓移住とその展開

　初期の移住世帯への提供、入所児童の研修と移住信徒の労働による救護院の農地での生産、移住信徒への農地の貸与（小作地）に利用されている。当初の外海等出身の世帯は 20～25 世帯と推測され、同じ時期のド・ロ神父による開拓移住地である平戸市田平地区の 15 世帯（ラゲ神父の購入地への移住を加えると 18 世帯）・木ヶ津（坊主畑）の 18 世帯と同規模である。そのため、第 4 節で検討するド・ロ神父の移住計画の一端――20 世帯規模の移住世帯の農業（同業関係）の継続による信仰コミュニティの基盤づくり――が読み取れよう。
　次に②に関して、教会が所在する旧竹松村および旧西大村に佐世保市黒島と五島からの移住が見られ、後の旧西大村における連鎖的・集団的移動につながった点である。その結果、旧西大村の信徒世帯数は旧竹松村を超え、とりわけ黒島からの移住は大規模なものになっている。
　第 2 は、信徒の移住地である大村市に①広大な（生産）条件不利地と②旧軍用の払い下げ地が存在したことである。
　このうち①に関して、旧竹松村・旧西大村は大正期まで鉄道の駅のない周縁で、とりわけ信徒が移住した現在の国道 34 号線の下（西の海岸）側は広大な条件不利地であった。そのため、開墾から始めなければならない移住地であった一方（あるいは、そのため）、広大な土地が残り、信徒の集住が可能になったのである。昭和初期の信徒の移住地（丘陵）も太良山系山麓の水利の悪い扇状地であった。そのため無耕地や山林が残存し、農業（開墾）を目的とする移住が可能になったのである。こうした丘陵への信徒の居住の展開には、丘陵への教会の移転が関係している。さらに第二次世界大戦後にも、第 9 章第 1 節でふれるように、太良山系の山間の条件不利地に自作農創設特別措置法の開拓地が設置され、信徒世帯の移住が可能になっている。
　また②に関して、第二次世界大戦後、軍事都市の大村市に所在した数多くの軍用施設が大蔵省に移管され、その一部が自作農創設特別措置法の農業用の配分地になったことである。とりわけ大村海軍航空隊（飛行場）跡地や第 21 海軍航空廠跡地が大規模な開拓地として配分されている。また終戦直後には、軍用施設の跡地に長崎市のカトリック系の施設や学校が一時移転している。

第3は、移住地における信徒の居住の展開である。信徒の大村市への定住後に分家が創出され、多くが本家の周辺に創出されたことである。親族世帯の隣居は、その後には婚出の娘世帯にも広がっていく。そのため大村市の中心部への居住の展開は大きなものでなく、定住世帯は旧竹松村・旧西大村等に集住しているのが特徴である。しかし近年は、丘陵等から中心部に転居する世帯が見られるようになったという。

第4節　平戸市紐差地区木ヶ津（坊主畑）
――ド・ロ神父主導の移住地の比較――

　長崎県平戸市紐差地区木ヶ津の坊主畑は、平戸島の中南部に位置する集落である。平戸市の都市機能は平戸島平戸地区に集中していて、中南部でも勤労世帯が増加しているものの、地域の主産業は農業である。第4章の表4-2から明らかなように、坊主畑が含まれる木ヶ津の農家比率は現在も高い。

木ヶ津（坊主畑）への移住の経緯

　旧紐差村木ヶ津（坊主畑）は地味がやせ、水利も悪い条件不利地のため、江戸期は広大な原野のままで人家は見られなかった。明治初年、この地に大村および黒島から信徒が開拓移住している。坊主畑の土地取得は、紐差村の信徒（林テル・末永市之助・大山庄作）が購入した土地を移住世帯に分譲するという形式であった（紐差村郷土誌 81 頁）。なお『紐差小教区 100 年の歩み』では、坊主畑への移住は五島・黒島出身の世帯とされる（36 頁）。第5章の表 5-6 の褥崎に 1875～78 年に移住した木村伝作家の前住地が平戸（木ヶ津の赤松崎）とあることから、この時に移住した家族の一員であったと見られる。

　1887（明治 20）年、さらに出津教会主任司祭のド・ロ神父が赤松崎に1町2反3畝の土地を購入し、高野猿松・坂本卯左衛門・尾下力蔵・島田豊作の4家族 23 人を移住させている（片岡 1977 年 203 頁）。『外海町史』によれば、明治中期にド・ロ神父が購入した赤松崎等の山林原野は7町余に及び、18 世帯 97 人の規模の移住であった（596 頁）。この『外海町史』の

第 6 章　教役者主導の開拓移住とその展開

表 6-26　ド・ロ神父主導の開拓移住地

地　区	田　平 旧南田平村（平戸市）	竹　松 旧竹松村（大村市）	木ヶ津（坊主畑） 旧紐差村（平戸市）
移住前の 地域状況	北松浦半島の丘陵 すでに住民が居住し、地区・集落が存在する	大村湾岸の荒れ地 農業に適した地に住民が居住していた。農業に適さない荒れ地は開墾が必要	島嶼の山林原野 明治初期、紐差村の信徒が購入した土地に五島・黒島から信徒が移住する
移住年	1886（明治 19）年	1887（明治 20）年	1887（明治 20）年
移住世帯	黒島 3 世帯・外海 15 世帯	20〜25 世帯	18 世帯 97 人
外国人司祭の役割	黒島教会と出津教会の 2 人の主任司祭による土地の購入	職業（農業）教育のための児童救護院を設立	出津教会主任司祭による土地購入
外国人司祭の購入面積	ラゲ神父 1 町歩 ド・ロ神父 4 町歩以上	10 町歩 信徒への土地の提供・小作地	7 町歩
移住後の生産活動	農業と多様な副業（漁業を含む）	施設の所有地での小作 施設の農地での農作業	開墾と漁労
移住地の展開	平戸口・西木場に居住の展開と新規の移住 明治〜昭和初期の移住世帯は 110 世帯。昭和初期の信徒数は 2,518 人	西大村への居住の展開 丘陵への新たな移住世帯 大正期に 60 世帯、昭和初期に 150 世帯	－ 昭和 20 年代に 50 世帯、30 年代に 62 世帯
連鎖的移動	分家の創出に、私費での移住や小作の世帯が加わる	分家と新規の移住。第 2 次世界大戦後、払い下げ地や開拓地に移住世帯	－

写真 6-11　木ヶ津教会

土地の面積および世帯数には片岡が記した1町2反3畝の土地と4世帯23人が含まれると思われる。紐差教会での聞き取りから、坊主畑の下側が紐差村の信徒の購入地、上側がド・ロ神父の購入地であったと推測される。

ド・ロ神父主導の移住地――3地区の比較――

表6-26は、ド・ロ神父の主導による3地区への移住の特徴である。明治中期の移住時期と20世帯前後の世帯の規模の点で共通する。このうち移住時期は、外海の信徒数および世帯数が明治以降に誕生した世代によって急増した時期であった。外海は、山地が海岸に迫る急峻な条件不利地の上に「零細な田畑が子供に分割されていよいよ零細化する」(外海町史 596-7 頁)という厳しい生活状況にあり、ド・ロ神父は、「零細農家の二男、三男などに独立自立の道を授けようとする目的」(外海町史 479 頁)で開拓移住を主導した。また20世帯前後の世帯の間には、同郷と信仰さらに同業(農業)という重複する関係が存在している。こうした強固な社会関係にあった20世帯程度の世帯が、ド・ロ神父にとって宗教コミュニティを形成する最小単位であったと推測されよう。

第5節　福岡県行橋市新田原
――トラピスト修道院の進出と連鎖的移動――

福岡県行橋市は福岡県の東部、図6-10のように、周防灘(瀬戸内海)に面した京築地区の中心都市である。北九州市から25kmの距離にあり、北九州市の郊外・通勤圏化とともに人口が増加し2014年現在の人口は7万人である。

新田原への中・四国からの移住と果樹栽培の展開

図6-10の「新田原」は、行橋市の南部から築上町築城に及ぶ洪積台地の総称・通称で、この新田原台地のうち国道10号線および日豊本線に近接する標高20~40mの斜面地に九州有数の果樹園地帯が広がっている(福岡県の農業 33 頁)。

第6章　教役者主導の開拓移住とその展開

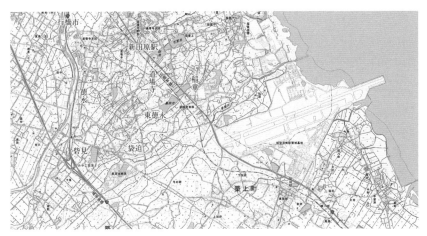

図 6-10　行橋市新田原

※この地図は国土地理院地図に関連する名称を加筆等したものである。

① 新田原台地の状況

　行橋市南部から築上町に広がる丘陵のうち果樹が栽培されている地区を新田原と総称しているものの、狭義には、日豊本線新田原駅の近辺——線路西に位置する道場寺・東徳永・徳永・袋迫およびその周辺と線路東の稲童等の地区——を指すことも多い。『京都郡誌』には、この地をかつて長者原と呼んでいた説と線路東の新田原の東の松原を長者原と呼んでいた説の二説が紹介されている（伊東尾四郎 44 頁）。

　水利の悪い新田原の台地は、明治中期に至るまでは荒地や松林のままであった。1870（明治 3）年、徳永・袋迫の西側の砦見（旧祓郷村）にいち早く士族数十人が開墾に入り、集落が形成された（伊東 44 頁）。この時期、狭義の新田原に関係する集落は稲童・道場寺（いずれも仲津村）、徳永・袋迫（いずれも祓郷村）等で、東徳永の集落名はまだ存在しなかった。新田原教会の信徒への聞き取りでは、「東徳永は、小学校時代に地名がなかった。本村は徳永で、『開墾地』と呼んでいた。正式には終戦後（昭和 28 年）に分村した」という[14]。つまり、信徒が集住する東徳永は、徳永集落の一部（新開地）であったことが判明する。

明治中期の町村制当時の各集落の土地利用に関して、山林（私有地）は仲津村の稲童 115 町歩・道場寺 63 町歩、祓郷村の徳永 44 町歩・袋迫 16 町歩の合計 238 町歩、原野は道場寺 12 町歩・徳永 11 町歩の合計 23 町歩であった（行橋市史―1 町 8 村合併時 210-22 頁）。この当時、4 集落で 261 町歩に及ぶ私有地の山林・原野が広がっていたことが分かる。官有地に関して、1885 年に「新田原にて広島・熊本の鎮台大演習」（神崎義夫 19 頁）とあり、明治中期、すでに軍用地が存在していたと推測される。

② 新田原への最初の開拓移住

長者原（新田原）で最初に開拓が行なわれたのは、1890（明治 23）年であった。この開拓は浄土真宗総本山の殖産奨励事業で、約 5 町歩の山林原野を開拓し桑園が造成された（福岡県の園芸 1915 年 116 頁・1930 年 303 頁；山内公二 128 頁）。この事業の中心は稲童の地主（60 町歩の土地を所有）で、酒造業を営む城戸厳治であった[15]。

さらに城戸は、行橋町の大地主の柏木勘八郎や福島貞次郎とともに大規模な新田原の開拓事業に取り組んだ（行橋市史下巻 102 頁）。しかし、「栽培法の未熟なると、養蚕業の不況とで数年ならずして廃園となり、再び原野と化」したという（福岡県の園芸 1930 年 303 頁）。

この新田原で果樹の栽培が始まったのが、1890 年代後半であった。桑の代替作を検討し、岡山県と広島県へ栽培調査に赴いた城戸の招聘で、広島県の村上治作が道場寺、藤原吉兵衛が徳永に移住し、桃・葡萄や甘藷の栽培が始まった（福岡県の園芸 1930 年 303 頁）。次に 1909（明治 42）年、果樹の栽培経験が豊富な広島県の渡辺俊策が移住し、約 3 町歩の土地を開墾し葡萄・梨・桃を栽培している。それ以降（大正 2、3 年以後）、広島県や岡山県、愛媛県から果樹栽培をめざした人が次々と新田原に移住した（福岡県の園芸 1915 年 116 頁）。

表 6-27 のように、大正年間、新田原で果樹栽培に従事した農家戸数は 15 戸から 115 戸、果樹園の面積も 20 町歩から 160 町歩、いずれも約 8 倍に拡大した。なお大正末期の果樹園経営者 105 人の出身地に関する調査では、福岡県内 58 人、広島県 28 人、愛媛県 10 人、大分県 4 人、岡山県 3 人、山口県 2 名であった（山内 130 頁）。このうち福岡県内からの移住者は、

第 6 章　教役者主導の開拓移住とその展開

表 6-27　大正年間の新田原果樹園の戸数・面積の推移

年	1914 年 （大正 3 年）	1918 年 （大正 7 年）	1920 年 （大正 9 年）	1922 年 （大正 11 年）	1925 年 （昭和元年）
農家戸数	15	40	70	95	115
果樹園面積（町歩）	20	60	110	140	160

注）「新田原果樹園発達小史」（山内公二）『合本・美夜古文化』（井本清美・山内公二 1971 年 130 頁）を基に作成した。

写真 6-12　新田原教会

近辺の旧築城町・旧豊津町が多かったという（福岡県の農業 33 頁）。新田原教会の信徒への聞き取りでは、1920 年当時、現在の日豊本線・国道 10 号線の東側（稲童）に広島県や岡山県から移住していたという。

　大正期の新田原移住と土地所有の一端が、山内の紹介する愛媛県の移住者の事例から明らかになる。すなわち「大正元年……当時の新田原は、なんぼでも土地はあるし、駅に近く出荷が便利、北九州のまちにも近いと有利な所だった。……私たち兄弟は、仲津小学校よこの小松林 2 町 5 反 18 歩を 880 円で買った。……当時の新田原は、人家が少なく未開発だった。わずかに、愛媛県人の田中弥平（梨と桃）、広島県人の渡辺俊作（梨と桃）、諏沢杢三郎（桃）、村上治作（桃）、駿井某（梨）といった人たちが、果樹園を経営していた」（山内 130 頁）という状況であった。この記述から、果樹栽培に適した立地と広大な土地の存在、そして自作農という新田原の生産状況が見えてくる[16]。

信徒の移住
① トラピスト修道院の進出
　徳永と袋迫の西隣に位置する砦見にトラピスト修道院（分院）が開設されたのが、1926（大正15）年であった。トラピスト修道会（フランスに本部のある厳律シトー会）は観想修道会で、明治中期、北海道当別に修道院を設立している。新田原に設立されたトラピスト修道院は、この当別のトラピスト修道院の分院とされている。しかし『新田原カトリック教会45年のあゆみ』によれば、トラピスト修道院の正式の分院でなく当別修道院の付属施設であった（新田原カトリック教会45年のあゆみ　34頁）[17]。
　『明治大正小倉経済年表』の1917（大正6）年の事項に「京都郡新田原に牧場設置の目的にて、トラピスト修院ヨハン・バプチスタ（仏人）原野30町歩余を買収」とあり、山内もこの記載に依拠している（神崎117頁；山内131頁）。しかし『新田原カトリック教会45年のあゆみ』に写真掲載された当時の資料（「日本に於けるトラピスト修道院の実況（九州分院建設寄附募集）」）を解読すると、当時、九州を管轄していたパリ外国宣教会が、中国で宣教を成功させたトラピスト修道会に対して、「げに北の端にたゞ一つでは足りない、ぜひ南にも修道院を!!」と希望し、トラピスト会に「その為に修道院30町歩の『松原』土地までも献上」したものの、分院の設立が進まず「一日百年の思して待つた事が既に10年の一昔にもなる」と記されていることが判明する[18]。
　なお、この当時の砦見の山林・原野の面積は判明しないものの、祓郷村の山林・原野は145町歩（このうち徳永集落・袋迫集落を除く8集落の町村制当時の山林・原野の合計が74町歩）であった。このことから、修道院の所有地が祓郷村や砦見の山林・原野のかなりの比率を占めていたと見られよう。
　信仰と労働を修道生活の基盤に据える観想修道会のトラピスト修道院の分院も、北海道の当別の本院と同様に開墾した土地を農園とした。修道院はこの地で最初に酪農に取り組み、牧場とサイロのある光景は異国情緒を漂わせたという（山内131頁）。また果樹や野菜も栽培している。新田原教会の信徒への聞き取りでは、麦の栽培が多かったという。とはいえ、新田原の分院

第 6 章　教役者主導の開拓移住とその展開

の開設は、当時の北海道の本院が資金不足で、信徒から寄贈された本院の 300 町歩に及ぶ土地も十分に開墾できない状況にあり、「着のみ着のまま」の分院の開設であったという。

　こうした厳しい状況にもかかわらず九州北部に分院を開設したのは、北海道のトラピスト修道院に進出の利点があったためである。『新田原カトリック教会 45 年のあゆみ』に写真掲載された資料に、「北海道には信者少なく随つて志願者と●●は殆ど九州の旧信者の子孫で●●●●彼等は距離の遠いのと寒さを恐れて志を全うしない者が多い、その便利を計り一人でもより多く志願者を得て一人でも多い我同胞の感化の為祈禱と犠牲とを捧ぐる者を得たい為であつた（なお、●の部分は判別不能の文字＝引用者）」とあり、カトリック信徒がとりわけ多い長崎県から修道者を募り、数年間、九州で教育した後に北海道の本院に送ることが、新田原の分院設立の目的であったことが判明する。

　つまり、パリ外国宣教会の熱心な要請で新田原に進出したトラピスト修道院には、この地における観想生活の実現とともに修道者募集の拠点づくりの目的が存在していたのである。この 2 つの目的に、長崎の信徒の新田原への移住が合致していた。すなわち信徒世帯は、移住が観想修道会（院）の社会環境（地域環境・信仰環境）を実現する楯・緩衝であり、その子ども世代が修道者の募集や育成の対象であったためである。実際、『新田原カトリック教会 45 年のあゆみ』に「分院として当地に進出してきた理由は、九州方面（特に長崎地方）からの修道院志願者募集にあった」「或る母親は『北海道にやられることがわかっていたら、うちの息子はトラピストにやるでなかった』……」（新田原カトリック教会 45 年のあゆみ 34 頁）と嘆いていたという記述からも進出の意図がうかがえよう。

② 五島の信者の移住

　実際、長崎県出身の修道士・助修士との社会関係（類縁関係・地縁関係・親族関係）の関与（呼び寄せ）によって、開拓移住地を求めていた長崎（五島）の信徒の新田原への移住が実現している。当時のトラピスト修道院には、長崎出身の修道者が多数在籍していた。新田原の分院の設立時に赴任してきた 5 人の邦人のうち、上五島出身が 3 人、平戸出身が 1 人であった。

なお下口神父によれば、さらに上五島出身者の1人が加わっている（下口110頁）。

　新田原へのカトリック信徒の居住は、1926（大正15）年に修道院が新田原に設立された後とされている。しかし、新田原教会の信徒への聞き取りでは、1920（大正9）年に北九州市八幡区に居住していた山谷末吉の新田原移住が草分けであったという。この時期は、パリ外国宣教会が新田原の土地を購入した3年後で、パリ外国宣教会の土地購入が移住の契機と見られる。なお山谷は、新田原教会の設立後に信徒組織の下部単位（3地区）の1つであった祓郷村の宿老を務めている。

　実際に、新田原にカトリック信徒の移住の大きな流れが生じたのは、修道院の設立後であった。長崎（五島）の信徒の新田原への移動の主な仲介（窓口）は、トラピスト修道院本院・分院の修道士と小倉教会の司祭の紹介・勧誘であった。

　まず、修道院本院の仲介は、長崎出身の本院の永田神父の紹介・勧誘であった[19]。永田神父の親戚であった濱里文吉が新田原に移住していることに関して「永田神父様……が親戚を呼び寄せた」（75周年記念誌 51頁）とあり、本院の修道士との社会関係（類縁関係・地縁関係・親族関係）の関与が明らかである。

　次に、修道院分院の仲介は、分院に在籍した五島出身の修道士・助修士の紹介・勧誘であった。すなわち上五島津和崎半島の江袋教会出身の谷上梅吉・谷上高吉、同じく赤波江教会出身の赤波江雪良、上五島出身の白浜幸三郎の勧誘であった。表6-28のように、修道士の出身地である江袋の7世

表6-28　上五島津和崎の仲知小教区からの移住世帯

地区	分院の修道士等	移　住　世　帯						
江袋	谷上梅吉・谷上高吉	谷上仁吉	谷上栄作	上田益恵門	上田熊吉	楠本喜一郎	谷口国五郎	海辺清五郎
赤波江	赤波江雪良	川端金助	肥喜里豊作	肥喜里末吉	江口留吉	川幡仙次郎	赤波江富五郎	－
大水	－	大水末次郎	大水喜衛門	－	－	－	－	－

注）下口勲『仲地教会の牧舎たち』109-10頁の記載を基に作成した。

第 6 章　教役者主導の開拓移住とその展開

帯、赤波江の 6 世帯等 15 世帯の移住が確認される。仲知小教区を担当した下口神父は、「教会籍によると、仲知小教区の最初の移住家族は昭和 3 年で江袋の谷上仁吉の家族であるが、この家族は新田原の開拓所の谷上梅吉・高吉兄弟が呼び寄せて移住させたものであろう」（下口 110 頁）と見ている。また『75 周年記念誌』にも「谷上神父様……が親戚を呼び寄せた」（75 周年記念誌 51 頁）とあり、こうした移動の記録から、この時期の移動に分院修道士との社会関係（類縁関係・地縁関係・親族関係）が関与していたと見て間違いない。

　さらに、小倉教会の助任司祭の仲介は、五島出身の水田徳市神父が五島に赴いて移住を勧誘したことである。『75 周年記念誌』には「土地を売って新天地に移住するように説得した。その後、急速に信者が増え始めた」（75 周年記念誌 39 頁）と記されている。

③ 新田原の信徒の同郷関係

　トラピスト修道院の分院が設立された当時、移住者と修道会（院）の間に類縁（宗教）関係が存在し、さらに修道会（院）の修道士や教区の神父と移住者の間に地縁関係、中には親族関係が存在したことが確認できた。このことから、新田原への初期の移住は類縁関係・地縁関係の重複する強固な社会関係が関与したものであったといえよう。なおその後の新田原への移住は、新田原教会の信徒への聞き取りによれば、新田原に移住した親戚を頼った親族関係に基づく連鎖的移動に転じている。

　新田原移住時の社会関係は、移住の半世紀後も新田原の社会を基盤づける強さを持続している。それは、表 6-29 の五島からの移住世帯が新田原教会の信徒世帯の 3 分の 2 を占めていることに現れている。また新田原生まれの子どもへの世代交代やそうした子どもの分家世帯を加えれば、ほとんどの世帯が五島の系譜といえるほどである。

　なお、この時期の新田原への移動の形態の一端が、新田原教会の信徒への聞き取りから明らかになる。すなわち、「お父さんが 4 人兄弟。漁師をしていたが、長崎の三菱造船に勤めた。当時は本採用は 3 年経たないとなれなかった中でけがをしてしまい、新田原の話を聞く」という五島から長崎県内を経由して新田原に移動というケースや、「五島生まれで、小学校 3 年生の

表 6-29　1975 年の新田原信徒世帯の出身地

出身県	出身地域	世帯数	比率	主な出身集落（世帯数）・備考
長崎県	上五島	120	34.2	野崎島 1・津和崎半島 83・青方＋冷水 2・有川 17・奈良尾 17
長崎県	下五島	104	29.6	奈留島等 35・久賀島 17・福江＋奥浦 21・岐宿 2・三井楽 13・玉之浦 16
長崎県	五島以外	19	5.4	五島から長崎等に他出後に新田原に移住のケースあり
福岡県	新田原小教区	65	18.5	分家等を含む移住の第 2 世代・第 3 世代は、新田原小教区出身になる
福岡県	新田原小教区以外	19	5.4	長崎県から小倉に移住し、小倉から新田原に移住のケースあり
	長崎県・福岡県以外	7	2.0	ー
	不　　明	17	4.8	ー
	合　　計	351	100.0	ー

注）『新田原カトリック教会 45 年のあゆみ』58 頁を基に作成した。
　　比率は百分率である。

時に転居」（O さん）、「1929（昭和 4）年生まれ、おじさんに連れられて来る」（K さん）、「O さんの 1 年前に新田原。小学校 2 年生の時、お父さんが新天地を求めて来る」（T さん）という挙家離村あるいは挙家離村の親族に同行という移動の状況が明らかになる。

五島出身者の生産状況

　新田原に五島から移住した住民の移住時の生産生活の状況を見てみよう。新田原教会が設立された 1930（昭和 5）年頃の五島出身の世帯は約 20 世帯で、信徒への聞き取りでは、東徳永にある教会から 5km の範囲に居住していたという。当時の農地の所有状況に関して、「土地はほとんどが小作だった」という。新田原移住の数年後の事情に関して、長崎を経由して新田原に移動した信徒は「荒地を開墾すると 5 年間小作料が要らないということで、中心から離れたところに住んだ。五島に比べて立派に見えた。財産は長崎で使い果たしたために小作だった。漁師のところに働きに行き、帰ってきて人

第 6 章　教役者主導の開拓移住とその展開

力で開拓をしていた。畑にするには 4、5 年かかった」と話している。なお『行橋市史』下巻には、新田原の開拓事業に城戸や柏木、福島が取り組んだと記されている。加えて、信徒への聞き取りで当時の大地主に柏木家の名前があがっていることから、五島出身世帯が柏木家等の小作であったことが推測できる[20]。当時の「10 町以上の地主一覧」には、新田原に関係する地主の柏木勘八郎と福島貞次郎の名前が掲載され、それぞれの小作人数は 150 人、180 人とある（行橋市史下巻 123 頁）。

当時の小作や開墾の生活は、「昼は他人様の雇れ仕事、家路について休む間もなくわが家の農作業（開墾、種まき刈り獲り）」（新田原カトリック教会 45 年のあゆみ 28 頁）、「あちらこちらで開墾作業が行われていました。開墾作業は、木を切り倒し、残った根を二股、三股の鍬で掘り起こし、田畑を作っていました。日雇いの開墾作業に行っていました。……初期の入植者は、堆肥などを保管する土蔵を最初の住まいにしていたようです。……当時はとにかく、皆が貧しく、服装はアテをした粗末な着物を着ていました。食べ物はさつまいもが主食で、米を食べられることはほとんどありませんでした。入植して一週間くらい後、食べ物がなくなり難儀していた時に、五島のおばあちゃんからカンコロが届き、飢えをしのいだことをおぼえています」「……さんたちが子供の時は、家にある明かりは『はだか電球』だけだったそうです。夜、外で仕事をする時は、『カンテラ』か、『石油ランプ』だったそうです。でもどちらとも、あまり明るくなかったそうです。……さんの家で、水をくみに行かなければならないので、お風呂は週一回入るだけだったそうです」（75 周年記念誌 50-3 頁）というものであった。漁労や他の開墾等の作業に従事して現金収入を得ながら、小作地を開墾した厳しい生活状況がうかがえる。また修道院との関係について「修道院の果樹園の袋かけ農作物の穫り入れに協力してくれたのはその信者たちでした」（新田原カトリック教会 45 年のあゆみ 34 頁）とあり、修道院の農地の小作ではなかったと推量できる[21]。

さらに、新田原教会の信徒への聞き取りで、「昭和の初期、開墾で自作農になった人もいる。当時は、国が補助していた。築城では自分で農地を広げていった人も多い」という証言があった。この時期、国の開拓政策である開

261

表 6-30　新田原教会の信徒数の変化　　　　　　　　　　　　　　　　　　　　（人）

年	1930年 (昭和5年)	1935年 (昭和10年)	1940年 (昭和15年)	1945年 (昭和20年)	1950年 (昭和25年)	1955年 (昭和30年)	1960年 (昭和35年)
信徒数	150	471	545	800	1,268	1,441	1,482
増加数	-	321	74	255	468	173	41

1965年 (昭和40年)	1970年 (昭和45年)	1975年 (昭和50年)	1980年 (昭和55年)	1985年 (昭和60年)	1990年 (平成2年)	1995年 (平成7年)	2000年 (平成12年)
1,365	1,403	1,584	1,661	1,741	1,836	1,864	1,874
-117	38	181	77	80	95	28	10

注）『45年のあゆみ』56頁および『75周年記念誌』77頁を基に作成した。

墾助成法（1919年に制定、1929年改正）の奨励金交付の認可を受けた地区が旧祓郷村に2か所・旧仲津村の稲童に2か所ある（農林省農務局19頁・23頁・92頁）。このうち旧祓郷村の「修道院耕地整理協同施行」「徳永第二耕地整理組合」は名称と地名から、長崎の信徒の移住に開墾助成法が関係したことを裏づけるものといえよう。

なお、新田原への長崎（五島）からの移住者数は、新田原教会の信徒数から把握できる。すなわち、表6-30のように、1930年の信徒数150人が1935年には471人に急増し、5年間に321人増加している。仮に1世帯5人とした場合、5年間に60数世帯と推計され、1年間の平均で十数世帯が新田原に移住した計算になる。

第二次世界大戦後の新田原

第二次世界大戦の終戦は、長崎（五島）の信徒の移住の約20年後、移住のピーク時（1935年前後）の約10年後であった。この戦後期の大きな生活変化は、農地改革によって移住世帯の多くが自作農になったことである。当時、旧祓郷村全体で660戸の農家が小作地を取得している（福岡県農地部298頁）。実際、新田原教会の信徒への聞き取りでは、「農地改革で自作農になった」「終戦後に皆が差のない生活ができた。農地改革でうるおうことができた」と語られている。

第 6 章 教役者主導の開拓移住とその展開

表 6-31 東徳永集落の世帯数

	1970 年	1980 年	1990 年	2000 年
総世帯数	163	214	260	285
農 家 数	109	98	65	48
（専業）	22	28	25	13
（第 1 種兼業）	22	11	4	7
（第 2 種兼業）	65	59	36	16
非農家数	54	116	195	237

注）2000 年の『世界農林業センサス』の集落カードを基に作成した。
2000 年の専兼別数値は販売農家のみのものである。

　昭和 20 年代は、戦前期に新田原に挙家で移住した時期の子どもや新田原生まれの子どもが成人に達した時期で、子どもが独立（地区内の分家や他出）していった時期である。実際、表 6-30 の昭和 20 年代の信徒数の驚くべき増加の一端は、子ども世代の婚姻と出産であったと推測される。

　新田原教会の信徒への聞き取りで、移住後の相続形態（きょうだい順）を尋ねたところ長子・末子・不定等の多様な回答が返ってきた。しかし、長崎の信徒世帯に一般的な均分相続制度は保持されていた。そのため、この時期、新田原小教区に分家が多く創出されたと見ることができよう。新田原における分家の創出を可能にした要因が「3 人兄弟で……結婚して土地を分割。勤めに出ないと生活ができなかった。小倉に通い、奥さんが農業（果樹）をしていた」という信徒の話からうかがえる。すなわち信徒世帯が増加した要因は、土地の分割と日豊本線や国道 10 号線で結ばれた北九州工業地帯（北九州市）の通勤圏になったことである。実際、「専従者が少なく、夫はサラリーマンで奥さんが農業に従事」（聞き取りでの信徒の発言）の兼業農家が新田原で多数を占めるようになる。

　その後の時期の状況は、表 6-31 の東徳永集落の世帯数の増加および非農家・兼業農家の増加から確認できる。「北九州が近いので子供たちが北九州に就職できた。勤めに出る形になると戸数がどっと増えた。一時、戸数が減った時期があった後、都会から家を持つために U ターンが増えた」とい

う信徒の発言のように、新田原の通勤圏（郊外化）で地区内の非農業の分家の創出や住宅取得のための他出子世帯のＵターンが生じ、信徒数が増加したと見られる。

新田原への移住と居住の展開の社会的特徴

ここまで新田原への移住と居住の展開を見てきた。その特徴を2つ指摘することにしたい。

第1に、新田原（東徳永等）の信徒世帯が、五島の系譜という点である。移住後半世紀の時点で新田原小教区の3分の2の世帯主を五島出身者が占め、さらに5分の1弱の新田原生まれの世帯主の大半も、五島出身者の子ども世代と見られるためである。新田原への移住は広島県や愛媛県の出身者等が先行したものの、五島の移住者は教会を中心に集住し、宗教コミュニティの維持を通して出身地の文化（宗教）と生活が存続しているといえよう。

第2に、新田原（東徳永等）における人口・世帯の大幅な増加である。まず新田原移住後の数年のうちに五島からおびただしい人・世帯が移住している。新田原教会の信徒数を見ると、昭和初期から10年弱の間に500人弱まで信徒数が増加している。五島出身者は新田原への開拓移住の後発であったものの、新田原に大規模な開墾地が残っていたことと五島における押し出し要因が複合して、連鎖的移動が発生したのである。その結果、他県の移住者数を大きく上回ることになったといえよう。

以上、明治中期以後の教役者主導における移住と定住、他出の状況を見てきた。このうち明治中期の移住は、明治初期に出生した子ども世代の分家・独立が生じた時期であった。教役者主導の移住の社会的特徴として、次の5点が明らかになった。

第1は、脱埋め込みの社会資源（教役者の主導）による開拓移住後、信徒の移住地およびその周辺に大規模な連鎖的移動が生じたことである。そのうち田平地区田平と大村への初期の移住は、明治中期で20世帯前後という共通点が見られる。田平の場合、田平とその周辺の平戸口・西木場で分家の

第 6 章　教役者主導の開拓移住とその展開

創出と来住世帯の居住が展開している。大村の場合、最初の移住地であった竹松に外海・浦上等から居住が生じ、その後、竹松および西大村で黒島、五島、平戸からの連鎖的移動と初期の移住世帯の分家の創出が見られた。新田原への初期の移住は大正・昭和初期で、移住後の数年で東徳永に五島からおびただしい世帯が移住し、さらに信徒の居住が築城方向に展開している。

　第 2 は、教役者主導の移住地の周辺に開拓地や農地が存在したことである。すなわち、田平地区田平の場合、周辺の平戸口や西木場に大規模な開拓地や小作地が存在し、大村の場合、大村市の丘陵や第二次世界大戦後の旧軍用地の払い下げ地、山間の自作農創設特別措置法の開拓地が存在し、新田原の場合、大規模な民間の開拓地や小作地、開墾助成法の開拓地が存在していた。こうした広大な開拓地や農地の存在が、その後の連鎖的移動を可能にしたといえよう。

　第 3 は、移住地における同郷関係の関与である。田平の場合、信徒の居住が外海・黒島・平戸・五島といった出身地別に集住する傾向があり、副業も同郷者が同じ職に従事する傾向が見られた。大村の場合、黒島出身者に同郷者が集住する傾向が顕れている（なお、新田原は信徒世帯の大半が五島出身であった）。

　第 4 は、移住が後発であったため、移住地に集落や住民が存在し、田平地区田平の場合、既存の世帯から厳しい対応があったことである。

　第 5 は、田平地区田平で、移住の当初から頻繁な他出が生じたことである。こうした他出の多くは、周辺での分家等の創出や開拓地への集団移住と見られる。大正・昭和期以降になると、田平・平戸口から軍港・工業都市として発展した佐世保市や北松浦半島の炭鉱への他出、高度経済成長期以後、都市へ他出が主流になっている。

　さらに、ド・ロ神父の主導による 3 地区への移住の特徴にふれたい。いずれも明治中期の農業志向の開拓移住であることと 20 世帯前後の世帯の規模の点に共通点が見られることである。すなわち、明治以降に誕生した子どもが独立、分家を創設した時期の移住計画であり、世帯数はド・ロ神父が思量した宗教コミュニティを形成する最小単位であったと推測されよう。

注

1) 明治期の市制町村制で誕生した各村に関して、田平村は現在の里免・岳崎免・下亀免・上亀免・小崎免・福崎免・横島免で構成されていた。小手田村は現在の荻田免を含む小手田・山内免・野田免・大久保免・一関免・本山免で構成され、下寺村は現在の下寺免・以善免・深月免・田代免・古梶免と現在の江迎町末橘免で構成されていた。なお本章では、明治中期から昭和初期に移住が見られた荻田免を含む小手田免・下寺免・以善免・深月免・田代免の範囲を特に言及する場合は田平、旧田平町全体は田平地区と表記して区別している。また本章以外で田平と表記する場合は旧田平町全体を指している。
2) 田平地区の移住世帯の出身地の社会的状況に関しては、第2章・第3章・第5章を参照のこと。
3) この数値は、『外海町史』(1974年) と数字が若干異なるものである。『外海町史』によれば、1886年にド・ロ神父が田平の山野1町歩を購入して4家族を開拓移住させた後、1888年にも田平の土地3町3段余を購入し9家族を移住開墾させ、その後も瀬戸山・小手田・下寺などに移住させている。また平戸島の紐差に7町余の山林原野を買い与え、18世帯97人を開拓移住させている(外海町史 597頁)。
4) 福崎への移住は、新立姓・浦田姓・吉浦姓の福崎出身者の戦没者の記載から判断した(田平町郷土誌 649-69頁)。
5) 2015年5月および8〜11月の各月、平戸口教会主任司祭の鍋内正志神父に聞き取り調査を実施した。
6) 平戸口小教区の世帯を農業地区と産炭地区に区分している。産炭地区に分類した世帯は、世帯主・子ども世代の受洗教会や結婚教会が潜流等の産炭地である世帯、記載事項に炭坑名や吉井町等の産炭地名が記される世帯である。それ以外の世帯を便宜的に農業・中心地区に分類したため、農業・中心地区には中小の産炭地を管轄する教会に所属経験のある世帯や田平地区山内免等の非農業世帯が含まれている。なお、カトリック教会の信徒籍台帳は世帯単位で記録され、世帯員の名前・誕生年とともにカトリックの秘跡である洗礼・初聖体・堅信・結婚等の記録が記載されている。このうち洗礼に関して、誕生年と受洗(洗礼を受けた)年が同一の場合、受洗教会を出生地と見ることが可能である。
7) この2世帯の氏名は不詳である。しかし出津等の外海の世帯と推測される。なお植松カトリック教会での聞き取りは、2016年4〜5月に主任司祭紙﨑新一郎神父のコーディネート等で中口敬助氏・谷山修氏・大水登美子氏・川口ユキエ氏に実施した。
8) 聞き取りによれば、①に関して、土地は給付あるいは安価の分譲であったという。
9) 大山教会主任司祭の三村誠一神父への聞き取りは、2016年7月に実施した。
10) 第5節でふれるように、福岡県行橋市新田原では、聞き取りによれば、荒地を開墾すると5年間は小作料が不要であったという。しかし畑にするには4、5年かかり、漁労に従事しながら開墾をしたという。
11) カトリック水主町教会での聞き取り・資料収集は、2016年5月に主任司祭松下光男神父に実施した。
12) 三村神父への聞き取りでは、富の原は大村海軍航空隊に接収されていたものの、

第 6 章　教役者主導の開拓移住とその展開

使用されておらず荒地のままであった。また古賀島の多くの信徒世帯は強制移住になったものの、飛行場をカモフラージュするために残留の信徒世帯がぽつんぽつんと残っていたという。
13) 図 6-9 では、海岸部の空き地に、その後、大村航空隊が開設されている。なお図 6-8 は植松教会での聞き取りで入手したものである。原本を所蔵する長崎県立図書館に確認したものの、掲載誌は不明であった。
14) 新田原での聞き取りは、2006 年 8 月に実施した。聞き取りの対象者は、新田原教会主任司祭の杉原寛信神父と新田原教会信徒の北川与五郎氏、切江敏夫氏、小島武夫氏、大水茂市氏、葛島弘氏、谷口清氏である。
15) 『福岡の園芸』(1915 年) では、殖産奨励事業の主体を浄土宗としている。
16) 京築地域の戦前の特徴として、高い小作率が指摘されている。
17) 本稿では、通称の「修道院」および「分院」と呼称する。
18) 『75 周年記念誌』の本編には、未開地 20 町歩が当時の福岡教区を担当し北九州地区に支部をもつパリ外国宣教会から寄贈されたと記されている (75 周年記念誌 36-9 頁)。しかし新田原教会の信徒への聞き取りにおける「大正時代にパリ宣教会が 30 町歩の土地を買い取った」という発言や『75 周年記念誌』掲載の資料から、神崎と山内の記載と相違するものの、パリ外国宣教会が買い取った 30 町歩の土地はトラピスト修道院に寄贈されたものと見るのが妥当であろう。
19) 鈴木広の中学時代の回想に「説教されたのは永田ミコラオ神父といって、当別トラピスト修道院の神父様で……ミコラオ神父も長崎県の人」(鈴木広 4-5 頁) という記載がある。この回想から、永田神父と長崎の信徒の間に同郷関係が確認できよう。
20) 聞き取りでは、中山家の名前もあがっていた。しかし、京都郡における 10 町歩以上の地主一覧に「中山」姓は見当たらない。新田原に関係する地主とすれば「福島」と思われる。そのため、聞き間違いの可能性が高い。なお、似た姓の地主には「中原」姓がある。
21) 農地改革の「農地等買収・売渡実績表」(福岡県農地部 298 頁) では、祓郷村の寺社教会の面積が 24 町歩で周囲を大きく上回っていることから、寺社教会の農地のかなりがトラピスト修道会の農地であったと考えられる。また寺社教会等の法人団体 19 のうち小作をもつ法人団体が 18 で、いずれも 5 反未満の小作であった。つまり小作地を持たない法人団体が 1 つあり、その法人が大規模な農地を所有していたと判断でき、修道会が移住世帯を小作としなかったことの根拠になろう。

第7章
都市(近郊)への農業移住と炭鉱における家族形成
—— 第3次移住地 ——

　長崎の半島や離島の信徒の第3次移住は、工業都市や炭鉱等への移動が急増した時期であった。そのため都市や地域の中心地への信徒世帯の移住は、第1次産業から第2次産業への社会移動、すなわち非農業へのシフトを随伴するものと見られてきた。

　しかし、佐世保市への信徒世帯の移住を跡づけてみると、確かに都市に移住して第2次産業等に従事する信徒が増加する一方で、こうした移動と相違する信徒世帯がかなりの数に及んでいたことが判明する。その結果、移住した信徒間で職業的多様性が生じることになった。

　まず、第1節および第2節で、佐世保市の都市展開および各地への信徒の移住の経緯と居住の展開を解明する。次に第3節で平戸島(平戸市)の中心部、第4節で諫早市への信徒の移住の経緯と居住の展開を明らかにする。第5節で、北松浦半島の産炭地への信徒の移住と他出の状況にふれ、さらにこの時期に増加した産炭地における家族形成の一端に言及する。

第1節　佐世保市の都市と産業の展開
　　　—— 軍事都市における農業需要 ——

　海軍鎮守府の開設以来、佐世保市は軍事・工業都市へと大きく展開した。まず旧佐世保村の市制への移行および周辺部との合併を概略し、次に鉱工業と農業を中心に佐世保市の産業の展開を跡づけていく。

都市の展開と周辺部との合併

　佐世保市は1889(明治22)年に軍港に指定され、翌年に海軍鎮守府・造

船部（海軍工廠の前身）が開府・開設された。その4、5年前（1884年）の佐世保村の人口（3,765人）が、軍港指定の前年に7,168人（1,320世帯）、鎮守府開設の10年後の1900（明治33）年に4万人に急増する（佐世保市史政治行政編 17頁）。

こうした人口の急増を背景にして、市制施行の機運が佐世保村に生じる。しかし急激な都市化・市街地化の進行は海岸地域に限定されたもので、周辺（東北部）は農村地域にとどまっていた。そのため周辺の横尾免・山中免・熊ヶ倉免を分村（佐世村）し、1899（明治32）年、佐世保村が市制を施行した。こうした合併の事情のため、当時の佐世保市の市域は東西約4km、南北約10kmと非常に狭小であった。

その後の佐世保市の周辺部との合併と人口動向を見ていきたい。佐世保市は、まず1927（昭和2）年に、東接する日宇村および分村した佐世村と合併している。この当時、佐世保市の市街地は日宇村および佐世村の佐世保川流域とつながっていて、市と村の境界が判別できない状況であった（佐世保市史政治行政編 175頁）。

次に、第二次世界大戦前の1938（昭和13）年、西接の相浦町と合併している。当時の相浦町は石炭積出港・漁業基地として人口が集積し、佐世保市との間は道路および軽便鉄道で結ばれていた。佐世保市の海軍施設が相浦に拡張した時期であり、合併は海軍の要望をうけたものであった。相浦町との合併で、佐世保市の人口は190,418人に増加している（佐世保市史政治行政編 223-8頁）。

さらに、第二次世界大戦中の1941（昭和16）年、佐世保市は早岐町・大野町・皆瀬村・中里村と合併している。日宇に隣接する早岐町は北松の交通の要衝で、合併当時は約1万人であった。佐世保市北部に接する大野町・皆瀬村・中里村は農村地域であったものの、石炭産業の勃興と軽便鉄道の開通で人口の増加期であった。とりわけ大野の人口は1万に達し、1940（昭和15）年に町制に移行した直後の合併であった。佐世保市の人口は266,269人に達する（佐世保市史政治行政編 245-59頁）。

第二次世界大戦後にも周辺部との合併が進んだ。市町村合併促進法をうけて、1954（昭和29）年、佐世保市は北接の柚木村と相浦沖の黒島村を編入

第7章　都市（近郊）への農業移住と炭鉱における家族形成

合併している（佐世保市史政治行政編 431-41 頁）。さらに 1958（昭和 33）年、佐世保市東南部の江上村・崎針尾村・東北部の折尾瀬村・宮村（いずれも東彼杵郡）を編入合併している。平成期に入って 2005（平成 17）年に北松浦郡吉井町・世知原町、2006 年に小佐々町・五島列島北部の宇久町、2010 年に江迎町・鹿町町を編入合併している。2018 年現在の佐世保市の人口は 250,292 人である。

海軍工廠と鉱工業

次に、佐世保市の人口急増の大きな要因であった工業の展開を見ていきたい。

① 海軍工廠

明治中期、軍鎮守府・造船部（海軍工廠の前身）が開府・開設され、海軍工廠とともに民間産業が発展した。1892（明治 26）年、造船部のドック建設が始まり、1895（明治 28）年に本格的な造船が開始する。工員数は 1906（明治 39）年に 7,071 人、さらに大正期（1921 年）に 12,049 人に達した。その後、ワシントン軍縮会議による大幅な人員削減（大正末年には 7,840人）に直面したものの、第二次世界大戦が起こった昭和期には人員が急増している。

② 民間産業

一方、明治・大正期の佐世保市の民間産業は、急激な都市化に伴う土木建設業と海軍を取引先とする食品産業や海軍工廠の下請けの鉄鋼業であった。

食品産業の第 1 は、醤油の醸造であった。1887（明治 20）年、福岡県筑後の出身者が天満町に丸善醤油を開業したのが嚆矢である。醤油の醸造所数は明治末年に 6、大正期に 13 に増加し、佐世保市を代表する産業に発展した。清酒の醸造・菓子製造も海軍の需要に対応したもので、佐世保の重要な産業に成長した。また石鹸・ガラスの製造も佐世保市の主要産業になった（佐世保市史産業経済篇 155-89 頁）。

さらに、明治・大正期、石炭の生産は北松で広く行なわれ、北松浦郡鹿町（現佐世保市）の鹿町炭鉱、佐々町の神田炭鉱・芳の浦炭鉱、江迎町（現佐世保市）の潜龍炭鉱等で大規模な生産が開始される。しかし昭和初期の旧佐世

保市内の炭鉱は、小佐世保・中通・名切・日宇の各地区に8鉱が創業していたものの、小規模で経営も不安定であった。

　第二次世界大戦後、佐世保市の発展の中心であった海軍工廠は解体となった。しかし、その造船部門の施設を利用して、佐世保船舶工業会株式会社（SSK）が創設された。厳しい経営が続いたものの、佐世保が朝鮮戦争（1950年）の連合国海軍基地になったことで、SSKは経営を安定させ、佐世保市に特需景気が訪れている（佐世保市史産業経済篇217頁）。

　なお、第二次世界大戦後の佐世保市における石炭の産出は、軍による土地利用の制限が解除され34鉱が創業している。しかし規模は小規模なものであった。

農業

　海軍鎮守府・工廠の開府・開設後、佐世保村で農地の宅地化が急激に進んだ。市制施行時、佐世保市の西海岸に海軍鎮守府・工廠が立地し、中央部の海岸と奥の2つの谷（谷郷・名切）に市街地が形成された（佐世保市政治行政篇24-5頁）。図7-1のように農地が残ったのは、市街地奥から佐世村にまたがる丘陵・山岳の一部であった。佐世保市の都市化の結果、明治後期の農家比率は総戸数の2％に低下した。

　しかし、海軍・工廠の立地や急激な都市化は、佐世保市に近郊型農業の需要を高め、大正期には、農家数は増加に転じた。平地の水田面積は減少をつづけたものの、山林原野の開発・開拓が進み、農地は46町歩増加した。その一方、大正期の農地の所有状況は、自作農が減少して小作農が増加し、農地面積で約2対1の比率になっている（佐世保市史産業経済篇321-33頁）。この時期に発行された『佐世保郷土誌』（1919年）に「山林原野400町歩の内には開墾に適する土地少なからずこれらを整理して園芸地と為し適応の作物を奨励して土地経済の道を講するは寧ろ本市農業の改善を図るの道」（153頁）とあり、佐世保市で開拓・開墾が提案されている状況がうかがえる。

　昭和期になると、佐世村と日宇村との合併で農家数がさらに増加し、1927（昭和2）の農家比率は7.2％に上昇した。その一方、小作農家は4割に及んだ。さらに農業が主産業である早岐町・大野町・皆瀬村・中里村との

第7章　都市（近郊）への農業移住と炭鉱における家族形成

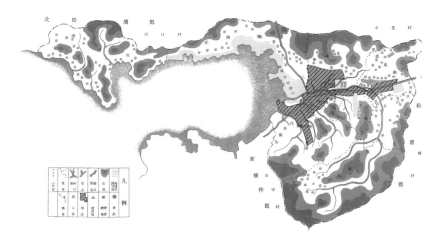

図 7-1　市制施行時の佐世保村

注）『佐世保市史政治行政篇』（24-5 頁）。なお市街地を見やすくしている。

合併で、佐世保市の農家比率は 1 割近くに達し、農業は佐世保市の主要産業の 1 つに回復する（佐世保市史産業経済篇 335-8 頁）。

　第二次世界大戦後にも開拓地と旧軍用地の利用で佐世保市内の農地は拡大した。表 7-1 の①は開墾助成法に基づく奨励金交付地区名、②は自作農創設特別措置法に基づく開拓農業組合、③は旧軍用地の農地開放地である。

　このうち①は、大正・第二次世界大戦前の大正・昭和期に実施されている。現在の佐世保市東部では早岐近辺の指方が開拓地に指定され、現在の佐世保市北部では大野と柚木の北方に位置する丘陵および山岳の村上野原・開作・赤木場・平川原、皆瀬の北方に位置する丘陵および山岳の高峰・福井が開拓地に指定された。

　②は第二次世界大戦後に実施されている。佐世保市内の開拓地の烏帽子は佐世保市中央の海岸地区の後背をなす 568m の山の中腹で、二ツ岳は早岐近辺の山の中腹である。佐世保市の東部の早岐近辺では大崎・宮村の開拓地が指定され、現在の佐世保市北部の柚木と大野の北方に位置する板山原、皆瀬の北方に位置する牟田原・吉井、佐世保市西部の相浦の西方に位置する小

表 7-1　佐世保市および周辺の開拓地・開放地

①開墾助成法に基づく奨励金交付地区

村名	開 墾 地 名
江上村	指方耕地整理組合
吉井村	高峰第二耕地整理共同施行
吉井村	福井第二耕地整理組合
世知原村	村上野原免第二耕地整理組合
世知原村	開作免第二耕地整理組合
世知原村	赤木場免耕地整理組合
世知原村	平川原耕地整理組合
上志佐村	赤木耕地整理組合
上志佐村	鳥渡馬伏耕地整理組合
江迎村	長坂中尾耕地整理組合
江迎村	太平耕地整理組合
江迎村	山口耕地整理共同施行

注）『開墾地移住ニ関スル調査（第 2 輯）』（72-3 頁）の関連部分を抽出したものである。
　　吉井村の「高峰」は、出典には「大峰」と記されている。しかし、地元資料等での確認で「高峰」に訂正した。

②自作農創設特別措置法に基づく開拓農業組合

市町村名	開拓地名	世帯数
佐世保市	烏帽子	36
佐世保市	二ツ岳	3
崎針尾村	大崎	7
宮村	宮村	11
江迎村	白岳原	34
江迎村	石森	20
世知原町	板山原	7
佐々町	牟田原	23
佐々町	盲ヶ原	8
鹿町町	鹿町町	19
小佐々	小佐々	40
吉井町	吉井	7
柚木村	柚木	4

注）『長崎県農地改革史』（211-2 頁）に基づき作表した。
　　佐世保市・佐々町以外は旧町村名でいずれも現在は佐世保市内である。

③旧軍用地の開放地

地区	所在地	地　区	戸数
早岐	下苗手	下苗手	17
早岐	權常寺町	權常寺	7
早岐	陣ノ内免	海軍共済病院跡	10
日宇	大塔町	大塔	6
日宇	白岳町	白岳	43
日宇	大黒町	海軍射撃場跡	14
日宇	東浜町	東浦材料集積場	15
日宇	白岳町	二一空工日宇分工場	10
日宇	黒髪町	菫ヶ岡倉庫	20
日宇	天神町	天神岳砲台	31
日宇	大和町	日宇村材置場	22
日宇	大塔町・白岳町	尼潟火薬庫	76
日宇	黒髪町	菫ヶ岡工員宿舎	19
中通免	大久保町	桜台砲台	6
横尾免	横尾町	前岳砲台	50
赤崎免	下船越免	海軍工廠船越	11
庵ノ浦免	庵ノ浦免	庵ノ浦機銃陣地	3
庵ノ浦免	庵ノ浦免	庵ノ浦高角砲台	62
庵ノ浦免	下俵ヶ浦免	向後崎防築区	14
庵ノ浦免	下俵ヶ浦免	向後崎砲台	17
庵ノ浦免	下俵ヶ浦免	馬川兵舎	32
庵ノ浦免	下俵ヶ浦免	丸出山砲台	55
庵ノ浦免	下俵ヶ浦免	小首堡塁	15
母ヶ浦免	母ヶ浦免	母ヶ浦工員養成所	47
日野	下北平免	鶯之浦工場	137
日野	上北平免	牽牛崎砲台	41
高島免	高島免	高島砲台	5

注）『佐世保市史産業経済篇』（348-50 頁）に基づき作表した。

第 7 章　都市（近郊）への農業移住と炭鉱における家族形成

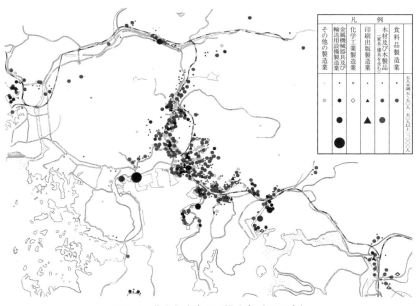

図 7-2　佐世保市内の工場分布（1954 年）
注）『佐世保市史産業経済篇』（232-3 頁）。なお凡例を見やすくしている。

佐々（長崎山）が開拓地に指定されている。

③は、旧海軍用地を農家に開放したもので、27 地区で 793 世帯が増反（開墾）をめざした。日宇の 10 地区、庵ノ浦の 7 地区、早岐の 3 地区が多く、旧海軍用地のため海岸、とりわけ半島部等の開放が目立つ。

さらに、第二次世界大戦開戦後、農地改革が実施された。佐世保市は比較的自作農の割合が高かったとされるが、その中でも早岐の小作の割合はかなり高いものであった（佐世保市史産業経済篇 345-52 頁）。

周辺部の状況

図 7-2 は、高度経済成長期直前の佐世保市の工場分布である。佐世保市の主産業の金属機械製造が中央部西側の海岸地域に立地し、明治中期以降に主産業となる食料品製造も中央部に集中している。周辺部では、日宇と相浦に若干の金属機械製造や食料品製造等が見られ、さらに数は少ないものの皆

瀬と大野に工場が散見される。

　一方、昭和30年代までの佐世保市の農業は、「中里、皆瀬、大野、柚木などの純農村型、旧市内の純都市近郊農業型、相浦、日宇の中間型」（佐世保市史産業経済篇364頁）と区分され、周辺部では農業地区の色合いが残っていたことが分かる。

第2節　佐世保市への信徒の移住と居住の展開
　　　　──明治・大正・昭和初期──

　佐世保市には、編入合併の黒島をのぞき江戸期のキリシタン集落は見当たらない。佐世保市内・周辺部の教会周辺の集住地は、江戸末期・明治以降の移住地であった。

佐世保市中心部
① 中心部

　佐世保市中心部（旧佐世保村）では、海軍鎮守府開府の翌年に祈りの間が開設され、数世帯の信徒が集会したという記述がある。その数年後には谷郷町に仮聖堂が設立され、佐世保村に新小教区が発足した（大野カトリック教

写真7-1　佐世保市

第 7 章　都市（近郊）への農業移住と炭鉱における家族形成

写真 7-2　三浦町教会

会 4 頁）。そのため明治中後期には、現在の中心部と相浦にも信徒が居住していたことが判明する。

　大正 10 年生まれの三浦町教会の信徒の記憶によれば、昭和初期、小学校の同級生（信徒）は五島出身者が最も多く、次に長崎市（浦上）出身者が多かったという。長崎市（外海）出身者もいて、小学校の同級生の親の多くは軍関係の仕事であった[1]。この信徒の母親は外海（黒崎）の出身で、祖父母が佐世保市に来て商売を始めていた。外海の中では黒崎出身の人が多く、軍港関係の仕事に従事していたという。父親は福岡県大牟田の農家の三男で、軍隊を除隊した後、佐世保の丸善醤油で働いていた。開業当初の丸善醤油はもろみを築後から取り寄せて製造していたが、数年後には本格的な製造を開始し、その後、醤油製造の主導企業になった（佐世保市史産業経済篇 162-3 頁）。当時の丸善醤油では 40 人ぐらいが働き、福岡県の出身者が多かったという。

　昭和初期の状況に関して「海軍工廠の 7 時 10 分の出勤時限……5 時から起きて薪で炊いた朝飯を食べさせられ、弁当を持って歩いて出勤していたような信徒家族」（俵町小教区 50 年誌 49 頁）とあり、中心部には海軍工廠関係に勤める信徒世帯が多かったと推測される。

　② 中心部（北部）
　一方、1929（昭和 4）年生まれのシスターの手記に「私は田代町に住む

表 7-2　俵町教会の信徒居住地（一部）

町　　名	世帯数	人数
烏帽子町・田代町	14	59
桜木町・赤木町	16	54
横尾町	24	75
松山町	16	44
松山町	17	38
松山町	13	39

注）『俵町小教区50年誌』149-55頁を集計したものである。

……百姓の娘……でございます。当時は松山カトリック教会に通っておりました」（俵町小教区50年誌41頁）とあることから、松山教会（現在の俵町教会）の信徒世帯には農家が含まれていたことが分かる。

　松山教会は図7-3の旧佐世保市中心部の北部を管轄とし、巡回教会の烏帽子教会を含めて12地区に区分される。表7-2は、そのうちの6地区の世帯数である。一方、世界農林業センサス集落カードに掲載されている俵町教会の管轄の田代・赤木・横尾・松山の1970年の農家比率は田代88.9%、赤木93.8%、横尾9.1%で、少なくとも田代、赤木の信徒世帯が農業に従事していたことが推測できよう。

相浦・浅子・船越
①相浦
　図7-4の大潟では、江戸後期、後背の山地の土を海岸に入れる水田整備と農地改良が行なわれ、大正・昭和初期には大規模な小作地が存在していた。こうした小作地の中には、小作争議の発生のために小作人が入れ替わったところも多かった（相浦郷土史188-9頁）。
　『山口村郷土誌』によれば、キリスト教が「平戸地方に廣まるに及び地形上、交通上黒島の人の平戸に出入りする當り逐次黒島に廣まり遂に明治14年、5年の頃より黒島を経て本村に入るに至る」（111頁）と記されている。

第 7 章　都市（近郊）への農業移住と炭鉱における家族形成

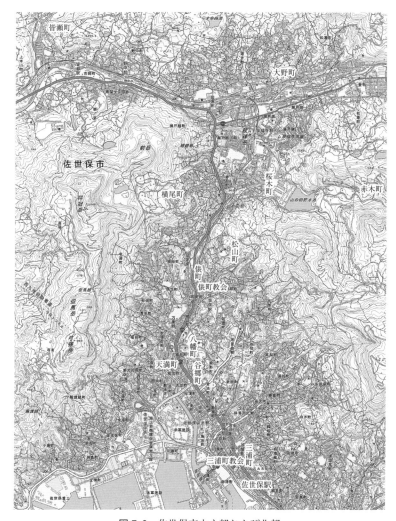

図 7-3　佐世保市中心部および北部

一方、『相浦郷土史』（1993 年）に「明治 39 年に平戸よりカトリック信者の久家三喜松さん一家が移住し、西彼大島より、中村新太郎さんの家族ほかが移住し、明治 42 年頃までに 8 世帯位の信者が相浦にも住むようになった」（304 頁）とある。1930 年代前半（昭和 7、8 年頃）になると、信徒世帯は 40

279

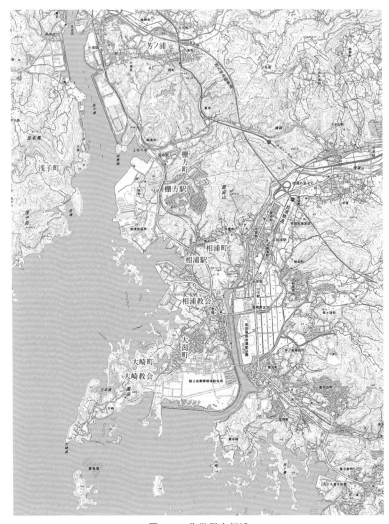

図 7-4　佐世保市相浦

世帯に増加している（相浦カトリック教会献堂 25 年誌 5 頁）。
　表 7-3 は、褥崎教会から佐世保市への挙家の他出世帯である。一小教区から大正・昭和初期に相浦だけで 3 世帯が移住している。他の小教区を合わせれば、相当の信徒世帯が流入したと推測される。

第 7 章　都市（近郊）への農業移住と炭鉱における家族形成

表 7-3　褥崎教会から佐世保市への転出（1921-1953 年）

	明治期	大正期	昭和期 戦前期	昭和期 戦後期	時期不明	備　　考
浅子（梶ノ浦）	2	-	-	-	-	瓦職人
相浦	-	1	2	1	-	戦後期は加勢炭鉱を経て転入
相浦（日野）	-	-	-	1	1	
船越（鴛浦）	-	-	-	-	2	
佐世保	-	-	1	2	-	

注）『褥崎 128 年—褥崎小教区沿革史』102-6 頁を集計したものである。

表 7-4　溝口家・鴨川家・谷脇家の居住地と他出先

	時　　期	大崎 溝口家	神崎 鴨川家	谷脇家
第 1 世代 溝口家の最初の世代	江戸時代後期	外海 黒崎　西彼杵　永田		
第 2 世代 鴨川家の最初の世代	江戸時代後期	外海 黒崎　神之浦　神之浦	外海 永田　黒崎	
第 3 世代	江戸時代後期	黒島	神崎	
第 4 世代	江戸時代後期	黒島	神崎	
第 5 世代 谷脇家の最初の世代	明治期、 一部江戸期	大崎	神崎　ブラジル	高島
第 6 世代	大正・昭和期	大崎　浅子　大村　宮崎	神崎（4 女が溝口家へ）	大崎
第 7 世代 （現在の 1 世代前）	大正・昭和期・ 平成期	大崎	神崎	大崎（長女・次女が溝口家へ）
第 8 世代 （現在の世帯主・世帯主の親世代）	昭和・平成期	大崎	神崎	大崎

注）世代は溝口家の系譜による。鴨川家の世代はマイナス 1、谷脇家の世代はマイナス 4 で計算した。
　最初の世代は、系譜図に記されている最初の世代である。

　大崎にも大正期までに、まず 6 世帯程度の信徒世帯が来住した。昭和初期に 8 世帯から 14、5 世帯に増え、さらに昭和 10 年代には 40 世帯ほどに増加している。とりわけ五島から多くの信徒世帯が来住している[2]。

こうした昭和初期の相浦の状況は、大崎教会信徒の3兄妹（いずれも当時89歳・83歳・78歳）とその子ども世代2人への聞き取りから明らかになる。聞き取りをした3兄妹は表7-4の谷脇家の第2世代である6人の子どものうちの3人である。上の子どもの2、3人が生まれた大正期末から昭和初期に、挙家で長崎港沖の高島から大崎に移住した。両親は一本釣り、樫網などの半農半漁であったという[3]。その当時、大崎に来住していたのは、金松家・中村家（黒島）・安永家・山本家・溝口家（黒島）・松本家などのカトリックの信徒であった。家族労働で家近くの海でイワシ網漁をし、旧制小学校4～6年の子どもが籠をかついで相浦の魚市場に魚を持って行ったという。農業に関しては、大崎は石が多い条件不利地のためにいもや麦を植えていたという。「米を買う金がなかった」ので米はあまり食べていなかった。当時の状況に関して、「昔はあわれであわれで」あったという。
　しかし、そのうち大崎に砥石用の石工場が進出し、大阪の工場に製品を送るようになった頃から、大崎は「繁盛」したという。住民は石工場で働くことができ、米が買えるようになったのである。こうした地域状況の変化の結果、当初の8世帯が14、5世帯に増え、さらに昭和10年代には40世帯ほどに増加した。また石屋の職人も住むようになった。五島からの移住も増加して、岩村家・野中家・畠山家・松本家・明松家等が来住した[4]。さらに五島から嫁いだ人たちの親戚も来住し、第二次世界大戦後の昭和30年代には60世帯程度に増加している。草分けの家族の場合、昭和45年頃から第4世代が分家を建てた時期であったという。
　昭和初期は、佐世保に所在する軍用施設が相浦に移転・拡大していく時期にあたる。『相浦郷土史』に記載されている「大潟町開拓の記録」には、「昭和13年……突然、軍部の土地強制買収を受け、水田50町歩と潮遊び20町歩を無条件売渡となり、間もなく海軍軍用地に早変わり」（相浦郷土史183頁）とある。黒島から相浦に移住した安永大吉家の場合、宮崎市田野町法光坊での聞き取り調査で、相浦の土地を軍に接収されたことが、1930年の法光坊集落への移住の契機になったという（第8章表8-1参照のこと）。
　② 浅子
　浅子教会の洗礼名簿によれば、浅子への信徒の最初の来住は、1883（明治

第 7 章　都市（近郊）への農業移住と炭鉱における家族形成

表7-5　浅子の人口

年	1918年	1925年	1927年	1955年	1965年	1975年	1985年	1995年	2002年	2013年
人口	-			889	667	613	583	531	486	359
世帯数	42	83	107	159	137	134	144	142	154	134

注）佐世保市教育委員会『ふるさと歴史めぐり』（2014年）80頁を基に作成した。

写真7-3　浅子教会

16）年である。梶ノ浦に最初の2世帯が移住した3年後、3家族が来住している。1897（明治30）年に信徒世帯は15世帯に増加する。二本松に居住した出口家の場合、1899（明治32）年に来住し、当時信徒世帯は6世帯であったという。なお出口家は外海地区三重から黒島に移り、明治中期に平戸市田平に移住後、浅子に定着したという（ふるさと歴史めぐり 79-80頁）。

　大正期（1917年）の梶ノ浦の大瀬炭鉱の開坑後、浅子の信徒数が急増した。浅子の世帯数は、表7-5のように、約10年間で2.5倍に増加している。この当時の佐世保市周辺の炭鉱は小規模な上に採炭の技術水準が低く、いたるところで人員整理・賃金引下げが行なわれ、労働争議が絶えなかったという。こうした炭界不況の深化の結果、閉山する炭鉱も現れている（佐世保市史 272-5頁）。相浦署が管轄した炭鉱の1939（昭和14）年のリストに浅子の炭鉱の掲載はない（相浦郷土史 397頁）。そのため、この時期までに浅子にあった炭鉱は閉鉱したものと推測される。2014年現在、浅子は134世

帯 359 人で、住民の 8 割が信徒世帯で、主な産業は漁業である（ふるさと歴史めぐり 80 頁）。

③ 船越

図 7-5 の旧相浦町の船越は、佐世保と相浦の中間に位置する。船越は農業地区で、第二次世界大戦中も軍事作業に従事しながらも「町民一体となって田畑を耕作していた。終戦後、……一層農業に力を入れていたようだ」（船越郷土のあゆみ 22 頁）とある。また世界農林業センサス集落カードでも、海軍施設（現在米軍施設）のある下船越をのぞき 1970 年の船越・庵浦・野崎・俵ヶ浦の農家比率は約 4～8 割台で、農業地区だったことが裏づけられる。

また、船越には何人かの網元がいて、共同で船団を作り一船団 5 隻でハチダ（イワシ）漁をし、海岸で煮干し（イリコ）を製造している。そのため農業労働に加えて、漁労・煮干し製造の仕事があったことが分かる（船越郷土のあゆみ 24 頁）。実際、第 2 章第 3 節の佐世保市黒島の出稼ぎ先でふれたように、黒島の信徒は船越の網元の下で漁労に従事していた。おそらく黒島の信徒の船越への移住の背景には、こうした出稼ぎが関係したと推測される。

船越の鶯浦（おしのうら）等に、五島・平戸・黒島から信徒世帯が移住している。移住世帯の職業は、海軍関係や農業・漁業等であった。1923（大正 12）年に集会所（祈りの場）が設立されていることから（鹿子前小教区設立 25 周年記念誌 24 頁；よきおとずれ 996 号）、信徒が一定数に及んだと推測される。表7-3 にも時期不明ながら、一小教区から複数の世帯の移住が確認できる。他の小教区からも信徒の移住があったことが推測できよう。

なお、高度経済成長期に佐世保市内に信友会（カトリック勤労者の会）が設立されている（鹿子前小教区設立 25 周年記念誌 24 頁）。SSK の従業員主体で、船越教会の信徒が副会長に選出されている（三浦町カトリック教会献堂 50 年誌 43 頁）。高度経済成長期、通勤の便のよい船越（とりわけ鹿子前）等で非農家世帯が増加したことを反映するものといえよう。

第 7 章　都市（近郊）への農業移住と炭鉱における家族形成

図 7-5　佐世保市船越

佐世保市東部

① 崎辺

崎辺半島は佐世保駅から3、4kmの距離にあるものの（図7-6）、天神山と崖山の山城陣に連なる半島入口の急峻な地形のために、長い間、中心地との交通が遮断された僻遠と同等の地であった。大正期に急勾配の道路が開通し、さらに戦前期になって切通しが開かれ、バスが運行している（烏帽子は見ていた 268頁）。

崎辺に信徒が移住したのは、昭和初期であった[5]。1931（昭和6）年頃に永谷金之助家、1932（昭和7）年頃に池田義房家の来住が草分けで、その移住地は現在の東の浦（東浜町）の丘陵であったと推測される。永谷家は黒島、池田家は五島（ただし池田姓は黒島の可能性もあり）出身と見られる。その後、上五島の野崎島瀬戸脇から白浜静雄家の来住など移住世帯がつづき、第二次世界大戦前に15世帯程度に増加した（天神教会の歩み 14頁）。なお平戸市紐差での聞き取りでは、1929（昭和4）年に完成した2代目の紐差教会の建設の2年前に、紐差小教区の信徒が天神に移住したという。そのため永谷家と池田家の来住以前に、平戸からの移住世帯があったことが推測される。

第二次世界大戦前は、崎辺の丘陵の十郎原の開拓が進んだ時期である。「東ノ浜の漁民の土地への憧れ、天神南部の農民の増加や二、三男の分家が耕地の開拓、開墾」（烏帽子は見ていた 258頁）を推し進め、開拓地で野菜、いも、麦等の畑作物を生産した。1934（昭和9）年に崎辺半島の南部の海面を埋め立て崎辺航空隊（現在の海上自衛隊・米軍基地）が設置されたことも、居住が広がった要因の1つと推測される。

この時期、崎辺（天神）は田100町歩・畑100町歩の農業地区で、東ノ浦（東浜）の海岸は漁業地区であった。明治中期、海軍鎮守府の開府で移転を余儀なくされた島地の7世帯が「移住してきた東ノ浜の浜方には先住の人が住んでいたので、上の山地を開いて家を建てた」（烏帽子は見ていた 254頁・264頁）とあることから、明治期にも開拓が行なわれていることが判明する。こうした点から、信徒の天神への移住は後発であったといえよう。この時期の天神の地価は表7-6の通りである。当時の田畑売買価格の全国平

第 7 章　都市（近郊）への農業移住と炭鉱における家族形成

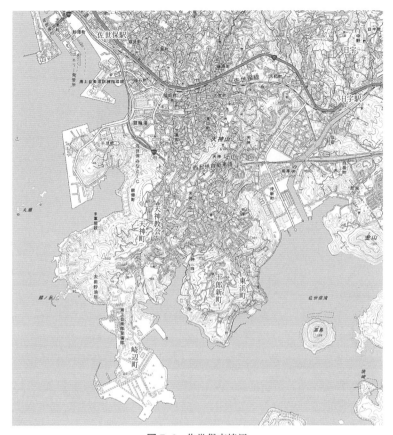

図 7-6　佐世保市崎辺

均が普通田 1 反 706 円、普通畑 1 反 421 円であり、天神の土地は全国平均の約 3 分の 1 の価格であった。山林原野はさらに低価格であった。すなわち、地価（おそらく小作料）の安さが、天神とりわけ丘陵に信徒の移住が促進した背景の 1 つと推測されよう。

　この時期の十郎原の開拓移住者に関して「土地の所有者（耕作者）は、天神の人より東の浜（東浜町）の人が多く、半農半漁で畑を耕作し、いもなどできたものは天秤棒で担って下っていった」（烏帽子は見ていた 258 頁）とある。東浜の海岸の次・三男の場合は自作であったこと、来住の場合は小作あ

写真 7-4　佐世保市崎辺（天神）

表 7-6　大正期の地価

地目	天神		皆瀬	大野
	価格（1 坪）	1 反	1 反	1 反
宅　地	1 円	－	－	－
田　地	1 等 1 円～3 等 60 銭	300 円～180 円	309 円	366 円
畑　地	1 等 70 銭～6 等 20 銭	210 円～60 円	75 円	90 円
山　地	13 銭	39 円	12.5 円	－
原　野	10 銭	30 円	7.7 円	－

注）『烏帽子岳は見ていた』266 頁；『ふるさと皆瀬の郷土誌』139 頁；『大野の郷土誌』193 頁を基に作成した。
　　1 反の価格は 1 反 300 坪で計算した。

るいは自小作での開拓移住であったことが推測されよう。実際、聞き取りで、第二次世界大戦後の農地改革で土地の所有状況が変更されたことがうかがえた。

　崎辺半島における信徒の居住は、大まかに言って同郷世帯の集住であったと見られる。東浜町と天神 3 丁目の丘陵に黒島出身の世帯、天神教会のある天神町と天神 2 丁目に五島出身の世帯が住む傾向にあった。

　1960 年代後半から崎辺半島に住宅やアパート、市営団地が建築され、人口密集地区の一つになる中で、農業移住以外の信徒の居住が広がった。天神

第 7 章　都市（近郊）への農業移住と炭鉱における家族形成

表 7-7　天神教会の信徒世帯数

年	1983 年	1988 年	1990 年	1995 年	2000 年	2005 年	2010 年	2015 年
世帯数	112	145	144	152	160	150	148	130

注）2015 年の世帯数は、10 年以上連絡の取れない信徒世帯を除外したものである。

　教会が小教区として独立した 1992 年以降の来住世帯は、上五島（仲知 4・大曽・冷水）・黒島 3・長崎 2・福江 2・伊王島 2・鹿児島・浅子・平戸（上神崎）等で、上五島、黒島出身の世帯が多い。新来の信徒も同郷の世帯の近くに家を定め、集住傾向が残存しているようである。平戸島出身の女性が崎辺の信徒世帯に婚入するケースも見られたという。また地区内の交通不便な場所から住宅の少なかった教会の下側や教会（汐入）近辺への転居や居住が生じている。

　表 7-7 は、天神教会の信徒世帯数である。100 世帯強で推移している状況が分かる。その一方で、都市化の影響も生じ、移動世帯が増加している。聞き取りでは、自衛隊・警察勤務の信徒世帯の転入と転出が多いという。教会組織を地区割りの班にしているが、世帯数が増加し、下位区分した班、信徒が数世帯に減少した班があるという。

② 早岐

　第二次世界大戦前、早岐の主産業は農業で、早岐を含む旧東彼杵郡は小作比率が非常に高い地域であった（長崎県農地改革史 134 頁）。戦後の自作農創設特別措置法に基づく開拓地に、早岐地区の旧江上村の指方が指定されている。

　図 7-7 の早岐の地図で分かるように、現在でも農業が継続する集落は、丘陵と山間の集落である。世界農林業センサス集落カードでは、1970 年の早岐は農家比率が 7 割以上の集落が多く、平地に近い集落でも 3～4 割を占め、第二次世界大戦前の早岐が農業地区であったことがうかがえる。早岐近辺の旧折尾瀬村・旧江上村・旧崎針生村・旧宮村の農家比率は全般的に早岐を上回り、周辺部はさらに農業地区の色合いが濃かったと推測される。

　三浦町教会の信徒の話から、外海の出身者が早岐近辺に移住した可能性がある。『よきおとずれ』（995 号、2012 年 5 月）によれば、早岐小教区の巡回

図 7-7　佐世保市早岐

教会(川棚教会)のある川棚町には、第二次世界大戦前、信徒 2 世帯が居住していた。

大野・皆瀬

① 大野

1942 (昭和 17) 年に佐世保市と合併した大野は佐世保市北部に位置し、旧世知原町に接している。図 7-8 のように柚木・旧世知原町から連なる相ノ浦谷の周辺で、相浦 (大野) 川沿いに平地が広がっている。国道 204 号線が佐世保市中心部から伸び、大野は松浦鉄道の泉福寺・左石駅が立地する交通の要衝である。北部の山裾に開拓された知見寺・松瀬岡・原分岡・大野

第7章　都市（近郊）への農業移住と炭鉱における家族形成

田原・原分田原の5免と東南部の丘陵に松原・矢峰・瀬戸瀬の3免が位置する（大野カトリック教会 15頁）。大野の手前の「堺木（西海学院）を過ぎると田舎の風景が広がっていた」（カトリック皆瀬教会創設50周年記念誌）とあり、大野・皆瀬も農村地域であった。

大野に「昭和の初期の頃より信者の人も少しずつ居た様」（大野カトリック教会創設25周年記念誌 15頁）とあることから、第二次世界大戦前の信徒の居住が判明する。『カトリック教報』（1976年6月号）に「大野には、藤村五郎作という、善良な家族がいて、食糧不足のおりから、大変な援助を受けたものである。広い田畑を所有していて、白米や里いもをたびたび戴いた」という三浦町教会の戦前の主任司祭の手記が掲載されていることから、信徒の農業従事が確認できよう。

なお、藤村姓に関して、『信仰告白125周年　黒島教会の歩み』に、外海地区樫山から黒島の名切に移住し、その中から藤村忠吉が平戸市田平に移住したことが記録され、『紐差小教区100年の歩み』にも平戸島紐差の木ヶ津に藤村姓が見られる。大野教会での聞き取りでは、藤村家と紐差のつながり

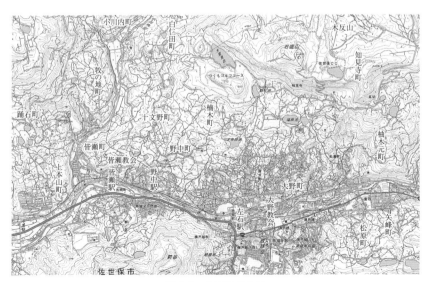

図 7-8　佐世保市北部

がうかがえた[6]。

　世界農林業センサス集落カード（1970 年）では、大野の北部の集落で農家比率が高い。とりわけ楠木は 14 世帯すべてが農家であった。10 年後の 1980 年代は総世帯が 25 世帯に増加し、そのうち農家が 12 世帯であった。この当時のカトリック世帯は 5 世帯である。相浦川の南側の丘陵にも一定比率の農家があることから、かつてはかなり高い農家比率だったと推測されよう。

　第二次世界大戦後、大野に雪印乳業佐世保工場をはじめとする事業所が進出し、準工業地帯に指定された。県営・市営の住宅が建設され、商店・学校・病院も立地し、大野はしだいに都市化していく（大野カトリック教会 18-38 頁）。

　② 皆瀬

　1942（昭和 17）年に佐世保市と合併した皆瀬と中里は、大野の西に位置し、北側は旧吉井町、西側は佐々町に接している。相浦川沿いに平地があり、国道 204 号線で佐々方面とつながり、県道で北側の松浦市と結ばれている。また川沿いの平地に松浦鉄道の野中駅・皆瀬駅・中里駅・本山駅が並び、平地の南北の山地に多くの集落が存在している。世界農林業センサス集落カードの皆瀬・中里の農家比率に関して、1970 年の相浦川北部の丘陵および山間の集落の農家比率から農業世帯が多くを占めていたことが明らかになる。

　大正期は「新教に属する者一人いたが詳細不明」（ふるさと皆瀬の郷土誌

写真 7-5　皆瀬教会

第7章　都市（近郊）への農業移住と炭鉱における家族形成

98頁）とあり、カトリック信徒は不在であった。『カトリック皆瀬教会創設50周年記念誌』（2005年）に初代婦人会長の手記が掲載され、1935（昭和10）年に平戸島の紐差から移住し、役牛1頭で農業に従事したことが記されている。移住地は白仁田と推定されるが、移住当時、周囲には信徒世帯はなかったという。

さらに、第二次世界大戦直後の皆瀬の状況をふり返り、1人の信徒が「農業で生計をたてている信者たちにとっては大変だったのです」（カトリック皆瀬教会創設50周年記念誌 27頁）と記していることから、相浦川北部の丘陵および山間に戦後も信徒の農業世帯が多かったことが分かる。

佐世保市における信徒の移住と居住の展開の社会的特徴

以上、佐世保市における信徒の移住と居住の展開についてみてきた。その社会的特徴を整理したい。

第1に、佐世保市の産業展開の中で、近郊型農業の需要が高まった点である。明治中期、海軍鎮守府・工廠が開設され、佐世保市の都市化・工業化が急激に進むものの、佐世保村の都市化・工業化は海岸地域に限定し、周辺地域を分離して狭小の範囲で市制が施された。以後、佐世保市は分離した佐世村を含めた周辺部との合併を推進した。実際、佐世保では、海軍工廠に最盛期1万人を超える工員が就労するとともに、海軍関係の産業が勃興した。公共交通・私交通が十分でなかったこの時期、戦前の海軍工廠や各産業、戦後の造船所等の従業者の居住地は、中心部の谷や海岸に限定されていた。

その一方で、海軍工廠等による工業化や急激な都市化は、近郊型農業の需要を高めることになったのである。とりわけ中心部の北側をとりまく丘陵で山林原野の開発や開拓が進み、農地が拡大している。また第二次世界大戦前に農業地域と合併したことで、農家比率は1割近くに達している。さらに第二次世界大戦後にも、佐世保市内と周辺部の都市化が進行する一方で、中心部の後背の山地や周辺部の山地で開拓が進められたのである。

すなわち、佐世保市は工業都市のイメージが強いものの、佐世保市の発展とともに、中心部をとりまく丘陵や南部の半島部、戦前の合併地区の丘陵や半島等の条件不利地に開拓移住・農業移住が生じたことが特徴といえる。

第 2 に、カトリック信徒の移住の特徴として、農業・開拓移住世帯が多く含まれていたことである。カトリック信徒世帯が佐世保市中心部に居住したのは、明治中期であった。海軍工廠等の海軍関係の仕事や自営業等の信徒が多かったと推測される。その一方で、中心部の北側でも農業世帯が確認されている。第二次世界大戦前に移住した信徒世帯の多くは、農業に従事していたのである。信徒が就農したのは、合併地区が大半であった。
　例えば、旧相浦町の大潟や大崎半島部の大崎は、農業を目的とした明治・大正期の移住地であった。また大正期の移住地であった俵ヶ浦半島の船越も農業地区と確認でき、多くの信徒世帯が農業に従事していたことが判明した。
　佐世保市北部の大野と皆瀬への戦前の移住も、農業移住であった。とりわけ丘陵および山間は農家比率の高く、就農を目的として信徒世帯が移住している。長い間、中心部との交通が不便であった崎辺半島の丘陵の天神もかつて農業地区であり、戦前期の早岐も農業比率および小作比率の高い地区であった。
　第二次世界大戦後になると、周辺部でも第 2 次・第 3 次産業への就労をめざす信徒の移住が主流を占めたと推測でき、さらに産炭地に移住する信徒世帯も急増した。しかし、第二次世界大戦後にも戦前からの農業の継続が見られたのも、佐世保市の信徒世帯の大きな特徴である。実際、第 9 章第 1 節でふれるように、第二次世界大戦後も佐世保市やその周辺に農業を目的とした信徒の新規の開拓移住が生じているからである。

第 3 節　平戸市平戸——平戸島への後発的移動——

　平戸島平戸（図 7-9）は、平戸藩の城下町で平戸島の中心部である。しかし平戸島の（上）神崎・古江に五島や黒島から移住があった 1887（明治 20）年頃は、平戸にカトリック信徒の居住は見られなかった。その約 10 年後の 1900（明治 33）年頃、中田家・滝下家・永田家等 7 家族が五島から戸石川町杉山に集団移住している（平戸教会の礎 14 頁）。第 2 章の表 2-3 の鯛ノ浦

第 7 章　都市（近郊）への農業移住と炭鉱における家族形成

写真 7-6　平戸市平戸

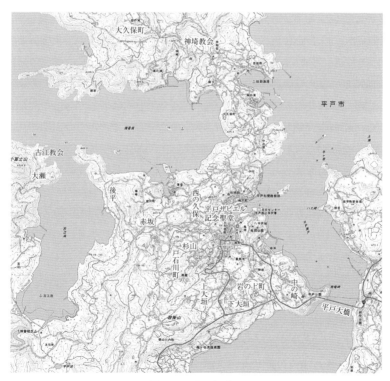

図 7-9　平戸市平戸

に中田・永田姓が見られること、「鯛之浦修道院 100 年の歩み」(1980 年 14 頁)に「鯛之浦キリシタンの中心人物と記されている滝下清造らは後、平戸に移住している」とあることから、最初の移住家族は上五島の中通島(鯛ノ浦)の出身であったと推定される。

さらに、五島と外海の山見家・峰家・小出家・松本家・平本家・広田家が赤坂・大久保・大垣等に移住している(平戸教会の礎 14 頁)。峯家は上五島福見に、松本家は上五島跡継に同姓が見られ、山見家も上五島に見られる名前である。一方、「西の久保小史」(1973 年)には、「明治 22 年前後五島方面の信者が集団で上神崎に移住し……集団移住した一部の者や第二次第三次に移住した者達は、上神崎よりはるかに条件の良い平戸を選び赤坂、杉山、大垣等に移住する者が多くなつた。それと相前後して下方(平戸島中南部＝引用者)から移住する者があり、明治 40 年頃には信者戸数は 30 数戸となつた」(25-6 頁)とある。前出の平本家は紐差の深川、広田家は紐差の紐差および迎紐差に見られる姓であり、平戸島中南部からの移住であったと推測できる。平戸に移住した世帯の多くが自作農で、小作は一部であった。出身地の土地・建物を売却した金で、平戸の耕作地が購入できたため、開墾の必要はなかったという(平戸教会の礎 23-4 頁)。

なお、農業の副業として漁業に従事する世帯や海運業に従事する世帯が現れている。さらに大工・木挽き等の職人に転じた世帯、地主の土地管理人、公務員・医師(医院開業)、助産師等の職業の展開が見られる(平戸教会の礎 24-7 頁)。

第 4 節　諫早市——無線局の配置転換と信徒の増加——

長崎県の中央部で大村市に南接する諫早市(図 7-10)も、明治以前は信徒が不在の地であった。表 7-8 で、昭和初期以後のカトリック信徒の諫早への移住が確認できる。昭和初期に 12 世帯 47 人の信徒が移住し、このうち 11 世帯の出身地は、『諫早小教区史』に「長崎地方」とある。聞き取りでは、浜口澄江が長崎市内と判明したものの、他の出身地区は不明である[7]。

第 7 章　都市（近郊）への農業移住と炭鉱における家族形成

草分けの信徒の職業は、『カトリック諫早教会創立 75 周年記念誌』の記事や手記によれば、田川留五郎と大村出身の森初五郎は商売、石橋猛は教員、東与吉は農業であった（32 頁・111 頁）。このうち森家は、植松教会の信徒世帯に森姓が 2 世帯（旧竹松村・旧植松村）見られ、大村の分家世帯あるいは他出世帯の可能性がある。聞き取りでは、農業を志向して諫早に移住し

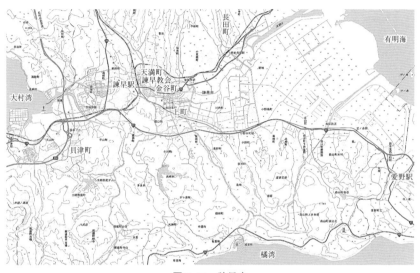

図 7-10　諫早市

写真 7-7　諫早教会

表 7-8　諫早周辺への信徒の移住

時期	出身地	世帯主	世帯員	時期	出身地	世帯主	世帯員	五島大瀬崎	住所
昭和初期	長崎	田川留五郎	6	1933（昭和8）年	五島等	川端好蔵	6	○	愛野
		石橋猛	5			中山安市	5		
		東与吉	5			中野善五郎	1		
		田口シヨ	5			中山ナツ	2		
		山口兼吉	7			中口馬吉	11		
		片岡伊吉	3			赤本福太郎	6		
		中尾熊夫	2			平野竜衛門	9		
		古川伊蔵	2			松田八重子	2		
		村山増夫	3			扇山鉄男	3	○○	諫早
		浜口澄江	2			浦口三吉	4	○	愛野
		片岡岩松	2			七田好夫	3	○	愛野
	大村	森初五郎	5			三村源松	2	○	愛野
合計		12 世帯	47	合計		12 家（13 世帯）	54	6	

注）『諫早小教区史・創立 44 周年記念』（16 頁）、『愛野カトリック教会創立 40 周年記念誌』（24 頁）を基に作表した。
　　○は、五島大瀬崎からの来住世帯数である。

　た人はそれほど多くなく、成功した人も少なかった。昭和初期の移住世帯の中には、その後、長崎に戻った世帯も多かったという。
　この時期に諫早に移住した信徒は、当初、旧竹松村の竹松教会に鉄道で通っていた。その後（1932 年）に、諫早教会が設立される（カトリック諫早教会創設 75 周年記念誌 38 頁）[8]。
　教会設立の翌年（1933 年）に、五島等から 12 世帯が移住している。このうち五島の出身が判明しているのは、五島大瀬崎の 5 家族（6 世帯）と中口家である。『愛野カトリック教会創立 40 周年記念誌』によれば、五島・福江島にあった大瀬崎無線局が諫早（受信所）と愛野（送信所）に移転し、愛野に 4 世帯、諫早に 2 世帯が転居している（24 頁）。聞き取りによれば、扇山家の場合、1932（昭和 7）年 11 月の五島、福江島の玉之浦大瀬崎にあった無線局（受信所）が諫早市金谷町に移転したことに伴う転勤であり、以

第7章　都市（近郊）への農業移住と炭鉱における家族形成

後、諫早に定住している[9]。一方中口家も、植松教会での聞き取りによれば、五島の出身で諫早市に第3世代まで定住し、1957年の諫早大水害に被災したため、大村市（旧西大村）に転居している。

諫早教会の信徒世帯は、表7-9のように戦前期に流入と転出を繰り返した後、戦後に増加に転じた。『カトリック諫早教会創立75周年記念誌』の記事や手記から、諫早市の発展に伴い多様な職業の信徒が来住したことがうかがえる。すなわち、第二次世界大戦後の1940年代には、例えばソウルから家族7人で引き揚げてきた信徒世帯、大村市から諫早に婚入した信徒、教員として諫早に勤務することになった信徒等がいる。1950～1960年代は、長田から徒歩あるいはバスと鉄道を乗り継いで教会に通った信徒（現在神父）や、勤めていたタクシー会社の進出で移動してきた信徒、貝津工場団地に進出した企業の社員（十数の信徒世帯）の転入があった。さらに1970年代は、長崎市飽の浦教会からの転入、子供の幼稚園入園を契機に受洗した信徒がいた（カトリック諫早教会創設75周年記念誌 93頁・115-8頁・132-40頁）。

表7-9　諫早教会の信徒数

年	信徒数	世帯数
1932年	47	12
1933年	101	24
1937年	125	-
1939年	117	-
1948年	221	-
1960年	229	-
1971年	427	100
1975年	433	130
1980年	549	177
1985年	721	228
1990年	864	274
1995年	987	315
2000年	1,066	342
2005年	1,104	359

注）『カトリック諫早教会創設75周年記念誌―天満の丘』（126-8頁）の統計から抜粋したものである。

なお、諫早教会での聞き取りによれば、近年の信徒世帯の来住は、諫早市での住宅の購入に伴うものが多いという。長崎市に比べて地価が安く交通の便がよいためで、長崎市内の通勤圏、定年退職後の生活の地とする転入である。

以上の諫早市への信徒の移動の社会的特徴は、営農志向がそれほど強いものではなく、草分けの信徒の職業が多様性であったことである。昭和初期の

信徒の移住は長崎市・五島等からが多いものの、特定地域に集住する傾向は見られない。

戦前期の信徒世帯は流入と転出が大きく、定住世帯はそれほど多くなかったものの、戦後期になると信徒世帯の移住が急増した。多様な職業の信徒が移住し、とりわけ工業団地の造成に伴う、長崎の企業に勤める信徒世帯や諫早市に住宅を購入した世帯の転入が特徴的である。

第5節　佐世保市北松地区──産炭地への移住と家族形成──

北松浦半島の炭坑にも、多くの信徒・信徒世帯が移住した。本節では、まず日鉄北松鉱業所加勢炭坑が所在した佐世保市加勢における信徒の来住と他出状況にふれる。次に平戸口小教区の産炭地を事例に家族の形成と生活、移住と他出の一端を明らかにしたい。

佐世保市加勢

大正期以降、北松浦半島の神林と大加勢（図7-11）等で炭鉱が開坑する。労働者の多くは流入労働力であった。

① 炭鉱の状況

日鉄北松鉱業所は、1912（大正元）年に開坑した鹿町炭坑株式会社を政府

写真7-8　佐世保市北部（旧産炭地）

第 7 章　都市（近郊）への農業移住と炭鉱における家族形成

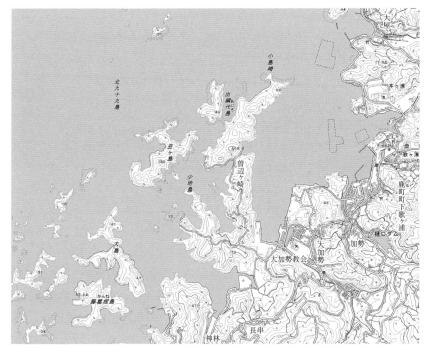

図 7-11　佐世保市加勢と曽辺ヶ崎

（商工省）が 1920（大正 9）に買収した事業所であった。1926（大正 15）年に加勢坑が開坑され、大加勢（鹿町坑）の社宅は職員用 170 戸・鉱員用 798 戸の合計 968 戸に及んだ。また福利厚生施設として、購買会・病院・浴場・グラウンド・柔剣道場・毎日映画を上映する会館が用意されていた（鹿町町郷土誌 383-93 頁）。

　神林鉱業所は、1938（昭和 13）年に野上東亜鉱業株式会社が開坑した。神林炭鉱の社宅は全体で 729 戸（職員 92 戸、鉱員 637 戸）、そのうち神林坑口のある神林に 564 戸、深浦坑口のある深浦に 165 戸が設立された。福利厚生施設として、病院・浴場・配給所・理髪店・会館（映画を毎日上映）が用意されていた（鹿町町郷土誌 396-400 頁）。

　こうした炭鉱の開坑と労働人口およびその家族の流入は、旧鹿町町内にお

ける農産物や水産加工品の消費市場の確立に寄与したといわれる。同時に、農漁村青年および一部の中年の中には、「農漁の余剰労働力は無論のこと、余剰ではない者までが潮の満ち寄せるが如く……現金入手が容易で且つ収入の多い炭坑労働へと走るようになった。大屋、褥崎漁業部落も又その例外ではなかった」（鹿町町郷土誌 409-15 頁）という状況が生じる。

② 信徒世帯の流入と他出

表 7-10 は、加勢坑のあった大加勢教会の転出入世帯の状況である。外海および長崎市、平戸、五島等から、炭鉱があった加勢に移住している状況が分かる。

その後、加勢から大規模な他出が生じる。加勢の住民の多くが日鉄北松鉱業所の加勢坑の鉱員家族であったため、1963（昭和 38）年の日鉄北松鉱業所の加勢坑閉鎖とともに、大加勢教会の多くの信徒が他出している。表 7-10 で、加勢坑の閉山後の他出先を見ると、北松の潜竜・御橋等を含む存続中の炭鉱のあった地区が多いことが分かる。そのため、その移動は、いわゆる「ヤマからヤマの移動」の様相を呈したものといえよう。その一方で、旧鹿町町内の矢岳や近隣の田平等への移住も見られ、カトリック信徒の居住地（出身地・親族居住地等）が移動先に選択される傾向もうかがえよう。

しかし、大加勢教会には 30 世帯の信徒が残存している。おそらく残存世帯の多くは、褥崎や北松のカトリック集落から大加勢・加勢等への移住世帯であったと推測できよう。また残存世帯数の多さから炭鉱勤務以外の信徒家族も居住していたことも推測される。その多くは第 5 章第 2 節でふれた曽辺ヶ崎への移住世帯と見られる。

産炭地の信徒世帯の家族状況

さらに、平戸口小教区の産炭地の世帯の状況から、産炭地に居住した信徒世帯の家族生活と移動の状況が明らかになる。平戸口小教区の独立時から北松地区の炭鉱が廃坑となる 1960〜1970 年代前半の信徒籍台帳を利用して、平戸口小教区の産炭地の家族の社会的特徴を明らかにしたい[10]（第 6 章第 2 節参照のこと）。

第 7 章　都市（近郊）への農業移住と炭鉱における家族形成

表 7-10　加勢からの転出者の出身地と転出先　　　　　　　　　　　　　　　　（人）

出身地域	出身集落	世帯数	転　出　先	備　　考
外海	出津	10	潜竜1・神戸市1	1940年1・1948年1出津より転入
	赤首	4	御橋炭鉱1	1944年浦上1・1940年出津より・1936年転入
	大野	8	田平	1933年田平より転入1
	黒崎	3	田川市1	1931年浦上より転入2
	合計	25		
平戸市	田崎	1		
	京崎	1		
	田平	7	田平1・神田鉱2	1944年田平より1・1941年1転入
	紐差	4	神田鉱1・潜竜1	1944年転入1
	平戸	6	佐賀1・小値賀1・福岡1	1937年1・平戸1・潜竜1より転入
	木ヶ津	2	相浦1	1937年木ヶ津より転入1
	宝亀	2	潜竜1	
	獅子	1		
	古江	1		
	山野	3	神田鉱2	
	神鳥	1	御橋炭鉱1	
	合計	29		
長崎市（外海以外）	中町	1	神田鉱1	
	稲佐	1		1949年転入
	飽ノ浦	1	矢岳1	
	浦上	1	田平1	
	深浦	1	大島1	
	高島	1		1932年転入
	蕨ノ尾	1	神田鉱1	
	合計	7		
佐世保市	加勢	6	八幡1	
	大屋	1		
	黒島	1		
	合計	8		
五島	桐	1	神田鉱1	出津より転入
	水ノ浦	2		1934年転入2
	仲知	1	田平1	1941年転入
	野首	2		
	合計	6		
宮崎		2		
合　計		77		

注）『褥崎128年―褥崎小教区沿革史』（1992年）の236-47頁のデータを基に作成した。
　　出身地が不明の世帯は除外して集計している。

303

① 世帯主の出生時期・出身地

表 7-11 は、平戸口小教区の産炭地区の世帯の出生時期および出身地（受洗教会）である[11]。世帯主の出生時期は、出生年が未記入のものを除き集計したところ、明治期 18.3％、大正期 35.0％、昭和（戦前）期 41.1％、昭和（戦後）期 5.7％で、大正・昭和（戦前）期に出生した世帯主が多い。

大正期の出生が多いのは、昭和（戦前・戦後）期が炭鉱の全盛期であったこと、昭和（戦後）期の出生が少ないのは、閉山後の産炭地に流入する世帯が激減したためと推測されよう。

世帯主の出身地を洗礼教会から推定すれば（未記入・判別不能を除き集計）、潜竜教会が 4 分の 1 を占めている。しかし潜竜教会の受洗者 61 人のうち幼児洗礼者は 10 名にすぎず、成人洗礼者が 8 割以上を占めている。そのため、実際の出身地は不明である。次に多いのが平戸市（平戸島）2 割、さらに長崎市とりわけ出津 1 割強、北松 1 割の順である。すなわち産炭地では、非カトリック信徒であった成人洗礼者の比率が高く、幼児洗礼者の数が多いのは平戸市・長崎市（多くは外海）・北松の順である。こうした状況から、近接する平戸市（平戸島）や北松、長崎市外海から移住した世帯に成人洗礼者が加わる形で、産炭地の宗教コミュニティが形成されたと推測され

写真 7-9 潜竜教会

第7章　都市（近郊）への農業移住と炭鉱における家族形成

表7-11　世帯主の出生時期と出身地（受洗教会）

所在地	教会名あるいは教会の所属する地区	明治期	大正期	昭和（戦前）期	昭和（戦後）期	未記入	総計
平戸市（田平）	平戸口	2	0	0	0		2
	（南）田平	4	7	10	1	2	24
佐世保市江迎	潜竜	4	21	27	2	7	61
佐世保市（北松）・松浦市	西木場	0	1	0	1		2
	（下）神崎	2	5	7	0		14
	褥崎	1	1	0	0		2
	（大）加勢	0	1	7	0		8
平戸市（平戸島・生月島）	上神崎	4	8	4	0		16
	平戸	2	1	0	0		3
	宝亀	3	2	3	0		8
	紐差	4	4	8	0		16
	中野・山野	1	2	2	0		5
	生月	0	1	0	0		1
佐世保市	佐世保（旧市）	1	3	3	3		10
	相浦・浅子	0	1	2	1		4
	佐世保市（合併地区）	1	0	0	0		1
	黒島	3	0	4	0		7
長崎市	出津	5	7	8	1		21
	黒崎	1	3	1	0		5
	外海（その他）	0	1	0	0		1
	長崎市（外海以外）	0	3	2	1	2	8
	高島・伊王島	0	1	1	0		2
大村市・諫早市		0	1	0	1		2
五島	上五島	0	2	4	1		7
	下五島	0	0	1	0		1
長崎県外		0	1	3	0	1	5
判別不能		0	1	1	0	2	4
未記入		10	14	10	3	35	72
総計		48	92	108	15	49	312

表7-12　夫婦の受洗状況　　　　　　　　　　　　　　　　　　　　　　　（人）

世帯主（男性）		配偶者（女性）					
		幼児洗礼 89.4	成人洗礼 9.9	未洗者 0.7	不明 -	配偶者無 -	総計 100.0
幼児洗礼	70.4	45	12	1	133	2	193
成人洗礼	27.0	72	1	-	1	-	74
未洗者	2.6	7	-	-	-	-	7
不明	-	2	1	-	33	1	37
女性の世帯主	-	1	-	-	-	-	1
総　計	100.0	127	14	1	167	3	312

注）配偶者（女性）の百分率は不明等を除外して集計したものである。
　　世帯主（男性）の百分率は未洗者・女性の世帯主を除外して集計したものである。

よう。

② 家族状況

次に、信徒の家族状況を見ていきたい。表7-12は夫婦の受洗状況である。男性（夫）の受洗状況は幼児洗礼者70.4％、成人洗礼者27.0％、未洗者2.6％で、成人洗礼者の比率が4分の1強を占めている。一方、女性（妻）の受洗状況は、幼児洗礼者89.4％、成人洗礼者9.9％、未洗者0.7％で、成人洗礼者の比率が約1割である。

次に、世帯主の出生後の生活展開を見ていきたい。表7-13は信徒の結婚教会を示したものである。未記入を除くと潜竜教会と（下）神崎教会が結婚教会の3分の2を占め、多くの世帯主が単身で産炭地に移住した後に、家族を形成する傾向が明らかである。両教会の婚姻者の4割を成人洗礼者が占め、表示していないものの、受洗教会を潜竜教会とする者が半数以上であったことから、産炭地に居住している信徒家族の一員と婚姻するために、受洗したと推測される。潜竜教会・（下）神崎教会の次に多い（南）田平教会の場合、第二次世界大戦後まで潜竜が（南）田平教会の管轄であったことが理由であろう（永遠の潮騒28頁）。加えて教会設立前の潜竜では、信徒同士の結婚の比率が高かったことも推測されよう。

第7章 都市（近郊）への農業移住と炭鉱における家族形成

表 7-13　信徒の結婚教会　　　　　　　　　　　　　　　　　　　　　　（人）

結婚教会	幼児洗礼	成人洗礼	未洗者	不明	女性の世帯主	総計
平戸口	-	1	-	-	-	1
	1	-	-	-	-	
（南）田平	12	2	1	1	-	16
	4	2	-	10	-	
潜竜	26	26	-	3	-	55
	28	5	-	22	-	
西木場	2	-	-	-	-	2
	2	-	-	-	-	
（下）神崎	30	13	1	1	-	45
	24	2	-	19	-	
褥崎	3	-	-	-	-	3
	2	-	-	1	-	
（大）加勢	2	1	-	-	-	3
	1	1	-	1	-	
平戸市（平戸島）	4	-	-	-	-	4
	1	-	-	3	-	
佐世保市	10	1	-	1	-	12
	5	1	-	6	-	
長崎市	5	-	-	-	-	5
	1	-	-	4	-	
大村市・諫早市	2	-	-	-	-	2
	1	-	-	1	-	
上五島	2	-	-	-	-	2
	-	-	-	2	-	
長崎県外	1	-	-	-	-	1
	-	1	-	-	-	
未記入	94	30	5	31	1	161
	57	2	1	98	3	
総計	193	74	7	37	1	312
	127	14	1	167	3	

注）各項目の上段は世帯主（主として男性）、下段は配偶者（女性）の人数である。

表7-14 信徒家族の規模

洗礼の状況		1〜4人	5〜8人	9〜12人	総 計
洗礼区分	比 率				
幼児洗礼	61.9	37.0	50.0	13.0	100.0
成人洗礼	23.7	64.4	35.6	0.0	100.0
未洗者	2.2	42.9	57.1	0.0	100.0
不　明	11.9	62.2	32.4	5.4	100.0
女性の世帯主	0.3	100.0	0.0	0.0	100.0
総　計	100.0	46.8	44.5	8.7	100.0

注) 家族員数が不明の世帯を除いた比率である。

　なお、男性信徒の結婚年齢（非該当・不明を除く）の比率は、10代3.7％、20代前半34.7％、20代後半38.4％、30代前半12.3％、30代後半4.1％、40代以上6.9％で、男性の結婚年齢が比較的高く、産炭地に移住した後に家族を形成したことが裏づけられよう。
　さらに家族規模を見ていきたい。表7-14は、家族規模の比率（不明を除く）である。夫が幼児洗礼者の世帯（約6割）では、5〜8人が5割、9〜12人が1割強で5人以上の規模の家族が5分の3に及ぶ。対照的に、夫が成人洗礼者の世帯（約4分の1）では1〜4人の世帯が約3分の2に達している。そのため、家族規模に関して、夫の洗礼状況、すなわち夫が幼児洗礼であった家族、夫が成人洗礼であった家族の間で、家族規模が大きく異なる傾向が明確である[12]。
　③ 信徒の移住状況 1 ――産炭地に移住するまで――
　表7-15で産炭地に居住した信徒の移動の一端を見ていきたい。4分の1の世帯主が潜竜教会で受洗している。潜竜教会が設立される前の所属教会であった（南）田平教会の世帯主を加えれば、4割弱の世帯主が潜竜にいる時に受洗したと推測される。しかし潜竜の受洗者の8割以上、潜竜・田平の受洗者の3分の2を占める成人洗礼者の出身地は不明である。大半は単身で潜竜に移住し、潜竜で家族を形成している。子どもの受洗教会を辿ると、北松・佐世保市（おそらくは産炭地）で家族を形成した後に、潜竜に移住し

第7章 都市（近郊）への農業移住と炭鉱における家族形成

表7-15 産炭地区の信徒の移動状況　　　　　　　　　　　　　　　　　　　　　　　　（人）

世帯主の受洗教会		田平（平戸口教会管轄）に居住前				田平（平戸口教会管轄）から他出後		
		結婚教会		子の受洗教会		他　出　先		
田平	27	田平	5	田平	10	佐世保市	2	
		潜竜	5	北松	2	田平	1	(南)田平
		北松	4	北松-潜竜	2	長崎市	1	
				平戸-田平・潜竜	2	県外	5	九州1・近畿1・中部1・北海道2
				潜竜-北松	1			
				佐世保市	1			
				五島-潜竜	1			
				県外-潜竜	1			
		不明	13	不明	7			
潜竜	61	潜竜	27	潜竜	18	北松	1	
		北松	11	田平-潜竜	1	佐世保市	1	
		田平	1	北松-潜竜	1	長崎市	1	
		平戸	1	県外-潜竜	1	五島	1	
						県外	12	九州4・中国四国2・近畿4・北海道2
		不明	21	不明	40			
平戸	49	北松	10	潜竜地区	11	佐世保市	5	
		潜竜	6	北松地区	3	平戸	2	
		田平	2	北松-潜竜	3	長崎市	2	高島・伊王島1
		平戸	2	佐世保市	2	北松	2	
		長崎市（高島）	1	平戸-北松	2	大村・諫早	1	
		大村・諫早	1	田平-潜竜	1	県外	13	九州1・近畿5・中部4・関東1・北海道2
				北松-佐世保-田平	1			
				北松-佐世保-潜竜	1			
				平戸-潜竜	1			
				平戸島	1			
				佐世保-北松	1			
				長崎市-潜竜	1			
				長崎(高)-平戸-潜竜	1			
				大村-平戸-潜竜	1			
		不明	27	不明	19			
長崎市	36	北松	8	潜竜	13	北松	2	
		潜竜	5	潜竜-長崎-田平	1	長崎市	2	高島・伊王島1
		佐世保市	4	長崎市	1	田平	1	
		田平	3	長崎-潜竜	1	佐世保市	1	
		長崎市	1	北松	1	大村・諫早	1	
				北松-潜竜	1	県外	7	近畿3・中部3・関東1
		不明	15	不明	18			
北松	26	北松	12	北松	4	佐世保市	2	
		潜竜	3	潜竜	4	北松	2	
		田平	1	佐世保市	2	長崎市	1	高島・伊王島1
		佐世保市	1	田平	1	県外	4	九州1・中四国1・近畿1・ブラジル1
		県外	1	平戸島-潜竜	1			
				佐世保-潜竜	1			
				長崎-北松-潜竜	1			
				県外	1			
		不明	8	不明	11			
佐世保市	22	佐世保市	6	佐世保市	5	佐世保市	4	
		潜竜	4	潜竜	3	長崎市	2	高島伊王島1・池島1
		田平	3	田平	1	県外	2	近畿2・北海道1
		五島	1	田平-潜竜	1			
				大村-江迎	1			
		不明	8	不明	11			
五島	8	五島	1	北松-潜竜	2	長崎市	2	高島・伊王島1
		佐世保市	1	潜竜	1	県外	2	中四国1・関東1
		田平	1	佐世保市	1			
		北松	1					
		長崎市（高島）	1					
		不明	3	不明	4			
県外	5	潜竜	1	潜竜	2	佐世保市	1	
		北松	1	北松-潜竜-江迎	1	県外	1	九州1
		佐世保市	1	佐世保市	1			
		不明	2					

注）他出先は離家離村を除外している。
　　判別不能を除く。

てきた家族が一定数存在していたと推定できる。

　一方、世帯主が平戸出身の世帯（2割）は、その9割以上が幼児洗礼者であった。子どもの受洗教会から見て、平戸で家族を形成したのは1割程度にすぎず、大半の世帯主が移動先で家族を形成したと推測される。家族の形成は潜竜が最も多く4割を占めていたものの、北松・佐世保市・長崎市で家族を形成した後に潜竜に移住した世帯も4割程度見られる。世帯主が現在の長崎市出身である世帯（1割強）も、9割弱の世帯主が幼児洗礼者で、多くの世帯主は潜竜、一部が北松で家族を形成している。出身地の長崎市で家族を形成した後に移動した世帯はわずかであった。世帯主が北松の出身である世帯（約1割）は、幼児洗礼の世帯主が3分の2、成人洗礼の世帯主が3分の1で、成人洗礼者の比率が他地区の出身者を上回っている。子どもの受洗教会から見て、単身で出身地から他出した後に潜竜および北松（多くの世帯主が成人洗礼）で家族を形成したと推測される。世帯主が佐世保市の出身世帯（1割弱）は9割弱が幼児洗礼者で、出身地で家族を形成した後に潜竜に移動した世帯と潜竜で家族を形成した世帯が半々であった。世帯主が五島・県外出身の世帯はすべてが幼児洗礼者で、単身で出身地から他出した後に潜竜あるいは北松で家族を形成している。

　④　移住状況2――平戸小教区からの他出先――

　次に、平戸口小教区からの世帯単位の他出状況を見ていきたい。信徒籍台帳に他出先（教会あるいは市町村名）が記載された世帯は32.7％で、信徒世帯の約3分の1である。

　信徒世帯の挙家による他出先は、長崎県外への他出が51％と圧倒的に多く、次に佐世保市18.6％、長崎市・北松10.8％の順である。さらに田平・平戸2.9％、大村市・諫早市2.0％、五島1.0％の順である。他出先の約半分を占める長崎県外の移動先は、半数以上が近畿・中部で、北海道・中四国が続く。

　さらに表7-15で産炭地の状況を見れば、世帯主がどの出身地の場合も、長崎県外への他出が最も多い。中でも世帯主が潜竜で受洗した世帯の場合は、県外への他出の割合が高い。一方、世帯主が北松・佐世保市の出身世帯の場合は、近接地域への他出の割合がとりわけ多くなっている。

第 7 章　都市（近郊）への農業移住と炭鉱における家族形成

こうした信徒籍台帳に掲載された他出の移動の大半は 1960 年代までのもので、国のエネルギー政策の転換に伴う炭鉱の閉山や高度経済成長の影響が見てとれよう。

産炭地の家族と移動の社会的特徴

平戸口小教区の事例を通して、旧産炭地の 1900～1960 年代の信徒の世帯・移動の状況を明らかにしてきた。その特徴を 3 点指摘したい。

第 1 は、図 7-12 の整理のように、早期（大正期）の来住の世帯が、平戸・長崎市・五島からの挙家の信徒世帯であったことである。しかし大正期・昭和（戦前）期になると、単身者（信徒・非信徒）の来住が相当数に及んでいる。単身の来住者のうち平戸・長崎市・佐世保市・五島出身の信徒の場合、産炭地への移住後に出身地や産炭地の信徒世帯の一員等と家族を形成している。非信徒の場合、婚姻の条件として潜竜・北松等の産炭地での受洗を経て、産炭地の信徒世帯の一員と家族を形成していることが判明した。

第 2 は、1960 年代になると、平戸口小教区から他出が激増していることである。長崎県外、とりわけ近畿・中部等の工業地域と長崎県内の都市部（ともに工業都市の様相をもつ近接の佐世保市と県庁所在地の長崎市）への他出が顕著であった。さらに長崎県内や北海道に残存する産炭地への移動（いわゆる「ヤマからヤマ」への移動）も特徴である。

第 3 は、初期には一定数の挙家の移住が存在したものの、その後には信

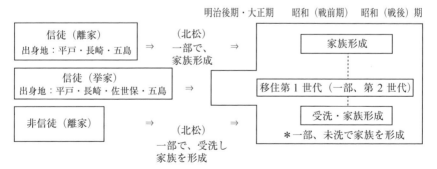

図 7-12　産炭地区（潜竜教会管轄）の信徒の移動と家族形成

徒の移住が単身に転じた点、多数の非信徒の入信が見られた点である。この点が、第3次移住と大きく異なっている。大正・昭和期の第4次移住（例えば、福岡県行橋市新田原・宮崎県宮崎市田野への移住）が第3次移住に連続するのに対して、産炭地への移動は、その後の都市への移動、とりわけ高度経済成長期以後の離家離村の単身移動の先駆けを思わせるものであろう。

　以上、佐世保市の都市化の状況と都市・産炭地への信徒の移住と居住の展開について見てきた。都市地域における移住と居住および産炭地における移住と家族形成の社会的特徴を整理したい。

　第1は、都市地域への信徒の移住に、農業移住や開拓移住が数多く含まれていたことである。佐世保市では、海軍工廠等で従業する信徒世帯や自営業の信徒世帯が中心部に多かったものの、中心部の北側や周辺部に移住した信徒世帯の多くが農業に従事していたことが明らかになった。さらに第二次世界大戦後にも、佐世保市の周辺部に農業を目的とした移住が生じている。また、平戸市では、明治中期以降、上五島から平戸地区に移住した信徒世帯が農業に従事していたことが明らかになった。なお諫早市への信徒の移住の場合、農業に従事した世帯以上に非農業の世帯が多く、佐世保市や平戸市平戸と状況が異なっていた。

　第2は、産炭地における家族と移動の状況に関して次の3点が判明したことである。1つ目は、大正期の産炭地に、平戸・長崎市・五島から挙家の信徒世帯の移住が見られたものの、その後、大正・昭和（戦前）期になると平戸・長崎市・佐世保市・五島から離家離村の信徒の移住が増加したことである。2つ目は、こうした単身者が、産炭地への移住後に出身地や産炭地の信徒世帯の一員等と家族を形成していること、また産炭地の信徒世帯の一員との婚姻の条件としてカトリックに入信して家族を形成した非信徒の単身者が多かったことである。3つ目は、さらに1960年代になると、平戸口小教区から他出が激増していることである。長崎県外、とりわけ近畿・中部等の工業地域と長崎県内の都市部（佐世保市・長崎市）への他出が顕著であったことである。

第 7 章　都市（近郊）への農業移住と炭鉱における家族形成

注

1 ）三浦町教会の司祭・信徒への聞き取りは、2014 年 8 月に、主任司祭の中村倫明神父と江上正則氏に実施した。なお、聞き取りの記録は、下関市立大学加来和典氏によるものである。
2 ）大崎に移住した大崎教会信徒の 3 兄妹である谷脇末太郎氏（当時 89 歳）・溝口きり氏（83 歳）・溝口きくの氏（78 歳）とその子ども世代の溝口芙美雄氏・溝口美義氏への聞き取りは、2006 年 8 月に実施した。
3 ）樫網は、黒崎村の樫山集落より黒島等に移入された漁法といわれる（黒島―出稼ぎと移住の島 49 頁）。
4 ）聞き取り間違いで明松（たいまつ）の可能性が高く、明松とした。なお第 8 章第 2 節の法光坊集落の信徒名は明松（あけまつ）である。五島の読みがたいまつであり、なぜ宮崎で読みが変更したのかについては法光坊集落の明松家でも不明という。
5 ）天神教会への聞き取りは、2016 年 11 月に、主任司祭の平本義和神父に実施した。
6 ）大野教会・皆瀬教会の聞き取りは、2015 年 12 月に大野教会主任司祭の中野健一郎神父に実施した。
7 ）カトリック諫早教会での聞き取り・資料収集は、2016 年 4 月に主任司祭下川英利神父に実施した。
8 ）諫早教会の設立後にもミサが行なわれない時があり、竹松教会に通うことがあったという（カトリック諫早教会創設 75 周年記念誌 28 頁）。
9 ）当時、日本の無線局は、五島の玉之浦（大瀬崎）と千葉県銚子に設置されていた。そのうち大瀬崎の無線局の移転は、交通不便・土地狭小が理由であった（写真集諫早 27 頁）。
10）2015 年 5 月および 8 ～ 11 月の各月、平戸口教会主任司祭の鍋内正志神父に聞き取り調査を実施した。
11）産炭地に分類した世帯は、世帯主・子ども世代の受洗教会や結婚教会が潜竜等の産炭地の世帯、記載事項に炭坑名や吉井町等の産炭地名が記されている世帯である。
12）夫が幼児洗礼の世帯は、第 6 章第 2 節の農業・中心地区と分布が類似しているために、親世代の同居の有無の影響は小さいと見ることができよう。

第 8 章

第二次世界大戦前の国の政策と開拓移住
——第 4 次移住地——

　大正・昭和初期の長崎の半島・離島の信徒の移動地には、国策の開拓移住地が含まれていた。第 1 章および第 4 章、第 6 章でふれた農林省（現農林水産省）の開拓政策（開墾助成法）を利用した移住であった。まず第 1 節で大正期に制定された開墾助成法および宮崎県の開拓政策を概略する。次に第 2 節で宮崎市田野町法光坊集落、第 3 節で福岡市西区能古島への開拓移住の状況を跡づける。

第 1 節　開拓政策

　明治期以降、士族授産や窮民入植等の開拓事業、企業家による大規模開墾が進められてきた。しかし、政府が実施した本格的な開拓政策は、大正期（1919 年）の開墾助成法に基づくものであった。
① 農林省の開拓政策
　農林省の開墾政策である開墾助成法は、米騒動に象徴された食糧危機への対策の一面をもつ開拓用地の設定および提供であった。この制度の特徴は、開拓地への入植時および開墾当初の収入がない期間、投入資金の金利を補給するために一定の助成金を開拓者に交付したことであった。その後、1929（昭和 4）年の開墾助成法の改正で、この利子補給の制度は事業費補助制度（事業費の 10 分の 4 以内）に改められた。この法律の実施によって、法律廃止の 1942 年までの 23 年間に、日本全国で 11 万 6,327 町歩が開拓されている（川南町開拓史 116-7 頁）。
　開墾助成事業実施の翌年、開墾地への入植者の招致と開墾事業の経営の安

定のためには優良な新農村の建設を支援する必要があるという見地から、開墾地移住奨励制度が農務局長から各府県知事に通達された。

　農林省が移住奨励を実施する府県に奨励金を交付して、この制度を農林省と府県の協力で実施することになる。奨励金は家屋に対して1戸当たり300円、共同建物に対しては建築費の3割で、府県の負担額は、家屋1戸当たり100円以上、共同建物に対しては建築費の1割以上の交付であった。

　開墾地移住奨励制度に基づく国庫補助金の交付は、農林省農政局［第16次耕地拡張事業覧］によれば、1940年度までに家屋1万2,111戸、共同建造物151棟、交付金額280万6,375円であった。さらに、1921（大正10）年以降、開墾地移住紹介、開墾地移住者に対する汽車・電車・自動車・汽船に関する特別扱い（運賃割引証の発行）の事業が、農林省によって実施されている（川南開拓史 118-20頁）。

② 宮崎県の開拓政策

　次に、第2節の法光坊集落に関係する宮崎県の開拓政策を見てみよう。宮崎県は農業者の開拓移住政策の歴史が古く、明治中期以降、「日向移住案内記」「宮崎県移住案内」「移住地調査書」を全国に配布するなど、いち早く移住者の受け入れ対策を講じている。大正期には、毎年、県の予算（移民奨励費）を用いて四国・中国地方や九州各県に職員を派遣したり、移住成功者を郷里に派遣する等の農業移住の広報事業に努めていた（川南開拓史 191頁）。

　開墾助成法の公布後、宮崎県は宮崎県開墾地移住奨励規程を制定し、1924（大正13）年、宮崎県案内を全国に頒布し、さらに移住予定地37か所、面積3,000町歩に開墾移住世帯1,000戸を誘致する宮崎県開墾地移住者誘致計画を立案している。この計画の概要は、①宮崎県が開拓地の2分の1を買い上げて移住者に分譲することで、自作農の創設に努めること、②土地の分譲は5年以内据置、購入費を20年賦とすること等であった（川南開拓史 192-4頁）。

　さらに、この宮崎県の開拓政策は、自作農の創設にとどまらず新農村の建設を目的とする農林省の開墾地移住奨励制度に対応するものであった。すなわち、宮崎県開墾地移住者誘致計画とは、30町歩以上の農地と10戸以上の

第 8 章　第二次世界大戦前の国の政策と開拓移住

移住世帯によって移住地に新農村を建設し、共同的施設経営と自治的活動の促進を県が指導援助するものであった（川南開拓史 194 頁）。1926（大正 15）年の宮崎県開墾地移住奨励規程の一部改正で、家屋補助は建築費総額 500円以上のものに限り 1 戸当たり 300 円、共同建造物は建築費の 4 割以内という内容が加わっている。この補助金制度は、1929（昭和 4）年の宮崎県開墾地移住奨励規程（告示第 344 号）でさらに手厚いものになっている。

　この規程に沿った当時の新村建設の補助基準は、「奨励金を家屋について建坪 20 坪以上、建築費 1,000 円以上のものに限り 1 戸当たり 400 円以内、共同建造物（公会堂、共同作業場、病院、神社、仏閣、飲料水設備）については建坪 20 坪以上、工事費 1,000 円以上のものについては 400 円以内と改定」（川南開拓史 192 頁）という内容であった。この規程の効果もあって、この年の宮崎県の実績は移住家屋地区数 107、補助家屋 428 戸、共同建造物 15 棟を数え、全国第 1 位となっている。さらに翌年までに共同住宅数は、27 棟に達している（川南開拓史 192 頁）。

第 2 節　宮崎市田野法光坊集落——長崎の信徒の連鎖的移動と定住——

　宮崎市田野町（旧宮崎郡田野町）は図 8-1 のように宮崎市の西部に位置し、2006 年に宮崎市に編入合併している。なお旧田野町の人口（国勢調査）は、1970 年 9,780 人、1980 年 10,806 人、1990 年 11,645 人、2000 年 12,321 人で、合併直前の 2005 年 11,580 人、合併後の 2010 年 11,023 人であった。宮崎市中心部とは鉄道の日豊本線、国道 269 号線、宮崎自動車道（田野インターチェンジ）等で結ばれ、2000 年頃をピークに宮崎市の近郊として田野の人口が増加し、その後、減少に転じている。

　法光坊集落は、田野町の北西部に広がる鷺瀬原台地（海抜 140m）の畑作中心の農業集落である。法光坊は、1927（昭和 2）年、国の開墾助成事業に基づく宮崎県および田野村の開拓事業に認可され、現在の長崎市外海地区出津の 2 家族が草分けとして移住した「新農村」である。本書では、長崎県のカトリック信徒が鷺瀬原に建設した「新農村」を法光坊と呼ぶことにす

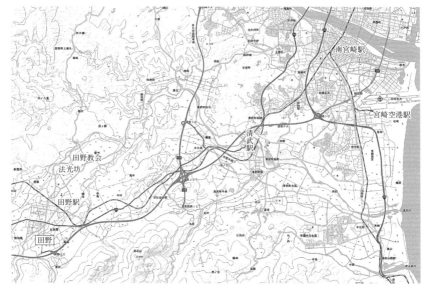

図 8-1　宮崎市田野（法光坊）

る。しかし長崎の信徒の移住時には鷺瀬原にすでに数世帯の農家が居住し、またその後には長崎の信徒以外の来住世帯も見られた。現在の法光坊の集落組織は、こうした地域状況に対応したものである[1]。

　法光坊は、生産・生活面において条件不利性を帯びていたものの、草分け家族の開拓移住後、わずか2年でカトリック田野教会が設立され、宮崎県の山間に長崎のカトリック信仰の南九州での数少ない飛び地（enclave）が生まれている。その後、21の信徒家族に分家が生まれて、現在、信徒世帯数は45世帯に増加している。そのうち法光坊集落在住の世帯は、35世帯である。

法光坊集落の形成

　長崎県の半島・離島のカトリック集落の信徒の田野町法光坊への開拓移住は、農林省および宮崎県の開拓政策を利用したものである。そのため法光坊における集落形成と教会設立の経緯を辿るにあたって、国および県の行政政

第8章　第二次世界大戦前の国の政策と開拓移住

策を踏まえて跡づけていくことにしたい。

① 田野村鷺瀬原

田野教会に残されている『法光坊開墾創設助成一覧』（1937年）という資料の中に「法光坊開墾助成創設―十周年記念執行祭に際して―」という一文が含まれている。開拓移住の10年後に記されたこの文によれば、開拓移住の草分けは、長崎県西彼杵半島外海地区出津の2家族であった。「……当時宮崎県は土地の面積と人口との関係からして、県外移民を歓迎していることを知り、里脇、尾下二人は相協議して実地視察するのが最も早道なりとして、昭和元年8月初めて宮崎に来た」とある。里脇善吉と尾下権平は、宮崎県の耕地課に行って開拓移住の説明を受け、移民案内に関する冊子を得て帰郷している。

② 移住の申請

二人は、田野村鷺瀬原が最も有利な開拓地であると見て、その後、宮崎県に移住願いを提出した。しかし宮崎県の回答は、「田野村は移民予定地になっているが未だ一人の移民も入れていないから児湯郡川南村に来てはどうか」というものであった[2]。宮崎県の対応には、おそらく開墾地移住者誘致計画の「移住予定地は30町歩以上の農地と10戸以上の移住世帯」という規定が関係していたと推測できる[3]。

しかし、あきらめきれない里脇善吉と尾下権平の2人は、同年（1926年）に宮崎県を再訪し、開拓希望地である田野村の村長に面会する。田野村長の

写真8-1　田野教会

計らいで宮崎県の技術者の同行を得て実地調査を実施し、再度、宮崎県に田野町への開拓移住を要望した。

こうして移住の要望が受理された二人は、出津への帰郷後、宮崎県が作成した法光坊協同施行地設計書（以下、設計書）の指示に従って開拓移住の準備を進め、1927（昭和2）年、里脇と尾下の2家族が田野に移住した[4]。2家族は、移住の翌年（1928年）から宮崎県の設計書にしたがって開墾に着手している。なお、宮崎県が立案した設計書には、「開墾面積ハ5町3反8畝歩ナルニヨリ移民戸数4戸ヲ招致シ開墾地ノ利用ニ遺憾（移管か=引用者）ナカラシメムトス」とある。また開墾地となった原野は、製紙会社の所有地であった。農林省の「開墾助成」の主な内容は次の通りである。

　　宮崎県宮崎郡田野村字法光坊
　　里脇善吉他3名共同施工代表者　里脇善吉
　　昭和3年12月25日附出願開墾助成ノ件左記條件ニ依承認ス
　　　農林大臣　町田忠治
　　　記
　　昭和4年12月18日
一、助成金ハ昭和5年度及昭和6年度ニ於イテ之ヲ交付ス
二、助成金ハ昭和5年12月31日迄ニ施行スル事業ノ為支出シタル費用ニ対シ之ヲ交付ス
三、昭和5年度ノ助成金ハ昭和4年12月迄ノ支出に対シ昭和6年度ノ助成金ハ昭和5年1月ヨリ昭和5年12月迄ノ支出額ニ対シ之ヲ交付ス

③　長崎の信徒の連鎖的移動

『70年のあゆみ』によれば、里脇家と尾下家の2家族が移住した1927（昭和2）年、佐世保市相浦の大潟から金松種吉家と杉山源市家の2家族が来住した。そのため、宮崎県が立案した設計書および農林省の開墾助成の内容から4戸のうちの2戸が金松家・杉原家と見ることができる（7頁・31-2頁）。長崎時代から、出津の2家族と移住に関する連携があったことは間違いないだろう[5]。

田野への開拓移住の交渉の中で、宮崎県は4戸による開拓移住の認可の

第8章　第二次世界大戦前の国の政策と開拓移住

条件として、新農村建設に必要な10戸以上の移住世帯の勧誘を求め、草分けの2人および初期の開拓移住者が、開拓移住の準備期および開拓後に長崎県内に赴き、法光坊への開拓移住を勧誘したものと推測される。

一方、大正期に田野村が立案した開拓計画（1927年完成予定）の農家数は20戸であった（宮崎県開拓史10頁）。出津の2人を歓迎した田野村長が移住戸数20戸の村の開拓計画を前倒しで認可し、最終的に計画に基づく20戸の移住を2人に求めていたのではないかと想像される。

法光坊への開拓移住勧誘のための長崎訪問の旅費等は、農林省農政局の第16次耕地拡張事業覧の開墾地移住紹介・開墾地移住者に対する汽車・電車・自動車・汽船の特別扱い（運賃割引証の発行）に関する補助であったと推測される。また、田野教会の信徒への聞き取りで、「移住した頃、婚姻の相手を探すために帰省した時に開拓地の情報が伝わったとか、そうしたことで移住者がつづいたのではないか」という話があった。そのため、行政の補助金を活用して、開拓移住者の勧誘や開拓移住者と出身地との交流がもたれたと見られる。

『70年のあゆみ』によれば、1928（昭和3）年、佐世保市相浦の大潟から吉浦太郎家・安永末蔵家の2家族が移住している。法光坊の開墾作業が一段落した1929（昭和4）年の後半に戸村家・百田家・明松家の3家族、1930（昭和5）年に第7章第2節でふれた安永大吉家と安永幸七家・永谷家・相川家の4家族が移住している。

設計書に基づく移住の時期（1929年）までの移住家族が、表8-1に示したように転出家族を含めて10家族というのは、宮崎県との交渉に沿って開拓移住者を勧誘したことを裏づけるものといえよう。

『法光坊開墾創設助成一覧』によれば、1930（昭和5）年に4家族が移住できたのは、同年に開拓の拡張変更願を提出して、認可を受けたためであった。その結果、法光坊の開拓地は、15町8反余歩に達している。さらに、1931（昭和6）年に山本家、1932（昭和7）年に永田家・尾下家、1935（昭和10）年に相川家・大水家・杉山家・赤木家・鳥瀬家の5家族が移住して、法光坊に21の信徒家族からなる新農村が形成されたのである。

1937年当時の集落人口は147人（男性84人、女性63人）で、1世帯平

表 8-1 1935 年までに移住した家族の状況

No.	家族名・第1世代名	移住時期（年）	開墾計画書	開墾面積	所属していた小教区	
					夫	妻
1	里脇善吉	1927	法光坊協同施行地設計書	5町3反（4家族）	出津（外海）	黒崎（外海）
2	尾下権平	1927			出津（外海）	相浦（相浦）
-	つつみ	1927			-	-
3	金松種吉	1927		15町8反（13世帯）	相浦（相浦）	浅子（相浦）
4	杉山源一	1927			相浦（相浦）	-
5	吉浦太郎	1928			相浦（相浦）	-
6	安永末蔵	1928			黒島	-
7	戸村喜八	1929			鯛ノ浦（上五島）	鯛ノ浦（上五島）
8	桃田	1929			-	-
9	明松久吉	1929			鯛ノ浦（上五島）	鯛ノ浦（上五島）
10	安永大吉	1930	開拓の拡張変更願		黒島	-
11	安永幸七	1930			黒島	-
12	永谷	1930			浅子（相浦）	浅子（相浦）
13	相川	1930			-	-
14	山本茂吉	1931			出津（外海）	出津（外海）
15	永田三蔵	1932			黒島	鯛ノ浦（上五島）
16	尾下	1932			-	-
17	相川	1935			-	-
18	大水	1935			-	-
19	杉山	1935			-	-
20	赤木	1935			-	-
21	鳥瀬行長	1935			黒島	相浦（相浦）

注）移住時期は『70年のあゆみ』（7頁・31-2頁）の記載に基づいている。

第 8 章　第二次世界大戦前の国の政策と開拓移住

家族の同行者	家族以外の同行者	備考（○は、同姓が現在も集落内に居住、△は同姓が田野教会の信徒世帯）	
－	尾下家	○	妻の旧姓は聞き取り調査から推測
－	里脇家	○	妻の旧姓は、黒島・外海（黒崎・永田）に多い
－	－		出津教会史に複数の「堤」姓の信徒がある
夫婦・三男・四男（長男・次男は残る）	－	○	妻の旧姓は、黒島・外海（黒崎・永田）に見られる
－	－	△	集落外・田野教会信徒　相浦（大潟）出身。黒島蕨に見られる姓である
－	－	△	集落外・田野教会信徒　相浦（大潟）出身
夫婦と長男		○	黒島→相浦（大潟）→法光坊
夫婦・長男・次男		○	
－	－		出津調査では、田平の出身か？　黒島で多く見られる姓である
8兄弟の下の方が来た	明松・戸村・永田	○	第2世代の妻が相浦の相川姓、聞き取り調査では「法光坊に親戚や同じ集落の人がいた」
夫婦・長男・次男・三男（10人兄弟中）	安永家のいとこ	○	No. 6、No. 11 とともに、上五島福見から黒島根谷に移住した家族。『相浦郷土史』に「大崎町（水ノ浦安永大吉宅）に宗教結社天主公大崎教会として移転し」の記載あり
夫婦・長男・次男・三男（10人兄弟中）	安永家のいとこ	○	
夫婦・三男・四男（上の子供は残る）長男・長女・次男・三男	－	○	浅子には黒島からの移住者が多い。黒島根谷出身か
－	－		永谷家とともに佐世保市の浅子教会の所属か？　佐世保針生からの黒島移住者に見られる姓
夫婦と子供	－	○	兄が移住していた
一家全員。すべてを引きは立って移住	－	○	黒島→宮崎市吉村→田野　初代は鳥瀬家の親戚か。昭和10年以降、上五島青砂ヶ浦の信徒と再婚。黒島の記録では「三吉」、吉村には永田弥助とともに移住。黒島（根谷）出身
－	－	○	
－	－		佐世保市の浅子教会の所属か？
－	－		上五島津和崎に大水教会・大水姓あり
－	－	○	
－	－		
夫婦と長女	－	○	妻の親あるいは親族が法光坊に居住（尾下）。なお聞き取り調査では1936年の移住。黒島→宮崎市内→田野。黒島根谷。黒島での記録では、1934年に宮崎とある

323

均の世帯員数は7人であった。イエスのカリタス修道女会のシスター村岡雪枝氏および田野教会の信徒への聞き取りによれば、法光坊の開拓地は田野の台地にあるため、農業用水と生活用水の確保が最大の問題という過酷な生活・生産状況にあったという。農業用水は天水、生活用水は昭和40年代に簡易水道が設置されるまで、各世帯が自力や井戸掘り業者の手で井戸を掘って水を確保するしかなかったという。

信徒の定住とイエの拡大

次に、法光坊の各世帯に視点を移して、長崎県出身の信徒家族が法光坊に定住し、家族が世代を重ねていく状況を明らかにしたい[6]。

① 昭和初期(1927〜1935年)の移動における社会関係の関与

設計書(法光坊協同施行地設計書)に基づく最初の10家族を含む移住後の8年間に移住した22家族の移動・定住の状況を表8-1で見ていきたい。設計書に基づく移住家族である最初の10家族(No. 1〜No. 9およびNo. -)を見ると、出津小教区の草分けの2家族のうちNo. 2の妻が佐世保市相浦の出身で、No. 3、No. 4、No. 5と同じ小教区であり、No. 2の妻とNo. 3、No. 4、No. 5の間に少なくとも地縁関係が推測できよう。

また、No. 6は黒島から法光坊への移動の間に相浦に居住していること、夫の兄弟のNo. 10の妻の旧姓がNo. 2と同姓であることから、No. 2との親族関係が推測でき、少なくとも地縁関係が指摘できよう。加えてNo. -の場合、No. 1の妻の旧姓と同姓で、No. 1との親族関係が推測できよう。

さらに、No. 7、No. 9の家族に関して、聞き取り調査で「法光坊に親戚や同じ集落の人がいた」というNo. 9第3世代の発言および第2世代の婚姻(1929年)の相手が浅子教会の所属でNo. 13・No. 17と同姓であることから、妻が浅子教会のNo. 3と親族関係にあること、また同じ集落の人が同年に移住したNo. 7であることが推測できよう。なおNo. 8に関して田野教会での聞き取り調査では情報を得られなかったものの、長崎県の出津教会における聞き取り調査では、田平教会の出身者ではないかという話であった[7]。

表8-2は、1927(昭和2)年に移住した草分けの2家族と1927〜1929年

第 8 章　第二次世界大戦前の国の政策と開拓移住

表 8-2　10 家族の間の社会関係

No.	家族名・ 第 1 世代名	移住時期 (年)	親族関係 (推定を含む)	地縁関係 (推定を含む)
1	里脇善吉	1927	-	No. 2
2	尾下権平	1927	-	No. 1
-	つつみ	1927	No. 1	No. 1・2
3	金松種吉	1927	No. 9	No. 2
4	杉山源一	1927	-	No. 2
5	吉浦太郎	1928	-	No. 2
6	安永末蔵	1928	No. 2	No. 2
7	戸村喜八	1929	-	No. 9
8	桃田	1929	-	-
9	明松久吉	1929	No. 3	No. 7

注）移住時期は『70 年のあゆみ』（7 頁・31-2 頁）の記載に基づいている。

の間に移住した 8 家族の 10 家族間の親族関係・地縁関係である。すべての家族が類縁関係で結ばれている上で、7 家族が No. 1・No. 2 の家族（妻の出身小教区を含む）と地縁関係で結ばれ、2 家族が No. 1・No. 2 の家族と親族関係で結ばれていることが推定できる。また No. 3 と No. 9 が親族関係にあること、さらに No. 9 は No. 7 と地縁関係で結ばれていることが推測される。

すなわち、草分けの 2 家族の入植から 2 年間の移住には、長崎における類縁関係に加えて、地縁関係さらに何家族かは親族関係が重複する強い社会関係が関与していたと推測できよう。

次に、表 8-3 は、1930（昭和 5）～1935（昭和 10）年に移住した 12 家族の社会関係である。社会関係の判明した全家族が類縁関係で結ばれている上で、草分けの No. 1・No. 2 と No. 10・No. 11・No. 14・No. 16・No. 21 が親族関係および地縁関係（No. 21 をのぞく）でも結ばれ、草分けの家族以外の初期の家族と No. 12・No. 13・No. 15・No. 17 が親族関係・地縁関係で結ばれていることが分かる。

表 8-3　1930～1935 年に移住した 12 家族

No.	家族名・第1世代名	移住時期（年）	親族関係（推定を含む）	地縁関係（推定を含む）
10	安永大吉	1930	No. 2・No6	No. 2・No. 6
11	安永幸七	1930	No. 2・No. 6	No. 2・No6
12	永谷	1930	No. 9・No. 13	No. 6・No. 7・No. 9・No. 10・No. 11・No. 13・No. 17
13	相川	1930	No. 9・No. 12・No. 17	No. 6・No. 7・No. 9・No. 10・No. 11・No. 17
14	山本茂吉	1931	No. 1・No. -	No. 1・No. 2
15	永田三蔵	1932	No. 21	No. 3・No. 4・No. 5
16	尾下	1932	No. 2・No. 6・No. 10・No. 11	No. 1・No. 2
17	相川	1935	No. 9・No. 12・No. 13	No. 6・No. 7・No. 9・No. 10・No. 11・No. 12
18	大水	1935	-	-
19	杉山	1935	-	-
20	赤木	1935	-	-
21	鳥瀬	1935	No. 2・No. 15	No. 6

注）移住時期は『70 年のあゆみ』（7 頁・31-2 頁）の記載に基づいている。

　すなわち、1930～1935 年の法光坊への移住家族も、草分けあるいは 1929 年までの移住家族との間に類縁関係・親族関係・地縁関係の三重の社会関係が存在し、強固な社会関係を通して、長崎県の信徒世帯の田野の台地への開拓集住が促進・連鎖し、わずか数年のうちに 20 家族からなる新農村が形成されたと見られよう[8]。

　② 第 2 世代の定住とイエの拡大

　長崎から開拓移住して来た家族の多くが法光坊に定住し、各家族ではイエが次代に継承されたり、分家が創出されていく[9]。表 8-4 は、1935 年までに移住した 21 家族の第 2 世代である。なお第 2 世代には、親世代とともに開拓移住した子ども世代を含めている。

　まず、法光坊に移住した各家族の第 2 世代の状況を見ていきたい。第 2

第 8 章　第二次世界大戦前の国の政策と開拓移住

世代へのイエの継承時期が判明したのは、6 家族である。開拓移住期 2 家族、戦後期 1 家族、昭和 30〜40 年代 3 家族で、移住時期の家族段階や次世代の家族形成の時期等のためか、継承時期の幅は広い。またイエの継承者のきょうだい順・性別等が判明したのは、13 家族である。長男 9 家族、長男以外の男子 3 家族、女子 1 家族で、長男相続が 3 分の 2 である[10]。

　また、イエの継承者以外の第 2 世代のうち 17 人が法光坊に居住していることが判明した。その性別は、男性 9 人、女性 8 人である。8 人の女性のうちの 2 人は他のイエの継承者との婚姻による集落居住であり、残りの第 2 世代（15 人）の間にも婚姻関係が存在している。イエの継承者や配偶者をのぞき、法光坊に第 2 世代の分家が創出されていると判明できたのは、13 人（世帯）に及ぶ[11]。

　さらに第 2 世代の婚姻関係を詳しく見ていきたい。親世代とともに法光坊に移住した時に配偶者のいた子ども世代を含めて、イエの継承者のうち配偶者の出身地が判明したのは、11 家族である。内訳は、長崎の出身者が 6 家族、法光坊に居住する家族の一員が 5 家族である。

　前者に関して、田野教会における聞き取り調査から、No. 1・No. 14 が出身地の長崎と婚姻関係を形成する傾向が判明した。他には、相浦の No. 3 がその出身地、上五島出身の No. 9 の配偶者は相浦で旧姓が No. 13 の同姓者、黒島→相浦出身の No. 10 の配偶者は下五島出身者、同じく黒島出身（黒島の前は上五島）の No. 15 の配偶者は第 1 世代の妻の出身地である上五島の出身である。

　イエの継承者以外で法光坊に居住している第 2 世代の中で、集落外出身の配偶者の存在が確認できるのは、3 人である。そのうち No. 7 の配偶者は、同郷の上五島出身である。No. 4 の配偶者は、長崎の信徒に多い姓から同郷者であることと推測され、No. 1 の配偶者も聞き取り調査から長崎県の出身と推測される。

　一方、後者に関して、イエの継承者のうち 5 人の配偶者は、法光坊に居住する家族の一員である。加えて、イエの継承者以外で法光坊に居住している第 2 世代のうち 5 人の配偶者が、集落の家族の一員と確認できる。

　すなわち、法光坊への定着後、こうした婚姻によって集落内で親族関係が

表 8-4 第 2 世代の状況

No.	家族名・第1世代名	イエの継承者				
		イエの継承時期	きょうだい関係	妻（配偶者）の出身地	妻（配偶者）の旧所属教会	妻（配偶者）の家族・旧姓
1	里脇善吉	-	長男	大村市	-	-
2	尾下権平	開拓移住期	長男	法光坊	田野	No. 9
3	金松種吉	戦後期	長男以外の男子	相ノ浦	未信者	-
4	杉山源一	-	長男	法光坊	田野	No. 21
5	吉浦太郎	-	-	-	-	-
6	安永末蔵	-	女	法光坊	田野	No. 15
7	戸村喜八	-	長男	-	-	-
8	桃田	-	-	-	-	-
9	明松久吉	開拓移住期	長男	相ノ浦	浅子	No. 13 と同姓
10	安永大吉		長男以外の男子	下五島	水ノ浦？	S
11	安永幸七	-	長男	-	-	-
12	永谷	昭和30～40年代	長男	法光坊	田野	No. 9
13	相川	-	-	-	-	-
14	山本茂吉	昭和30～40年代	長男以外の男子	出津	出津	Y
15	永田三蔵	昭和30～40年代	長男	上五島	青砂ヶ浦	-
16	尾下	-	-	-	-	-
17	相川	-	-	-	-	-
18	大水	-	-	-	-	-
19	杉山	-	-	-	-	-
20	赤木	-	-	-	-	-
21	鳥瀬	-	長男	法光坊	田野	No. 4

第 8 章　第二次世界大戦前の国の政策と開拓移住

法光坊に居住のきょうだい			他出等のきょうだい	
1	2	3〜	1	2〜
次男	−	−	−	−
−	−	−	−	−
−	−	−	長崎に残る	長崎に残る
女：夫 T	−	−	−	−
−	−	−	−	−
−	−	−	宮崎市内	宮崎市内・宮崎市内
次男：妻は No. 12	三男：妻は上五島冷水教会	次女	長女：シスター	四男：名古屋、三女：名古屋、四女：熊本
−	−	−	−	−
−	−	−	−	−
−	−	−	−	−
次男				
長女：夫が No. 7	五男	六男	宮崎教会	水巻教会
−	−	−	−	−
長女：夫が No. 15	次女：夫 A	−	長男：山梨	次男：ブラジル
次男	三男：1957年に上五島から移住	長男・次男・三男を含めて 6 人居住。うち女性 2 人は W 姓、No. 6 と婚姻		
−	−	−	−	−
−	−	−	−	−
−	−	−	−	−
−	−	−	−	−
−	−	−	−	−
長女：夫が No. 2	−	−	宮崎教会	シスター・シスター

329

形成されたのは、No. 2 と No. 9、No. 4 と No. 21、No. 6 と No. 15、No. 7 と No. 12、No. 9 と No. 13、No. 12 と No. 9、No. 14 と No. 15、No. 21 と No. 2（ただし、No. 2 は第 3 世代）である。開拓移住以前に長崎県で形成されていた親族関係に加えて、さらに法光坊の第 2 世代の婚姻関係を通して、No. 2・No. 4・No. 6・No. 7・No. 9・No. 12・No. 13・No. 15・No. 21 の 9 家族の間に親族関係が形成されていたことが分かる。

③ 第 3 世代の定住とイエの拡大

次に、第 3 世代の状況について見ていきたい。表 8-5 は、1935 年までに移住した 21 家族のうち第 2 世代・第 3 世代の状況が把握できた 14 家族の状況である。まず第 2 世代・第 3 世代を経た現在の法光坊への定住状況を見ていきたい。

草分けの家族の No. 1 は 2 世帯、No. 2 は 2 世帯で合わせて 4 世帯に増加し、草分けの 2 家族と同じ年に移住した No. 3 は 3 世帯（うち集落外 1 世帯）、No. 4 は 3 世帯（うち集落外 1 世帯）に増加し、合わせて 6 世帯（うち集落外 2 世帯）になっている[12]。すなわち 1927 年に移住した 5 家族（流出家族を含む）は、現在、10 世帯に増加している。

翌年の 1928 年に移住した No. 5 は 1 世帯（うち集落外 1 世帯）・No. 6 は 1 世帯で、現在の世帯数は移住期の 2 世帯と同数である。

3 年目の 1929 年に移住した No. 7（5 世帯）・No. 9（3 世帯）は 8 世帯に増加している。この年に移住した 3 家族（No. 8 を含む）は、現在、8 世帯になっている。

1930 年に移住した No. 10 は 3 世帯、No. 11 は 2 世帯、No. 12 は 3 世帯に増加し、この年に移住した 4 家族（No. 13 を含む）は、現在、8 世帯になっている。

また、1931 年に移住した No. 14 は、現在、2 世帯となっている。さらに 1932 年に移住した No. 15 は 10 世帯（うち集落外 2 世帯）に増加し、この年に移住した 2 家族は、現在、10 世帯になっている。その一方、1935 年に移住した 5 家族は、現在、No. 21 の 1 世帯に減少している。

現在の信徒名簿において確認できる 1935 年までに移住した家族の本・分家は、41 世帯である。そのうち 1927〜1931 年の間の移住家族は、概ね、

第 8 章　第二次世界大戦前の国の政策と開拓移住

表 8-5　第 2・3・4 世代

No.	家族名・第 1 世代名	第 2 世代	第 3 世代	現　　在	教会班	世帯数
1	里脇善吉	①長男	長男	第 3 世代	2 班	2
		②次男	-	第 2 世代妻	2 班	
2	尾下権平	①長男	長男	第 4 世代	2 班	2
			②長女	-	2 班	
3	金松種吉	三男	①次男	次男	5 班	3
			②次男の妻の母		4 班	
			③三男	第 3 世代	6 班	
		四男	-	-	-	
4	杉山源一	長男	-	①第 2 世代	6 班	3
			②長女（別姓）	第 3 世代	5 班	
		③妹（別姓）	-	第 2 世代夫	5 班	
5	吉浦太郎	-	-	男	6 班	1
6	安永末蔵	三女	-	第 2 世代	4 班	1
7	戸村喜八	①長男	長男	第 4 世代	1 班	5
		②次男	長男	第 3 世代	1 班	
		三男	③長男	第 3 世代	1 班	
			④長女（別姓）	第 3 世代夫	1 班	
		⑤次女	-	-	1 班	
9	明松久吉	男（8 人兄弟の下）	①長男	第 3 世代・第 4 世代	5 班	3（現在 2）
			②長女（別姓）	-	-	
			③三男	第 3 世代	5 班	
10	安永大吉	六男	現在、第 2 世代は①か②と同居？	-		3
			①長女（別姓）	第 3 世代	4 班	
			②次女（別姓）	第 3 世代	4 班	
			③三女（別姓）	第 3 世代	3 班	
11	安永幸七	①長男	-	第 2 世代	1 班	2
		②次男	-	第 2 世代	4 班	
12	永谷	①長男	-	第 2 世代	3 班	3
		②五男	-	第 2 世代	3 班	
		③六男	-	第 2 世代	2 班	
14	山本茂吉	①第 9 子	-	妻	2 班	2
		②次女（別姓）	-	表 8-4 の第 2 世代	3 班	
15	永田三蔵	長男	-	①第 2 世代	5 班	10
			②長男（死去）	第 3 世代	3 班	
			③次男	第 3 世代	3 班	
			④三男	第 3 世代	3 班	
			⑤長女（別姓）	第 3 世代	3 班	
			⑥次女（別姓）	第 3 世代	5 班	
			⑦三女（別姓）？	第 3 世代？	5 班	
		三男	⑧長男	第 3 世代	5 班	
			長女	⑨第 4 世代（長男）	6 班	
				⑩第 4 世代（長女・別姓）	6 班	
21	鳥瀬	長男	長男	第 2 世代	4 班	1

世帯数が倍増したといえよう。1932年の移住家族の分家が大幅に増加する一方で、1935年に移住した家族はその後の流出等によって大きく減少している。

次に、第3世代のイエの継承者のきょうだい順・性別に関して、いわゆる本家筋の家族で継承者が判明しているのが5家族で、すべてが長男である。ちなみに第2世代に創出された分家でイエの継承者が判明している3家族もすべてが長男である。しかし第2世代に創出された女性の分家で代替わりがなされていないこと、第3世代も男性・女性の分家が集落内に多く創出されている状況から、イエの継承に関して、法光坊において長男相続および傍流の他出という状況に転じたと見ることはできない。

さらに、第3世代の婚姻関係を見ていこう。10家族の第3世代で、配偶者の出身地が確認できる。そのうち法光坊の家族員は5家族、長崎の出身は3家族である。長崎県出身のうちNo. 2①の配偶者は第1世代とともに田野に移住しているため、実質は法光坊の家族の一員といえる。そのため、第3世代では、法光坊内の婚姻関係がかなり広がっている状況が分かる。第3世代の集落内の婚姻関係は、No. 2①とNo. 21の家族、No. 4①とNo. 21の家族、No. 4①とNo. 9③、No. 4①とNo. 15⑧、No. 9とNo. 7①（第2世代）、No. 9とNo. 12①、No. 12とNo. 7②において形成されている。

すなわち、第2世代までに形成されている家族間の親族関係に加えて、法光坊における第3世代の婚姻関係を通して、No. 4・No. 7・No. 9・No. 12・No. 15・No. 21の6家族の間に親族関係が形成されているのである。

また、第2世代と同様に第3世代にも長崎県出身の配偶者がいること、長崎県と同様にカトリック信徒が多く、宮崎県への移住者が多い奄美大島出身の配偶者が加わっていることも興味深い[13]。さらに第2世代と同様に、第3世代のイエの継承者の配偶者の中に未信者（婚姻前）が現れている。未信者との婚姻の傾向は、集落内外の女性の分家にも見られる。それは、田野教会の信徒名簿の世帯代表者が別姓となった女性であることに現れている。

第8章　第二次世界大戦前の国の政策と開拓移住

法光坊集落の社会変化——分家創出の背景——

　法光坊のカトリック信徒家族の特徴は、世代を重ねる中でそれぞれの家族に分家が創出され、世帯数が倍増したことである。通常、農業集落において分家が創出される場合、本家の耕地面積の拡大や集落単位の新しい農地の開拓という背景が見られる。法光坊における分家創出の背景を探ることにしたい。

① 集落の営農規模

　1937年の『法光坊開墾創設助成一覧』に、当時の農業生産の状況が記されている。その内容は、耕地面積は約60町歩、作目別の生産高は、切干大根1,200俵（価格6,720円）、陸稲960俵（価格5,376円）、小麦288俵（価格2,304円）、菜種192俵（価格1,728円）、甘藷960貫（価格8,640円）他で合計生産高は26,768円というものであった。

　当時の農地および農家数に関して、大正期の田野村の開拓計画（1927年完成予定）には、農地面積約60町歩（そのうち畑40町歩）、農家数20戸とある（宮崎県開拓史10頁）。また田野村との約束に基づくと推測されるが、新たに開拓移住者が勧誘された結果、1937年、長崎県からの信徒世帯が24世帯に増加している。この時期に移住した長崎県外からの開拓移住の家族が、2家族存在する。おそらく設計書（とりわけ開拓の拡張変更願）に伴う移住ではないかと推測される。またこの時期に移住後に流出した家族もあったと推測される。

　とはいえ、仮にこの26世帯で60町歩の農地を割った場合、1世帯平均約2.3町歩になる。宮崎県の設計書に基づく開拓時の農地が5町3反（4家族）、1930年の農地が15町8反余歩（13家族）で、これらの時期の農地は1世帯平均1.2～1.3町歩で、拡張変更願によって新規の開拓移住者の移住とともに、法光坊の既存の農家の農地も、若干、拡大したと見られる。

② 新農村と法光坊集落

　表8-6は、1980年代に辻正二が実施した世帯調査の結果を利用して、開拓移住当時の長崎の信徒と他の住民の居住地を推定したものである。現在流出した家族等もあるために正確とはいえないものの、設計書に基づいて移住

表 8-6 長崎の信徒および他の住民の居住地

集落組織(班)	長崎県出身家族			長崎県出身家族以外	
	家族番号	家族名・第1世代名	移住時期(年)	出身地	移住時期
1	15	永田三蔵	1932	愛媛	明治・大正期
	21	鳥瀬	1935	＊15・21・3・6・10の家族は黒島・浅子出身	
	3	金松種吉	1927		
	6	安永末蔵	1928		
	10	安永大吉	1930		
2	12	永谷	1930	香川県	明治40年
				宮崎市	昭和（戦前期）
3	1	里脇善吉	1927	愛媛県	1925年
	2	尾下権平	1927	愛知県	大正期
	14	山本茂吉	1931	愛知県	大正期
	＊1・2・14の家族は外海出身			福岡県	大正期
4	9	明松久吉	1929	宮崎市	大正期
	5	吉浦太郎	1928	宮崎市	1932
5	7	戸村喜八	1929		
	11	安永幸七	1930		
不明	8	桃田	1929		
	4	杉山源一	1927		
	13	相川	1930		
	16	尾下	1932		
	17	相川	1935		
	18	大水	1935		
	19	杉山	1935		
	20	赤木	1935		

注）辻正二（1988年）の表の内容を一部利用して作成。
　　移住時期は『70年のあゆみ』（7頁・31-2頁）の記載に基づいている。
　　集落組織（班）内の記載順は各家族の居住地に基づいている。

第 8 章　第二次世界大戦前の国の政策と開拓移住

図 8-2　法光坊集落の下部区分（班）

注）聞き取り調査および辻正二（1988 年）の表等から作成した。

した家族の居住の大概が把握できよう。まず草分けの No. 1・No. 2 が居住したのが県道沿いにある集落組織 3 班の南側で、大正期にすでに、県道北側に愛知県出身の 2 家族・福岡県出身の 1 家族が居住していたと見られる[14]。また草分けの家族と同時期の No. 3 が居住したのが、県道から北に入った集落組織 1 班で、同じ班の西側に明治・大正期に愛媛県出身の 1 家族が居住していたと見られる。1928 年の No. 5 と 1929 年の No. 9 の家族が居住するのが、集落東側の県道を挟んだ集落組織 4 班の県道北側で、同じ班の県道南側に大正期に宮崎市内から 1 家族がすでに開拓移住しており、1 家族が No. 5・No. 9 の移住の後に宮崎市内から移住している。

　設計書あるいは開拓の拡張変更願に基づく移住家族に関して、1930 年の No. 12 の家族が集落組織の 1 班と 3 班の間の 2 班に居住している。ここには、明治期、すでに香川県から 1 家族、昭和の戦前期に宮崎市内から 1 家族が移住している。1929 年の No. 7 と 1930 年の No. 11 の家族が居住したのが集落の南側の 5 班で、ここには長崎出身者以外の家族はいない。

　おそらく、設計書あるいは開拓の拡張変更願に基づく長崎のカトリック信徒の「新農村」は、まず現在の法光坊集落の西側に県道を挟んで現在の集落

335

組織の1班・3班・4班が「U」の字を形づくる開拓地からなり、次に拡張変更願いに基づいて4班の西側の2班および集落の南側の5班の開拓地が加わったものと推測できる。ただし流出した長崎の信徒家族および長崎以外の住民の農地の購入等による移住があったと見られ、実際には、新農村の範域は多少異なる可能性もあろう。

なお、長崎の信徒が開拓移住した当時の状況に関する聞き取り調査から、「畑は原野でした。家はなく人の家を借りて住んでいました。当時は家が点々としていましたので、現在とは全然違います」と以前の開拓家族の流出とその跡地への転入があったこと、「話では、法光坊に早く移住してきた方々は意外と良い農地や家を建てる場所を見つけられたようです。今の農地はほとんどジャングルみたいな山林だったようです」と移住の時期によって生産・居住条件に差があった状況が判明する。

③ 法光坊集落における分家創出の要因

戦前期の1家族平均約2.3町歩の法光坊の農地は、第二次世界大戦後の農地改革によって各世帯で若干の増減があったと推測されるものの、戦後期に新たな農地が開拓されたという記録はない。そのため、法光坊における分家の創出は、農地の拡大とは別の要因によるものと考えられる。

表8-7は、1935年までに法光坊に開拓移住した家族のうち現在も居住している14家族の職業状況の世代間の変化を農業と農業外に区分したものである。14家族を含む21家族は開拓移住であるため、第1世代の全家族の職業は、当然、農業であった。第2世代になると、判明分に関して、第2世代で農業従事の世帯が増加した家族は3家族で、農業従事の分家の存在が確認できる。しかし第2世代において本分家ともに農業外の2家族を含め、農業以外の職業の世帯が4家族現れていることが分かる。

こうした状況を明確にしたものが表8-8である。すなわち、開拓移住した家族の間で、第2世代も引き続き農業に従事する世帯のある家族および第2世代で農業から離脱したり農業以外の世帯が生じた家族に分化した状況が明らかである。このうち前者に関しては、農業経営が可能な耕地面積を家の継承者と分家がともに相続あるいは取得・借地したケースである。後者の場合は、小規模の農地を分与されたり、農地が子供に均等に分配され、農

第8章　第二次世界大戦前の国の政策と開拓移住

表 8-7　分家の創出と就労状況

No.	家族名	職業	第2世代		第3世代		現在	
1	里脇善吉家	農業	①長男	農業	長男	-	第3世代	-
			②次男分家	農業外	-	-	第2世代妻	-
2	尾下権平家	農業	①長男	農業	長男	-	第4世代	-
					②長女	-	-	-
3	金松種吉家	農業	三男	農業	①次男	-	次男	農業外
					②次男の妻の母			
					③三男	-	第3世代	-
			四男					
4	杉山源一家	農業	長男	農業外	-	-	①第2世代	農業外
					②長女（別姓）	-	第3世代	-
			③妹（別姓）				第2世代夫	-
5	吉浦太郎家	農業	-				男	-
6	安永末蔵家	農業	三女	-			第2世代	-
7	戸村喜八家	農業	①長男	農業	長男	-	第4世代	-
			②次男		長男	農業外	第3世代	農業外
			三男	農業	③長男	農業	第3世代	農業
					④長女（別姓）	農業外	第3世代夫	農業外
			⑤次女	-				
9	明松久吉家	農業	男（8人兄弟の下）	農業	①長男	農業	第3世代・第4世代	農業
					②長女（別姓）	-	-	-
					③三男	-	第3世代	-
10	安永大吉家	農業	六男	農業外	現在、第2世代は①か②と同居?			農業外
					①長女（別姓）	-	第3世代	-
					②次女（別姓）	-	第3世代	-
					③三女（別姓）	-	第3世代	-
11	安永幸七家	農業	①長男	農業外	-	-	第2世代	-
			②次男	農業外	-	-	第2世代	-
12	永谷家	農業	①長男	-	-	-	第2世代	-
			②五男	農業	-	農業外	第2世代	農業
			③六男	農業	-	-	第2世代	農業
14	山本茂吉家	農業	①第9子	-	-	-	第2世代の妻	-
			②次女（別姓）	農業外	-	-	第2世代	農業外
15	永田三蔵家	農業	長男	農業	-	-	①第2世代	-
					②長男（死去）	-	第3世代	-
					③次男	農業外	第3世代	農業外
					④三男	-	第3世代	-
					⑤長女（別姓）	-	第3世代	-
					⑥次女（別姓）	-	第3世代	-
					⑦三女（別姓）?	-	第3世代?	-
			三男	農業	⑧長男	-	第3世代	-
					長女	-	⑨第4世代（長男）	-
						-	⑩第4世代（長女・別姓）	-
21	鳥瀬家	農業	長男	農業	長男	兼業	第2世代	兼業

表 8-8　第 2 世代の職業状況　　　　　　　　　　（世帯数）

No.	農　業	農業外	不　明
1	1	1	-
2	1	-	-
3	1	-	1
4	-	1	1
5	-	-	-
6	-	-	-
7	2	-	1
9	1	-	-
10	1	-	-
11	-	2	-
12	2	-	1
14	1	1	-
15	2	-	-
21	1	-	-
合　計	13	5	4

注）No. 14 は、その後、一時移動し、農業外に転じる。

業外あるいは兼業農家に転じたケースであったと推定される。後者のケースについて、辻の聞き取り調査における離農の理由は、分家のために耕地面積が少ないこと、均等の相続で本分家ともに耕地面積が少ないこと、労働力の不足等による農地の貸付や売却であった。

　表 8-9 は、1980 年と 2010 年代の就農の状況である。兼業等があるために明確ではないものの、集落の世帯の離農傾向が世代とともに進行する状況が確認できよう。こうした農業外の分家の創出や本家の離農傾向は、田野をとり巻く地域状況の変化に大きく影響されていると推測される。すなわち従来の鉄道交通（日豊本線）に加えて、自動車交通の普及に対応して、国道 269 号線、宮崎自動車道（田野インターチェンジ）等で結ばれた宮崎市中心部との交通状況が良好になったことである。また隣接する清武地区が、電子

第 8 章　第二次世界大戦前の国の政策と開拓移住

表 8-9　1980 年代と 2010 年代の就農状況　　　　　　　　　　　　　　　　（世帯数）

No.	1980 年代			2010 年代			
	農業	農業外	無職	農業	農業外	無職	不明
1	1	1	-	-	-	-	2
2	1	-	1	-	-	-	2
3	1	-	-	-	1	-	2
4	-	-	-	-	1	-	1
5	1	-	-	-	-	-	-
7	2	1	2	1	2	-	2
9	1	-	1	1	-	-	2
10	-	2	-	-	-	-	3
11	-	1	-	-	-	-	2
12	2	1	-	2	-	-	1
14	1	-	-	-	-	-	1
15	2	3	4	-	1	-	8
21	1	-	-	1	-	-	-
合計	13	10	8	5	5	-	26

注）辻正二（1988 年）の表の状況と比較したものである。

部品等の製造業の工業団地やハイテクパーク、さらに 3 大学・短大の立地する学園都市として整備され、田野も宮崎中心部の郊外、清武の通勤圏に位置づけられたことである。その結果、新住民も増加傾向にある。

法光坊集落への移住と定住の社会的特徴

宮崎市田野への長崎の半島・離島出身の信徒の移住と法光坊集落の形成の社会的特徴を明らかにしたい。

第 1 に、長崎の信徒の田野への移住が、開墾助成法・宮崎県開墾地移住奨励規程に基づく開拓移住という点である。この政策には、自作農の定着という政策的観点に基づく新農村建設の支援が含まれ、草分けの移住世帯は共同建造物の補助制度を利用して移住後わずか 2 年間で教会を設立している。

この教会の設立は、長崎の信徒世帯の法光坊への連鎖的移動の要因の1つといえよう。一方、次節でふれる福岡市西区能古島（大泊）では、共同建造物の補助制度を巡って住民の間に対立が生じている。

　第2に、南九州に移住後も出身地の長崎と社会関係が維持されたことである。それは、第2世代の婚姻関係に関して、表8-4のようにNo. 1・No. 3・No. 9・No. 10・No. 14・No. 15の配偶者の出身地が長崎であったことに現れている。さらにイエの継承者以外で法光坊に居住する第2世代や第3世代にも及び、長期間にわたる出身地との関係の維持が明白である。

　また、草分けの家族が移住した当初、出身地との関係性の形成と維持の方策として、開墾助成法に関係する補助が活用されたことである。移住当初の厳しい状況の中で、遠距離の出身地と関係を維持するための生活戦略の一端が明らかになろう。

　第3に、長崎の信徒が法光坊に定住し、第2・第3世代を経て現在に至るまでに多数の分家が創出され、世帯数が倍増したことである。さらに第2・第3世代を通して、法光坊内の家族間に婚姻関係が数多く形成されている。その結果、法光坊の世帯の間の社会関係はさらに多重となり、集落の社会基盤が強固になっている。

　第4に、法光坊に定住後、第2・第3世代で数多く創出された分家の中に婚出した女性の分家が多く含まれている点である。すなわち婚出した女性も法光坊内外に居住する傾向にあり、婚出後も出身集落と関係を維持しているのである。第2・第3世代の女性が集落内外に居住する背景には、法光坊が南九州における数少ないカトリック・コミュニティであることが大きいと推測されよう。

第3節　福岡市西区能古島（大泊）
――共同建造物をめぐる島内の対立――

　第6章第1節でふれた田平からの常態的な他出には、周辺や近接地区からの挙家離村も含まれていた。そうした第4次移住地の中の1つが、図8-3の福岡市西区能古島大泊である。

第 8 章　第二次世界大戦前の国の政策と開拓移住

図 8-3　福岡市西区能古島

　大泊への居住は、表 8-10 のように、1915（大正 4）年が最初であった。熊本県出身の猪ノ山溝次は大泊で最初は放牧牛の世話、次に果樹園の管理人に転じている。その時期に対岸の福岡市西区姪浜の漁師も移住し、1926（大正 15・昭和元）年頃に 9 世帯に増加した。聞き取りによれば、この時期に移住した No. 4 の辻山新済の妻がカトリック信徒であった[15]。
　さらに、1929（昭和 4）年に開拓地が払い下げとなり、移住者が増加する。この時の開拓地の総面積は 50 町歩で、一戸 1 町 5 反〜2 町 5 反であった（高田 144-5 頁）。1 戸あたり 2 町歩として推定した場合、25 世帯規模の入植地である。実際、1926 年に移住した 2 世帯を含めて 23 世帯が 1935（昭和 10）年頃までに移住している。入植当初は若い男性の先行移住で、開墾地にさつまいも・麦・栗・ぶどう・大根が栽培されていた。麦の収穫時期に、1ヶ月間も本村に下りなかった人もいたという（旧能古村関係資料 122-3 頁）。
　能古島大泊での聞き取りでは、カトリック信徒世帯の移住の最初は、永田才松とその子どもの No. 10 永田政衛・No. 11 永田房一・No. 12 西方政次郎の世帯であった。永田才松は黒島の根谷出身で現在の松浦市西木場に移住

表 8-10　能古島大泊地区への移住

移住の時期	No.	世帯主世帯名	信徒世帯	出身地	備考	生産の状況およ び備考
大正期	1	猪ノ山溝次	－	熊本県	1915 年、①放牧牛の世話。その後、果樹園の管理	
	2	結城政吉	－	姪浜	①漁業・②明治後期に最初に移住、浜に家を構える	
	3	上村恵吉	－	－	昭和初期にも入植の記載あり	
	4	辻山新済	△	－	国有林の管理人。妻がカトリック。昭和初期にも入植の記載あり	
	他に、5 鶴森喜蔵家・6 甲斐家・7 浜里家・8 岩川作太郎家・9 窪田信蔵家					
昭和初期の開拓移住期（開墾移住）	10	永田政衛	○	御厨（西木場）	永田家の長男の世帯	①サトイモ・たばこ・ゆり・綿・大根・陸稲・マホラン・大根種が栽培される②開拓移住者として関家の紹介がある。この時期の世帯数は36 世帯程度である
	11	永田房一	○	御厨（西木場）	永田家の次男の世帯	
	12	西方政次郎	○	御厨（西木場）	永田家の三男の世帯。西方善三郎家の養子となる。昭和 24 年に市有地の払い下げ	
	13	西方善三郎	－	－	政次郎の養父	
	14	安井庄司	－	－	その後に他出。永田松が安井宅を買い取って寄付教会とする	
	15	山内源太郎	○	田平	息子は山内義元	
	他に、16 上村伴蔵家・17 山下松吉家・18 田中七三郎家・19 橋本松太郎家・20 二ノ宮安三郎・21 前田次郎吉・22 松尾サイチ家・23 大森留吉家・24 吉岡覺太郎家・25 高田ツル家・26 庄島仁一郎家・27 黒井家・28 西田家・29 山木喜作家・30 久保房太郎家					
第二次世界大戦後（昭和24年の市有地払い下げ）	31	牧山誠	○	馬渡島		①さつまいも・ばれいしょ・麦・菜種・サトウキビ・つくね芋が栽培される。その後、甘夏柑・ニューサマー・八朔・伊予かんが栽培される。和牛・乳牛の肥育・養豚が行なわれる
	32	牧山ミエ	○	馬渡島	ミエは、11 の房一の娘である	
	33	山内義元	○	－		
	34	浜崎辰次	○	馬渡島	子供一人で住む。本家が崩れかける	
	35	牧山真一	○	馬渡島	馬渡島からブラジル。ブラジルから戻りしばらく住む	
	他に、36 岩政万太郎・37 高畠又市・38 無津呂房雄・39 小川武次					
	40	本郷	○	馬渡島		聞き取り調査による追加事項
	41	木村	○	馬渡島	昭和 30 年頃	
平成	42	下田		五島	渡船の機関長となって移住	

注）高田茂廣『能古島の歴史』（1985 年）の記載を基に作成した。備考の①は『能古島の暦』、②は『旧能古村関係資料』（著者・発行年不詳）の記載を掲載している。
No. 4 および 10 以下の出身地は永田夫妻への聞き取りに基づく。

第 8 章　第二次世界大戦前の国の政策と開拓移住

表 8-11　開墾移住地への移住戸数

旧村名	開墾移住地	1930 年(昭和 5 年)	1931 年(昭和 6 年)	1932 年(昭和 7 年)	1933 年(昭和 8 年)	1934 年(昭和 9 年)	1935 年(昭和 10 年)	1936 年(昭和 11 年)	1937 年(昭和 12 年)
早良郡残島村	残島村第一耕地整理一人施行	3	-	2	-	-	-	-	1
福岡県	国庫補助額（円）	10,500	2,100	3,000	3,000	9,900	3,300	1,800	1,800
	建築予定戸数	35	7	10	10	33	11	6	6

注）『開墾地移住ニ関スル調査』((第 3 輯) 19-23 頁・92 頁) より作成した。
　国庫補助金額以外の数値は世帯数である。

写真 8-2　能古島教会

写真 8-3　西木場教会（昭和初期の移住世帯の出身地）

写真 8-4　馬渡島教会（第二次世界大戦後の移住世帯の出身地）

343

し、農業と漁業の兼業であった。一家で従事していたイワシ網漁に失敗した時期、次男の房一が「土地を無償でくれる開拓地がある」という話を聞き、大泊に移住した。表 8-11 は、昭和初期の開墾奨励金交付に関する能古島（旧名残島）等の状況である。「残島第一耕地整理一人施行」の 1929（昭和 4）年入植者に対する補助支給年の 1930 年の 3 世帯は、永田家の 3 兄弟の開墾地移住奨励制度による移住を裏づけるものである。なお、永田才松と同じ黒島の集落出身の No. 15 の山内源太郎も田平を経て同じ制度を利用して大泊に移住したと推測される。

開墾地移住奨励制度に関して、「開墾に対する国の補助金をめぐって、村と入植者が争う」（高田 145 頁）とされる。この制度には共同建造物等の補助が含まれていたため、共同建造物としての教会の建設をめぐる対立であったと思われる。高田によれば、村の勝訴となっている。そのためか、聞き取りでは「公園となった所に桜を植えることになった」という。なお、教会は他出した世帯の家を永田才松が購入して設立している。

第二次世界大戦後の 1949（昭和 24）年にも 1 戸あたり 2 町 5 反の市有地の払い下げがあり、9 世帯が移住している。この時期の信徒の移住世帯は、馬渡島および馬渡島からブラジル移住を経た世帯であった。この時期には、かんきつ類の栽培、畜産等が盛んになっている。

昭和初期の世帯では、例えば No. 10 に 4 世帯、No. 11 に 2 世帯等の分家が創出され、能古島の信徒世帯は増加している。その一方で、島における農地の限定性や同区内の愛宕浜や博多区と短時間の海上交通で頻繁に結ばれ、福岡市中心部に通勤可能な島嶼となっている。そのため、「百姓ばするなら一人にやれ」と農地の分割を避けたい思いも強いという。

以上、大正・昭和初期の国の開拓政策（開墾助成法）の概要と開墾助成法に基づく信徒の移住と居住の展開について見てきた。その社会的特徴を明らかにしたい。

第 1 は、信徒の移住に国の政策が関与していたことである。この政策の特徴は、開拓地の土地取得とともに、新農村建設に関連する共同建造物の補助制度が存在したことであった。法光坊では、草分けの信徒が移住した年の

第 8 章　第二次世界大戦前の国の政策と開拓移住

2 年後に教会が設立されている。

　第 2 は、草分けの世帯の移住後、長崎県等から信徒の連鎖的移動が生じたことである。法光坊の場合、長崎県内の小教区や集落における同郷関係や親族関係が重複した信徒世帯が来住して、20 世帯の規模になっている。能古島大泊の場合、草分けの信徒と同郷関係にあった信徒世帯に加えて、佐賀県馬渡島の信徒世帯の来住が生じている。

　第 3 は、法光坊および大泊に移住した信徒世帯に分家が生じて、世帯数が増加したことである。法光坊の場合には、婚出した女性も集落および集落周辺に居住する傾向が見られることも特徴である。

注

1 ）本書では、信徒以外を含む広義の地域を指す場合も、法光坊と表記しているケースが若干ある。
2 ）長崎の信徒が開拓移住した当時、辻正二（1985 年）が引用する上野登『自作農維持創設資金に関する研究』（宮崎県農業会議、1960 年）によれば 5～6 世帯、『70 年のあゆみ』によれば 8 世帯の未信者が居住していたという。また田野教会の信徒への聞き取りによれば、法光坊周辺にはすでに仏教集落の三角寺集落、浄土真宗のイノチ集落が形成されていたという。
3 ）一方、後述するように、田野村が大正期に立案した開拓計画（1927 年完成予定）の農家数は、20 戸であった『宮崎県開拓史』（1981 年、10 頁）。
4 ）田野教会に残されている手書きの資料によれば、里脇家と尾下家と同時期に長崎県内よりつつみ家が移住している。つつみ（おそらく堤）家は、他の資料等から、同年内あるいは翌年の前半に他出したと思われる。
5 ）移民戸数 4 戸の計画に対して、当初の 3 戸のうち 1 戸が流出した。そのため新たに 2 戸が入植したと思われる。
6 ）ここで用いているデータは、田野教会の信徒世帯に対して調査票を用いた聞き取り調査の結果である。2014 年 8 月および 11 月に田野教会信徒組織を通して予め調査票を配布し、第 1 回目の 8 月は記入済の調査票を教会内で調査者と回答した信徒とで点検し、第 2 回目の 11 月は記入済の調査票を調査者と信徒が対面して点検した。なお第 2 回目は回答した信徒とともに家系図の作成を行なっている。
7 ）2013 年 9 月、長崎県出津教会において主任司祭・シスター・信徒に聞き取り調査を実施した。一方、黒島でも桃田姓が多く見られ、また黒島から田平への移住者にも同姓が確認できる。
8 ）こうした社会関係の関与に加えて、草分け家族の開拓移住の直後に設立された田野教会の存在も、信徒の連鎖的移動に関係したと推測される。
9 ）No. 13 あるいは No. 17 については、「70 年のあゆみ」の 1974 年の事項に田野教会信徒としての記載があること、また No. 18 については「70 年のあゆみ」で 1994

年までの多くの年の事項に信徒としての記載があることから、少なくともそれぞれの時期まで法光坊に居住していたと確認できる。
10）長崎のカトリック信徒の相続慣行に関して、第1章および第2章で論じている。
11）この表の家族およびこの表に示していない家族にも、分家が創出された可能性が高い。
12）ここで集落外と記している世帯は、法光坊には居住していないものの、田野町およびその近辺に居住し、田野教会の信徒の世帯である。
13）この配偶者とともにその母親も法光坊に居住している。なお田野にカトリック信徒が集住しているという情報を得たのは、奄美大島の瀬戸内町古仁屋の幼稚園長（奄美大島出身のシスター）からで、当初は、宮崎県の奄美大島出身者の集住地という情報であった。
14）辻が引用している上野の前掲書には、明治・大正期に宮崎市の人や宮崎市の製紙会社の所有地に小作に入った世帯のうち若干が自作農に転じたものの、多くは流出して長崎の信徒の開拓移住当時は5～6世帯が居住していたようだと記されている。
15）2015年5月に福岡市西区能古島大泊・能古島教会の永田夫妻に聞き取り調査を実施した。

第 9 章
第二次世界大戦後の農業政策・地域政策と移住・集落移転
――第 4 次移住地――

　第二次世界大戦後、日本政府は占領軍の指導の下、自作農創設特別措置法に基づく開拓政策を実施した。多くのカトリック信徒世帯がこの事業募集に応じて、山間僻地の条件不利地に入植した。
　一般に、自作農創設特別措置法の施行は、農地改革として知られている。実際、多くの小作（自小作を含む）世帯が農地を取得している。そのため、信徒世帯の中にも農地改革に伴い農地を取得した世帯が多かったといわれている。また都市の集住地でもこの法律に関係した地区が存在するとともに、さらに山間に多くの信徒が開拓移住している。
　一方、1970 年には、過疎地域対策緊急措置法が制定された。住民福祉の向上と地域間格差の是正を目的にした法律で、市町村単位で過疎地域を規定して、国・都道府県・市町村の連携で交通の確保・住民生活の整備・産業振興・地域社会の再編をめざす事業であった。上五島等の条件不利地の信徒集落の中には、同法の対象となった集落が多く存在した。
　本章は、まず第 1 節で、佐世保市・平戸市・大村市の自作農創設特別措置法に基づく開拓地と佐世保市・大村市の旧軍用地への信徒の移住の状況を紹介する。次に第 2 節で、小作地の開放が集住の要因の 1 つになった福岡市城南区茶山への五島出身者の移住の経緯と定住後の状況を明らかにする。さらに第 3 節で、過疎地域対策緊急措置法に基づく上五島町青方への移住の経緯と集落単位の団地の形成を跡づけることにしたい。

第1節　佐世保市・平戸市・大村市
　　　　──自作農創設特別措置法に基づく開拓地──

　自作農創設特別措置法は、自作農の創設と食糧増産の観点に立って、山林・原野の開墾を進める政策であった。国が取得した山林・原野への入植希望者を選定し、低廉な価格で土地を売り渡すことで、自作農を創設する事業であった（長崎県農地開拓史 201-10 頁）。

佐世保市の戦後開拓地
　第二次世界大戦後、開拓地と旧軍用地の利用で佐世保市内の農地が拡大する。第 7 章表 7-1 の②は自作農創設特別措置法に基づく開拓農業組合、③は旧軍用地の農地開放地である。
　① 烏帽子開拓地──旧佐世保市内の開拓地──
　佐世保市中心部では、第 7 章表 7-1 の②の烏帽子（図 9-1）が自作農創設特別措置法に基づく開拓地に指定された。1946（昭和 21）年、中心部の背後にそびえる烏帽子岳の中腹（340m）付近に 20 世帯が入植する。1948（昭和 23）年に 6 世帯、1950 年に 1 世帯、1952（昭和 27）年 2 世帯、1953（昭和 28）年に 2 世帯がつづき、昭和 20 年代に 31 世帯に達した（佐世保市

図 9-1　佐世保市

第 9 章　第二次世界大戦後の農業政策・地域政策と移住・集落移転

写真 9-1　佐世保市烏帽子（烏帽子教会）

史産業経済篇 345 頁）。

　烏帽子への平戸市紐差の信徒の開拓移住の時期は後発で、1954（昭和29）年であった。第4章第1節でふれたように、紐差教会の宿老であった糸永栄三郎家が、子ども世帯とともに一家2世帯で移住した。移住の理由には子どもや孫世代の教育や就職の機会も含まれていた。糸永家の開拓入植が連鎖的移動を生むことになり、紐差の親戚や信徒が後続した。その結果、糸永栄三郎家（栄三郎と敬一の2世帯）・平本虎太郎・山頭冨士夫・橋口菊四郎・萩原儀信・萩原宗一・藤村佐一・萩原保義・糸永信義の9家（10世帯）の規模になった（俵町小教区50年誌 71 頁）。なお『カトリック教報』（386号、1957年1月）によれば、1956年のクリスマスミサに俵町教会のガイヤー神父が訪問した時には信徒世帯が5世帯であったため、残りの5世帯はその後の移住であったことが裏づけられる。

② 牟田ノ原開拓地・高峰開拓団

　図9-1の佐世保市と佐々町の境界に位置する牟田ノ原は、第7章表7-1の②にあるように自作農創設特別措置法に基づく開拓地であった。1955（昭和30）年には、入植世帯23世帯、開墾面積23町歩（うち茶園12町歩）に広がっている（佐々町郷土誌 195 頁）。この牟田ノ原の開拓農業協同組合の所在地は佐々町で、開拓地は佐々町と佐世保市にわたるものであった。

　『俵町小教区50年誌』には、牟田ノ原に五島から信徒世帯30世帯が移住し、その後、お茶の栽培・製造等に転じたとある（77 頁）。一方、『カトリック教報』386号（1957年1月）によれば、移住した信徒世帯は、上五島

写真 9-2　佐世保市・佐々町の牟田ノ原の茶畑　　写真 9-3　牟田ノ原教会

の青砂ヶ浦教会その他からの 12 世帯であった。

　また、自作農創設特別措置法に基づく旧吉井町の開拓地は、『ふるさとの歴史・吉井町』によれば、高峰開拓団（吉井第一開拓団）と乙石尾共栄開拓団であった（178 頁）。この 2 地区を合わせて第 7 章表 7-1 の②にある吉井 7 世帯と推測される。そのため、『俵町小教区 50 年誌』の 30 世帯は、牟田ノ原の総世帯 23 世帯と吉井の 7 世帯を合わせた数であったと推測される。高峰開拓団は存続したものの、聞き取りによれば、五島から牟田ノ原に移住した信徒世帯は、佐々町の中心部や他地域に移住したという。中にはブラジルに移住した世帯もあったという。

③ 小佐々町横浦開拓地

　自作農創設特別措置法に基づく小佐々（長崎山）の開拓地は、図 9-1 のように半島の山地の旧海軍用地であった。35 世帯が移住し、各世帯は割当ての 3 町歩を開墾している（小佐々町郷土誌 427 頁）。なお第 7 章表 7-1 の②にある小佐々では 40 世帯とされる。『よきおとずれ』995 号（2012 年 5 月）によれば、開拓団の信徒は第 5 章第 1 節の佐世保市矢岳（神崎）、第 7 章第 1 節の相浦（浅子）の出身であった。

④　鹿町町曽辺ヶ崎開拓地

　第二次世界大戦後に、佐世保市褥崎から新たな開拓移住地として、佐世保市加勢の半島に位置する曽辺ヶ﨑への移住があった（第 5 章図 5-1 および第 7 章図 7-11）。曽辺ヶ崎の開拓は 1949（昭和 24）年で、約 6.3ha（1 世帯平

第9章　第二次世界大戦後の農業政策・地域政策と移住・集落移転

写真9-4　小佐々町横浦

写真9-5　横浦教会

均0.57ha）が開拓されている。曽辺ヶ崎には、第5章表5-13の9世帯が移住した。主な移住世帯は、吉浦末蔵―梅蔵の家系（第2世代の次・三男の第3・第4世代）の4世帯、新立宗ヱ門の家系（次・三・四男を第1世代とする第3世代）の3世帯等で、4つの家系の親族による移住という特徴が見られる。

曽辺ヶ崎では半農半漁で、農作物として西瓜・さつまいも・麦が生産されている。なお1956年に電気が開通している（鹿町町郷土誌 357頁）。

⑤ 旧軍用地の開放地

第二次世界大戦後、開拓地と旧軍用地の利用によって、佐世保市内の農地が拡大した。第7章表7-1の②は、旧海軍用地を農家に開放したもので、27地区で793世帯が増反（開墾）をめざした。旧海軍用地のため海岸、とりわけ半島部等の開放が目立つ。

平戸市の戦後開拓地

第4章表4-1のように、第二次世界大戦後の自作農創設特別措置法に基づく開拓地が、第4章図4-3の上神崎の千代切山・油水・長崎山・平床に用意され（長崎県農地開拓史 211-2頁）、それぞれに15・10・22・5世帯の開拓農業組合が結成されている。

① 上神崎の開拓地――千代切山・油水・長崎山――

第4章表4-1の千代切山・長崎山は、既存の集落（仁田・須草）の山間

にある国有地・民有地の開拓地であり、油水の開拓地も油水の山間の開拓地であった。

1980年の仁田・千代切山の世帯状況から、千代切山には仁田の信徒世帯や1980年以降に移住してきた世帯等、須草・長崎山の世帯状況から、長崎山には潮の浦や楠谷の信徒の世帯や1980年以降に移住してきた世帯、油水の世帯状況から油水には須草の信徒世帯や1980年以降に移住してきた世帯が入植したと推測される[1]。

このうち千代切山への入植世帯は、大久保半島とりわけ仁田の世帯が主で、他に潮の浦等の出身世帯であった。また入植世帯は、きょうだい順で必ずしも次・三男に限らず、長・次・三男等さまざまであった。

また、自作農創設特別措置法に基づく開拓地は古江（大瀬）の小富士、平戸地区の鞍掛山（10世帯）にも用意され、それぞれに5世帯・10世帯の開拓農業組合が結成された。

大村市の戦後開拓地

大村市の丘陵・山間も自作農創設特別措置法の開拓地で、入植者は「引揚者疎開者、地元二・三男」（拓魂255頁）であった。

① 松尾集落——山間地の開拓地——

第6章表6-23右側の開拓地の徳泉川内・松尾・大多武に信徒世帯が見られる（第6章図6-7）。『カトリック水主町教会設立50周年記念誌』に、水主町教会出身の2人のシスターの手記が掲載されている。1人は徳泉川内町の出身で、「夏休み、冬休みはもちろんのこと、よく歩いて教会に通いました」、もう1人は「松尾に住んでいた私たちのカトリック要理は、小瀬良セキ様が教えてくださっていました」（33頁・36頁）とある。

松尾開拓地は、『カトリック教報』（404号、1958年8月）で「数年前に上五島から入植した」と紹介されている。大山教会主任司祭の三村神父への聞き取りでは、1960年頃に外国人神父の自動車に同乗して、この開拓地を訪問したという。その当時、定住していたのは10世帯程度で、すべてが五島から移住の信徒世帯であった。一方、植松教会の信徒への聞き取りでは、植松教会の信徒世帯の中にも、松尾開拓地に入植した世帯（「知人のおばさん

第 9 章　第二次世界大戦後の農業政策・地域政策と移住・集落移転

写真 9-6　大村市松尾

家族」）があったという。『大村植松教会創設百周年』（126 頁）の松尾教会の信徒（当時 6 世帯）の集合写真に写っているという。五島から竹松等を経た移住と推測される。

　なお、50 周年記念誌の地区（班）別の信徒の家族写真（水主町教会の信徒世帯の半数弱の掲載）には、東大村班として 7 世帯が掲載されている。内訳は松尾 4 世帯・大多武 3 世帯であると推測される。

② 旧軍用地への移住

　第二次世界大戦直後の大村市への信徒の移住の大半は農業志向で、移住地には、第 6 章表 6-23 のように旧西大村・旧竹松村の海岸等の旧軍用地の払い下げ地が含まれていた。第二次世界大戦後に大蔵省に移管された旧軍用地の一部が、自作農創設特別措置法の農業用配分地であったためである。

　大村市の地形図（第 6 章図 6-8）の中央部左の海岸部に、大村海軍航空隊（飛行場）跡地の荒れ地や空襲のため廃工場となった第 21 海軍空廠跡地の一部が示されている[2]。1947 年、大村市が大村海軍航空隊（飛行場）跡地の 170ha を短期間のうちにトラクターで開墾・整備し、一般農家・引揚者等に集団開拓地として配分している（大村市史 382-3 頁）[3]。

自作農創設特別措置法の開拓地への移住と居住の展開の社会的特徴

　第二次世界大戦後の自作農創設特別措置法に基づく開拓地への信徒の移住と居住の展開における社会的特徴を明らかにしたい。

353

第 1 は、自作農創設特別措置法に基づく開拓地が、山間等の条件不利地であったことである。一方、大村市の旧軍用地の払い下げ地は海岸に立地し、その後、農地から工業地・住宅地に転じている。
　第 2 は、開拓地への移住が、同郷関係者の集団的移動であったことである。すなわち、烏帽子開拓地は平戸市紐差からの 10 世帯の開拓移住であり、一部の世帯は親族関係で結ばれていた。牟田ノ原・高峰開拓地は上五島からの 30 世帯であり、松尾開拓地は五島からの約 10 世帯であった。
　第 3 は、山間の開拓地で、その後、流出世帯が多く生じたことである。とりわけ牟田ノ原の場合、すべての信徒世帯が他出している。

第 2 節　福岡市城南区茶山——小作地の開放と五島出身者の集住——

　福岡市城南区茶山には、五島とりわけ上五島出身が集住している。茶山への集住の経緯と定住の展開を見ていくことにしたい。

茶山の地域状況と集住の状況
　福岡市城南区茶山（図 9-2）は、明治期、福岡市の西部に位置する別府(べふ)郷内の台地であった。別府郷は旧鳥飼村の枝郷にあたり、大正時代に福岡市の一部になった（福岡市別府公民館　序）。まず茶山および別府・鳥飼の状況に

写真 9-7　茶山教会

第9章　第二次世界大戦後の農業政策・地域政策と移住・集落移転

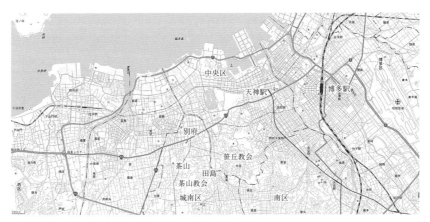

図9-2　福岡市城南区茶山

ふれ、さらに五島出身者の茶山への集住と移住の経緯、その後の居住の展開を明らかにしたい。

① 別府の地域状況

明治・大正期の別府郷全体の人口・世帯数は、1881（明治14）年33世帯・181人、1890（明治23）年31世帯・178人、1894（明治27）年29世帯・162人であった。また、旧鳥飼村全体の明治・大正期の人口・世帯数は、1900（明治33）年384世帯・2,161人、1905（明治38）年370世帯・2,310人であった。茶山・別府を含む旧鳥飼村は、1919（大正8）年に福岡市と合併して福岡市の一部になった。

1924（大正13）年、別府に北九州鉄道鳥飼駅が開設され、別府橋通り（県道原－警固線）が早良郡と福岡市中心部を結ぶ幹線になり、大正時代末から昭和にかけて別府橋近辺で住宅が増加していく。第二次世界大戦後、別府は福岡大空襲の被災者の移住によって、さらに人口が増加した。昭和30年代半ば以降、別府で団地や公務員宿舎、社宅などの集合住宅の建設が進み、この頃から農業地区から郊外住宅地へと変貌する。

② 茶山1丁目・2丁目の人口変化

現在の茶山の中で五島、とりわけ上五島出身の信徒が集住しているのが、表9-1のように茶山1丁目・2丁目である。現在の茶山を含む旧西田・西

355

表 9-1　茶山教会信徒世帯の居住地

		福岡市城南区					
		茶　　　山					
		1丁目	2丁目	3丁目	4丁目	5丁目	6丁目
全　　体		8.7	9.9	2.1	1.9	1.9	6.3
上五島 (町丁別)	上五島の教会の秘蹟記録のある信徒世帯	15.1	15.1	2.6	1.3	4.6	6.6
	上五島の教会の信徒名の信徒世帯	14.8	23.0	1.6	8.2	0.0	0.0
	上五島地域に見られる姓の信徒世帯	0.0	0.0	0.0	0.0	0.0	7.1
上五島 (地区別)	上五島の教会の秘蹟記録のある信徒世帯	45.4					
	上五島の教会の信徒名の信徒世帯	47.5					
	上五島地域に見られる姓の信徒世帯	7.1					
五島（上五島・下五島）以外の信徒世帯		14.0					

注）数字は百分率である。

　田原の一部は、田島の一部分に含まれていた。茶山1丁目・2丁目に地名変更する前の茶山の人口は、表9-2における1963年の田島の439人・96世帯に相当すると推定される。この年に、上五島出身の松下義七が田島町の町世話人に就任したこと、この時期の茶山教会の信徒数が約350人であったことを重ね合わせれば、五島出身者の比率が相当に高かったと推測される。なお1964年、「福岡市町別人口表」から田島の町名が消え、松下義七が茶山東町の町世話人になり、前年、茶山東・弓ノ馬場茶山の町世話人だった人物が弓ノ馬場茶山のみの世話人になったことから、現在の茶山1丁目にあたる田島の一部が、現在の茶山2丁目にあたる茶山東に編入されたと推測される。
　茶山1丁目・2丁目を表9-2の茶山東とすれば、1960年代の人口・世帯状況は、1967年に1,000人・300世帯を超え、1970年代の1971年に1,500人・500世帯を超えた。聞き取りで1960年代が「急激に人口が増えた時期」であったという発言に合致する。しかし、その後は減少傾向が続き、1990年1,700人・600世帯、2000年1,500人・620世帯、2010年

第9章　第二次世界大戦後の農業政策・地域政策と移住・集落移転

七隈・干隈	荒江団地	金山団地	別府・田島	片江・梅林	友丘・神松寺	長尾・友泉亭・樋井・東油山	福岡市 中央区	福岡市 早良区	福岡市 西区	福岡市 その他の市内	福岡県内	その他	合計
1.2	4.5	7.5	2.8	4.5	3.8	1.4	19.7	5.6	2.1	2.6	1.6	12.0	100.0
0.0	2.0	5.9	2.6	2.6	5.3	2.0	17.8	2.0	0.7	5.3	1.3	7.2	100.0
0.0	6.6	8.2	1.6	1.6	0.0	0.0	8.2	0.0	13.1	0.0	0.0	13.1	100.0
2.4	9.5	2.4	2.4	0.0	0.0	0.0	42.9	0.0	0.0	2.4	2.4	28.6	100.0
20.4							34.2						100.0
18.0							34.4						100.0
16.7							76.2						100.0
40.4							45.6						100.0

1,490人・680世帯になっている。

茶山への移住と定住の状況

　上五島津和崎半島の信徒が、茶山の草分けであった。信徒の茶山への移住の経緯と定住の展開の状況を見ていきたい[4]。

① 茶山への移住の経緯

　19世紀末、第2章第2節でふれた上五島の津和崎半島のカトリック集落の曽根公教に誕生した竹山松五郎と倉松の双子の兄弟の1人である倉松は、兵役を終えた後、離家離村して長崎市大浦教会で外国人神父の賄い方の仕事に就いた。福岡教区の初代司教となったフェルディナン・チリー神父の福岡市赴任に従って、1926年、長崎市で家族をもった倉松も挙家で福岡市に移住することになる。その後、曽根公教で生活していた松五郎も倉松を頼って挙家で福岡に移住し、教区の土地の管理人の職を得ている（カトリック茶山教会50周年記念誌 19-21頁）。しかし倉松は、チリー司教の死去によって賄い方の仕事を失ってしまう。1930年、大名町信徒（大学教授や医師）の尽

表 9-2 茶山周辺の人口

1963 年			1964 年		1967 年	
大字田島	439		茶山東	933	茶山東	1,289
	96					
茶山東	751			234		348
	179					
弓ノ馬場町茶山	605		弓ノ馬場町茶山	696	弓ノ馬場町茶山	875
	134			154		201
			茶山団地	817	茶山団地	889
				205		225
人口合計	1,795		人口合計	2,446	人口合計	3,053
世帯合計	409		世帯合計	593	世帯合計	774

1968 年		1969 年		1971 年	
茶山東	1,432	茶山東	1,495	弓ノ馬場町（茶山東）	1,690
	397		395		505
弓ノ馬場町茶山	884	茶山	892	弓ノ馬場町（茶山）	1,342
	203		250		371
茶山団地	872	茶山団地	859		
	223		236		
人口合計	3,188	人口合計	3,246	人口合計	3,032
世帯合計	813	世帯合計	881	世帯合計	876

注) 福岡市総務局総務部行政課「福岡市町別世帯人口集計表」の各年のデータを集計したものである。
　数値は上段が人口（人）、下段が世帯数（世帯）である。

力で、松五郎と倉松の竹山兄弟は茶山の地主の土地の小作農として定住し、畑や山林を開墾する（カトリック茶山教会 50 周年記念誌 22-3 頁）。

　この当時の茶山の人口を推計してみたい。明治 20 年代（1880 年後半〜）の茶山を含む別府の人口が旧鳥飼村の人口の約 7％であったこと、旧鳥飼村

が福岡市と合併した1919年当時の人口が3,509人であったことから、竹山兄弟が茶山で開墾を始めた時期の10年前の別府全体の人口は250人程度であったと推定される。1971年の町名変更当時の別府（10丁）のうち茶山（1丁目・2丁目）の2丁分を単純に算出した比率で、1919年当時、茶山の人口は約50人、さらに明治20年代の別府の平均世帯員数の5.6人で試算すれば、約10世帯程度と推計できる。実際は、前述のように1920年代に別府に北九州鉄道鳥飼駅が開設され、大正時代末から昭和にかけて別府橋近辺で住宅が増加していたため、茶山の実際の人口・世帯数はこの推計値を大幅に下回り、人家のまばらな山間であったと推測される。

② 同郷者の連鎖的移動

竹山兄弟が茶山に定着した2年後、兄弟の姉の息子である松下義七が同じく曽根から、1938年には椎山（初五郎）家・長江家・杉本家・夫津木家が上五島から来住した[5]。当時の茶山の住民は、茶山から約4.5キロの場所にある大名町教会に所属し、徒歩で通っていたという。その後、地行（西）教会が設立され、わずかながらも近いことから地行教会に移籍している。しかし大名町教会の時と同様に、地行教会にも徒歩で通ったという。

第二次世界大戦後、農地改革によって、五島からの移住世帯は開墾した小作地を手に入れ、自作農となった。そして昭和20年代末、五島からの移住世帯は16世帯に増加している（カトリック茶山教会50周年記念誌 24-5頁）。

茶山教会信徒の社会関係──宗教関係と同郷関係──

次に、カトリック茶山教会の信徒の間の同郷関係を信徒籍台帳および聞き取りから明らかにしたい。

① 信徒の出身地

まず、茶山教会の信徒を個人単位で見ていこう。表9-3は、茶山教会の信徒の受洗教会を主として県単位で示したものである。茶山教会で受洗した信徒32.9%、福岡市内の教会で受洗した信徒16.7%、福岡県内の教会で受洗した信徒4.2%で、茶山教会が所在する福岡県内で受洗した信徒が半数強（53.6%）を占めている。次に多いのが長崎県内で3分の1（32.6%）を占めている。とりわけ五島が19.5%（上五島16.0%、下五島3.5%）で多数

表9-3 茶山教会の信徒の受洗教会

信徒の受洗教会			信徒数	比率(%)
長崎県内	五島	上五島の教会	68	16.0
		下五島の教会	15	3.5
	長崎県の離島の教会		8	1.9
	長崎市内の教会		30	7.0
	その他の長崎県内の教会		18	4.2
福岡県内	茶山教会		140	32.9
	福岡市内の教会		71	16.7
	福岡県内の教会		17	4.0
九州内の離島の教会			1	0.2
九州(長崎県・福岡県以外)内の教会			17	4.0
その他の地域の教会			16	3.8
記録の不備			25	5.9
合計			426	100.0

である。このように、茶山教会の信徒が受洗した教会は、教会が所在する福岡県内と長崎県内の教会で9割弱を占め、教会が所在する福岡県内をのぞけば、信徒の多くは長崎県の出身者であることが分かる。

さらに、表9-4は、茶山教会の信徒が受洗した83教会の内訳である。茶山教会以外で受洗した信徒が多い教会は、新上五島町の青砂ヶ浦教会(曽根教会は、1968年まで青砂ヶ浦小教区の巡回教会で、曽根教会の信徒の秘跡が青砂ヶ浦教会で行なわれた)、福岡市中心部の大名町教会(福岡教区の司教座教会で、市内一円に信徒が居住する)、福岡市の地行西教会(茶山教会が設立される前、茶山の信徒が在籍していた教会で、現在は廃教会)、新上五島町の曽根教会、鯛ノ浦教会(頭ヶ島教会は鯛ノ浦小教区の巡回教会で、信徒の秘跡は鯛ノ浦教会で行なわれた)、茶山に近接し同じく五島系譜者の多い笹丘(旧東田島)教会、長崎市の浦上教会である。

② 信徒世帯の系譜

次に、茶山教会の信徒を世帯単位で見ていきたい。表9-5の茶山教会の

第 9 章　第二次世界大戦後の農業政策・地域政策と移住・集落移転

表 9-4　茶山教会信徒の受洗教会

茶山	140	中町	4	浦頭	1	大阪三国	1
青砂ヶ浦	25	田平	4	下神崎	1	大阪川口	1
大名町	24	褥崎	4	戸畑	1	大水	1
地行西町	17	久留米	3	光ヶ丘	1	大分古城	1
曽根	13	小倉	3	高松	1	大分坂ノ市	1
鯛ノ浦	13	大浦	3	細江	1	大分津久見	1
浦上	12	門司港	3	山の田	1	大牟田	1
笹丘（東田島）	10	城山	3	鹿児島吉野	1	中津	1
西新	9	浜串	3	上神崎	1	水主町	1
福江	6	滑石	2	新田原	1	西木場	1
大佐志	6	桐	2	真手浦	1	土井ノ浦	1
三浦町	5	大阪香里	2	人吉	1	唐津	1
浄水通	5	大阪野江	2	水巻	1	東京上野	1
仲知	5	堂崎	2	西千葉	1	東京立川	1
井持浦	4	紐差	2	千葉市川	1	奈留	1
宮崎	4	飽ノ浦	2	千葉東金	1	日田	1
高宮	4	ザビエル	1	多久	1	箱崎	1
今村	4	愛宕	1	大浦（若松）	1	北佐世保	1
佐賀	4	伊万里	1	大江	1	諫早	1
大曽	4	稲佐	1	大阪	1		

注）記録の不備 25 人を除く。
　　北佐世保教会は、旧北佐世保駅舎を教会とした松山（現佐町）教会と推測される。
　　大阪は教会名が不明で、地名のみが記されたものである。
　　なお、上五島に所在する教会の一部は図 9-4 に示している。

　信徒世帯の出身地は、茶山教会の信徒籍台帳の総信徒世帯 181 世帯（非同居の家族員を含む）の第 1 世代等の世帯員の出身教会、信徒の姓、洗礼状況を手がかりに各世帯の出身地を推定したものである。このうち上五島や長崎県内と思われる信徒の姓等は、新上五島町の曽根教会の主任司祭および古い信徒による世帯員名を含めた確認に基づいて推定したものである。この確認作業の結果、信徒世帯の中で、上五島の教会で秘跡を受けた家族員がいる

表 9-5 茶山教会の信徒世帯の出身地

信徒の受洗教会			世帯数	比率1 (%)	比率2 (%)
長崎県内	上五島地域	上五島の教会の秘蹟記録のある信徒世帯	57	31.5	57.5
		上五島の教会の信徒名の世帯	28	15.5	
		上五島に見られる姓の世帯	19	10.5	
	下五島地域	下五島の教会の秘跡記録のある信徒世帯	9	5.0	6.1
		下五島の教会の信徒名の世帯	2	1.1	
	長崎県の離島の教会		3	1.7	11.6
	長崎市内の教会		9	5.0	
	その他の長崎県内の教会		9	5.0	
福岡県内	茶山教会		6	3.3	12.7
	福岡市内の教会		12	6.6	
	福岡県内の教会		5	2.8	
九州内の離島の教会			1	0.6	2.3
九州(長崎県・福岡県以外)内の教会			3	1.7	
その他の地域の教会			3	1.7	
第1世代が成人洗礼			12	6.6	
記録の不備			3	1.7	
合　　　計			181	100.0	

注)比率1は各項目の百分率、比率2は地域・県等の各項目の百分率を合計したものである。

世帯31.5%、上五島の教会の信徒名の世帯15.5%、上五島に見られる姓の世帯10.5%という比率であった。そのため、茶山教会の信徒世帯の6割弱(57.5%)を上五島の教会の出身者が占めていることが判明した。さらに下五島の教会で秘跡を受けた家族員がいる世帯と下五島の教会の信徒名の世帯(合計6.1%)を合わせれば、茶山教会信徒世帯の約3分の2の世帯(63.6%)が五島の出身世帯・出身者の系譜の世帯であることが判明する[6]。

茶山教会信徒の茶山への定着の事例

　福岡市城南区の茶山に所在するカトリック茶山教会の信徒が五島出身者、

第 9 章　第二次世界大戦後の農業政策・地域政策と移住・集落移転

写真 9-8　頭ヶ島教会
長崎と天草地方の潜伏キリシタン関連遺産

とりわけ上五島出身者であることが明らかになった。次に、第二次世界大戦中や高度経済成長期の五島出身者の茶山への移住の状況を若干の事例を通して把握したい。

【信徒 A さん、男性 70 代】両親が上五島の頭ヶ島から大阪に出て、大阪で生まれた。大阪でも、五島出身の信者は教会近くに集まり住んでいた。第二次世界大戦で大阪から佐世保市相浦に疎開の予定だったが、親戚のいる茶山に行き先を変更し、そのまま生活することになった。茶山で育ち、大名町教会に通っていた。父親は五島で大工の修行をし、大阪で大工をしていた。茶山でも大工であったが、家計は厳しかった。「不良にならないように」と父親がカトリック系の学校に通わせてくれた。当時の近所に住む未信者の人は、キリスト教が何か知らない人たちばかりだった。その後、父親の大工の手伝い（弟子）をしながら、ミッション系大学の夜間部に通った。古い信徒の大半は親戚関係だった。そうでなくても親戚づきあいをしている人たちで、昔は、集まってよく飲んでいた。

【信徒 B さん、男性 70 代】31 歳の時（= 1960 年代）、奥さんと二人で頭ヶ島を出て、そのまま茶山に移った。茶山に来たのは親戚（奥さんの姉）がいた

から。頭ヶ島は長男相続で、自分の家でなかった。船に乗っている時は、北九州・下関に住んでいた。一人で茶山に来ている人は少ないのではないか。

【信徒Cさん、男性70代】青砂ヶ浦教会にいて、今の曽根教会ができたのは福岡に来る直前（＝1960年代前半）だった。（上）五島では、何かある時は青砂ヶ浦教会に行っていたので、教会に近い所に住みたかった。（上）五島で船大工をしていたが、鉄鋼船の時代になって仕事がなくなり、長崎に行ったが仕事が見つからなかった。福岡で建築の仕事についた。茶山教会で、（上）五島時代の知り合いによく再会した。茶山に来た時はまだ家が少なく、田が多かった。道がガタガタで狭かったが、40年前にバスが通るようになった。茶山には信者でない人も、五島の人が多いということで頼って来る人が多かった。

　五島の出身者の茶山への最初の移住は、先にふれたように、1930年であった。Aさんの移住は、最初の移住の十数年後である。BさんとCさんの移住は約30年後の高度経済成長期で、茶山1丁目・2丁目の人口が1,000人・280世帯を超えた頃であった。こうした事例に現れているように、茶山への移住者の社会的特徴は、五島出身（同郷関係）の信徒（類縁関係）という関係に加えて、先住の世帯と来住世帯の間に親族関係が保持されていたことである（Cさんに関しては不明）。

　表9-1の茶山教会の信徒世帯の居住地で、五島以外の出身世帯と比較すれば、五島出身世帯が茶山1丁目・2丁目に集住する状況が明らかである。しかし2010年の1丁目・2丁目の世帯数687世帯の中で五島出身は71世帯であり、地区の宅地化やその後の他出等で、定住の当初に比べれば大幅にその比率が低下している。とはいえ、地区全体の世帯数の1割を五島出身のカトリック世帯が占めていることは、茶山の地域的特徴といえよう。

五島出身者のライフコースと移動

　さらに、茶山に定住した五島出身世帯の都市地域への移動の過程を明らかにし、次に上五島の出身者の都市移住の背景にふれたい。その上で、離島─都市の移動に関与する諸要因を検討していきたい。

第9章　第二次世界大戦後の農業政策・地域政策と移住・集落移転

① 五島出身世帯の信徒移動の形態—親世代のみ

まず、茶山教会の信徒籍台帳の各世帯の世帯員の秘跡記録の整理を通して、多世代にわたる移動と定着のプロセスを見ていきたい[7]。

茶山教会の信徒世帯の約3分の2を占める五島出身者の世帯は、次の5つに区分できよう。すなわち、上五島で秘跡を受けた世帯員がいる世帯（区分1）、世帯の姓から上五島のカトリック信徒と推測される世帯（区分2）、下五島で秘跡を受けた世帯員がいる世帯（区分3）、世帯の姓から下五島のカトリック信徒と推測される世帯（区分4）、そして世帯の姓が上五島の住民のものであるものの、上五島では非カトリック系と推測される世帯（区分5）の5つである。このうち区分5は成人洗礼者が含まれ、実際の誕生地が推定しにくいため、区分5をのぞく区分1〜区分4について各世帯の親世代の移動について見ていきたい。

表9-6は、五島と関わりのある世帯の第1世代の誕生から青年期までのライフコース（誕生期・子ども期・青年期）を信徒籍台帳の洗礼・堅信・結婚の秘跡記録から把握したものである。

区分1の上五島で秘跡を受けた親の世代のいる世帯の場合、1940年代までに上五島で誕生（受洗）し、上五島で子ども期を過ごした（堅信を受けた）親世代のいる世帯が24世帯ある。この世帯の親世代はすべて上五島で子ども期を過ごし、そのうち5分の3の世帯の親世代が、子ども期の後に福岡市内（5分の2）・福岡県内（5分の1）に他出し、5分の2の世帯の親世代が青年期（結婚）まで上五島で過ごし、その後に他出している。

上五島で1950年代以降に誕生した親世代のいる世帯は21世帯である。このうち親世代が上五島で子ども期を過ごした世帯が14世帯である。すなわち、3分の2の世帯の親世代が、上五島で子ども期を過ごしている。このうち9世帯の親世代は、子ども期の後に福岡市内に他出し、4世帯の親世代は、青年期まで上五島で過ごし、その後に他出している。一方、親世代が上五島で誕生（受洗）し、子ども期に福岡市（県）内に移動している世帯が3分の1の7世帯ある。親世代の子ども期の移動先の大半（6世帯）は福岡市内である。

区分2の世帯の姓から上五島のカトリック信徒と推測される世帯の場合、

365

表 9-6 世帯の第1世代の移動の状況

区分1（世帯内に上五島教会出身者）	1910年	1920年
上五島-（上五島）-上五島	2	2
上五島-（上五島）-福岡市内	1	
上五島-上五島-		
上五島-（上五島）-福岡県内		
上五島-（上五島）-福岡県外		
上五島-（福岡市内）-福岡市内		
上五島-（福岡県内）-福岡市内		
区分2（上五島教会信徒名）	1910	1920
福岡市内-（福岡市内）-（福岡市内）		2
福岡市内-福岡県内-福岡県外		
福岡県内-福岡県内-福岡市内		
福岡県外-福岡市内-		
福岡県外-福岡県内-福岡市内		
福岡県外-福岡県外-福岡市内		
福岡県外-福岡県外-福岡県外		
区分3（世帯内に下五島教会出身）	1910	1920
下五島-（下五島）-下五島		
下五島-（下五島）-（福岡市内）		
福岡県外-下五島-		
区分4（下五島教会信徒名）	1910	1920
福岡市内-福岡市内-福岡市内		
福岡県外-　　　-福岡市内		
区分5（上五島に見られる姓）	1910	1920
福岡市内-福岡市内-福岡市内		
福岡県内-福岡県内-福岡県内		
福岡県外-福岡市内-福岡市内		
福岡県外-福岡県外-福岡市内		
福岡県外-　　　-福岡県内		
福岡県外-（福岡県外）-（福岡県外）		

注）A-B-C：A（受洗）は誕生時期、B（堅信）は10代初期に相当、C（結婚）は結婚時である。
　　なお区分4の2段目と区分5の5段目の堅信部分が空白であるのは、堅信を受けた教会が不明のためである。
　　第1世代のデータが不備のものを除いている。

第 9 章　第二次世界大戦後の農業政策・地域政策と移住・集落移転

(世帯数)

1930 年	1940 年	1950 年	1960 年	1970 年	1980 年
3	3	4	1	3	1
4	6	2	2		
					1
1	2				
			2	2	2
			1		
1930	1940	1950	1960	1970	1980
1	3	6	3	1	
		1			
1					
1					
1					
1					
				4	
1930	1940	1950	1960	1970	1980
1	1	1			1
		3		1	
					1
1930	1940	1950	1960	1970	1980
	1				
			1		
1930	1940	1950	1960	1970	1980
1			3	1	
			1		
			1		
2			1	1	
		1			
		1			1

1940年代までに五島以外で誕生した親世代のいる世帯が、10世帯である。このうち福岡市内で誕生し、子ども期を過ごした世帯が6世帯である。他に、福岡県内で誕生し、福岡県内で子ども時代を過ごした親世代のいる世帯が1世帯、福岡県外で誕生し、福岡市内・県内で子ども期を過ごした親世代のいる世帯が2世帯、福岡県外で誕生し、福岡県外で子供期を過ごした親世代のいる世帯が1世帯である。

1950年代以降に五島以外で誕生した親世代のいる世帯は、15世帯である。その3分の2の10世帯の親世代が福岡市内で誕生し、子ども期・青年期を過ごしている。親世代が福岡市内で誕生し、福岡県内で子ども期、福岡県外で青年期を過ごしている世帯が1世帯ある。さらに親世代が福岡県外で誕生し、子ども期・青年期を過ごしている世帯が4世帯である。

区分3の下五島で秘跡を受けている親世代がいる世帯の場合、1940年代までに親世代が下五島で誕生した世帯が2世帯である。いずれも下五島で子ども期・青年期を過ごしている。下五島で1950年代以降に誕生し、下五島で誕生した親の世代のいる世帯は7世帯である。すべての世帯の親世代が下五島で子ども期を過ごしている。このうち未婚者をのぞく6世帯のうち4世帯の親世代が、子ども期までを下五島で過ごし、2世帯が青年期まで下五島で過ごしている。

区分4の世帯の姓から下五島のカトリック信徒と推測される世帯の場合、親世代が1940年代までに誕生した世帯と1950年代以降に誕生した世帯が各1世帯で、福岡市内・県内で誕生している。

② 五島出身世帯の信徒移動の形態―親世代+子ども世代

こうした区分1〜区分4の世帯に関して、さらにその子ども世代の移動データを付加して、2世代に及ぶ移動の状況を明らかにしたい。

まず、区分1の上五島で秘跡を受けた世帯員のいる世帯に関して、1960年代までに上五島で生まれ、子ども期を過ごした38世帯の親（本人）世代のライフコースに子ども世代のライフコースを付加し、子ども世代のライフコースで区分したい。すなわち、子ども世代が上五島で誕生後あるいは子ども期に達した後に上五島を他出した世帯が7世帯、子ども世代の誕生前に福岡市に他出した世帯が17世帯、子ども世代の誕生前に（福岡市以外の）

第 9 章　第二次世界大戦後の農業政策・地域政策と移住・集落移転

福岡県内外に他出し、子ども世代が 10 代に達した頃に福岡市内に移動した世帯が 2 世帯という状況に区分できる。他に同居子のいない世帯が 12 世帯あった。

　こうした状況から、子ども世代と同居する区分 1 の世帯（約 7 割）のうち、上五島から親世代（夫婦）と上五島で誕生した未婚の子ども世代で福岡市内に移動した挙家あるいは複数の家族員による他出が約 4 分の 1 を占めていることが判明する。こうした挙家の他出形態は、上五島出身者が茶山に居住を始めた時期の典型的な形態であったと推測される。その一方、上五島で婚姻関係を取り結んでいたものの、子どもが誕生していなかったか、あるいは上五島時代に未婚で、福岡市内あるいは（福岡市以外の）福岡県外・県内に移動後に結婚、子ども世代が誕生という世帯が約 4 分の 3 と多数を占めている実情も明らかになった。

　なお、同居子のいない約 3 割の世帯に関して、親世代が一定年齢以上の場合、子ども世代が離家している可能性も高い。単身で上五島から茶山に来た人は少ないという信徒 B さんの話を重ね合わせれば、上五島から親世代と未婚の子ども世代が他出（挙家あるいは複数の家族員の他出）したか、五島から他出後に子ども世代が誕生し、その後、子ども世代が離家した世帯状況であったと推測される。

　次に、区分 2 の姓から上五島のカトリック信徒と推測される世帯に関しては、世帯の親世代の前世代（1 世代・2 世代前）の時期に上五島から他出し、先代の死去あるいは先代から世帯分離（分家・離家）した世帯であると推測される。すなわち、この世帯の親世代は、上五島から他出した世帯の第 2 世代あるいは第 3 世代で、約 3 分の 2 が福岡市内で誕生している。この世帯の中には、子ども世代が福岡市内で誕生し、その後、この子ども世代が結婚し、次の世代が誕生した世帯が約 4 割含まれている。加えて、親世代が（福岡市以外の）福岡県外・県内で誕生した後に子ども期・青年期を過ごし、単身生活あるいは結婚後に福岡市内に移動して子ども世代が誕生し、その後、子ども世代が結婚し、次世代が誕生した世帯が 1 割強存在している。

　区分 3 の下五島で秘跡を受けた世帯員がいる世帯に関して、親世代（夫婦）と下五島で誕生した未婚の子ども世代で、下五島から福岡市内に移動し

た世帯はない。しかし親世代が1950年代以前に誕生した世帯の場合、すでに子ども世代が世帯から分離（分家・離家）している可能性もある。一方、下五島で婚姻関係を取り結んでいるものの、同居子のいない世帯あるいは下五島時代に未婚で、福岡市内に移動後に結婚して子ども世代が誕生した世帯が3分の1を占めている。

さらに、区分4の姓から下五島のカトリック信徒と推測される世帯に関して、区分2と同様に親世代の前世代（1世代・2世代前）の時期に下五島から他出し、現在、先代の死去あるいは先代と世帯分離（分家・離家）した状況と推測される。この世帯の親世代は上五島から他出の第2世代あるいは第3世代で、福岡市内・福岡県外で誕生している。そのうち1世帯で子ども世代が福岡市内で誕生している。もう1世帯は、世帯の親世代が1940年生まれで、子ども世代が世帯分離した可能性がある。

茶山における居住の展開

こうした茶山教会の信徒の居住状況を見ていきたい。五島出身の信徒が定住を開始し、その後、教会を設立した茶山1丁目・2丁目に79世帯、それ以外の茶山地区を合わせて131世帯が居住している。信徒世帯の約3割が茶山に集住する状況は、類縁的な凝集性が現れているといえよう。

世代別に見れば、上五島から移住の第1世代の世帯と第2世代以下の世帯の約3分の1が茶山1丁目・2丁目に居住し、約半数の世帯が茶山に居住している。しかし、第1世代・第2世代以降の世帯の約2割は、大規模団地の住民が多い城南区内（茶山以外）の居住である。具体的には、茶山以外の城南区内に居住している世帯（約2割）、さらに福岡市内（城南区以外）に居住している世帯がかなり存在している。このうち城南区の居住者に関しては、移動の第1世代の世帯でも移動時期が後期であった場合が想定できる。また城南区・福岡市内の居住者の場合、移動の第2世代以下の傍系世帯（分家）等であると想定できよう。

すなわち、五島の系譜の世帯の中で、茶山に集住する傾向の持続と居住地の拡散・分散化の二極の方向が現れているといえよう。茶山外の居住が増加する背景として、都市化に伴う茶山の地価や家賃の高騰（土地を売却して他

出した世帯もあった)、茶山に居住後の生活変化、ライフサイクルの変化が推測されよう。

　さらに、茶山では、1970年代までの地域人口の急増や五島からの移住世帯の流出等によって五島出身世帯の「埋没化」が進行している。五島出身世帯が集住する茶山1丁目・2丁目の場合でも、五島出身の世帯員の比率は人口の5%程度にすぎない。

福岡市城南区茶山への移住と居住の展開の社会的特徴

　五島出身者の茶山への移動の経緯と連鎖的移動の状況、さらに茶山における居住の展開の特徴を明らかにしたい。

　第1に、五島のカトリック信徒の茶山への移住には、多様な社会関係が関与したことである。初期の移動の経緯を整理すれば、茶山への移住の草分けである竹山倉松は類縁(宗教)関係によって長崎市で職を得たものの、福岡市に移住後に失職する。しかし類縁(宗教)関係にあった大名町教会の信徒の助力によって、茶山の地主から土地を借りて職住を得ている。さらに竹山兄弟および初期の移住者を頼って、曽根や上五島の他の地区からの連鎖的移動に展開していく。すなわち曽根や五島という類縁(地縁関係・同郷)関係・類縁(宗教)関係にさらに親族関係が重層する移動であったといえよう。

　第2に、五島出身者の集住地である茶山の都市化および規模の影響である。茶山は第二次世界大戦前の数世帯の小作地が、地域の都市化とともに生産地から住宅地に転換している。しかし小規模であったことと地価の高騰のために、来住世帯の居住や傍系の子どもの居住(分家)の制約と土地売却による信徒世帯の他出が生じるのである。その一方で、城南区内の大規模団地が新来の信徒世帯や傍系の子ども世帯(分家)の居住の受け皿になって、一定の信徒規模が維持されているのである。

　第3に、上五島からの福岡市への移動に関して、図9-3に示した形態の比率から、上五島出身の信徒世帯の8割強が、上五島から直接福岡市内に移動した世帯の系譜であったことが分かった。すなわち、上五島から直接福岡市(茶山)をめざした選択的移動が多かったことがうかがえよう。さらに

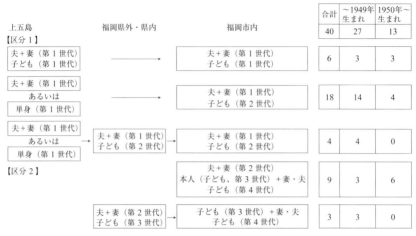

図 9-3　第 1 世代 + 第 2 世代の移動状況

　上五島から福岡県内外を経由した後に福岡市内に定着した世帯の親（本人）世代を年齢別に比較すれば、1940 年代生まれ以前の 7 世帯から 1950 年代生まれ以降の 0 世帯へと減少し、上五島から福岡市をめざす移動が増加する傾向が明らかである。
　第 4 に、当初の生活状況の厳しさである。茶山は農業地域から非農業地域に転換していくものの、福岡市の周辺地であったため就職・就業の機会が限定されていたことである。そのため、いわゆる勤め人はほとんどおらず、道路工事などの作業に従事して暮らしを立てていたという。聞き取りの信徒の父親のように、そのうち信徒の中から工務店を経営する人が出て来て、移住者の雇用の機会が増えていく。こうした状況から判断すれば、当時、茶山は一時的居住地区（シカゴ学派の E. バージェスの同心円地帯理論における遷移地帯）の一面を合わせ持った定住地であったと見ることができるかもしれない。

第9章　第二次世界大戦後の農業政策・地域政策と移住・集落移転

第3節　上五島町青方
――過疎地域対策緊急措置法に伴う団地の誕生――

　新上五島町では、第2章第2節でふれた条件不利地の小離島（折島集落）、半島（樽見集落・熊高集落）が過疎地域対策緊急措置法の地域社会の再編（集落移転）の対象となった。その結果、図9-4の青方に折島団地・樽見団地・熊高団地という集住地が生まれている。

　1970年に制定された過疎地域対策緊急措置法は、住民福祉の向上と地域間格差の是正を目的にした議員立法であった。人口減少率と財政状況を基に市町村単位で過疎地域を規定し、国・県の監督の下、市町村が交通の確保・住民生活の整備・産業振興・地域社会の再編をめざすものであった。

　集落移転は、同法の第3条第4項で地域社会の再編の方策の1つとして「基幹集落の整備及び適正規模の集落の育成を図ることにより、地域社会の再編成を促進すること」および第5条第6項で都道府県知事の定める振興方針の1つとして「過疎地域における集落の整備に関する事項」、さらに第6条第6項で過疎地域の市町村長が定める市町村過疎地域振興計画の1つとして「集落の整備に関する事項」に基づく具体的方策であった。すなわち、過疎地に指定された市町村が、その行政範囲内において移転地区を選定し、集落移転を含む地域整備案を計画するというものであった。

写真9-9　上五島の海岸

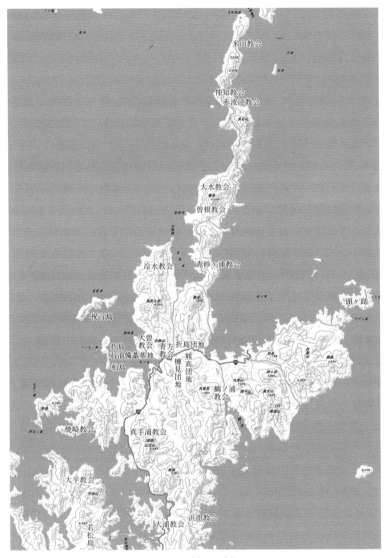

図 9-4　新上五島町

第 9 章　第二次世界大戦後の農業政策・地域政策と移住・集落移転

集落移転の前後と集住地の誕生——折島団地・樽見団地・熊高団地——

　高度経済成長期以降、「民族の大移動」と呼ばれた大規模な人口移動が生じ、（大）都市に人口が集中した。とりわけ 3 大都市圏の人口比率は 1950 年代で日本の人口の 4 割、1970 年代で 5 割弱に達した（倉沢進 9 頁）。こうした過密問題の裏面といえる過疎問題への国の対策の 1 つが、1970 年の過疎地域対策緊急措置法であった。折島集落・樽見集落・熊高集落の集落の移転事業は、この法律に基づくものである。

① **集落移転前の集落状況**

　表 9-7 は、若林の集計による高度経済成長期以降の 3 集落の人口動向である[8]。1960 年から 1970 年の 10 年間、折島集落・樽見集落は人口が半減する一方、世帯数は 2 割程度の減少にとどまっている。また熊高集落は 1 割強の人口減少にとどまった一方で、世帯数は 3 分の 2 に減少する。ちなみにこの時期の上五島全体の人口は、56,783 人から 46,762 人に減少し、つまり実数で 1 万人、比率で 2 割弱減少した。一方、世帯数は 11,106 世帯が 10,963 世帯で大きな変化は見られない。このことから、集落移転の 3 集落の人口動向は、上五島の全体状況に相応しつつも、その度合いが甚だしい状況であったといえる。

　この時期の 3 集落の状況を見てみよう[9]。まず折島集落では、住民の他出

表 9-7　各集落の人口動向

集　落	1960 年 （昭和 35 年）	1965 年 （昭和 40 年）	1970 年 （昭和 45 年）	1975 年 （昭和 50 年）
折　島	230	141	113	112
	32	28	27	28
樽　見	140	113	82	44
	20	19	16	9
熊　高	81	71	69	-
	17	13	11	-

注）若林敬子『日本の人口問題と社会的現実—第Ⅱ巻モノグラフ篇』（158 頁）を基に作成した。
　　上段が人口、下段が世帯数である。

写真 9-10 折島団地

写真 9-11 樽見団地

が目立つようになったという。折島団地の住民（母娘）への聞き取りでは、折島集落からの他出の形態は、挙家離村であった。実際には、最初に世帯主が都会の仕事に従事し、それから家族を呼び寄せる形であった。折島の男性はたいがい船員であったため、都会でもタグボートの仕事などに就く人がいたり、親戚を頼って近くに住んだという。聞き取りをした母親の妹は、第6章第5節でふれた新田原に移住している。息子が新田原に最初に移住して、大工をしながら、家族を呼び寄せたという。折島から新田原には2、3世帯が移住したという。母親のきょうだい（長・次男）は、愛知県で生活しているという。

　次に、樽見集落でも、他出がかなりの数に及んだという。樽見団地の住民への聞き取りでは、この当時の大曽や舟崎から樽見につながる道は細い山道で、船崎から樽見にタクシーで行くには高い運賃が必要であったという。途中で車を押さないといけない場所もあって、交通状況の悪い場所であった。今の山地中腹を走る道は、移転後にできたものという。

　こうした状況の中で、集落の20世帯のうちの半分程度が、集団移転前に集落を離れている。他出先は佐世保市相浦や長崎市水ノ浦、青方（4世帯程度）で、お金のある家から他出したという。子ども世代は多くが家を離れて、長崎市に移ったという。高度経済成長期には子ども世代、とりわけ女性が集団就職で他出している。当時、女性のほとんどは愛知県で紡績、男性は船に乗っていたという。女性の場合、帰ってくる人、都市に行ったままの

第9章　第二次世界大戦後の農業政策・地域政策と移住・集落移転

人、さまざまであった。聞き取りを行なった人の弟の1人は貨物船に乗り、その後、大阪に住んだという。

　熊高集落でも、他出が目立つようになったという。熊高集落へつながる山地の中腹の道は人が1人通るぐらいの道幅で、道幅は拡幅したものの、船崎にあったタクシー会社が嫌がる道であった。熊高団地の住民への聞き取りでは、この当時、普通は伝馬船に皆で乗り合わせて移動したという。しかし道路状況以上に離村の要因になったのは、減反政策で休耕を求められたためであった。

　集落からの他出は、世帯主（夫）の仕事が見つかった先に家族が移動するというものであった。北九州市等にも移住している。また70年前であるが、熊高から新田原に3世帯が移住している。

　高度経済成長期には、子どもは金の卵と呼ばれ、集落の子どもは中学を出ると大阪府や愛知県で就職している。聞き取りした住民のきょうだいは、神奈川県に行ったという。長男は船に乗れないために、北九州市八幡で働き、娘2人は熊本と福岡にいる。その後、集落では子どもの進学をきっかけとした他出世帯が現れている。

　② 過疎地域対策緊急措置法と集団移住の経緯

　新上五島町教育委員会の職員への聞き取りでは、過疎地域対策緊急措置法に基づく集落移転は、新上五島町の旧町のすべてで実施されたという。集落移転の対象地は、各旧町の端々で信徒が多い地区であった。しかし集落移転が多かった旧若松町では団地（集住地）は見られず、集住地としての移住地は用意されていない。この当時は、遠洋巻きあげが盛んで、数年すれば家が建てられるほど収入がよく、土地だけをもらって各自で家を建てるケースが多かったという。集団移転地が用意されたのは、上五島では折島集落・樽見集落・熊高集落の移住地であった青方のみである。

　次に、折島・樽見・熊高の集落移転の経緯を見ていきたい。3団地は図9-4のように新上五島町青方に立地している。

　折島の集落移転は、表9-8のように、1974〜1975年に実施された。折島団地の住民（母娘）への聞き取りでは、母親が荷物を積んで青方に引っ越したという。その時には3世帯が残っていて、同時に移転したものではな

表 9-8 折島集落・樽見集落・熊高集落の集落移転時の状況

	折島集落	樽見集落	熊高集落
移転時期	1974～1975 年	1974～1975 年	1972 年
移転時の人口世帯数	102 人・24 世帯	53 人・10 世帯	71 人・12 世帯
移住先	町内青方　全戸町営住宅		
跡地の利用	住民が反対して買収できず。その後、石油備蓄基地誘致問題が生じる	町の買い上げ（954 万円）	町が買い上げ（一部畜産業に利用）
事業費	11,748 万円	559 万円	779 万円

注）上五島町「過疎地域集落整備事業の概要」に基づく若林の表の一部を抜粋・利用して作表した（若林敬子『日本の人口問題と社会的現実―第Ⅱ巻モノグラフ篇』(158 頁)）。

かった。しかし最終的には、全世帯が団地に移転している。折島団地は、世帯規模別に居住する家を抽選している。親戚が離れた立地の場合、融通し合って近所に住むように工夫したという。いずれも敷地が比較的広く、その後に隠居分家や子どもの分家を建てた世帯もあった。

　また、折島団地では、皆がお金を出して集会所を設立している[10]。当初は、集会所で移転に伴う話し合いなどをしたという。折島の墓は掘り返し、土葬の際に改葬（火葬）して、一時、集会所に置き、町役場の斡旋した墓地に移している。

　樽見の集落移転も 1974～1975 年に実施された。樽見団地の住民への聞き取りでは、折島の集団移転時に移転することになった。集団移転をした世帯は 10 世帯で、世帯規模別にくじを引いて家を決めたという。世帯員 3 人までが 4 世帯あって、いずれも同じ間取りであった。12 年間家賃を払い、12 年後に一定金額を支払って名義を変更している。樽見団地のある付近は、埋め立て地だったという。墓は、町が作った墓地を購入している。

　熊高の集落移転は、折島・樽見よりも早い 1972 年であった。熊高団地の住民への聞き取りでは、1969（昭和 44）年か翌年、上五島町役場から国の過疎地域対策事業としての集落移転の要請があったという。この当時、熊高には 1 世帯のみが残っていたものの、最初は断ったという。その後、「土地を何とかしてくれ」と町役場に陳情したことで上五島町が移転用地を確保し

第9章　第二次世界大戦後の農業政策・地域政策と移住・集落移転

た。この移転用地に熊高からすでに転出していた世帯も入居して、1973（昭和48）年7月、11世帯が住む団地ができたという。12年間家賃を納めて12年後に名義を変更したという。

③ 集住地の形成と住民の生活

過疎地域対策緊急措置法に基づく集団移転によって、新上五島町青方に折島団地・樽見団地・熊高団地が誕生して半世紀近くが経過している。表9-9は、各団地の2008年当時の世帯数と入居世帯の状況である。こうした集住地の住民生活の一端にふれたい。

折島の住民のすべてが団地に移転し、その後、団地世帯の敷地内に子ども世代の家（分家）を建てた世帯があり、世帯数の増加が見られる。その一方で、団地の1、2軒に折島以外の人が住んだり、団地下にアパートや土地を買って家を建てた折島以外の人もいて、混住化が生じている。

折島団地に移住後の1977（昭和52）年、洋上石油備蓄基地を折島に誘致する計画が発覚した。洋上石油備蓄基地は、折島と柏島を連絡通路で結び、そこに7隻の貯蔵船を係留するものであった。この計画の発表は集落移転後で、過疎地域対策緊急措置法に基づく集落移転が洋上石油備蓄基地誘致に利用されたともいえる微妙な時期であった。移住後に集会所で頻繁に行なわれた話し合いは、こうした状況における折島の土地の売却問題に関するものであったと推測される。その後の集会所は、教会に行けない高齢者のために神父がミサを立てたり、葬式や結婚式、商店の出張販売に使われていたという。しかし、ここ10年集会所を使っていない。なお折島団地の住民（母

写真9-12　洋上石油備蓄基地（右が折島・左が柏島）

娘)への聞き取りでは、数年前、折島のすべての土地を売却したという。

住民同士の交流は、団地内のお互いの家を行ったり来たりというものである。折島に行きたいが、なかなか行けない。10年前に行ったが、その後は行っていないという。

樽見団地の住民への聞き取りでは、樽見団地に移住して年数がたち、12、3人が亡くなっている。以前、団地の奥に家はなかったものの、今は代替わりした子ども世代が住んでいる。また樽見団地の入り口あたりは、樽見出身

表9-9　第3次移住地から第4次移住地への移動による生活と信仰の変容

		折　島
第3次移住地（旧集落）	移住時期	江戸末期
	集落規模	入植時10世帯、最大38世帯
	教会の形成	1930年
	信仰組織	鯛ノ浦教会から大曽小教区独立後、大曽小教区の巡回教会・集落の信徒代表（宿老）と信仰教育担当（教え方）による公教要理
	職　業	男性は漁業・
	移転時期の状況	人口が半減、世帯数は2割減。世帯主が他出した後に家族が移住する挙家離島。新田原に2,3世帯移住している
第4次移住地（団地）	移転時期	1974～1975年
	移転時の人口・世帯数	24世帯
	2008年の世帯数	26世帯＋10世帯
	各集落の系譜の世帯数	24～25世帯
	居住状況	敷地内に子ども世代の分家をもつ家が複数ある。また、敷地内に隠居分家が造られた世帯がある。団地の下に住宅が建てられ10世帯が居住。そのうち折島住民と同姓の世帯が3世帯、カトリック信徒に多い姓が2～3世帯見られる
	職　業	男性は漁業を継続した。女性の農業は途絶える
	所属教会	青方教会が設立され、
	信仰組織	各団地が青方教会の信徒組織の

第9章　第二次世界大戦後の農業政策・地域政策と移住・集落移転

者以外の人や商売を始めた子ども世代が住んでいる。

　樽見団地に移っても、男性は集落時代と同様に漁業に従事していた。一方、女性は農業ができなくなった。青方の方が病院や学校も近くにあって生活は便利であるものの、消費が増えたため、金が貯まったのは樽見の方だったという。地域全体で行なっているのは青方郷の掃除で、樽見団地で行なっているのは教会の掃除である。都会に行った子どもが昔は夏になると樽見に泳ぎに行ったりしたものの、今は中に入れないので行っていない。猪が畑や

樽　　　見	熊　　　高
江戸末期・明治初期	江戸末期・明治初期
戦前期 12, 3 世帯、最大 20 世帯	最大で二十数世帯
1936 年	1937 年
鯛ノ浦教会から大曽小教区独立後、大曽小教区の巡回教会・集落の信徒代表（宿老）と信仰教育担当（教え方）による公教要理。なお、教会誌には、各集落に教会が設立された時期である 1930 年代に信仰組織が分離とある	
女性は農業に従事	
半数の世帯が集落移転前に他出している。他出先は、佐世保市・長崎市等。子ども世代（女子）は集団就職で愛知、男子は漁業	人口 1 割減、世帯数 3 分の 2。しかし、実際にはかなりが他出。子どもの進学等も他出の理由になる。かつて新田原に 3 世帯移住している
1974 年〜1975 年	1972 年
10 世帯	12 世帯
11 世帯	17 世帯 + 2 世帯
-	13 世帯 + 2 世帯
団地の前に集落外の世帯が住むようになった。6 世帯の敷地に内に隠居分家が造られた。現在は、多くの世帯で代替わりして、移住時の子ども世代が居住している	地区内に分家をもつ家がある。団地内から 2 世帯が転出し、他地区から 2 世帯（現在、3 世帯）が入居している。入居のうち 1 軒（2 世帯）は青方教会の役員経験者である。また、道路を挟んだ団地の向いに 2 世帯が居住している
（趣味的なものを行なう人もいる）。子ども世代で職業が代わるケースあり	
小教区となる	
地区別の班を構成している	

畑の石垣を掘り返し、大きな木も伸びて集落は原野になっているという。

　過疎地域対策緊急措置法に基づく集団移転時、熊高団地の場合、6人以上いる世帯は1間ほど部屋数が多かったという。その後、ほとんどの世帯が家を改築している。世代交代が進み、団地ができた時の半分くらい（9人）の住民が亡くなっている。子ども世代の分家を団地内に建てているため、世帯数は増加している。この間に、熊高団地から転出した家が2世帯あり、そこに他地区から3世帯が入っている。団地の横に自分たちで土地を買って住むようになった他地区の出身の世帯（2世帯）もあって、混住化が見られる。

　団地では年に1回、地区の清掃がある。総会の時は公民館に集まっている。団地の付き合いは女性の付き合いが中心で、熊高の出身でない人から、家族的な雰囲気と言われたことがある。昔は、みな仲が良かったが、今は年をとって付き合いが減っている。

　熊高団地は、移転当時は新町と言っていた。団地単位の郷長はいない。洋上石油備蓄基地の関係で、世帯が急激に増えたため、地域組織は新町から天神、天神がさらに西と東に別れ、熊高団地はその一地区である。他出した子ども世代が帰省した時に熊高の跡を見に行き、懐かしがっていた。

　なお、地域組織に関して、折島団地は天神西、樽見団地は汐見、熊高団地は天神東の所属である。1979年の天神は314世帯（東西分離後の1994年の天神西は125世帯・天神東は152世帯）、1979年の汐見は146世帯で、3団地はそれぞれの地域組織の下部単位（班）を構成している。

葛島と野崎島（野首）

　なお、過疎地域対策緊急措置法に基づく集落移転は、五島市奈留島（下五島の旧奈留町）の小離島である葛島でも実施された。奈留島北部の葛島は条件不利地で、医療・教育等の生活剥奪もあって人口流出が激しかった。1973年に22世帯101人の島民（全員信徒）が離島を決意し、長崎県に相談した。県の指導を受けて旧奈留町は、付近に教会が立地する奈留島樫木山に町営住宅24戸を建設することにした。一方、小値賀島（小値賀町）の小離島の野崎島では、1971年、野首集落の信徒26人が全員、本土に移住し

第 9 章　第二次世界大戦後の農業政策・地域政策と移住・集落移転

写真 9-13　津和崎から見た野崎島（右）
長崎と天草地方の潜伏キリシタン関連遺産

ている（カトリック教報 567 号、1973 年 2 月；若林 134 頁）。

上五島における移動の社会的特徴

　上五島の半島・離島の旧集落と移動の特徴は、通常のカトリック信徒の移動と相違した集落移転であった点である。表 9-9 の整理から明らかなように、3 集落は過疎地域対策緊急措置法に基づく集落移転で、この集落移転は住民の要望に由来するものではなかった。とりわけ折島の集落移転は、青方の団地移住後に洋上石油備蓄基地誘致の計画が発覚し、国のエネルギー政策の関与が疑われるものであった。また 3 集落には集団移転地が用意されている点で、他の上五島の旧町の集落移転地と相違している。

　以上、第二次世界大戦後の農業政策・地域政策に基づく信徒の移住と居住の展開について見てきた。その社会的特徴を明らかにしたい。
　第 1 は、信徒の移住および集住に国の政策が関与していたことである。すなわち、自作農創設特別措置法に基づく開拓地、農地改革による農地の取得と信徒の土地寄贈による茶山教会の設立が呼び水となった五島出身の信徒の集住、過疎地域対策緊急措置法に基づく上五島の集団移転および中心部での団地の形成である。
　第 2 は、信徒の移住が、同郷関係にあった世帯の集団的移動であったこ

とである。すなわち、自作農創設特別措置法に基づく開拓地には五島や平戸から集団的・連鎖的移動が生じ、茶山には主として上五島から連鎖的移動が生じたことが明らかになっている。また過疎地域対策緊急措置法に基づく集団移転に伴い上五島青方に設立された団地も、出身集落別に設立されたことが明らかになった。

第3は、移住地の地域状況の変化が、その後の信徒の定住状況に影響したことである。自作農創設特別措置法に基づく山間の開拓地では、生産および生活の条件不利性のために、その後、流出世帯が多く生じている。一方、都市化した地区では、来住の信徒世帯によって信徒世帯が増加していくものの、都市化によって非信徒の世帯も増加し、信徒世帯の比率が低下している。

第4に、上五島からの福岡市茶山への移動の状況が把握できたことである。すなわち、上五島から直接に茶山をめざした選択的移動が多かったことが明らかになった。また上五島から親世代と未婚の子ども世代あるいは複数の家族員で移動した世帯が、茶山に居住した初期の典型的な形態であったと推測することができた。

注

1）2015年5、8月および11月の上神崎教会の評議会議長永谷忠司氏への聞き取りに基づく。上神崎教会に関しては2015年7月にも主任司祭の橋本勲神父・永谷氏に聞き取りを実施している。
2）三村誠一神父への聞き取りでは、富の原は大村海軍航空隊に接収されていたものの、荒地のままであった。
3）詳しくは、第6章第3節を参照のこと。
4）福岡市城南区茶山に関して、2010年8、11月、2011年5月に茶山・茶山教会の状況を山田成章神父と複数の信徒に聞き取り調査した。なお茶山教会の信徒籍台帳は2010年度のものに依拠している。
5）茶山教会の信徒への聞き取りから、新上五島町曽根以外の移住世帯は、茶山移住の草分けの曽根公教出身の世帯との間に親族関係のある世帯が多かったと推測される。カトリック教会法の婚姻に関する規定では、近親の親等間のフタイトコ婚は「小支障」、イトコ婚は「大支障」と障害とされる。潜伏キリシタン集落では、禁教時代は信仰の継承と秘密の保持のために集落内婚の傾向が強く、集落内の世帯間で親族関係が形成されていた。明治期、外国人神父による信徒の結婚台帳の作成によって集落内の親族間の結婚障害が判明したため、集落内婚・近隣婚からしだいに通婚圏が広

第 9 章　第二次世界大戦後の農業政策・地域政策と移住・集落移転

がっていったと見られる。1890 年代、津和崎半島の仲知教会の日本人神父時代の結婚指導記録の任意の結婚例では、仲知―頭ヶ島、江袋―仲知、野首―米山、仲知―仲知、赤波江―小瀬良、大水―曽根、赤波江―赤波江、米山―米山で、集落内婚は 3 組存在するが、隣接集落間 2 組・他地区 3 組の合計 5 組が集落外である（下口 14-6 頁）。また、高度経済成長期後半の 1970 年代の状況に関して、旧新魚目町の冷水教会に所属する女性信徒のうち、出生地が集落内である女性は 4 分の 1 にとどまり、旧上五島町内でも隣接集落が減り、さらに上五島内でも旧他町、その他の地域に通婚圏が広がっている（丸山 33 頁）。こうした宗教的事情によって、上五島のカトリック集落の出身者の間で上五島内の他の地区との間で婚姻によって親族関係が形成されたと見ることができよう。

6）五島以外の長崎県や福岡県内等の教会で受洗した信徒の多くも、実は、五島出身者の第 2・第 3・第 4 世代といえよう。

7）秘跡記録のうち洗礼・堅信・結婚の秘蹟が実施された教会と時期を抽出した。

8）人口・世帯数の集計に関して、移動の手続きの有無や戸数・世帯の把握の方法に違いがあるため、表の数値は異なっている。

9）上五島における聞き取りは 2012 年 8 月に、新上五島町教育委員会の青山氏と郷土史家の森下正光氏、そして旧集落出身で青方の各団地に居住する浦越和一氏・ヒサ氏夫妻、野下普理衛氏夫妻、杉本ふみ氏、吉田すがこ氏、白浜キヨ氏・瀬戸和代氏母娘に対して実施した。その際、新上五島町役場の近藤聡氏にコーディネートを依頼した。

10）この土地は、事業費の項目の公共用地（取得・造成費）の 11,532m^2 に含まれていたと見られる。

第10章
結　論
―――カトリック信徒の移動における類縁関係の関与とモダニティ―――

　本書では、江戸後期以後に生じた長崎の半島・離島出身のカトリック信徒の集団的・連鎖的移動の実状を把握し、その社会的背景と特徴の解明をめざした。最終章では、第1節で本書の基本的観点を再確認した上で、第2節で長崎県内外の信者の集住地に関する事例調査から得られた知見を通して、本書の基本的観点の検証と信徒の移動の社会的特徴の解明をめざす。最後に、第3節で日本の近代化という観点から、長崎の半島・離島出身の信徒の移動を検討し、近代性と前近代性の混在と特徴づけることのできる信徒の移動と定住の理解をめざすことにしたい。

第1節　信徒の農村間移動に関する基本的視点

　表10-1は、長崎の半島・離島出身の信徒の集団的・連鎖的移動の時期区分と本書の基本的観点を構成する想定を提示したものである。
　まず、信徒の移動の時期区分に関して、江戸後期以来の集団的移動を第1次から第4次に区分した。
　このうち第1次移動は、江戸後期に発生し、長崎市外海から五島や黒島、長崎市の半島や離島、山間地に移動したものを含めた。その後に生じた移動は、外海および各移住地から発生したものと推測した。すなわち、第2次移動は、江戸末期・明治初期の平戸島や北松浦半島等への移動、第3次移動は、明治中期以後の佐世保市および教役者主導の開拓移住地等への移動、第4次移動は、大正・昭和初期以後の国の開拓事業や国の政策による集団移住等を含むものと規定した。

表 10-1　長崎の半島・離島の信徒の移動

移動の内容	移動に関する想定	明治以降の日本の移動の特徴・趨勢
移住の時期区分	第1次（江戸後期）〜第4次（昭和戦後期）	近代化とともに地理的移動の増加
移動の目的	農業（開拓・農業）	第1次産業から第2次産業等への社会的移動が生じる
移住の背景	零細な生産状況（均分相続・過剰人口） 農業志向	直系の相続と傍系の他出 第1次産業および第2次産業等の間に産業間格差が生じる
移動の特徴	挙家・就業的・連鎖的 コミュニティ志向・社会資源・政策の関与	離家離村 向都現象・日本の産業（工業）化政策
移住地の地域状況	同郷関係性・移住地の規模 移住地の生産条件・土地所有状況・生産基盤の転換・都市化・産業化	一部の同郷者の間に組織化・集住化が発生する 職住分離・雇用労働等の生活構造

　次に、信徒の移動の目的に関して、営農を志向する開拓移住・農業移住であったと想定した。一般に、長崎の信徒の居住地・集住地に関して、16世紀以来の信仰が守られてきた地、逃散によって居住地が形成された地、山間や離島に無住地があって密かに移り住んでいた地という思い込みが流布している。しかし江戸時代に、所有者のない場所や「誰も知らない場所」は存在しない。そのため本書では、藩の開拓政策や農地、山地の購入に基づく移住、小作移住であったと想定し、そうした事実の把握をめざすことにした。

　信徒の移動が生じた社会的背景に関して、過剰人口（世帯）を要因として想定した。さらに過剰人口が、長崎の半島や離島の信徒の間で行なわれていた均分相続慣行および多子傾向に由来するものと想定した。とりわけ江戸末期・明治初期以降、多子状況が恒常的に生じ、均分相続慣行と相まって狭小な生産地に零細な世帯が急増したと推定した。

　また、信徒の移動の特徴として想定したのが、まず集落内に創出された分家あるいは本家の世帯全員および多数者による他出という形態である。すなわち、挙家による開拓や農業移住を、零細規模の農業および漁業等との兼業という生活形態から脱却し、安定した農業経営を実現するための数少ない家

族・地域戦略であったと想定した。また類縁関係・親族関係・地縁関係といった社会関係で結ばれた世帯が集団的・連鎖的に移動したこと、さらに移住地においてコミュニティを形成しようとする志向性が高かったと想定した。また明治中期以後の移住の場合、類縁関係等の社会資源（外国人神父・修道会）や国の地域政策（開拓政策・過疎対策）が関与する移住が含まれていた可能性を想定した。

　最後に、移住地の地域状況に関して、移住地の規模（面積）等によっては、移住地内に同郷関係等による分節化が生じる可能性、また生産財（農地）の所有に関して、後発の移住の場合、小作等の状況が生じる傾向を想定した。さらに移住地が狭小および不利地の場合、生産基盤が農業から漁業等に転じる可能性も想定した。

第2節　信徒の移動の社会的特徴

　まず、表10-1の項目のうち移動の時期区分および移動の目的に関して、次に移動の背景および移動の特徴に関して、本書における事例調査の結果を整理していきたい。さらに移住地の地域状況に関して、草分けの世帯が移住した後の移住地および周辺地域の社会状況とその変化に焦点を当てて事例調査の結果を整理することにしたい。

移住時期の区分

　表10-1の信徒の移住の時期区分に関して、表10-2に示した事例調査の状況によって、五島・佐世保市黒島・長崎市小榊・伊王島・善長谷への移住が、江戸後期であったと確認できた。また平戸市（平戸島中南部）のうち木場地区（田崎・神鳥）も、江戸後期の移住地であったことが判明した。そのため、これらの集団的移住を最初の移住（第1次移住）に位置づけることができると判断した。

　また、北松浦半島の佐世保市神崎と褥崎、平戸市（平戸島北部・中南部）等への移住が、江戸末期および明治初期であったことが確認できた。そのう

表 10-2 信徒の移住地の状況

市町名	地理的状況・地区名等	地区・集落等名	移住時期					移住後の状況	
			江戸後期	江戸末期・明治初期	明治中後期	大正・昭和初期	昭和期	移住目的	分家の創設
新上五島町	小離島	折島	○ 五島内移動					○	○
新上五島町	半島	樽見・熊高		○ 五島内移動				○	○
新上五島町	中通島	青方（折島・樽見・熊高の各団地）		○ 五島内移動				○	○
新上五島町	中通島	鯛ノ浦	○					○	○
新上五島町	津和崎半島	曽根	○					○	○
佐世保市	離島	黒島		○				○	○
長崎市	小榊	神ノ島	○					○	○
長崎市	伊王島	馬込・大明寺	○					○	○
長崎市	山間地	善長谷	○			○		○	○
長崎市	山間地	大山			○			○	○
平戸市	平戸島	北部				○		○	○
平戸市	平戸島	千代切山・油水・長崎山					○	○	
平戸市	平戸島	中南部	○	○				○	○
平戸市	平戸島	(木ヶ津坊主畑)		○	○			○	
平戸市	平戸島	平戸				○		○	○
佐世保市	北松浦半島	神崎				○		○	○
佐世保市	北松浦半島	梅崎				○		○	○
佐世保市	北松浦半島	曽辺ヶ崎					○	○	
平戸市	北松浦半島	田平				○		○	○
佐世保市	北松浦半島	加勢			○			○	
小佐々町		横浦					○	○	
大村市		竹松・西大村				○		○	○
諫早市					○			△	

第10章 結 論

市町名	地理的状況・地区名等	地区・集落等名	移住時期					移住後の状況	
			江戸後期	江戸末期・明治初期	明治中後期	大正・昭和初期	昭和期	移住目的	分家の創設
佐世保市		中心地区（北部）				○		○	○
		烏帽子					○	○	○
		相浦（浅子）				○		○	○
		船越					○	○	○
		崎辺					○	○	○
		大野・皆瀬					○	○	○
		牟田ノ原				○		○	○
宮崎市	田野町	法光坊					○	○	○
福岡市	西区	能古島大泊					○	○	○
	城南区	茶山					○	○	○
行橋市	新田原	東徳永等					○	○	○

注）移住の目的の○は、開拓および営農志向の移住であり、諫早市の移動目的の△は、農業以外を含むことを示している。

ち神崎と褥崎は第1次移住地の五島および外海等からの移動、平戸島北部は第1次移住地の五島と黒島からの移動、平戸島中南部は第1次移住地の五島・黒島および外海・浦上（木場）等からの移動であったことが判明した。すなわち、この時期の移動の大半が外海および第1次移住地からの移住であることから、第2次移住に位置づけられるものと判断した。

さらに、明治中期の北松浦半島の平戸市田平および大村市竹松、平戸市（平戸島中南部）の木ヶ津坊主畑等への移動が明治中期の外国人神父主導の移動であったこと、明治中期の佐世保市中心部（北部）への移動が営農を目的としていたことが判明した。また初期の田平および竹松への移動は黒島や外海から、坊主畑は外海からの移動であったことが判明した。すなわち教役者主導と明治中期の信徒主導の移動が含まれる集団的移動を第3次移住に位置づけることができると判断した。

その後の大正・昭和期以降に生じた集団的移動のうち、現在の佐世保市の

各地区への移動が営農目的であったことが判明した。また長崎県外の宮崎市田野町の法光坊や福岡市西区の能古島大泊が国の開墾助成法に基づく開拓移住地であったこと、行橋市新田原の東徳永が教役者が関与する開拓移住地であったこと、平戸市（平戸島）の千代切山、佐世保市曽辺ヶ崎・牟田ノ原・烏帽子、小佐々町横浦、大村市の旧軍用地・松尾が自作農創設特別措置法に基づく開拓地・農地であったこと、新上五島町青方（折島・樽見・熊高の各団地）が過疎地域対策特別措置法に基づく移住地であったことが判明した。こうした状況から、大正・昭和期以後の集団的移動、とりわけ国の政策が関与した集団的移住を第4次移動に位置づけることができると判断した。

連鎖的移動

また、移住時期の区分に関連して、事例調査を通して、最初の信徒（草分け世帯）の移動後に、多くの移住地およびその周辺で連鎖的移動が生じたことが判明した。

表10-3の長崎市の小榊の場合、神ノ島から、対岸の半島部の小瀬戸と木鉢に来住世帯の居住が展開し、五島と平戸出身の世帯が来住した。伊王島の場合、第1次移住地の2つの集落の中間の開拓地（一本松）に島内の2集落の分家と島外からの世帯が来住した。深堀の善長谷および小ヶ倉の大山の場合、初期の移住地に加えて中・下側に五島等から世帯が来住した。

平戸市田平の場合、田平の周辺の平戸口（永久保・野田・岳崎等）に来住世帯の居住が展開し、さらに松浦市西木場等まで居住が拡大した。平戸口や西木場への来住世帯は、田平からの分家に加えて、五島・平戸・黒島等出身の世帯であった。大村市の場合、竹松と西大村に長期的に世帯の来住が生じ、その後、丘陵および自作農創設特別措置法の旧軍用地・開拓地に黒島・外海・五島等から世帯が来住した。

佐世保市相浦の場合、対岸の半島部の浅子への移住の後に大潟・相浦さらに大崎に、黒島や平戸等からの来住世帯の居住が生じた。神崎の場合、生産が水産業に転換した後、神崎およびその周辺に来住世帯が生じた。

このように、信徒の移住地では草分け世代の移住後、比較的長い期間にわたって、後続の信徒の連鎖的移動が生じたのが大きな特徴である。

第 10 章　結　論

移動の目的

　また、表10-2の移住後の状況において移住目的の項目に丸印を示した地区・集落等は、事例調査を通して、開拓および営農を志向した集団移住が確認された場所である。

　第1次移住地の五島、黒島および長崎市内の神ノ島・伊王島・善長谷・大山等は、五島藩・平戸藩・佐賀藩が関与した開拓地や信徒が購入した開拓地であることが判明した。第2次移住地の北松浦半島の佐世保市神崎・褥崎・平戸市（平戸島北部の上神崎・中南部の京崎）等への移住も松浦藩の牧場跡への開拓移住であったこと、平戸市（平戸島中南部の紐差・古田等）への移住も新田開発に伴う農業移住であったことが判明および推定できた。

　さらに、第3次移住のうち平戸市田平・大村市竹松・平戸市（平戸島中南部の木ヶ津坊主畑）への移住が明治中期の外国人神父主導の開拓移住であったこと、明治中期の佐世保市中心部（北部）への移動が営農目的であったことが判明した。その後の佐世保市中心部（北部）への移住も営農志向であったことも明らかになった。

　第4次移住のうち佐世保市の船越・崎辺（天神）および大野・皆瀬（産炭地を除く）への移動も、実は、営農目的であったことが判明した。また長崎県外の宮崎市田野町の法光坊や福岡市西区能古島の大泊、そして平戸市（平戸島北部の千代切山）、佐世保市曽辺ヶ崎・牟田ノ原・烏帽子、小佐々町横浦、大村市の旧軍用地・松尾が開拓移住地であることも判明した。加えて、行橋市新田原の東徳永が教役者が関与する開拓移住地であったことも明らかになった。

　なお、表10-3の連鎖的移動が生じた地区・集落等に関して、長崎市小榊（小瀬戸）は営農志向の移住地であったものの、長崎市の都市化・産業化に伴い非農業世帯の来住地に転じている。木鉢および深堀の善長谷と小ヶ倉の大山の下側も同様である。また佐世保市の船越・崎辺（天神）および大野・皆瀬、宮崎市田野町法光坊への初期世帯の移住後に来住（後発的移住）した世帯は、佐世保市および宮崎市、とりわけ清武の都市化・産業化に伴って非農業の世帯が大半になっている。

　さらに佐世保市加勢および北松浦半島の山間への移住が炭鉱労働を目的と

表 10-3　連鎖的移動

市町名	地区	町・集落等	地区内の移住順	移住 江戸後期	移住 江戸末期・明治初期
長崎市	小榊	神ノ島	1	○	
		小瀬戸	2		
		木鉢	3		
	伊王島	馬込・大明寺	1	○	
		一本松	2		
	深堀	善長谷（上）	1	○	
		善長谷（上・中・下）	2		
	小ヶ倉	大山（上）	1		
		大山（中・下）	2		
平戸市	平戸	平戸	-		
	田平	田平	1		
		平戸口	2		
松浦市		西木場	3		
大村市		竹松	1		
		西大村	2		
		丘陵	3		
		旧軍用地・開拓地	4		
佐世保市	相浦	大潟・相浦	2		
		大崎	3		
		浅子	1		
	崎辺	天神	-		
	矢岳	神崎	-		○

するものであったこと、新上五島町青方（折島・樽見・熊高の各団地）への移住が過疎地域対策特別措置法に基づく移住であったことが判明した。

　すなわち、初期の移住の目的は、大半が開拓および営農志向であったことが明らかである。しかし多くの移住地では、その後、長期的に連鎖的移動が

第10章　結　論

時期			草分け（出身地等）	そ の 後
明治中後期	大正・昭和初期	昭和期		
			漁業世帯	旧佐賀領の世帯
	○		外海・蔭ノ尾島	
		○	外海・蔭ノ尾島・五島・平戸	
			外海	
○			島内からの移住と来住世帯	
			外海（堅山）	
	○		五島・大山	
○			外海（黒崎）	
		○	先住世帯と親族関係	
	○		平戸島中南部・五島・外海	
	○		黒島・外海	
	○		五島・平戸・田平	
	○		平戸・五島・黒島	
	○		外海・長崎・黒島・五島	黒島・五島・平戸
	○		黒島・五島・平戸	
		○	新規移住世帯	
		○	黒島・外海・五島	
	○		黒島・平戸・西彼大島	褥崎他
		○	黒島	五島
	○		田平	炭鉱従業世帯
		○	黒島・五島	
		○	五島・外海・田平・平戸島	黒島・褥崎

生じて、その結果、営農を志向しない来住の信徒世帯が一定数、さらに多数を占めるようになったといえよう。

表 10-4　移動の背景

	条件不利性	均分相続の形態やその結果	過剰人口（およびその結果）
外海（出津）	半島・山地が海に迫る傾斜地	農地の細分化のため生活困難	全国平均を大きく上回る出生率
黒島	馬の牧場跡。仏教集落の農家の小作	農地の細分化の進行	島内の仏教世帯を上回る世帯員数
折島	小離島。島の中央は平地	狭小地のため農地の細分化が極度に進行	明治期、島を購入後に世帯が増加する
神崎・褥崎	馬の牧場地跡・起伏のある小半島	草分け世帯の場合、農地を配分	生産基盤の転換後、分家・来住世帯が増加する
平戸島北部（上神崎）	馬の牧場跡・水に恵まれる	本分家で農地を耕作する。所有形態にこだわらない	対岸の田平や産炭地等に移住
平戸島中南部	平地。新田開発および開拓地	紐差の中心地区は小作地等	非常に多い幼児洗礼者
法光坊	開拓地。台地で水利の問題	子ども世代への農地の配分（娘を含む）	分家が数多く創出される
新田原	大地主からの借地（開墾）・小作等	農地の配分。細分化と兼業化が進行	戦後世代が急増する

集団的移動の背景

　長崎の半島・離島出身世帯の移動の要因として想定した①条件不利性、②均分相続、③過剰人口に関して、事例調査を通して判明した状況の一部を示したものが、表10-4 および表10-5 である。

① 条件不利性

　条件不利性に関して、最初の大規模な移住（他出）が発生した長崎市外海は、山地が海に迫る急峻な地形の半島である。その後の移住地に関しても、第1次移住地の黒島・五島（折島）は離島・小離島で、平地が少なく生産地（農地）が限定されていたこと、第2次移住地の神崎と褥崎は九十九島の入り組んだ小半島で面積・生産性に限界があったこと、また平戸島への信徒の移住は後発で小作等が多かったこと、さらに第4次移住地の法光坊と新田原は台地の開拓地で、従来の農業生産には適していない土地であったこ

とが判明した。

② 均分相続

次に、均分相続に関して、外海の場合、出津教会のド・ロ神父の「零細な田畑が子供に分割されていよいよ零細化する」（外海町史 596-7 頁）という発言の中に、均分相続の慣行とその結果、農地が細分化されて不足する状況が表出されている。

また、第 1 次移住地の黒島や五島（折島）の場合、神戸大学経済経営研究所および谷口・菊池の調査を通して、生産地の細分化が極限的であったことが確認された。第 2 次移住地に関しても、平戸島上神崎の場合、聞き取り調査を通して、地権を変更することなく本分家が共同で耕作している状況、さらに第 4 次移住地に関しても聞き取り・世帯調査を通して、子ども世代に農地が配分されている状況が明らかになった。

③ 過剰人口

信徒の居住地の状況に関して、ド・ロ神父の「この村は土地が今日既に人口に比べて狭過ぎるのに数十年後にはどうして暮すつもりか、一日でも早く移住した方が得だ。遠くに行けないなら近くに移住することが出来るだろう」（外海町史 597 頁）という発言、さらに外海の出津教会の幼児洗礼者数から当時の平均出生率を大きく超える出生率であったことが推定できた。

また、第 1 次移住地の黒島に関しても、きょうだい等の傍系親族の同居が一般的であった仏教集落の世帯よりも、直系親族の信徒世帯の方が平均世帯員数が多かった状況が判明した。五島（折島）の場合、信徒による島の購入後、分家世帯の創出によって島内の世帯数が増加したことが判明した。

第 2 次移住地の平戸島等では、明治中期以降、改（回）宗者（成人洗礼者）や新たな来住世帯ではなく、信徒の自然増によって大幅に信徒数が増加したことが判明した。その結果、「耶蘇教特有の開墾をなし殆ど余す所なく耕せられたるを以て将来嘱望なし而して一面には此教徒すでに稠密なるため陸上収穫のみを以て生計を維持困難」（紐差村郷土誌 201 頁）という状況に陥っている。一方、第 4 次移住地の新田原・法光坊等では、急増した子ども世代が都市化・工業化の進行によって非農業の世帯として集住地に居住・還流する傾向にあることが判明した。

表10-5　移住後の地域状況（1）

市町名		新上五島町		佐世保市	長崎市		
地区・集落等名		曽根	折島	黒島	神ノ島	大山・善長谷	中南部（紐差）
移住地の状況	集住地の規模	−	小	−	小	小	大
	信徒のエリア的状況（周辺の信徒集落等）	五　島　内		中心集落以外	小榊	限定	旧
	集落・地区等の信徒比率（大）	◎	◎	◎	○	◎	△
	分節化	−	−	◎	−	−	−
居住展開	分家の創出	◎	◎	◎	◎	◎	◎
	その後の来住世帯	−	−	−	◎	−	−
	分家・来住世帯の居住地	下側	−	−	小瀬戸・木鉢	下側	中心
生産状況	土地の所有	○	◎	△	−	◎	小作地含む
	生産基盤の転換	◎	◎	×	−	△	−
	副業・出稼ぎ・兼業	◎	◎	×	−	△	−
	職業の多様化	×	×	×	◎	◎	−
地域変化	都市化・工業化	×	×	×	○	○	×

凡例　◎＝該当　　○＝ほぼ該当　　△＝やや該当　　▲＝あまり該当しない　　×＝該当しない
　　　○〜▲は各地区・集落で信徒比率が違っている状況を示している。

④　集団的移動を生じた社会的要因

　このように、信徒世帯の間で均分相続の慣行が継承されたこと、それが明治以降の非常に高い出生率に由来する多子傾向と結合した結果、規模の零細な世帯が数多く発生することになったといえよう。その一方、多くの信徒の居住地では、高い出生率・均分相続に起因する信徒・世帯数の増加が一定以上に跳ね上がっていないことが判明した。

　このちぐはぐな信徒・世帯数の状況こそ、条件不利地における零細規模の信徒世帯の他出を裏づけるものといえよう。すなわち条件不利性・均分相

第 10 章　結　論

平戸市			佐世保市	平　戸　市			松浦市	大村市	佐世保市
中南部 (紐差周辺)	中南部 (山間地)	北部 (上神崎)	神崎・ 褥崎	平戸	田平地区 田平	平戸口	西木場	竹松	相浦
小	小	大	小	-	大	大	大	大	多様
紐差村	限定	北部・ 平戸	神崎・ 褥崎	平戸	田平・平戸口・西木場			竹松 西大村 丘陵 旧軍用地	浅子 大崎 相浦 大潟
○・△	○・△	○	◎	×	△	△	△	○	○〜▲
-	-	◎	△	-	◎	◎	◎	◎	◎
◎	◎	◎	◎	◎	◎	◎	◎	◎	◎
-	-	△	◎	◎	◎	◎	◎	◎	◎
-	-	平戸に 近い場所	周辺・ 開拓地	-	平戸口・西木場			西大村・ 丘陵	相浦地区 相浦
小作地含む	◎	小作地含む	◎	○	小作地含む	小作地含む	小作地含む	小作地含む	○〜▲
-	-	-	◎	○	-	-	-	◎	◎
○	○	○	◎	-	○	○	○	◎	◎
-	-	△	×	◎	◎	×	×	◎	◎
×	×	×	×	○	△	×	×	◎	◎

続・過剰人口（世帯）が絡み合った他出要因が、信徒の居住地および各世帯に恒常的で大きな他出圧力になったことが確かである。すなわち、農業生産に関して、山間地・傾斜地・台地・荒地等であったこと、その多くが水利にも恵まれない条件不利地であったこと、その上、開拓移住地の場合は開墾作業が必要となったことが、条件不利地における低い農業生産性の原因となったことが明らかである。小作の場合、小作料が非常に高かったことから、同様であった。こうした低生産性が、居住世帯の他出を促進した社会的背景の1つであったと見て間違いない。

しかし、信徒集落の消滅は、第二次世界大戦後の山間の開拓地や過疎地域対策緊急措置法の対象集落等の若干で生じたに過ぎない。そのため、恒常的な他出圧力は信徒世帯を消滅に向かわせるものでなく、集落内に残存世帯と他出世帯の2つのタイプの世帯を生み出すものであったといえよう。

とはいえ、こうした他出と残存の2つのタイプの信徒世帯は、長男相続や末子相続によって制度化されたものとは見られない。さらに相続形態に関する議論以上に興味深いのは、長崎の半島・離島に立地する信徒の地区や集落に、恒常的に残存世帯と他出世帯が生じたこと、他出世帯の集団移住の結果、信徒世帯の居住地が長崎県内に広がったことである。

移動の社会的特徴

長崎の半島・離島の信徒の集団的移動の社会的特徴に関して、営農志向および連鎖的移動という特徴はすでにふれている。事例調査を通して、他の特徴として、世帯単位の移動であったこと、複数の社会関係で結ばれた集団であったこと、さらに集落外の社会が関与したことが明らかになった。

① 挙家離村

信徒の集団的移動が挙家あるいは世帯の多数者によるものであったことが、相当数の資料によって裏づけられた。その一部の地区・集落の草分けの家族（世帯）を紹介すれば、第1次移住地の場合、五島内での移住地であった折島に白浜家等10戸、長崎市の善長谷に7家族と2独身者、平戸島中南部の木場に十数世帯、獅子の主師（山野）に8〜10世帯であった。また第2次移住地の場合、平戸島北部の上神崎の第1陣（草分け）6家族（7世帯）、佐世保市神崎の第1陣（草分け）6家族、褥崎の第1陣（草分け）8家系（10世帯）であった。第3次移住地の場合、田平の黒島からの第1陣3世帯と外海からの第1陣3家族、大村市竹松に初期移住の9世帯、第4次移住地の場合、新田原に初期移住の約20世帯、佐世保市相浦の浅子に初期の5世帯、相浦の大崎に初期の6世帯、崎辺の天神に2世帯、宮崎市田野（法光坊）に2世帯、佐世保市烏帽子に1家族2世帯等であった。こうした記録から、信徒の移住のほとんどが世帯単位で、単身者がいる場合もその親族であったことが明らかである。

第10章　結　論

　さらに、平戸市（北松浦半島）の平戸口教会の信徒記録から、明治後期以後の移動および家族形成の典型が、平戸島と五島からの挙家離村の世帯や田平地区田平と平戸口の世帯の分家や挙家離村の世帯であったと推定することができた。また福岡市城南区の茶山教会の信徒記録によって、上五島で結婚後、上五島で誕生した子ども世代とともに福岡市に移住した世帯が初期の居住の典型的な移住の形態であったと推定することができた。

　② 社会関係（類縁関係・親族関係・地縁関係）の関与

　カトリック信徒（江戸期はキリシタン）の集団的移動が類縁（宗教）関係を基盤の1つとしているのは当然として、他の社会関係も成員の結合の基盤になっていたことが明らかになった。

　若干の事例をあげれば、第1次移住地の長崎市大山と善長谷の信徒世帯はそれぞれ外海の集落（黒崎村永田・東堅山）の出身世帯と地縁関係で結ばれ、このうち大山の場合は、最初、同郷の世帯の移住地であった伊王島や善長谷への連鎖的移動をめざしていた。平戸島中南部の田崎に移住した世帯の場合、ほとんどが山頭新ヱ門の親族といわれている。第2次移住地の佐世保市神崎と褥崎の場合、初期の移住世帯の多くが五島出身であった。上神崎への初期の移住世帯は五島と黒島で、黒島の場合は黒島内の同じ集落からの移住が多かったことが明らかになった。

　第3次移住地の平戸市田平の世帯の場合、黒島や外海の出身世帯と同郷関係で結ばれ、大村市竹松と西大村への初期の移住世帯の場合、外海や黒島等の出身世帯と同郷関係で結ばれていた。第4次移住地の宮崎市田野（法光坊）の場合、外海や佐世保市相浦等の出身世帯と同郷関係にあり、さらに草分け世帯とその後の世帯の間が親族関係で結ばれていた。福岡市城南区茶山の場合、先住の世帯とその後の来住世帯が親族関係で結ばれていたことが判明した。また佐世保市烏帽子の場合、平戸市紐差の草分けの世帯の移住後、親族関係と同郷関係で結ばれた世帯が後続していること、佐世保市曽辺ヶ崎の移住世帯も褥崎の2つの家系に属する世帯の移住であったことが判明した。

　このように、信徒の移動は社会関係の重複、すなわち強固な関係性で結ばれた複数の世帯による集団移動・連鎖的移動であったことが明らかになっ

401

た。

③ 外部の関与・社会資源

また、江戸期、旧藩・国の政策等の外部の政策が関与していたことも特徴の1つである。江戸後期の長崎市外海（大村藩領）から五島への移住が五島藩の政策に基づくことは広く知られている。しかし調査を通して、第1次移住および第2次移住も、平戸藩等の経済政策（開拓・新田開発）に基づく移住であったことが明らかになった。また佐賀（深堀）藩の開拓地や平戸藩の山間や牧場への移住も藩が認可したものであったことも判明し、数多くの中小規模の移住を含めて、実は、江戸期の信徒の移住が旧藩の認可のもとに行なわれたことが確認できた。

また、明治中期以後の移動の場合、類縁関係等に基づく社会資源（外国人神父・修道会）の関与が明らかになった。すなわちド・ロ神父、ラゲ神父等の外国人神父や日本を管轄していた外国修道会（パリ外国宣教会）が主導した第3次移住地の平戸市（松浦半島）の田平・大村市竹松・平戸市（平戸島中南部）の木ヶ津（坊主畑）への信徒の移住や第2次移住地の平戸島上神崎への五島の信徒の移住におけるブレル神父の土地購入資金の貸与である。また第4次移住地の行橋市新田原への移住が、同郷の教役者による紹介・勧誘によるものであったことも明らかになった。

さらに、大正・昭和期以後の信徒の集団的移動には、国の地域政策（開拓政策・過疎対策）が関与していたことが判明した。すなわち、宮崎市田野（法光坊）や福岡市西区能古島（大泊）等への移住は大正・昭和期の開墾助成法の利用であり、第二次世界大戦後の開拓地（佐世保市牟田ノ原・烏帽子等）や開放地（旧軍用地）への移住は自作農創設特別措置法に基づくものであった。

こうした事例から、信徒の移動の多くは類縁（宗教）関係を基盤にしながら、旧藩や国の政策といった外部社会や外国人神父・外国修道会という信徒の社会関係を利・活用して行なわれたものが含まれていたといえよう。

移住地の状況

さらに、事例調査を通して、長崎の半島・離島出身の信徒の移住地の多様

第10章 結 論

表10-6 移住後の地域状況（2）

		長崎県外			
		宮崎市田野（法光坊）	福岡市能古島（大泊）	行橋市新田原	福岡市城南区茶山
移住地の状況	集住地の規模	-	小	大	小
	信徒のエリア的居住状況（周辺の信徒集落等）	限定	限定	行橋・築城	城南区
	集落・地区等の信徒比率（大）	○	△	○	△×
	分節化	-	-	-	-
居住展開	分家の創出	◎	◎	◎	△
	その後の来住世帯	○	○	◎	◎
	分家・来住世帯の居住地	地区内	地区内	周辺	周辺
生産状況	土地の所有	◎	◎	小作地含む	小作地含む
	生産基盤の転換	○	×	○	◎
	副業・出稼ぎ・兼業	-	○	○	-
	職業の多様化	○	×	○	◎
地域変化	都市化・工業化	◎	○	◎	◎

凡例　◎＝かなり該当　　　▲＝あまり該当しない
　　　○＝該当　　　　　　×＝該当しない
　　　△＝やや該当

性が明らかになった。実際、表10-5および表10-6の移住地の状況の中の移住地の規模と信徒の居住エリアを見ると、移住地の規模は小規模から大規模まであり、さらに事例調査地の周辺に居住展開した信徒の状況もさまざまであった。こうした状況を若干ながら整理してみたい。

第1次移住地に関して、次の状況が判明した。まず五島の場合、五島内の周辺地に信徒の集住地が点在していること、さらに信徒の集落が各地区の一部に含まれている状況である。また佐世保市黒島の場合は、島の中心集落等をのぞく各集落に信徒の居住が展開している状況である。一方、長崎市の場合、移動が半島・山間地・島嶼に小規模に生じ、その後、その周辺部に信徒の居住や移住が展開していく。

第 2 次移住地に関して、次の状況が判明した。まず平戸市中南部・北部の場合、規模の大きな開拓地や新田（小作地）等が存在し、エリア全体に居住が展開したこと、さらに地区の中心に居住が進展した状況である。一方、中南部の山間や佐世保市北松浦半島の小半島の神崎と褥崎の場合、小規模のため信徒の居住はその周辺にとどまり、平戸島中南部山間の小規模な集住地の場合、周辺に信徒の居住は展開していない。

　第 3 次移住地に関して、次の状況が判明した。田平地区田平の場合、信徒の移住地の規模が大きく、さらに周辺の平戸口・西木場にも信徒の居住が展開し、居住するエリアが広大であったことである。また大村市竹松も西大村や丘陵に信徒の居住が広がり、第二次世界大戦後は旧軍用地等にも信徒が移住し、居住エリアが拡大している。一方、佐世保市相浦の場合、相浦の対岸の浅子に信徒が居住し、その後に半島先端の大崎や新田の広がる大潟、中心の相浦に分散的に居住が展開している。

　第 4 次移住地に関して、次の状況が判明した。すなわち茶山をのぞき、いずれも開拓地であったことである。そのうち法光坊と能古島大泊は、居住が移住地内に限定する傾向にあり、一方、新田原は築城等に展開している。さらに非農家の信徒世帯は、新田原の場合は行橋市内に、茶山の場合は城南区内等に展開している。

　このように、移住地の地域状況は多様であったものの、いずれも条件不利地であったことは共通している。しかし条件不利性のうち水利に乏しい原野や台地への開拓や営農移住の場合、集住地および周辺に信徒の居住が展開する傾向にあったといえよう。一方、山間の移住地の場合、その地理的制約のためか、小規模にとどまり、周辺への信徒の居住エリアの展開は見られなかった。

信徒の比率および信徒の多様性・分節化

　信徒の移住地のうち江戸期の第 1 次移住地の五島や黒島、長崎市の半島・山間の集落・地区の場合、集落・地区に占める信徒の比率は、相当に高い傾向にある。一方、第 2 次移住地の平戸市中南部・北部の場合は、信徒と同時期に移住した非信徒の世帯、明治期にカトリックに回宗（回帰）しなかっ

た世帯および既住の世帯と混住傾向が見られた。ただし神崎と褥崎の場合は、集落規模が小さい開拓移住地で、神崎では非信徒世帯の改宗が生じて、これらの小移住地での信徒比率は非常に高くなっている。

　第3次移住地の場合、非信徒の世帯が居住している地区・集落に、信徒が後発的に移住する傾向にあった。そのため、地区・集落における信徒世帯数は半数以下の場合が多い。例えば、平戸市田平地区田平の場合、「近隣はみな信徒ばかり」の外海・黒島・五島出身の世帯にとって、「近隣は異教徒ばかり」（浜崎 30頁）という混住状況であった。第4次移住地の場合、比較的信徒比率が高かったものの、都市化・郊外化の進行によって非信徒の居住が増加する傾向が見られた。

　さらに、移住地の規模別では、大規模な移住地の場合、さまざまな出身地の信徒が混住する傾向が見られる。一例をあげれば、黒島の場合、外海・上五島・生月・浦上からの移住世帯、平戸市中南部の宝亀（京崎）の馬の牧場跡の場合、外海・黒島・五島からの移住世帯、北部の神崎の牧場跡地の場合、黒島・五島からの移住世帯が混住している。一方、小規模の移住地の場合、特定の地区・集落の世帯が移住する傾向にあった。

　複数の出身地の信徒世帯が混住している場合、移住の地区・集落内でさらに出身地を単位とした居住の分節傾向が見られる。黒島の場合、出身地別に集落が形成されただけでなく、黒島からの他出も集落単位という傾向にあった。平戸島北部の上神崎や教役者主導の平戸市田平地区田平でも出身地を単位に集住する傾向が現れている。

移住地における居住の展開

　いずれの移住地でも、移住後の世帯に分家が創出された。そして分家の創出によって、移住地の世帯・人口が増加していった状況が判明した。

① 移住地の規模と時期

　大規模な移住地やその周辺の新たな開拓地への移住や小作の場合、信徒世帯の増加が著しいことが判明した。その一方、小規模の移住地の場合、条件不利性・均分相続・多子といった複合的な背景を起因とした生産性の低い零細規模の世帯が出現し、その他出が恒常的に発生した。その結果、世帯数が

大きく増加しない状況が続いた。

後発の世帯の移住に関して、平戸市（平戸島北部・田平）・松浦市西木場、大村市等に移住した信徒世帯の場合、初期の移住世帯と同様に営農目的であったことが判明した。その一方、都市化・工業化が進行した長崎市の場合、半島・山間の当初の移住地の周辺に新たに移住した世帯は、非農業に転じている。また佐世保市（神崎と褥崎）の場合、集落の生産基盤の転換によって、来住世帯が漁業（漁労）関係の職を求める状況に転じたことが判明した。

② ド・ロ神父主導の開拓移住地のその後の展開

ここで、明治中期にド・ロ神父が主導・関与した平戸市田平・木ヶ津（坊主畑）・大村市竹松の3地区を比較してみたい。いずれも神父等が購入した条件不利地への開拓移住で、初期の移住世帯は20世帯前後であった[1]。田平・坊主畑が農地の給与、竹松は農地の給与・貸与（小作）・児童救護院所有の農地での就農の複合であった。

移住後の生産活動は、田平が農業と漁業を含む多様な副業、竹松が長崎教区（外国宣教会）の所有地の小作と施設の農地での農作業、坊主畑が農業と漁労であった。その後の居住展開に関して、田平の場合、周辺（永久保・野田・岳崎等）および松浦市西木場等に分家および新規の移住世帯の居住が広がり、昭和初期に2,000人を超える信徒数に達している。また竹松の場合、隣接する西大村に居住が広がり、昭和初期には100世帯を超えている。その後、丘陵に新規移住の世帯の居住が広がり、さらに第二次世界大戦後、旧軍用地に分家および新規移住の農業世帯が生じた。一方、坊主畑の場合、高度経済成長期までは、分家等の世帯の増加によって初期の3倍の世帯数に達したものの、しかし初期の移住後に連鎖的移動は見られなかった。

生産状況

① 土地所有

移住した当時の土地の所有状況については、十分に解明することができなかった。しかし第1次移住および第2次移住のうち江戸末期までの藩の開拓政策等による移住の場合は、自作地であったと見られる。一方、民間の新

第 10 章　結　論

田の場合、開発者の農地での小作であったと推測される。第 2 次移住（明治期）・第 3 次移住、そして江戸期の移住地への後発的な移動の場合、購入地（自作地）と小作地が混在した状況であったことが判明した。平戸市上神崎の場合、五島出身世帯は購入地、黒島出身世帯は小作地で農業に従事していた。平戸市中南部の場合、畑作が自作地、米作が小作地という世帯が多かったと推定できた。

また、第 3 次移住地のうち外国人神父等が主導する開拓地の場合、当初の世帯が自作地、その後の来住世帯には自作・小作の双方が混在していた。第 4 次移住地のうち国の開拓政策に基づく移住は自作地であった。一方、教役者が関与する行橋市新田原等への開拓移住および福岡市茶山等は小作地であったことが判明した。

さらに自作農創設特別措置法の農地改革によって、多くの移住地の世帯で自作地が増加したことが確認できた。

② 生産基盤の転換と副業・兼業

信徒の移住地の中に、生産基盤が農業から農業外に転換したところが多く見られた。そのうち第 2 次移住地の佐世保市神崎と褥崎は、明治中後期に水産業に転換し、その結果、新たな世帯が移住してきた。表示していないものの、第 4 次移住地の佐世保市相浦（大崎）の場合、昭和期に工業化（工場の進出）に伴い雇用が創出されたことや漁業従事によって生産基盤が大きく転換した。一方、都市化・工業化に伴う非農業世帯の来住によって職業状況が多様化した集住地が、長崎市や佐世保市、大村市等の都市地域で多く見られた。

いずれの移住地でも、従来の低い農業生産性をカバーするために、移住当時から漁業等を副業・兼業としていた。聞き取り調査等から、主として、女性が農業に従事し、男性が漁業に従事する性別の分担であったことが確認できた。また大規模移住地の田平の場合、同郷の移住者の間で同じ副業に従事する傾向があったことも明らかになった。

地域変化と職業の多様化

最後に、長崎の半島・離島出身の信徒の移住地における地域変化について

ふれたい。都市化・工業化の展開が顕著な移住地は、事例調査では、長崎市・平戸市（平戸）・大村市・佐世保市、長崎県外では、宮崎市田野（法光坊）・行橋市新田原・福岡市城南区茶山である。

これらの集住地では、都市化・工業化等に伴う非農業の分家世帯の創出によって世帯の増加が生じ、さらに後発移住の信徒世帯が来住している。連鎖的移動によって来住した世帯と初期から住む信徒の間で類縁関係（宗教関係）が保持され、一部、親族関係・同郷関係で結ばれていたことが特徴である。しかし都市化・工業化以降、同業関係にない非農業の世帯が増加し、職業を軸とする分化が信徒の間で生じていることが判明した。さらに非信徒世帯の来住が増加した結果、集住地における信徒比率も低下する傾向が明らかになった。

以上、長崎の半島・離島出身の信徒世帯の移動に関して、事例調査を通して本書の諸想定がおおむね立証できたといえるだろう。同時に、想定していなかった状況も明らかになった。一例をあげれば、産炭地において信徒世帯の成員と離家離村の信徒の間で一定数の家族形成がなされたこと、高度経済成長期以降の学校を窓口とした子ども世代の移動が定着する直前、教会を窓口として関西への就職あっせんが見られたことである。

第3節　日本の近代化と長崎の信徒の開拓移住

ところで、こうした長崎の半島・離島の信徒の状況および世帯を単位とした営農志向の集合的・連鎖的な移動は、明治以降の日本の近代化の中で、どのような社会的特徴をもつ移動として位置づけられるのだろうか。

本節では、まず明治以降の日本社会の時代趨勢（近代化）の社会的特徴を概括した上で、長崎の信徒の状況および移動に垣間見られるモダニティの一端を析出することにしたい。次に長崎の半島・離島出身の信徒が保持するコミュニティ志向性に関して、ヨーロッパから新大陸に（開拓）移住が生じた状況を参照しながら、その社会的特徴を輪郭づけていきたい。さらに日本の

第10章　結　論

都市化・産業化が進行する状況下での信徒の営農志向性を検討していきたい。

長崎の半島・離島の信徒とモダニティ

　長崎の半島・離島出身の信徒の移動は、前節でふれたように、農地の確保が可能な条件不利地において一定規模の営農の実現をめざすものであった。つまり日本の近代化を主導した都市部をめざすのではなく、営農を志向する農村間の移動であった。そのため明治以降の日本社会の展開を前近代―近代としてとらえれば、信徒の移動は前近代的・伝統志向的な営みに位置づけられるかもしれない。

　しかし、そう簡単に理解できるものであろうか。ここでは社会学における近代化および日本の近代化に関する視点や観点を提示した上で、長崎の半島・離島出身の信徒の集団的移動を近代性（モダニティ）に関する若干の視点に依拠して、輪郭づけることにしたい[2]。

　① 日本社会におけるモダニティ

　まず、近代化についてである。「近代化」とは、富永健一によれば、「近代的」になることである。その上で富永は、「近代的」の意味が歴史上の時代区分としての「近代」と社会科学的な概念として抽象度の高い「近代的なもの」に区分できるという。すなわち、西洋史上の歴史事実としての前者の近代から抽出された近代的なものが、後者であるという（富永健一 28頁）。

　しかし、富永によれば、非西洋社会の近代化は、西洋社会の近代化の展開と相違するものである。すなわち、西洋社会の近代化の過程が、まず社会的近代化（氏族の消滅・自治都市の隆興）と文化的近代化（ルネッサンス・宗教改革）として生じ、遅れて政治的近代化（市民革命）が生じ、最後に経済的近代化（産業革命）が生じたのに対して、非西洋社会では、その展開は西洋と相違して、多元的かつ多様であったからである。

　こうした多元的・多様な展開状況を把握するためには、富永は、近代化の規定要因と近代化が生じる社会領域の区分が必要であるという。こうした観点に立って、富永は、まず非西洋社会の近代化を規定する要因として、伝播

可能性・動機づけ・コンフリクトを指摘し、次に近代化が生じる社会領域として、経済・政治・狭義の社会・狭義の文化の4つの領域に区分する。富永は、この設定によって、近代化を規定する要因がいずれの社会領域に親和性があるかが判定できることで、日本社会の近代化の社会的特徴が明らかになるという。

　実際、富永は、日本社会に対する経験的知見に基づいて、日本を含む非西洋社会における近代化の伝播可能性に関して、経済＞政治＞社会―文化の領域の順に伝播するとし、近代化の動機づけに関して、経済＞政治＞社会―文化の領域の順で浸透するとし、反対に近代化に関するコンフリクトの発生に関して、社会―文化＞政治＞経済の領域の順で発生しやすいと見ている。富永は、この分析によって、日本の近代化の過程が、西洋の近代化の時間的展開とは逆方向の展開であったと結論づけている（富永 58-66頁）。

② モダニティの推進メカニズム

　一方、アンソニー・ギデンズによれば、近代化のダイナミズムは、時間と空間の分離・脱埋め込み・再帰的近代化と再秩序化という社会的特徴を帯びるものであるという。このうち時間と空間の分離とは、目の前にいない（対面的相互行為の状況にない）他者との関係性が高まることであり、脱埋め込みとは、こうした時間と空間の分離に関係しながら、対面的世界の外部にある諸要因と密接に関連する現象をさすものである（ギデンズ, A. 30-63頁）

③ 信徒とモダニティ（1）――カトリックへの回（改）宗――

　このようにモダニティの特徴を整理すれば、江戸期（幕末期）以後の長崎の潜伏キリシタンの生活は、モダニティとどのような関係にあったと見ることができるだろうか。

　第1は、富永が日本社会との親和性が最も低い社会領域としている狭義の文化に関係していた点である。すなわち江戸末期・明治以降の長崎の潜伏キリシタンのカトリックへの回（改）宗は、非西洋社会では浸透が最も遅い狭義の文化・狭義の社会領域のモダニティの1つに位置づけられるからである。

　明治以降、経済的・政治的領域の近代化は都市部を中心に進行したものの、西洋文化・教育は、教養として主として上層の子女の間でわずかに受容

されるにとどまっていた。とりわけキリスト教はさらにその一部で受容されたにすぎず、伝統的な家の信仰との間で激しいコンフリクトを生じさせる傾向にあった。こうした都市部における状況と対照的に、狭義の文化領域のモダニティはいち早く、潜伏の長い歴史をもつ長崎の信徒の間に浸透していったと見ることができよう。

　とはいえ、宗教以外の狭義の文化領域に関して、近代化の指標といえる教養・教育に関しては、明治期のカトリック改革派の司祭が「プロテスタントには、資産家、実業家、政治家、学者、官吏など『中等以上の人』が多いのに対して、カトリック教会は、世間一般では『島人山人無学文盲多くは田野生の愚夫愚婦の信徒のみ』と思われて軽視されている」（山梨淳 236 頁・252 頁）と指摘しているように、モダニティの影響を見出すことは困難である。

　第 2 は、江戸末期・明治初期の信仰選択（カトリック、仏教・神道、隠れキリシタン）が、潜伏キリシタンの集落では主として集落単位（少数の集落では家単位）で選択されていた点である。すなわち狭義の文化領域のモダニティの受容が、狭義の社会領域における前近代的な背景の中で実施されているため、いわば近代と前近代が混在するちぐはぐな社会状況にあったといえよう。

　④　信徒とモダニティ（2）
　　　——長崎に広がったカトリック信仰とモダニティ——
　このように、江戸末期以後に日本で宣教されたカトリシズムを狭義の文化的モダニティの 1 つに位置づけたことに対して、当然、反論があるだろう。その反論は、富永の西洋社会に関する議論の中で、政治領域・経済領域における近代化に先立つ文化領域の近代化として宗教改革があげられていることに関するものであろう。すなわち、マックス・ウェーバーが、プロテスタンティズムの資本主義の展開への寄与、少なくとも関連したと言及したことに現れている見方である。実際、ヨーロッパにおいてもカトリシズムは、反近代として位置づけられることが多い。

　しかし、幕末期以後に日本で宣教されたカトリシズムは、宗教改革後のトリエント公会議等を経て諸改革が実施された後のカトリシズムであり、また外国人神父・修道会は西欧の最先端のモダニティは帯びてはいないにして

も、少なくとも同時代人としてモダニティの一端を帯びて、日本の社会（長崎の半島・離島）で宣教していたといえる。そのため、多くの長崎の信徒は、外国人神父や修道会を通して、狭義の文化的モダニティをはじめとするモダニティの影響を受けていたことは間違いはないだろう。さらにいえば、こうした外国人神父を介してモダニティに接するという状況から、長崎の信徒がギデンズの指摘する脱埋め込みのモダニティ・メカニズムの中に組み込まれていたと見ることができよう[3]。

⑤ 信徒とモダニティ（3）――ド・ロ神父等を介した展開――

長崎の半島・離島出身の信徒の生活のモダニティは、以上のように、文化（宗教）領域において外国人神父および修道会を介した時間と空間の分離および脱埋め込みによって浸透していったといえよう。さらにこうしたモダニティが、狭義の文化領域を超えて他の領域でも浸透していったのが特徴的である。例えば、婚姻に関して、外国人神父の教会法に基づく結婚の指導を通して、従来行なわれていた親族者の間の婚姻（村内婚）から村外婚が急速に広がっていった。この状況を内藤は外国人神父の「生活指導」と呼んだが（内藤 136頁）、狭義の社会的モダニティの浸透によるものであろう。こうして親族関係が集落外に広がった結果、集落を単位とすることが多かった信徒の集団的・連鎖的移動に、集落外の親族が参加することになったのである。

また、ド・ロ神父の場合、長崎市外海の農業の近代化を指導したことでも著名である。すなわち外国（フランス）野菜の種子や農機具の輸入を行ない、農機具の開発にも取り組んでいる。さらに、通称ド・ロ様そうめんやパン等の農産加工品の開発や長崎の外国人居住地等での販売を進めている。また医療・福祉領域に関して、長崎で発生した伝染病への薬品の提供を含めた医療的対応や寡婦・孤児のための授産・児童施設の設立、さらに信徒の開拓移住を推進し、多面的な領域において、西欧のモダニティを外海や長崎県内の信徒の生活に浸透させたといえよう[4]。

こうした特徴をもつ長崎の半島・離島出身の信徒に浸透したモダニティとは、日本の都市住民・都市社会が経験したモダニティとかなり相違する内容のものであったといえよう。

第 10 章　結　論

長崎の信徒の意図的コミュニティ志向

　一方、営農を志向する農村間の移動および移住地におけるコミュニティ形成志向という社会的特徴は、一般的に前近代性を帯びていると見られるものであった。同時に、長崎の半島・離島出身の信徒のこうした集団的移動が、17 世紀以後のヨーロッパのプロテスタント諸教派のアメリカやオセアニアへの移住と類似性・共通性を何かしら想起させるものであることも事実である。

① キリスト教徒の移住

　信仰の自由を求めてイギリスからアメリカに渡ったピューリタン以来、多くの教派のプロテスタントが新大陸に開拓移住し、実際、クエーカー教徒が設立したフィレオ（友愛）の町から発展したフィラデルフィア等の都市やアーミッシュ等の小規模の宗教コミュニティが設立されている。またスコットランド長老派の移住者によってニュージーランドでダニーデンが形成されている。そのため、初期の新大陸への移住は、文化的モダニティ（宗教改革）および政治的モダニティ（信教の自由）を帯びた移住と位置づけることができるかもしれない。

　一方、南欧や北欧、東欧からの後発の移動に関しては、出身国における経済的状況が主要な要因とされている。こうした移住地の 1 つ、ボストン市のウエストエンド地区を調査した H. J. ガンズによれば、最初の定住者はアイルランド系移民であったが、その後、イタリア系世帯が半数弱を占めて、こうしたイタリア系移住者を主とするコミュニティに転じている。

　しかし、後発の移動でも、アイルランド系移住者の定住以降、カトリック教会が地域の最も中心的な機関として、地区の多くの組織や学校と関係を保持し、宗教領域にとどまらず地区の生活全般に関与する施設としてコミュニティの維持に関与していたとされる（ガンズ 25-9 頁）。

② 意図的コミュニティ志向性

　新大陸の開拓移住地では、このように初期の移住地だけでなく、後発の移民の移住地においても住民の間で信仰と生活が一致する状況が見られるという特徴がある。こうした特徴をもつコミュニティは、「意図的コミュニティ（intentional community）」と呼ばれている[5]。とりわけ北米やオセアニアの

意図的コミュニティの場合、さらに民族関係が住民間の一致の基盤の1つを形成していた。とはいえ、一般に、意図的コミュニティは宗教と職業（同業）という2つの類縁関係で住民が結ばれたものと規定することができよう。こうした2つの類縁関係に、親族関係が重複する地区・集落では、地域の人びととはより強固な関係性で結ばれていると見られよう。

　さらに、地縁関係を基盤に類縁（宗教・同業）関係、時として親族関係・民族関係等によって基盤づけられた意図的コミュニティでは、そこで生まれ育った信徒がコミュニティの社会関係や生活・文化を当然視し、内面化する傾向にある。そのため移住を余儀なくされた場合も、移住地で意図的コミュニティの再生（形成）をめざす傾向にあったことが推定されよう。

③　長崎の半島・離島出身の信徒の意図的コミュニティ志向

　実際、新大陸へのヨーロッパからの移住と意図的コミュニティの状況は、長崎の半島・離島出身の信徒の移動との間に、類似点・共通点を感じさせるものである。とりわけ信仰の保持のための移動という一般的な認識に立つ人にとっては、両者の移住に類似性を見出すことは容易であろう。こうした類似性は全面否定できないものの、しかし調査事例の検証を経て、信徒の移動の背景が過剰人口（世帯）にあったとする観点に立てば、出身国の経済的状況を背景とした南欧・北欧・東欧からの後発的な移動に類似性を見出すことが妥当である。その場合は、長崎の半島・離島出身の信徒の移動が、文化的・政治的モダニティを帯びたものであったと見るのは無理があろう。

　とはいえ、長崎の半島・離島出身の信徒の意図的コミュニティ志向性は、出身地での信仰の一致と同業（職業）関係を背景とし、新大陸への初期の移住以後の多くの移住に類似性をもつものといえよう。中でも開拓地での生活にこだわった小規模のコミュニティ、都市化の進行が及ばなかった農村コミュニティとの間に類似性が強いと思われる。実際、アメリカでは、そうした地域が今日でも信仰が強く保持されている地域といわれている。なおフランスの農村地帯において同様に信仰およびコミュニティが存続している状況に対して、エマニエル・トッドは、「ゾンビカトリシズム」と名づけている（トッド，E. 74-8頁）。

第 10 章　結　論

日本の産業化・都市化と長崎の信徒の農村間移動

　最後に、長崎の半島・離島出身の信徒の開拓移住を明治以後の日本の経済的モダニティの展開の中に関連づけてみたい。

　事例調査から判明したのは、明治中期以後、産業化・工業化・都市化が進行した都市の周辺に信徒が開拓移住したことである。例をあげれば、長崎市の半島・山間や佐世保市の周辺地の丘陵等への営農志向の移動である。さらに昭和初期における諫早市への営農志向の移住等も含めることができよう。こうした信徒の移住地の多くは稲作に不向きであったものの、都市で増加した非農業人口（世帯）のための野菜等の食料の生産供給の役割を果たしてきたといえよう。また佐世保市の北松浦半島の移住地や相浦（大崎）等における農業から漁業への生産の転換も、事例調査から都市人口（世帯）との間に食料供給という関係があったことが明白である。さらに長崎市外海では、明治初期から、ド・ロ神父の指導によって長崎市の外国人居住地の外国人や都市住民向けの野菜や農産加工品の生産が行なわれてきた。

　こうした状況を日本の近代化に関連づけるならば、明治以後、産業化・都市化および国民の脱農業志向の都市移住という巨大な波が日本社会に押し寄せていたものの、実は、その波がさまざまな渦や逆流を生じたと見ることができないだろうか。そして、こうした逆流の1つを担うことになったのが、意図的コミュニティ志向の長崎の半島・離島出身の信徒の移動であり、さらに第二次世界大戦後も食料増産の担い手として、逆流の1つを担うことになったといえないだろうか。

注

1 ）ただし、坊主畑の世帯数は、明治初期の移住世帯を含むものである。
2 ）以下の整理は、高橋泉の整理を参考にしている。
3 ）その一方で、この当時、日本とりわけ長崎で宣教されたカトリシズムが、厳格主義として知られるヤンセニズムの影響下にあったことも事実である。すなわち「フランス人宣教師たちの中にも、この考え方の影響があったため、幕末からの日本の再布教時代にかれらが司牧した長崎の信者たちもその感化を受けることになった」（クリスチャン，M. 128）といわれている。
4 ）とはいえ、長崎の半島・離島の信徒の移住地の中には、外海地区出津や平戸市紐差等のようには外国人神父・修道会と強いつながりをもたない地区・集落が存在して

いたことも事実である。
5）意図的コミュニティに関しては、第1章第3節を参照のこと。

文献一覧

愛野カトリック教会、『愛野カトリック教会創立40周年記念誌』、愛野カトリック教会、1991年。
相浦カトリック教会、『相浦カトリック教会献堂25年誌』、相浦カトリック教会、1985年。
相浦郷土史編纂委員会、『相浦郷土史』、佐世保市合併50周年記念事業実行委員会、1993年。
カトリック茶山教会50周年記念誌編集委員会、『一粒のたね―カトリック茶山教会創立50周年記念誌―』、カトリック茶山教会、2008年。
カトリック深堀教会広報員会、『善長谷教会献堂60年―先人達の想いを胸に―』、深堀小教区、2012年。
カトリック紐差教会マタラ師資料収集委員会、『マタラ師を偲ぶ』、カトリック紐差教会マタラ師資料収集委員会、2016年。
カトリック諫早教会、『カトリック諫早教会創立75周年記念誌―天満の丘―』、カトリック諫早教会、2008年。
カトリック皆瀬教会、『カトリック皆瀬教会創立50周年記念誌』、カトリック皆瀬教会、2005年。
カトリック長崎大司教区、『旅する教会―長崎邦人司教区創設50年史―』、カトリック長崎大司教区、1977年。
カトリック大野教会、『カトリック大野教会創設25周年記念誌』、カトリック大野教会、1986年。
カトリック大野教会、『カトリック大野教会創設50周年記念誌』、カトリック大野教会、2011年。
カトリック鯛ノ浦教会、『鯛ノ浦小教区史―鯛ノ浦教会献堂100周年記念―』、カトリック鯛ノ浦教会、2004年。
カトリック俵町教会、『俵町小教区50年誌―カトリック俵町教会1952～2002輪―』、カトリック俵町教会、2003年。
カトリック浦上教会、『「旅」の話―浦上四番崩れ―』、カトリック浦上教会、2005年。
クリスチャン、M.,『キリスト教の2000年―初代教会から第二バチカン公会議まで―』、オリエンス宗教研究所、2004年。
江口源一、『カトリック馬込小教区100年のあゆみ』、カトリック馬込小教区100年のあゆみ実行委員会、1981年。
福岡県園芸組合連合会、『福岡県の園芸』、福岡県園芸組合連合会、1930年。
福岡県高等学校地理研究会、『福岡県の農業』、1992年。
福岡県農地部、『福岡県農地改革史 附巻―農地改革の実績―』、福岡県農地部、1953年。
福岡県農地改革史編纂委員会、『福岡県農地改革史下巻』、福岡県農地部農地課、

1954年。
福岡市別府公民館、『別府郷土史研究第1集』、1980年。
船越5ヶ町郷土史編纂会、『船越郷土のあゆみ』、船越5ヶ町連合会、2014年。
ガンズ、H. J.,『都市の村人たち』(松本康訳)、ハーベスト社、2006年。
ギデンズ、A.,『近代とはいかなる時代か？―モダニティの帰結―』(松尾精文・小幡正敏訳)、而立書房、1993年。
50周年準備委員会広報、『カトリック水主町教会設立50周年記念誌―きずな―』、カトリック水主町教会、2008年。
50周年記念誌編集委員会、『木鉢教会創設50周年記念誌』、木鉢カトリック教会、1988年。
濱本清利、『小ヶ倉のあゆみ―小ヶ倉小学校創設百周年記念誌』、創立百周年記念事業実行委員会、1978年。
浜崎勇、『瀬戸の十字架―田平のキリシタン100年の歩み―』、田平カトリック教会、1975年。
東彼杵郡教育会、『長崎県東彼杵郡誌』、名著出版、1974年。
紐差村小学校編纂、『紐差村郷土誌』、1918年。
平戸婦人会西の久保支部郷土研究クラブ、『西の久保小史』、1973年。
平戸尋常高等小学校、『平戸郷土誌』、歴史図書社、1979年。
平戸市編纂、『平戸市史（復刻）』、大和学芸図書、1983年。
平戸ザビエル記念教会、『平戸教会の礎（私家版）』、発行年不詳。
百周年記念誌編纂委員会、『大村植松教会創設百周年』、植松カトリック教会、1988年。
100周年記念誌編集委員会、『永遠の潮騒―田平カトリック教会創設100周年―』、田平カトリック教会、1986年。
100周年誌編集委員会、『宝亀小教区100年の歩み』、宝亀カトリック教会、1985年。
ック教会
市山了三・前田市太郎・松永金次郎・岩崎保司、『紐差小教区100年の歩み』、紐差カトリック教会、1982年。
伊王島町教育委員会、『伊王島町郷土誌』、伊王島町、1972年。
板橋勉、『聖サヴィエルと平戸切支丹』、新興芸術社、1949年。
伊東尾四郎、『京都郡誌』、美夜古文化懇話会、1975年。
岩永静夫、『出津教会創建百周年記念』、出津カトリック教会、1983年。
亀渕吉太郎、『平戸大河原郷土史』、大河原老人明寿会、1984年。
上神崎小教区100年誌委員会、『上神崎100年史―1880-1980』、上神崎カトリック教会、1980年。
神崎義夫、『明治大正小倉経済年表』、小倉郷土会、1954年。
鹿子前小教区企画広報委員会、『鹿子前小教区設立25周年記念誌』、鹿子前カトリック教会、1987年。
片岡弥吉、『ある明治の福祉像―ド・ロ神父の生涯―』、日本放送出版協会、1977年。
――、『長崎のキリシタン』、聖母の騎士社、1989年。

文献一覧

川南町、『川南開拓史』、河南町、2001年。
木村礎・藤野保・村上直編、『藩史大辞典第7巻 九州編』、雄山閣出版、1988年。
記念誌編集委員会、『四十五年のあゆみ』、新田原カトリック教会、1975年。
記念誌編集委員会、『75周年記念誌』、カトリック新田原教会、2006年。
神戸大学経済経営研究所、『黒島―出稼ぎと移住の島―』〔移民母村実態調査報告〕中南米叢書Ⅳ、神戸大学経済経営研究所、1961年。
小榊小学校50周年記念実行委員会、『創立50周年記念誌』、小榊小学校50周年記念実行委員会、2004年。
小佐々町郷土誌編纂委員会、『小佐々町郷土誌』、小佐々町教育委員会、1996年。
倉沢進編、『都市社会学（社会学講座第5巻）』、東京大学出版会、1973年。
黒島カトリック教会記念誌編集委員会、『信仰告白125周年 黒島教会の歩み』、黒島カトリック教会、1990年。
旧能古村関係資料、発行者・発行所・発行年不詳（福岡市立総合図書館所蔵資料）。
前津吉尋常高等小学校・古田尋常小学校共編、『津吉村郷土誌』、発行年不詳。
丸山孝一、『カトリック土着―キリシタンの末裔たち』、日本放送協会、1980年。
松村菅和・女子カルメル修道会、『パリ外国宣教会年次報告1（1846-1893）』、聖母の騎士社、1996年
――、『パリ外国宣教会年次報告2（1894-1901）』、聖母の騎士社、1997年。
松元春男、天神カトリック教会記念誌編集委員会編、『天神教会の歩み（聖ヨゼフ教会） 祈りの家～小教区への10周年』、天神カトリック教会、2007年。
マクガイア、M. B.,『宗教社会学』（山中弘・伊藤雅之・岡本亮輔訳）、明石書店、2008年
三浦町カトリック教会、『三浦町カトリック教会献堂50年誌』、三浦町カトリック教会、1981年。
宮崎県開拓史編さん委員会（農政水産部農業経済課）、『宮崎県開拓史』、宮崎県、1981年。
村岡正晴、『神ノ島小教区史 300年の歩み―神ノ島教会建立100周年記念―』、神ノ島カトリック教会、1995年。
鍋内正志、『浜串小教区誌―200年のあゆみ―』、浜串小教区、2001年。
長崎県開拓農業協同組合、『拓魂』、長崎県開拓農業協同組合、1978年。
長崎県農地改革史編纂委員会、『長崎県農地改革史』、長崎県農地改革史編纂委員会、1953年。
長崎県誌編集委員会、『長崎県史藩政編』、長崎県、1973年。
長崎県知事公室世界遺産担当、『長崎県世界遺産「構成資産等基礎調査」地域・地区調査報告書 平戸地域』、2008年。
長崎県知事公室世界遺産担当、『長崎県世界遺産「構成資産等基礎調査」地域・地区調査報告書 黒島地域』、2008年。
長崎市編入50周年記念行事実行委員会、『小榊』、小榊連合自治会、1988年。
長崎市史編さん委員会、『新長崎市史』第4巻現代篇、2014年。
長谷功、『平戸口教会史―献堂50周年記念―』、カトリック平戸口教会、2002年。
内藤莞爾、『五島列島のキリスト教系家族―末子相続と隠居分家―』、弘文堂、

1979 年。
中尾正美、『郷土史深堀(増刊)』、長崎市深堀地区連合自治会、1987 年。
中田武次郎、『神崎教会献堂 50 年記念』、神崎教会献堂 50 周年記念祭実行委員、1980 年。
70 年のあゆみ編集委員会、『70 年のあゆみ―1927-2000―』、田野カトリック教会、2000 年。
縄田康光、「歴史に見た日本の人口と家族」、『立法と調査』260 号、2006 年。
日本園芸会福岡県支部、『福岡県の園芸』、1915 年。
農林省農務局、『開墾移住ニ関スル調査(第 2 輯)』、農林省農務局、1934 年。
農林省農務局、『開墾移住ニ関スル調査(第 3 輯)』、1938 年。
扇山鉄男・北川精亮・川端近美・木場田直・柏木稔、『諫早小教区史―創立 44 周年記念―』、諫早カトリック教会、1976 年。
大村市教育委員会、『富の原(大村市文化財調査報告書 第 12 集)』、1987 年。
大村市史編纂委員会、『大村市史』、大村市役所、1961 年。
大曽小教区 100 周年誌委員会、『大曽カトリック教会創立 100 年(1879～1979)』、大曽カトリック教会、1980 年。
佐世保市南地区郷土誌調査研究会、『烏帽子は見ていた―佐世保と南地区・21 世紀への記録―』、佐世保市南地区町内連絡協議会、1997 年。
佐世保市皆瀬小学校同窓会・ふるさと皆瀬の郷土誌編さん委員会、『ふるさと皆瀬の郷土誌』、佐世保市立皆瀬小学校・同窓会、1982 年。
佐世保市教育委員会、『ふるさと歴史めぐり』、佐世保市教育委員会、2014 年。
佐世保市総務部庶務課、『佐世保市史 産業経済篇』、国書刊行会、1956 年。
佐世保市総務部庶務課、『佐世保市史 政治行政篇』、国書刊行会、1957 年。
佐世保市役所、『佐世保郷土誌』、佐世保市役所、1919 年。
佐々町郷土誌委員会、『佐々町郷土誌』、佐々町、1981 年。
聖ベネディクト神崎教会記念誌編集委員会、『聖ベネディクト神崎教会』、聖ベネディクト神崎教会、2005 年。
鹿町町教育委員会、『鹿町町郷土誌』、鹿町町役場、1961 年。
下口勲、『仲知教会の牧者たち』、私家版、2001 年。
下山盛朗、『大山小教区史 150 年の歩み(1844-1994)』、大山カトリック教会、1994 年。
下山盛朗、『鯛ノ浦小教区史―鯛ノ浦教会献堂 100 周年記念―』、カトリック鯛ノ浦教会、2004 年。
『新魚目町郷土誌・資料編』、新魚目町・新魚目町教育委員会、1988 年。
褥崎カトリック教会編集委員会、『褥崎 128 年―褥崎小教区沿革史―』、褥崎カトリック教会、1992 年。
出津カトリック教会、『出津教会誌』、1983 年。
『外海町史』、外海町役場、1974 年。
鈴木広、「自分史のなかの宗教」、『宗務時報』78 号、1988 年。
田平町郷土誌編纂委員会、『田平町郷土誌』、田平町教育委員会、1993 年。
高田茂廣、『能古島の歴史』、能古島小学校 100 年誌、1985 年。
高橋泉、『地域社会と「近代化」―柳田国男主導「山村調査」「開村調査」の追跡

文献一覧

調査から—』、まほろば書房、2005年。
瀧山三馬、『御厨今昔』、御厨今昔刊行会、1972年。
谷口護・菊池成明、「集落移転前の折島における集落環境と生活―五島列島の集落に関する研究その7―」、『日本建築学会大会学術講演梗概集』、2003年。
谷中フジノ、『鯛之浦修道院100年の歩み』、お告げのマリア修道会、1980年。
富永健一、『日本の近代化と社会変動』、講談社、1990年。
辻正二、「開拓農村集落における土着化と変容―カトリック移動信徒の今日的適応様式（1）―」、『宮崎大学教育学部紀要（社会科学）』第63号、1988年、および辻正二、「開拓農業集落の変容と親族組織」、第43回西日本社会学会報告、1985年。
津吉ふれあいクラブ・津吉地区郷土史調査研究委員会、『津吉地区郷土史』、2003年。
植松英次、『祝落成大野カトリック教会』、大野カトリック教会、1961年。
浦川和三郎、『切支丹の復活・前篇』、日本カトリック刊行会・帝国書院、1927年。
――、『切支丹の復活・後篇』、日本カトリック刊行会・帝国書院、1928年。
――、『五島キリシタン史』、国書刊行会、1973年。
若林敬子、『日本の人口問題と社会的現実―第Ⅱ巻モノグラフ篇―』東京農工大学出版会、2009年。
山頭亀一、『きりしたんの村―木ヶ津教会―』、私家版、1978年。
山口恵一郎、『日本図誌体系九州Ⅰ』、朝倉書店、1976年。
山本吉見、『母のともしび』、子羊社、1979年。
山梨淳、「二十世紀初頭における転換期のカトリック教会：パリ外国宣教会と日本人カトリック者の関係を通して」、『日本研究』44、国際日本文化研究センター、2011年。
山内公二、「新田原果樹園発達小史」、井本清美・山内公二編『合本・美夜古文化』、美夜古文化懇話会、1971年。
米田綾子、「明治期の社会事業の一考察―大村の孤児院について―」、『紀要』第21集、純心女子短期大学。
吉田収郎、『平戸中南部史稿』、藝文堂、1978年。
吉井町郷土誌編纂委員会、『ふるさとの歴史・吉井町』、吉井町教育委員会、2001年。
行橋市、『行橋市史―1町8村合併時』、1984年。
行橋市史編纂委員会、『行橋市史下巻』、行橋市、2006年。
財団法人日本離島センター、『SHIMADAS（シマダス）―日本の島ガイド―』、財団法人日本離島センター、1998年。

あとがき

　本書は、日本学術振興会の2012年度〜2016年度科学研究費助成事業による研究の「移動と定住における類縁関係の発動と制度化に関する研究」（研究代表者叶堂隆三、課題番号24530641）の一環として、叶堂隆三と山口大学人文学部の横田尚俊氏が実施した調査に基づくものです。また下関市立大学の加来和典氏に調査の協力をお願いしました。

　なお、『「山の教会」・「海の教会」の誕生——長崎カトリック信徒の移住とコミュニティ形成——』（九州大学出版会、2018年）も、同研究の成果に基づくものです。教会の設立を宗教コミュニティの形成と見なして、設立主体に着目して執筆したものです。本書とともに目を通していただけるならば、本書の長崎のカトリック信徒の移動と生活の展開に加えて、移住した信徒による宗教コミュニティ形成過程の解明を通して、移住した信徒の生活・社会、信仰の状況が立体的に見えてくるのではないかと思っています。

　私の密かな夢を語ってしまいます。もしお役に立つのであれば、これらの著書を資料の一部として、ガルシア・マルケスの『百年の孤独』や北杜夫『輝ける碧き空の下で』の登場人物のように幾世代につらなる小説が生まれないだろうかという願いがあります。

　なお、本書の引用資料のうち教会誌・市町村史・郷土史等は引用資料が明確になるように編著者・執筆者名でなく資料名を本文中に掲載しています。

　本書は、以下の論文・報告書を下敷きにして、新たな構成案に基づいて加筆・修正したものです。

叶堂隆三、「上五島カトリック集落の選択的移動と地域社会の維持―送り出し集落と定住地を結ぶ類縁関係・地縁関係・親族関係―」、『下関市立大学論集』140 号、2011 年。

叶堂隆三、「新しいマチの現在―都市におけるカトリック・コミュニティの形成とその後―」、『西日本社会学会年報』10 号、2012 年。

叶堂隆三、「開拓集落の形成と信仰の移築―長崎のカトリック信徒の宮崎法光坊地区への移住とコミュニティ形成―」、『下関市立大学論集』147 号、2014 年。

叶堂隆三、「長崎県のカトリック信徒の移住と宗教コミュニティ形成―家族戦略から生成された地域戦略と外国人神父の宣教戦略―」、『下関市立大学論集』148 号、2014 年。

叶堂隆三、「行橋市新田原と上五島青方への移住とコミュニティ形成―長崎市外海地区からの第 4 次移住地の状況―」、『下関市立大学論集』149 号、2014 年。

叶堂隆三、「第 2 次移住地への移住とコミュニティの形成―長崎県北松地域褥崎地区―」、『下関市立大学論集』150 号、2015 年。

叶堂隆三、「長崎県佐世保市神崎地区におけるコミュニティ形成―第 2 次移住地への移住とコミュニティの形成―」、『やまぐち地域社会研究』12 号、山口地域社会学会、2015 年。

叶堂隆三・横田尚俊、「南九州における宗教コミュニティの形成―長崎県からの移住と宮崎市田野教会・鹿児島県奄美地域からの移住と鹿児島市鴨池教会」（研究報告書）、下関市立大学 叶堂研究室、2015 年。

叶堂隆三、「平戸市田平地区における宗教コミュニティの形成と展開―第 3 次移住地の形成と展開―」、『下関市立大学論集』151 号、2015 年。

叶堂隆三、「平戸市北部への移住と宗教コミュニティの形成」、『下関市立大学論集』152 号、2015 年。

叶堂隆三、「産炭地区における宗教コミュニティの形成―長崎県北松地区への移住と平戸小教区の形成―」、『やまぐち地域社会学会』13 号、2015 年。

叶堂隆三、「佐世保市への移住と宗教コミュニティの形成」、『下関市立大学論集』153 号、2016 年。

叶堂隆三、「大村市への移住と宗教コミュニティの形成」、『下関市立大学論集』154 号、2016 年。

叶堂隆三、「平戸島中南部における宗教コミュニティの形成」、『下関市立大学論集』155 号、2016 年。

叶堂隆三、「長崎市周辺地への移住と宗教コミュニティの形成」、『下関市立大学論集』156 号、2017 年。

叶堂隆三、「カトリック信徒の移動―類縁性とモダニティ―」、『下関市立大学論集』157 号、2017 年。

あとがき

　本書は、独立行政法人日本学術振興会科学研究費助成事業（科学研究費補助金）（研究成果公開促進費）「学術図書」（課題番号 JP18HP5168、2018 年度）の交付を受けて出版されています。

叶堂隆三

地名・教会名索引

あ行

相浦（佐世保市、第7章以外）　15, 19, 56-60, 123, 126, 146-155, 169-188, 219, 320-327, 350, 363, 376, 391-407, 415

青方（新上五島町、第2章・第9章以外）　19, 23, 260, 390-394

青砂ヶ浦（新上五島町、第2章・第9章以外）　160, 323, 328

浅子（佐世保市、第7章以外）　178-188, 219, 322-334, 350, 391-400, 404

伊王島（長崎市、第3章以外）　2, 20-29, 246, 289, 305, 309, 389-401

生月島（平戸市、第4章以外）　29, 57, 164, 305

浦上（長崎市）　2, 29, 58, 70-72, 90, 112-118, 129, 135, 227-247, 263, 277, 303, 360, 361, 391, 405

烏帽子（佐世保市、第9章以外）　23, 122-128, 150, 273-288, 391-402

大浦天主堂（長崎市）　1, 29

大佐志（平戸市、第4章以外）　106, 361

大野（佐世保市、第7章以外）　391, 393

大水川原（平戸市、第4章以外）　61

大村市（第6章以外）　10-23, 34, 90, 188, 296-310, 328, 347-354, 390-408

大山（長崎市、第3章以外）　20, 22, 266, 352, 390-401

か行

皆瀬（佐世保市、第7章以外）　126, 391, 393

葛ノ尾島（長崎市）　70-85, 395

頭ヶ島（新上五島町、第2章以外）　360-364, 385

葛島（五島市）　29, 157, 172, 382

上神崎（平戸市、第4章以外）　18, 61-62, 159, 203-219, 296, 305, 351, 361, 384, 393-405

神ノ島（長崎市、第3章以外）　22, 390-398

川棚町（第7章以外）　239

木ヶ津坊主畑（平戸市、第4章・第6章以外）　10, 22, 34, 390-415

木鉢（長崎市、第3章以外）　393-398

黒島（佐世保市、第2章以外）　ii, 2-22, 101-175, 188, 198-294, 303-345, 387-407

神崎（佐世保市、第5章以外）　4, 18, 22, 115, 125-149, 219-256, 281, 305-307, 350, 361, 389-407

小瀬戸（長崎市、第3章以外）　32, 392-398

五島（五島市・新上五島町等、第2章・第9章以外）　iii, 2-23, 69-175, 191-236, 246-312, 322-329, 342, 387-407

さ行

出津（長崎市外海、第2章以外）　2-10, 70-81, 91-97, 112-122, 135, 146-164, 198-251, 266, 303-305, 319-328, 345, 396, 397, 415

褥崎（佐世保市、第5章以外）　4, 18, 22, 115, 124-126, 138, 204, 205, 219, 250, 280, 281, 302-307, 350, 361, 389-405

下関市　51

新田原（行橋市、第6章以外）　11, 22, 312, 361, 376-381, 391-408

善長谷（長崎市、第3章以外）　22, 389-401

427

外海（長崎市黒崎・三重・牧野等、第2章以外）　2-22，69-172，192-324，387-415
曽根・曽根公教（新上五島町、第2章以外）　135，136，160，172，357-398
曽辺ヶ崎（佐世保市、第9章以外）　184，390-393

た行

鯛ノ浦（新上五島町、第2章以外）　136，294，322，360，361，390
鯛ノ浦教会（新上五島町）　44，66，246，360，380，381
大明寺（長崎市伊王島、第3章以外）　20，22，390，394
田崎・神鳥（平戸市、第4章以外）　303，389，401
田代（佐世保市黒島、第2章以外）　134，135，200，237，266，277，278
田野・法光坊（宮崎市、第8章以外）　14-23，63，282，312，313，391-411
田平（平戸市、第6章以外）　iv，10-22，31-34，61，62，101-190，283-291，302-310，323，324，340-345，361，390-406
茶山（福岡市、第9章以外）　23，52-55，67，391，401-408
津和崎半島（新上五島町、仲知・赤波江・大水等、第2章以外）　88，114，118，137，138，160，258-260，289，303，323，357，361，390
天神・崎辺（佐世保市、第7章以外）　124，382，393-400
東堂平（佐世保市黒島、第2章以外）　134，135，200-205，236

な行

永久保（平戸市、第6章以外）　122，144，392，406
名切（佐世保市黒島、第2章以外）　134，135，200，201，272，291

西木場（松浦市、第6章以外）　123，146，147，305，307，341-343，361，392-406
西彼杵半島（長崎市・西海市・時津町、第2章以外）　6，22，70，101，319
根谷（佐世保市黒島、第2章以外）　134，135，159，200，201，234，323，341
能古島（福岡市、第8章以外）　23，391-404
野崎島（小値賀町）　28，38，67，260，286，382，383
野田（平戸市、第6章以外）　104，122，144，392

は行

日数（佐世保市黒島、第2章以外）　135，164，234
紐差（平戸市、第4章以外）　18，19，33，164，203，204，219，250-252，266，286-305，349-361，393-401
平戸口（平戸市、第6章・第7章以外）　121-127，144-150，392-404
平戸口教会（平戸市）　218-225，266，309，313，401
平戸島中南部（第4章以外）　195，296，389-404
平戸島平戸地区（平戸市、第7章以外）　121，140-155，170，250
平戸島北部（平戸市、第4章以外）　22，148，389-406
福岡市・福岡県（第6章・第9章以外）　21，23，52，53，67，214，315，340-346，391-408
福崎（平戸市、第6章以外）　37
船越（佐世保市、第7章以外）　59，391，393
古江（平戸市、第4章以外）　294，303，352
宝亀（平戸市、第4章以外）　203，204，219，303，305，405

地名・教会名索引

ま行

馬込（長崎市伊王島、第3章以外）　22, 62, 105, 390, 394

馬渡島（唐津市）　ii, 3-5, 18, 20, 115, 175, 176, 342-345

宮崎（市・県、第8章以外）　2, 10-23, 33, 34, 62, 63, 126, 160, 281, 282, 312, 361, 391-408

牟田ノ原（佐々町・佐世保市、第9章以外）　23, 391-402

や・わ行

山中（平戸市、第4章以外）　70, 86, 270

山野（平戸市、第4章以外）　33, 60, 61, 198, 219, 266, 303, 305, 400

横浦（佐世保市、第9章以外）　23, 168, 169, 350, 390-393

蕨（佐世保市黒島、第2章以外）　134, 135, 201, 234, 236, 323

事項・人名索引

あ行

網子としての就労（漁労）　27, 59, 60, 162, 180
網元の下での漁労　7-9, 27, 59, 60, 162, 198, 206, 215, 284
安定した農業経営　175, 177, 199, 388
イエスのカリタス修道女会　324
移住時期別の居住地の形成　77-82, 98, 135-143, 165, 185, 208, 236
移住した集落以外での分家の創出　82, 87, 119, 127, 139, 140, 167, 184-193, 210-216, 403
移住に必要な経費の確保　63, 64
移住の時期区分　18, 34, 37, 387, 389
意図的コミュニティ　8-23, 34, 413-416
イワシの巻き網漁　51, 54, 161, 177, 181
イワシ漁の不振　55, 156, 344
浦川和三郎　3, 5, 16-46, 193
営農志向の移動　5, 23, 127, 195, 299, 391-415
大村藩　3-7, 27, 57, 91, 112, 150, 402
教え方（カテキスタ）　29, 78, 124, 185, 215, 234, 380, 381

か行

海軍工廠　59, 72, 270-277, 293, 294, 312
海軍鎮守府　59, 269-276, 286, 293
海軍の需要　270-272, 282, 293
外国修道会　9, 10, 21, 71, 195, 256-267, 389, 402-415
外国人神父　iii, 5-35, 60-71, 112, 122-136, 151, 194-203, 227-232, 241-251, 265-267, 349-357, 384-415
外国人神父の宣教戦略　11, 34, 229, 247, 251
開墾時の地代免除　91, 127, 194, 243, 260-266, 315, 344
開墾助成法　14, 23, 103-109, 262-274, 315, 316, 339-344, 392
開拓移住　i-iv, 1-37, 57-70, 86-111, 122-141, 153-198, 208-229, 242-266, 287-294, 312-354, 387-415
開拓移住と逃散の同時期の発生　5, 18, 20
開拓農業組合　104, 142, 143, 273, 348, 351
樫（刺し）網　161, 197, 282, 313
果樹栽培　11, 23, 252-255
過剰人口　iii, 1-7, 19, 21, 34, 59, 190, 195, 388-399, 414
過剰人口の常態化　6, 19, 21, 59, 190, 195
過疎地域対策緊急措置法　14, 23, 37, 347, 373-384
片岡弥吉　32, 67, 112, 227-232, 250, 252
カトリシズム　411-415
カトリック信徒の集住地　ii, iv, 5, 23, 55-69, 85-94, 193, 276, 346, 347, 371-409
カトリック地区への婚出　145-164
（山の）下方・平地への居住展開　92, 296
神ノ島と小瀬戸間の埋め立て　74, 75
唐津藩の開拓政策　4, 16-20
観想修道会　256, 257
還流世帯　90, 149, 397
季節労働・（──の斡旋）　144

事項・人名索引

既存集落と離れた地への移住　105, 142, 351
旧軍用地・(———の払い下げ)　13, 14, 241-248, 273-275, 347-354, 392-406
丘陵への居住の展開　121-128, 237-265, 287-294, 352, 392-415
教会との地理的近接性　240
教会法　7, 384, 412
教区司祭による紹介や勧誘　11, 259, 402
共同建造物の補助制度　317, 344
挙家離村　1-21, 51-65, 87, 149, 150, 168, 169, 193, 195, 213, 260, 340, 376, 400, 401
漁業（水産業）への経営展開　iv, 17, 22, 50, 152-193, 392-415
居住地選択の自由度の増加　185
漁労従事　7-40, 51, 59, 98, 118, 121-129, 144-175, 198-215, 251, 261, 266, 284, 406
漁労組織の形成　161-180, 192-197
切支丹（キリシタン）植民地の母郷　5, 18-35
キリシタン弾圧　27, 175
キリシタン・ロマン　i, ii
禁教令の高札の取り下げ　1-6, 29, 30, 92
近郊型農業　272, 293
近代化の生じる社会領域　409-411
近代化を規定する要因　409, 410
近代工業の端緒　72
均分相続　iii, 1-7, 21, 33-40, 58-64, 148, 169, 177, 192, 198, 263, 388-405
近隣住民による迫害　3, 208, 214
草分け　37-80, 92, 93, 109, 123, 132, 137, 143-180, 191, 192, 208-215, 234, 236, 258, 282-299, 317-345, 357, 384-401
草分け世帯の分家の創出　143, 175,　177, 211, 215, 282, 326, 330
国のエネルギー政策　311, 383
国の開拓移住政策　iv, 316
桑の栽培　131, 254
軍港・工業都市　213, 215, 265, 269
軍需産業　59, 61, 72
軍用施設の跡地への移転　14, 241-248, 273-275, 347-354, 392-406
軍用施設の移転・拡大の影響　282
軍用地としての接収　282
経済講　64
経済的モダニティ　409, 410
厳律シトー会　250
郊外化　16-22, 70, 264, 405
工業都市への移住　21, 23, 122, 195, 213-224, 265, 269, 293, 311
耕作放棄　148, 149
広大な農地　15, 114, 143, 148, 265, 293
高度経済成長期　ii, 9, 19, 36, 47-52, 66-95, 124, 129, 145-150, 168-177, 194, 213, 244, 247, 265, 275, 284, 312, 363, 364, 375-385
向都現象　ii, iii, 9, 21, 195, 388
後発移住（居付き）　7, 18, 20, 55-65, 80, 86, 96, 101, 122-127, 148-159, 169, 200, 212, 224, 232, 264, 265, 286, 294, 349, 389-414
後発移住の世帯に対する漁業権の制限　96, 161
神戸大学経済経営研究所　56-67, 397
小作　12-20, 58, 63, 103-148, 206-215, 227-237, 248-296, 346-407
五島移住（第2章以外）　16-23, 69, 110, 153, 387-403
五島藩の開拓政策　3, 4, 16-22, 37, 393
コミュニティ志向の移動　iii, 1, 8, 34, 388, 413-415
コミュニティの分化　iv, 408
婚姻関係　iv, 10, 30, 55, 76, 90,

431

98, 160, 174, 205, 222, 306, 327-340, 369, 370
婚姻に伴うカトリックへの改宗　167, 311, 312
婚姻に基づく地区内の分家の創出　9, 164, 205, 327-340

さ行

佐賀藩による砲台工事　75, 76
佐賀藩（深堀藩）の開拓政策　20, 82-98, 393
佐賀藩命による移転と補償金の支払い　76
山岳・山間　ii, 1-29, 61-84, 94-114, 126-128, 142, 149, 239-249, 265-273, 289-294, 318, 347-359, 384-404
産業化　5, 21, 195, 388, 393, 409, 415
産業化・都市化のさまざまな渦・逆流　415
産炭地・炭鉱地区　iv, 23, 124, 125, 247, 266, 269, 294-313, 396, 408
産炭地における家族形成　306-312, 408
産炭地におけるコミュニティ形成　304
産炭地への移住形態　iv, 23, 124, 247, 269, 304-312, 396
残留世帯の生産規模の維持・拡大　9, 21, 64, 65
市街地調整区域　89
自作農創設特別措置法（開拓地）　14, 17, 104-109, 142, 143, 265, 274, 347-354, 383-392, 402
自作農創設特別措置法（農地改革）　14, 17, 347, 383, 407
自作農創設特別措置法（農業配分地）　15, 241, 242, 348, 353, 392, 402
シスター・（――志願者）　188, 189, 277, 324, 329, 345-352
児童救護院（施設）　228-232, 247,

251, 406
梅崎からの他出世帯　164, 177-205, 280, 302
私費（自主的）移動　10, 34, 106, 251
下口勲　52, 258, 259, 385
社会館　166
社会資源の関与　1-17, 148, 149, 264, 388, 389, 401
宗教行為としての移動　7, 169, 190-193, 391, 402
集住地の都市化　16, 17, 289, 370, 371, 384-409
集団移転地の用意　20, 23, 377-383
集団的移動　i, iii, 1-34, 61-65, 101, 119-128, 150, 153, 213, 215, 236, 249, 265, 294, 296, 354, 376-413
修道院の修道士による紹介や勧誘　11, 257-259
周辺の農地・開拓地の存在　16, 122, 212-217, 264, 265, 392, 404-406
住民の職業経験　181, 182
集落移転　347, 373-383
集落墓地　80-119
宿老（教会・信徒組織の役職）　82, 83, 99, 124, 160, 215, 234, 258, 349, 380, 381
主産業の転換　22, 170-192, 275
出身集落を単位とした移住グループの形成　65, 135
出身集落を単位とした居住地　57, 61, 135, 200
出身地ごとの分節化　384-404
出身地との関係性の維持　340
巡回教会・集会所　53, 124, 154, 289, 360, 380, 381
小規模移住地の周辺への居住の展開　16, 371, 402-414
条件不利地　3-6, 17-20, 30, 35, 95-111, 148-153, 168, 177, 212,

事項・人名索引

227, 249-252, 282, 293, 347, 354, 373, 398-409
条件不利性の増幅　33, 50
常態的な小作農不足　103, 148
奨励金交付地区　103, 104, 262, 273, 274, 316, 317, 344
初期の移住　18, 77, 98, 132-171, 210, 231-237, 249, 259, 261-265, 311, 321, 325, 371, 384-414
職業の多様化・多様性・展開　84, 124, 142-144, 269, 296-300, 336-338, 381, 398-407
女性信徒の奉公　59, 61, 149, 164, 167
女性の近接地への移動・(——その要因)　90, 145-150, 164, 167, 185-193, 205, 332-345, 384
人口維持の対策　iii, 6, 7, 19-34, 59, 193, 397-414
人口（世帯）の減少・人口（世帯）の急減　35, 36, 47-57, 74, 87, 92, 176, 177, 196, 225, 289, 317, 322, 336, 375
信仰の飛び地　318
信仰の秘密の保持　6, 10, 20, 384
人口抑制政策　7, 27
親族を構成員とする漁労組織　161, 164, 177, 180
新大陸への開拓移住　408-414
新田開発　101-113, 126, 128, 172, 194, 393-402
信徒数の増加の要因　115, 116, 216, 217, 262-264, 283, 397-406
信徒籍台帳　123, 125, 144-147, 218-226, 302-311, 359-365, 384
信徒世帯数の増加　iv, 7, 16, 40-50, 65, 86-94, 118-129, 149, 162-176, 191, 208-217, 237, 252, 263, 283, 289, 318, 332-345, 379, 397, 406
信徒世帯の経済的事情　8-18, 30, 33, 48-63, 95, 108, 121-132, 144,

161, 177, 206, 214, 252-263, 324, 372, 382, 384
信徒の流入と転出　27, 47, 61, 117, 137, 164-168, 184, 194, 210-212, 246, 247, 280-304, 321, 379-382
新農村の建設　14, 316-344
新来（来住）の世帯の増加　82, 94, 138, 140-149, 177, 193, 208-215, 265, 289, 371, 392-403
炭焼き　43
生活基盤の整備　119
生産財の整理・売却　9, 64, 296, 338, 379, 380
生産地（農地）の狭小性　iii, 6, 7, 35, 80, 86, 148, 169
生産における農地の不要化　167
生産の転換　iv, 16-25, 50, 153-192, 389-415
政治的モダニティ　410-414
成人洗礼（者）　115, 117, 218, 220-222, 304-310, 362, 365, 397
成人男性の先行移住　86, 341
世帯増加に伴う住宅地不足　167
宣教活動　6, 21, 411-415
先住世帯との混住　15, 22, 111, 405
先住世帯との分離　15
潜伏キリシタンに対する迫害　3, 18-27, 45, 46, 65, 86, 101, 113, 153
潜伏キリシタンの改（回）宗　66, 90, 110-118, 404
造船業・(——の発展)　55, 60, 72-84, 271, 272, 293
底引き網漁　43

た行
第1次移住（地）　18-25, 55, 65, 69, 101, 153-160, 198, 389-406
第2次移住（地）　18-22, 38, 101, 103, 153, 168, 169, 192-198, 391-407
第3次移住（地）　18-23, 169, 194,

433

224, 269, 312, 379, 391-407
第4次移住（地）　18-23, 194, 312, 315, 340, 347, 379, 396-407
高い小作料　103, 148, 399
多子状況　ii, 7-35, 59-67, 148, 198, 388, 398, 405
他出　ii, 1-9, 25-41, 52-66, 87-101, 120-151, 167-226, 247, 260-269, 280, 281, 297-312, 329, 332, 340-354, 364-405
他出世帯と残留世帯の利害の一致　9, 10, 21, 64, 65
他出の要因　6, 9, 21, 23, 52, 103, 169, 198, 264, 340, 364, 377, 388-399
脱埋め込み　148, 149, 264, 410, 412
種子島開拓移住の募集　11-24
田畑売買価格　286
「旅」　3, 19, 112
炭鉱（坑）の開坑　95, 271, 283, 300
炭鉱（坑）の閉鎖　95, 149, 218, 283, 302, 311
炭鉱（坑）の隆盛期　170, 301-304
炭鉱（坑）への移住　19-23, 128, 145-150, 195, 213, 215, 265, 269, 301
炭鉱（坑）労働　61, 124, 145, 171, 206
地域外・島外移動・（——その要因）　30, 52, 59, 121, 124, 148, 149, 167, 187, 193, 209, 210
地域内・島内移動・（——その要因）　20, 35-55, 98, 127, 150, 185, 199, 390, 395, 400
中心部との交通の自然的制約・遮断　27, 74, 84, 98, 124, 155, 169, 286-294, 313, 376
逃散　ii, 1-5, 8-29, 45, 91, 153, 176, 388

町村合併促進法　72, 196, 270
出稼ぎ　17, 59-65, 76, 84, 95, 121, 161, 168, 226, 227, 284, 398, 403
同郷世帯の集住　16, 55, 127, 148, 204, 252, 265, 288, 289, 345, 354, 364, 371, 388, 401, 408
同郷の教役者　10, 11, 257-267, 402
島民の集団離島（移住）　376-383
都市化　16-21, 84-94, 270-272, 289-293, 312, 370, 371, 384-415
都市の集住地　23, 347, 371, 397, 407, 408
都市への移動　i, 5, 20-23, 59, 61, 122, 129, 150, 190-194, 213-224, 265, 269, 311, 312, 364, 407
土地の購入後の世帯の増加　18, 40, 86, 396
土着のキリシタン集落　22, 30, 109-114, 149, 150, 198
飛び地・二重飛び地　27
ドミンゴ（森）松次郎　44
トラピスト修道院　11, 22, 195, 252-267
（マルコ・マリー・）ド・ロ神父　iii, 5, 10, 22-35, 60-65, 112, 122, 151, 195-201, 227-232, 247-252, 265, 266, 397-412
ド・ロ神父による視察員派遣　33, 34
ド・ロ神父の開拓事業　31-35, 60-65, 112, 122, 195-202, 227-232, 247-252, 265, 266, 402, 406
ド・ロ神父の生産性向上の取り組み　32, 412, 415
ド・ロ神父の福祉（救貧）事業　32, 412

な行
内藤莞爾　6, 40, 412
長崎教区　1, 2, 71, 129, 150, 228-230, 247

事項・人名索引

長崎県外の移住地　33, 252-264, 315-346, 354-372
長崎県出身の配偶者　327-340
長崎港沖からの移住　282
長崎の信徒に浸透したモダニティ　408-415
南米（ブラジル・ボリビア・チリ）移民　13, 19, 60-63, 118, 145, 149, 160, 178-190, 223, 224, 281, 329, 342, 344
20世帯規模の移住地　34, 249-252, 265
煮干し（イリコ）加工　92, 153-169, 180-192, 284
「日本一」の煮干し（イリコ）生産　156, 169
「値たて」　162
農業移住　iii, 5, 22, 23, 61, 82, 121, 127, 195, 244, 269, 293-299, 312, 316, 388, 391-414
農業規模（経営）の零細化　7, 9, 21, 33, 59, 192, 252, 388-398
農地改革　14-23, 58, 104, 119, 212, 243, 262-275, 288, 289, 336, 347, 359, 383, 407
農地の細分化　5, 7, 33, 63, 177-192, 396, 397
農地面積の制約　48, 80, 95, 121, 338, 396

は行

延縄漁　161, 171, 206
末子相続　6, 263, 400
浜崎勇　122, 144, 159, 199-215
パリ外国宣教会　10, 11, 247-267, 402
パリ外国宣教会年次報告　114-116, 128
藩主による開拓移住の許可　91
非農業世帯の増加　19, 84, 94, 98, 150, 248, 264, 312, 393-408

非農業へのシフト　269, 372
平戸藩の開拓政策・開墾および新田開発の奨励策　3, 16-22, 57-65, 103-114, 150, 159, 173, 191, 192, 393, 402
平戸藩の許可を得た開拓移住　3, 4, 18, 57, 64, 103-114, 150, 159, 173, 191, 192, 402
賦役労働　84, 91
副業・兼業　9, 17, 29, 32, 95, 127, 144, 150, 164, 171, 182, 192-215, 251, 263, 265, 296, 337, 338, 344, 388-407
複数の出身地の信徒世帯の混住　127, 405
普通出生率　7, 30, 31
ブラジル親愛植民地建設　13
（A.）ブレル神父　136, 151, 402
プロテスタンティズム　411
文化的モダニティ　409-414
分家創出を促進する要因　7, 40, 148-150, 164-169, 193, 212, 215, 336
分家の創出　iii, 7, 9, 21, 39-67, 77-99, 116-127, 138-150, 162-198, 209-217, 237, 248-265, 282, 318-346, 378-382, 396-408
平均世帯員数・（――の変化）　34, 39, 49, 50, 63, 67, 87, 397
（藩馬の）放牧地・（――への開拓移住）　3, 16, 103, 131, 134, 148, 149

ま行

丸山孝一　8, 385
宮崎県開墾地移住奨励規程　316, 317, 339
無線局の移転　296, 298, 313
村持山の購入　86
明治政府による弾圧　3
モダニティ　387-415
本村との関係　58, 76, 86

435

や行

夜間における漁業従事　132, 133, 171, 175
「ヤマ」から「ヤマ」への移動　302, 311
「山の教会」・「海の教会」の誕生　i
ヤンセニズム　415
幼児洗礼（者）　117, 120, 150, 218-222, 304-313, 396, 397
洋上石油備蓄基地・（――の誘致）　378-383
養殖　153, 156, 171, 181-192

ら行

（エミール・）ラゲ神父　10, 34, 60, 61, 122, 195-201, 251, 402
離家離村　36, 50-55, 66, 124, 128, 144-150, 168, 169, 190-194, 213, 214, 225, 246, 247, 311, 312, 357, 369, 370, 388, 408
陸上交通の整備　14, 76-87, 155, 170, 185, 225, 338, 347, 373
陸の孤島　74, 98, 154, 155, 169
離農傾向　84, 248, 264, 269, 338, 372, 397-408
類縁（affinity）　i, iii, 8-15, 55, 90, 98, 164, 194, 257-259, 325, 326, 364-371, 387, 389, 401-414
連鎖的移動　i, iv, 9-22, 34, 66-84, 94, 98, 113, 124-128, 141, 150, 193, 236, 247-265, 317-326, 340, 345, 359, 371, 384-412

著者紹介

叶 堂 隆 三（かなどう りゅうぞう）

1957 年　広島県生まれ
1990 年　早稲田大学大学院文学研究科博士課程後期
　　　　　単位取得退学
現在　下関市立大学教授　博士（学術）
著書　『五島列島の高齢者と地域社会の戦略』（九州大学出版会、2004 年）、『「山の教会」・「海の教会」の誕生』（九州大学出版会、2018 年）

カトリック信徒の移動とコミュニティの形成
——潜伏キリシタンの二百年——

2018 年 9 月 30 日　初版発行

著　者　叶　堂　隆　三
発行者　五十川　直　行
発行所　一般財団法人　九州大学出版会
　　　　〒814-0001　福岡市早良区百道浜 3-8-34
　　　　九州大学産学官連携イノベーションプラザ 305
　　　　電話　092-833-9150
　　　　URL　https://kup.or.jp/

印刷・製本／大同印刷㈱

Ⓒ Ryuzo KANADO 2018　　　ISBN978-4-7985-0244-1